Casey Cep   *Grimme Stunden*

CASEY CEP

GRIMME STUNDEN

Sechs Morde, ein Prediger und Harper Lees letzter Roman

Aus dem Amerikanischen
von Claudia Wenner

Ullstein

Die Originalausgabe erschien 2019 unter dem Titel *Furious Hours: Murder, Fraud, and the Last Trial of Harper Lee* bei Alfred A. Knopf

Die Übersetzerin dankt dem Deutschen Übersetzerfonds e. V. für die Förderung ihrer Arbeit an der vorliegenden Übersetzung mit einem Arbeitsstipendium sowie dem Freundeskreis zur Förderung literarischer und wissenschaftlicher Übersetzungen e. V., der diese Arbeit aus Mitteln des Ministeriums für Wissenschaft, Forschung und Kunst Baden-Württemberg ebenfalls mit einem Stipendium unterstützt hat.

ISBN 978-3-550-08162-0

Map by Mapping Specialist, Ltd.
Gesetzt aus Adobe Garamond
Satz und Repro: LVD GmbH, Berlin
Druck und Bindearbeiten: GGP Media GmbH, Pößneck

Für meinen Vater und meine Mutter,
die mir eine Taschenuhr schenkten
und mir dann alles beibrachten,
auch wie man die Uhr liest.

Eine gemeinsame Seelenqual verbindet uns.

– HARPER LEE –

Inhalt

Teil III – DIE SCHRIFTSTELLERIN

ANHANG

Vorwort

Keiner erkannte sie. Harper Lee war berühmt, aber niemand wusste, wie sie aussah. Und wenn sie sich nicht vorgestellt hätte, hätte wahrscheinlich niemand im Gerichtssaal gewusst, wer sie war. Im Zuschauerbereich drängten sich Hunderte von Menschen, die entweder auf den bei jeder Bewegung knarrenden Holzbänken saßen oder, wenn sie keinen Sitzplatz gefunden hatten, hinten an der Wand standen. Es war Ende September, eine Zeit im Jahr, in der in Alabama nicht damit zu rechnen war, dass die Hitze nachlassen würde. Weil die Klimaanlage im Gerichtssaal nicht funktionierte, wedelten die Frauen mit ihren Fächern und die Männer bekamen in ihren Anzügen feuchte Achseln und Kragen. Die Zuschauer flüsterten ab und zu und lachten gelegentlich – ein gezwungenes Lachen, das erstarb, wenn der Richter sich Ruhe ausbat.

Der Angeklagte war schwarz, doch die Anwälte waren weiß, wie auch der Richter und die Geschworenen. Die Anklage lautete auf Mord. Der Mann, der jetzt geduldig mit verschränkten Beinen am Tisch des Verteidigers saß, hatte drei Monate zuvor auf der Beerdigung einer Sechzehnjährigen eine Pistole aus seinem Jackett gezogen und dem Reverend Willie Maxwell drei Mal in den Kopf geschossen. Dreihundert Menschen hatten ihm dabei zugesehen.

Nicht, um zu erfahren, warum er den Reverend getötet hatte, waren so viele zur Gerichtsverhandlung gekommen – das Warum war in drei Countys bekannt, und manch einer wunderte sich, dass es nicht schon viel früher geschehen war –, sondern um die verstörende Mordserie zu verstehen, die dem Mord, den sie miterlebt hatten, vorausgegangen war.

In einem Zeitraum von sieben Jahren waren sechs Menschen, die dem Reverend nahestanden, nacheinander unter Begleitumständen gestorben, die fast einhellig als suspekt und von manchen als übernatürlich erachtet wurden. Bei allen Ermittlungen wurde der Reverend von einem Anwalt namens Tom Radney vertreten, dessen Anwesenheit im Gerichtssaal an jenem Tag nicht weiter bemerkenswert gewesen wäre, wenn er nicht als Verteidiger des Mannes aufgetreten wäre, der seinen früheren Mandanten getötet hatte. Als liberaler Kennedy-Anhänger in George Wallaces Süden war es Radney gewohnt, Schlagzeilen zu machen, und diesmal würden sie nicht auf die Lokalzeitung *The Alexander City Outlook* beschränkt bleiben. Reporter der *Associated Press* und anderer Nachrichtenagenturen sowie überregionale Zeitschriften und Zeitungen, darunter *Newsweek* und die *New York Times*, waren nach Alexander City geströmt, um über die Geschichte zu berichten, die bereits unter dem Titel »Der mordlüsterne Voodoo-Priester und das Bürgerwehrmitglied, das ihn erschoss« zirkulierte.

Eine einzige Reporterin jedoch stand nicht unter Termindruck. Harper Lee wohnte in Manhattan, verbrachte aber weiterhin einen Teil des Jahres in Monroeville, der Stadt, in der sie geboren und aufgewachsen war und die nur hundertfünfzig Meilen von Alex City entfernt lag. Siebzehn Jahre waren vergangen, seit sie *Wer die Nachtigall stört* veröffentlicht hatte, und zwölf Jahre, seit sie ihrem Freund Truman Capote geholfen hatte, über den Fall in Kansas zu berichten, auf dem der Tatsachenroman *Kaltblütig* basiert. Harper Lee war endlich bereit, es noch einmal zu versuchen. Einer der besten Prozessanwälte des Bundesstaates verhandelte einen der merkwürdigsten Fälle der Gegend, und die berühmteste Schriftstellerin dieses Bundesstaates war anwesend, um ein Buch darüber zu schreiben. Um den Fall zu recherchieren, blieb sie ein Jahr in der Stadt und verbrachte dann viele weitere Jahre damit, ein Prosawerk daraus zu machen. Am Tag des Prozesses gab es im Gerichtssaal ein großes Rätselraten darüber, was aus dem Mann werden würde, der den Reverend Willie Maxwell erschossen hatte. Nach der Urteilsverkündung galt das Rätselraten jahrzehntelang der Frage, was aus Harper Lees Buch geworden war.

TEIL EINS
Der Reverend

1

Es werde eine Feste zwischen den Wassern

Wasser kann alles zum Verschwinden bringen, genau wie die Zeit. Beides muss nur ausreichend vorhanden sein. Der größte See Alabamas war vor hundert Jahren ein Gebiet voller Hügel und Täler und ärmlicher Gemeinden, durch das sich ein schönes Flüsschen schlängelte. Der Tallapoosa River verdankt sich dem Zusammenfluss der Bäche McClendon und Mud, die beide im Appalachen-Vorgebirge von Georgia entspringen, wo sie zunächst nur Rinnsale sind. Bevor der Tallapoosa durch Eindämmung gezähmt worden war, tröpfelte er erst vor sich hin und bahnte sich dann träge seinen Weg bis zur Stadt Wetumpka, wo er auf den Coosa traf, seinen älteren, lebhafteren Bruder, mit dem er sich zum Alabama River vereinigte, der weiter nach Westen und Süden verlief und dann in die Mobile Bay mündete und von dort in den Golf von Mexiko. Seit Millionen von Jahren floss der Tallapoosa bereits diese zweihundertfünfundsechzig Meilen entlang und machte dabei bis zum Meer gleichmütig Kniefälle.

Was dem ein Ende setzte, war die Wasserkraft. Das Buch Genesis mag dem Menschen die Berechtigung gegeben haben, sich die Erde untertan zu machen, doch ernsthaft eingewirkt hat er auf sie erst im 19. Jahrhundert. Dampfmaschinen und Stahl und alle möglichen Verbrennungsprozesse stellten die Mittel bereit; das unstreitige Schicksal lieferte das Motiv. Innerhalb weniger Jahrzehnte war die Menschheit dazu übergegangen, die Natur als Feind zu betrachten, den Kampf gegen sie bezeichnete der Philosoph William James billigend als »das moralische Äquivalent zum Krieg«. Dies galt besonders für den amerikanischen Süden, den ein echter Krieg physisch und finanziell verwüstet und durch die Befreiung versklavter Männer und Frauen seines Wirtschaftsmotors beraubt hatte. Als die reichen weißen Südstaatler per Gesetz nicht mehr in der Lage waren, andere Menschen zu unterjochen, wendeten sie ihre Aufmerksamkeit stattdessen der Natur zu. Die ungezähmte Welt empfanden sie schlimmstenfalls als Todesgefahr, voller schwelender Krankheiten und permanent drohender Katastrophen, und bestenfalls als furchtbare Verschwendung. Aus den zahllosen Bäumen konnte Bauholz werden, wo Wälder waren, konnten Farmen entstehen, die Malariasümpfe konnten trockengelegt und in festen Boden verwandelt werden, Wölfe und Bären und andere furchterregende Raubtiere konnten zu Bettvorlegern oder Abendessen verarbeitet oder ausgestopft werden. Und was die Flüsse betraf: Warum sollten sie spielen dürfen, während der Mensch arbeiten musste? Mit den Worten von Thomas Martin, dem Präsidenten der Kraftwerke von Alabama: »Jeder faulenzende Fluss faulenzt auf Staatskosten.«

Als um die Jahrhundertwende die Fabriken, die Mann und Maus weggejagt hatten, mechanisiert wurden und als in den Häusern, die bisher nur Kerzenlicht und Kerosin gekannt hatten, Glühbirnen brannten, wurde die Wasserkraft zur Hoffnung des Südens. Jeder Fluss unterhalb der

Mason-Dixon-Linie wurde plötzlich mit Hinblick auf Kubikmeter pro Sekunde und Kilowatt pro Stunde betrachtet. Im Jahr 1912 liehen sich ein paar Kundschafter der Alabama-Kraftwerke von einer Ortsansässigen einen Winton Six und fuhren damit um das Tallapoosa-Flussbecken, auf der Suche nach einer Stelle für einen großen Damm. Sie entschieden sich für Cherokee Bluffs, eine Schlucht mit zweihundert Fuß hohen Gneis- und Granitfelsen an beiden Seiten, demselben Gestein, aus dem das Flussbett bestand. Der Ort war so ideal, dass bereits andere Elektrizitätsgesellschaften ein, zwei Mal versucht hatten, dort einen Damm zu bauen. Der erste Versuch im Jahr 1896 wurde durch einen Gelbfieberausbruch vereitelt, der die Geldgeber von einem Besuch abhielt; den zweiten Versuch vereitelte 1898 der Ausbruch des Spanisch-Amerikanischen Krieges, der die Investoren wenig gewillt machte, ihr Geld für ein Infrastrukturprojekt am Ende der Welt aufs Spiel zu setzen. Doch Anfang des 20. Jahrhunderts, in den Jahren des Aufschwungs, kamen die Alabama-Kraftwerke nach Cherokee Bluffs, und jetzt gab es endlich genügend finanzielle Unterstützung für den allmählichen Aufkauf des Umlands.

Manche in der Gegend verkauften ihr Land gern. Da sie überzeugt waren, dass der Stausee sowieso kommen würde, und ihnen die Krankheiten, die sich darin ausbreiten würden, Sorgen machten, waren sie froh über die zwölf Dollar pro Hektar, die ihnen die Elektrizitätsgesellschaft anbot, und begannen in den Städten ringsum ein neues Leben. Andere jedoch, zu denen auch flussabwärts gelegene Unternehmen gehörten, bekämpften den Damm und hatten sich im Jahr 1916 bis zum Obersten Gerichtshof der Vereinigten Staaten durchgefochten. In der Sache *Mt. Vernon-Woodberry Cotton Duck Co.* gegen *Alabama Interstate Power Co.* bestätigte das

Hohe Gericht, dass der Bundesstaat aufgrund des Enteignungsrechts befugt sei, Privateigentümern ihr Land abzunehmen und es den Elektrizitätsgesellschaften zu übergeben. »Wasserläufe vor der Verschwendung zu bewahren und Elektrizität aus ihnen zu gewinnen, stumpfsinnige Arbeitskraft, und der Menschheit dadurch Plackerei zu ersparen«, schrieb der gefeierte Richter Oliver Wendell Holmes in der einstimmigen Urteilsbegründung des Gerichts, »heißt, die neben unserem Intellekt wichtigste Grundlage aller unserer Errungenschaften und unseres Wohlergehens bereitzustellen.«

Für die Elektrizitätsgesellschaft war es ein gutes Ergebnis zu einem schlechten Zeitpunkt. Kurz nach dem Urteil traten die Vereinigten Staaten in den Ersten Weltkrieg ein, und da die Männer und das Geld ins Ausland gingen, wurde das Cherokee-Bluffs-Projekt erneut verschoben. Die Alabama Power wollte die Arbeit am Damm erst nach dem Waffenstillstand wieder aufnehmen und begann schließlich 1923 mit dem Bau. In diesem Jahr kamen hundert Zimmerleute und errichteten das Camp, in dem die Heizer, Köche, Ingenieure, Holzfäller, Maurer, Mechaniker, Säger, Holzrücker und Oberaufseher wohnen sollten, während sie das Flussbecken vorbereiteten und den Damm bauten. Als die Zimmerleute fertig waren, zogen fast dreitausend Angestellte mit ihren Familien in das Camp und verwandelten Cherokee Bluffs in eine der größten Siedlungen der Gegend. Für schwarze und weiße Arbeiter gab es getrennte Unterkünfte, außerdem eine Bäckerei, eine Cafeteria, eine Eisfabrik, eine Schule, ein Freizeitzentrum, das zu Filmvorführungen und Gottesdiensten diente, und ein Krankenhaus, in dem Zahnärzte Zähne zogen, Ärzte Röntgenaufnahmen machten und Babys geboren wurden.

Für Alabama war das eine große Stadt, der Damm jedoch

war in jedermanns Augen riesig. Nach der Fertigstellung und Schließung der Schleusentore bedeckte das dort gestaute Wasser eine Fläche von vierundvierzigtausend Morgen – es war der damals weltweit größte künstliche See. Gemäß der Bundesgesetzgebung mussten auf jedem einzelnen Morgen alle Bäume gefällt werden, die über die Wasserhöchststandslinie hinausragten, und gemäß der Firmenpolitik musste auch alles andere verschwinden: jedes Stöckchen und Steinchen, das kraft der Natur oder menschlichen Handelns vor der Elektrizitätsgesellschaft da war. Die dreitausend Arbeiter machten sich daran, Häuser zu versetzen, Scheunen abzureißen, Getreidemühlen zu verlegen und in einem Dutzend Friedhöfen Hunderte von Toten auszugraben und umzubetten. Doch vor allem fällten sie Bäume: Fichtenkiefern, Sumpfkiefern, Weihrauchkiefern, Hickorybäume und Eichen. Was nicht gefällt werden konnte, wurde verbrannt.

Dann kamen Maultiergespanne, Dampfbagger und eine Eisenbahnlinie. Bis Dezember 1923 hatte das Team den ersten Kofferdamm gebaut, sodass die Pumpen Wasser aus der Schlucht ziehen und die Maurer das Fundament für den Damm errichten konnten. Als zwei Jahre später der letzte Grundstein in einem Festakt gelegt wurde, zu dem Tausende von Menschen kamen, ragte der Damm bei einer Länge von 2000 Fuß 168 Fuß in die Höhe, ein Betonraubvogel mit der Spannweite der Cherokee Bluffs. Man taufte ihn Martin-Damm, nach dem Mann, der gesagt hatte, Wasserläufe sollten nicht länger faulenzen, sondern arbeiten.

Im nächsten Jahr, am 9. Juni 1926, kamen die Männer und Frauen, die scharenweise zum ersten Festakt geströmt waren, zurück, um mitzuerleben, wie die Schleusentore des Dammes zum ersten Mal geschlossen wurden und der Fluss sich über das Land dahinter ausbreitete und so zu dem Wasserreservoir wurde, das später Lake Martin heißen sollte. Das Wasser floss in Spurrillen und Fahrrinnen, in Schlundlöcher und Wurzelgruben, Gräben und Bäche. Es stieg über Gräser, Unkraut, Getreidehalme, Zaunbalken, Zaunpfosten und schließlich bis über die Wipfel der wenigen Bäume, die noch übrig waren und die bald so tief im See versinken sollten, dass kein Schiffsrumpf sie je wieder streifen würde.

All dies geschah ganz gemächlich, statt einer Sintflut war es eher ein Tröpfeln, Milliarden Liter Wasser breiteten sich über Zehntausende von Morgen Land aus und stiegen stetig – wochenlang, Tag und Nacht. Schwarzbrenner hatten Zeit, ihre Destillierapparate aus den Tälern in höhere Gefilde umzuziehen, und diejenigen Familien, die beschlossen hatten, ihr Land nicht herzugeben, fristeten ihr Dasein weiterhin oberhalb des Wasserspiegels. Sobald das Wasser tief genug war, um dort Barsche und Brassen auszusetzen, fischten die Leute im See und die Kinder gingen dort schwimmen und waren, wenn sie wieder herauskamen, mit rotem Lehm überzogen, den das steigende Wasser gelöst hatte. Die Bauern sahen Wassermelonen davonschwimmen; Tagesausflügler, die mit Ruderbooten auf dem neuen See unterwegs waren, konnten den Anlegeplatz nicht mehr finden, an dem sie eingelaufen waren, weil die Uferlinie sich ständig veränderte. Alle, die bis zu einer Meile vom Stauwasser entfernt wohnten, bekamen Moskitonetze und Chinintabletten ausgehändigt, und zwanzig Moskitoboote kreuzten an den neuen schmalen und größeren Buchten und sprühten Insektizide. So vergingen Monate, bis eines Tages da, wo Blockhütten und Dogtrot-Häuser, Felder und Farmen, Kirchen und Schulhäuser, Gemischtwarenläden und Gräber gewesen waren, nur noch Wasser war.

Bereits vor diesem Fluten gab es Bösartigkeit auf der Welt, und es gab sie auch danach, doch Willie Maxwell, der spätere Reverend, wurde mitten in sie hineingeboren, im Mai desjenigen Jahres, da Alabama Power den Grundstein für den Martin-Damm legte. Seine Mutter Ada war Hausfrau; sein Vater Will war Sharecropper[1] und bestellte ein Stück Land, das, als Willie auf die Welt kam, jäh zum Westufer des Lake Martin wurde. Er war das sechste von neun Kindern, der zweite von fünf Söhnen. Seine Geburt fiel in eine Zeit der Umwälzungen, die Politik und Umwelt gleichermaßen betrafen. Er hatte nicht mehr erlebt, wie der Tallapoosa sich dahinschlängelte, noch hatte er sein Einzugsgebiet gekannt, bevor es von der Wasserkraft umgestaltet worden war, oder die Kultur dieser Gegend, bevor Jim Crow sie verwandelt hatte. Die Jahre seiner Kindheit waren schlechte Zeiten für den Bundesstaat. Der Baumwollkapselkäfer kam aus Mexiko in den Norden und zerstörte die Baumwollernte, die Kommunistische Partei kam in den Süden und organisierte die Farmpächter, was zu entsetzlicher Gewalt führte. Die Wall Street bescherte der Welt eine Wirtschaftskrise, die in Alabama sehr lange andauerte, viel länger, als die Jungs blieben, die ein Weilchen ins C. C. C. Camp kamen und dann wieder nach New Jersey oder New York zurückkehrten.

Viele junge Männer, die dorthin kamen, wussten kaum, wo sie sich befanden; es sollte noch fast vierzig Jahre dauern, bis der Reverend Martin Luther King jr. und der Gouverneur George Wallace Alabama auf der Landkarte sichtbar machten. Dieser Bundesstaat liegt wie ein Schlussstein zwischen Mississippi und Georgia, grenzt oben an Tennessee

---

1 Landlose Bauern, die die Pacht nicht mit Geld, sondern mit einem Teil ihrer Ernte beglichen. [Anm. d. Ü.]

und ruht am unteren Ende größtenteils auf dem schmalen Fortsatz von Florida, bis auf den kleinen Zipfel, der an den Golf von Mexiko reicht. Um den exakten Mittelpunkt Alabamas zu bilden, liegt der Lake Martin etwas zu weit südöstlich. Außerdem ist der Mittelpunkt des Sees schwer auszumachen, weil seine Ufer sich wie Adern in zahllose Senken, Rinnen und Täler dreier Countys hineinziehen – Coosa, Tallapoosa und Elmore –, die ihm eher die Gestalt eines Rorschachkleckses als die eines Stausees verleihen. Die größte Stadt dieser Gegend ist Alexander City, unmittelbar nördlich des Sees; im Süden liegt Wetumpka, die zweitgrößte Stadt. Die anderen Städte am Lake Martin sind so klein, dass sie oft weder ein Postamt noch eine Tankstelle haben.

Willie Maxwell und seine Geschwister wurden in Kellyton geboren, einem winzigen Punkt auf der Landkarte westlich von Alex City, und wuchsen in Crewsville auf, einer nicht eingemeindeten Ortschaft, die zu klein war, um als Dorf bezeichnet zu werden – es gab nur ein paar Wohnhäuser, ein paar Läden, und da weiße und schwarze Gläubige separate heilige Stätten brauchten und die Methodisten und Baptisten zudem keine gemeinsamen Gottesdienste abhalten wollten, gab es mindestens ebenso viele Kirchen. Es gab Verkehr, der jedoch meist nur Durchgangsverkehr war und damals vor allem aus Pferde- und Maultiergespannen bestand, auch wenn sich manchmal ein paar Modell-T-Fords aus der Walker Ford Company im nächsten County dorthin verirrten und dann so laut hupten, dass manche Leute und das Vieh zusammenzuckten. Als dann Eisenbahnen durch den Ort fuhren, lernten die Kinder, die verschiedenen Lokomotiven an ihren Pfeiftönen zu erkennen. Ansonsten war es in diesem Teil von Alabama so still, dass man den ganzen

Tag Vogelgezwitscher und die ganze Nacht das Quaken der Ochsenfrösche hörte. Das gesamte Coosa County hatte zu jener Zeit nur zwölftausend Einwohner und so viele Kiefern, dass ein Junge, der Tarzan spielte, sich praktisch von einem Ende des Bezirks bis zum anderen schwingen konnte, ohne den Boden zu berühren. Die wenigen Verbrechen beschränkten sich auf Bigamie, Zeugung unehelicher Kinder, Landstreicherei, Nichteinhaltung des Sonntags und die Verwendung vulgärer Sprache vor Frauen.

Bestimmte Verbrechen jedoch waren dem Süden so sehr in Fleisch und Blut übergegangen, dass diejenigen, die an der Macht waren, sie gar nicht als Verbrechen wahrnahmen. Die meisten Weißen im Coosa County und fast alle Schwarzen waren Pachtbauern, Opfer eines brutalen Systems, das diejenigen, die darin gefangen waren, kaum in die Lage versetzte, sich durchzuschlagen. Weil diese Sharecropper ihr Saatgut und ihren Dünger im Frühjahr kaufen mussten, hieß es, sie äßen ihre Ernte, bevor sie sie aussäten, und das meiste, was sie dem Boden abringen konnten, ging direkt an die Landeigentümer. Die Darlehensbedingungen für Sharecropper waren meist ungünstig, die Erträge reichten nicht aus, um eine Familie zu ernähren und zu kleiden, und die Arbeit war mörderisch – von Sonnenaufgang bis Sonnenuntergang, sechs Tage die Woche. Kinder, die in solchen Verhältnissen aufwuchsen, mussten mithelfen, sobald sie laufen gelernt hatten.

Als Walker Evans und James Agee 1936 die hageren Gesichter und das von Sorgen gezeichnete Leben der weißen Pachtbauern im westlichen Alabama dokumentierten, woraus später das Buch *Let Us Now Praise Famous Men* wurde, war Willie Maxwell elf Jahre alt und wohnte auf der anderen Seite des Bundesstaates und der *Race*schranke. Obwohl sein späteres Leben überall in Alabama in den Archiven der Gerichtsgebäude dokumentiert ist und im ganzen Land für Schlagzeilen gesorgt hatte, weiß man nur wenig über seine frühen Jahre, und dieser Umstand ist charakteristisch für die historischen Dokumente über Afroamerikaner, die damals dort lebten. Da das Leben im Coosa County vor allem vom Rhythmus dessen bestimmt war, was in die Erde kam und was aus der Erde herausgeholt wurde, konnte Maxwell nur außerhalb der Erntezeiten zur Schule gehen. Die Sharecropper pflanzten abwechselnd Mais, Baumwolle, Weizen und Hafer an, und wenn möglich Erdnüsse, Pfirsiche oder Wassermelonen. Im Frühling gab es Taufen und den Friedhofsfrühjahrsputz, und im Herbst wurden Steppdecken genäht und Mais geschält. Jungen wie Willie pflanzten, hackten, pflückten Obst und Gemüse, scheuchten die Krähen von den Kornfeldern und die Kaninchen aus dem Salat, während sie schießen lernten und aus den Bächen fischten, was ihnen begegnete: aus dem Beau, aus dem Hatchet, aus dem Socapatoy und aus dem Jacks Creek, alles Bäche in der Umgebung von Crewsville. Ganz nebenbei ging Willie sieben Jahre lang zur Schule. Danach trat er im Sommer 1943 wie zwei Millionen andere Afroamerikaner zur Musterung an. Mit achtzehn meldete er sich zur Grundausbildung in Fort Benning, einem nach einem General der Konföderierten benannten Stützpunkt, der an den Bundesstaat Georgia grenzt. Er bekam eine Uniform und den Kurzhaarschnitt, den er den Rest seines Lebens behalten sollte. Obwohl Maxwell eine Gefechtsausbildung absolvierte, wurde er einem Bataillon der Luftwaffenpioniere in Keesler Field in Mississippi zugeteilt und dann in Camp Kearns in Utah stationiert.

Vor dem Krieg bestand Camp Kearns aus fünftausend

Morgen Weizenfeldern. Ohne die Feldfrüchte war der Ort während des Kriegs sandig und schmutzig. Militärfahrzeuge fuhren tagsüber mit Scheinwerferlicht, um in den Staubwolken etwas zu sehen, und die Soldaten waren fast jeden Morgen von einer Schmutzschicht bedeckt, die durch die Fenster aus Sperrholz und Dachpappe geweht wurde. Die Männer waren so dicht gedrängt in Baracken untergebracht, dass sie ihre Quartiere Hühnerstall nannten; Atemwegserkrankungen breiteten sich aus wie die Gerüchte über einen Truppeneinsatz. Maxwell lebte dort zwei Jahre lang, bis zum November 1945, als er mit 413,80 Dollar und wie Millionen anderer Militärangehöriger mit einer Siegesmedaille zur Erinnerung an das Ende des Zweiten Weltkriegs entlassen wurde. Doch anstatt nach Alabama zurückzukehren, trat er wieder in die Armee ein und kam zum 811. Engineer Aviation Battalion nach Kalifornien, zu einer von achtundvierzig schwarzen Einheiten, die weltweit Flugplätze bauten und instand hielten. Von dort ging er in das Einsatzgebiet am Pazifik und fuhr Lastwagen für das U. S. Army Corps of Engineers.

Die Armee war damals fast so geteilt wie der Deep South[2], den Willie Maxwell hinter sich gelassen hatte, ein Unrecht, das noch himmelschreiender wurde, als die Vereinigten Staaten sich dem Kampf gegen die Nazis anschlossen. »Unsere hiesigen Nordländer haben ebenfalls eine Massenpsychose«, schrieb Langston Hughes. »Sie behandeln die N**** mit derselben mehr oder weniger ausgeprägten Bösartigkeit wie die Nationalsozialisten die Juden.« Dasselbe Vorurteil, das die Zivilisten in Schulen und Kirchen und Soda Shops nach

---

2 Der »Tiefe Süden« – uneinheitlich definierter Begriff für die Südstaaten der USA [Anm. d. Ü.]

Hautfarben trennte, trennte sie auch in den Schlafbaracken, Kantinen und an der Front. 1948 wurde die Segregation beim Militär schließlich aufgehoben – zu spät für Sergeant Maxwell, der im Januar 1947 mit einer Good Conduct Medal, einer Auszeichnung für gute Führung, nach Amerika zurückgekehrt und ehrenhaft entlassen worden war. Anfang Mai machte er sich auf den Heimweg.

Als Maxwell wieder im Coosa County war, ließ er sich in seiner Geburtsstadt Kellyton nieder. Er war einundzwanzig Jahre alt, 189 Zentimeter groß und wog 81,5 Kilogramm – so groß, dass er über fast alle hinwegsehen konnte, und dünn genug, um zwischen allen hindurchzupassen. Er hatte wachsame braune Augen und ein schön geschnittenes, schmales Gesicht; er trug ein Oberlippenbärtchen, das wie ein Offizierswinkel wirkte. Seine Redeweise war elegant, beinah förmlich, und er versprühte den Charme, den die meisten jungen Männer für ihre festen Freundinnen aufhoben, an jeden, der ihm begegnete, wobei er mit den Anredeformen »Mein Herr« und »Gnä Frau« um sich warf und sie wie Fingerabdrücke überall hinterließ. »Er war der netteste Gesprächspartner, den man sich denken kann«, hieß es über ihn. »Der Mann war so sanft, dass man meinen konnte, er sei vom Himmel herabgestiegen.«

Nach seiner Rückkehr tauschte Maxwell die Uniform gegen einen Job bei einer Firma, die es geschafft hatte: Russell Manufacturing, die größte Textilfabrik in Alexander City. Außerdem lernte der gut aussehende, junge, gediente Soldat ein stilles Mädchen kennen, das aus der Gegend kam und Mary Lou Edwards hieß. Sie war in Cottage Grove geboren und aufgewachsen, einem anderen winzigen Städtchen im Coosa County, und war zwei Jahre jünger als Willie. Als er ihr den Verlobungsring überreichte, wohnte sie noch bei ihren Eltern. In der letzten Märzwoche bekamen sie ihr ärztliches Attest und heirateten am 2. April 1949 im Vormundschaftsgericht der Kreishauptstadt Rockford. Es handelte sich um die erste, jedoch keineswegs letzte Ehe des zukünftigen Reverends Willie Maxwell, und ganz gleich, was man darüber sagen will, so stimmt doch eins: Diese Ehe dauerte, genau wie er es versprochen hatte, bis dass der Tod sie schied.

2

Prediger des Evangeliums

Mary Lou Maxwell schälte Erbsen. Es war die erste Woche im August: Die Sommerstürme, die die Vogelnester und die Wiesenblumen mit Schlägen traktiert hatten, waren vorüber, die Zikaden lärmten in den Bäumen und die Zecken wüteten im Gras. Wenn der Mais an den Halmen schwer geworden war und anderes Gemüse fett und behäbig an Stämmen und Ranken hing, konnten die reifen Erbsenschoten zu Hunderten abgepflückt und dann einzeln geschält werden. Frauen und Kinder drückten die Schoten mit dem Daumen ein, sodass sie aufplatzten und die Erbsen ins Sieb purzelten. In den langen Sommerstunden wurden aus Scheffelkörben voll grünem Wirrwarr ein paar Schüsseln Erbsen, die dann gewaschen und blanchiert und in Tiefkühltruhen verstaut wurden.

Mary Lou hatte Erbsen geschält, seit sie von der Schichtarbeit in den Russell Mills zurück war – ihrer zweiten Arbeitsstelle neben der Heimarbeit als Wäscherin und Näherin, bei der sie Kleider und Wäsche von den Nachbarn annahm. Das Schälen war eine friedliche, anspruchslose Arbeit, bei der man gut nachdenken konnte, oder tratschen, wenn man in Gesellschaft war. Doch als an jenem Abend eine ihrer Schwestern bei ihr vorbeikam, war Mary Lou schweißgebadet und besorgt. Willie Maxwell hatte an jenem Morgen seine Arbeit in der Textilfabrik verloren. Es war nicht das erste Mal, dass man ihn gefeuert hatte, und finanziell war dies für das Paar eine unerfreuliche Nachricht. Doch Mary Lou hatte noch nicht mit ihrem Mann darüber sprechen können, weil auch er einer zweiten Arbeit nachging, zu der er sich an jenem Abend unmittelbar begeben musste: Reverend Maxwell, wie man ihn damals bereits überall nannte, sollte bei einer Erweckungsversammlung in der Nähe von Auburn predigen.

Erweckungsversammlungen im Süden waren zu jener Zeit ein Fegefeuer – sie wurden in eigens für dieses Ereignis errichteten Zelten abgehalten und konnten stundenlang dauern. Selbst abends war es dort noch so unglaublich heiß, dass den Anwesenden vergeben wurde, die glaubten, man hätte diesen Rahmen eigens entworfen, um sie daran zu erinnern, was ihnen bevorstand, wenn sie keine Reue zeigten. Doch die Leute kamen in Scharen, manchmal zu Tausenden, und die Kirchen fuhren mit diesen Veranstaltungen fort, und zwar schlicht und einfach, weil sie funktionierten: Den lebenssprühenden Erweckungsversammlungen war es teilweise zu verdanken, dass ab spätestens 1970 jeder vierte Bewohner von Alabama Baptist war. Manchmal veranstalteten die Kirchen gemeinsame kollektive Erweckungsversammlungen, doch im Allgemeinen fanden sie zeitlich versetzt statt, sodass der Sommer zu einer langen Jahreszeit spiritueller Vervollkommnung wurde und die Erlösung immer bequem mit dem Auto erreichbar war.

Der Reverend und Mrs Reese von der Macedonia-Baptistenkirche hatten Maxwell zu dieser Erweckungsversammlung eingeladen, zu der Mrs Maxwell jedoch nicht mitkommen wollte. Eine Pfarrersfrau in einer Kleinstadt ist mehr prüfenden Blicken ausgesetzt als alle anderen Bewohner. Wo sie hingeht und wie sie gekleidet ist, wie sie redet und mit wem und was sie sagt: Alles, was sie tut, wird bemerkt, zur Kenntnis genommen, abgewägt und beurteilt. Nächstenliebe beginnt in der eigenen Familie, doch Demut, Bescheidenheit, Geduld, Achtung und Achtbarkeit ebenso, und die Frau eines Predigers muss all dies gezwungenermaßen verkörpern – auf ihr lastet manchmal ein noch größerer Druck als auf dem Prediger. Man kann leicht verstehen, warum eine Frau in einer derartigen Position womöglich lieber allein ist, und an jenem Abend, dem 3. August 1970, war Maxwell damit einverstanden, allein zu predigen, bat sie aber, die Telefonleitung frei zu halten, damit er sie auf dem Rückweg von unterwegs anrufen konnte.

Kurz vor sechs Uhr machte der Reverend sich auf den Weg zur Erweckungsversammlung. Mary Lous Schwester brach kurz danach auf, und Mary Lou stieg später in ihren Wagen, um Lena Martin, eine andere Schwester, zu besuchen. Als sie nach Hause zurückkam, hielt sie an, um mit ihrer Nachbarin Dorcas Anderson zu reden, die direkt neben ihr wohnte. Ihr Mann, sagte Mary Lou, sei bei einer Erweckungsversammlung und habe sie gebeten, die Telefonleitung frei zu halten, damit er sie erreichen könne. Sie sprachen ein paar Minuten miteinander, und dann ging Mary Lou in ihr Haus zurück, um dort, wie sie glaubte, eine ganze, einsame Nacht lang zu warten; sie hatte genügend Erweckungsversammlungen miterlebt und wusste, dass jene in Auburn wahrscheinlich weit über den Anbruch der Dunkelheit hinaus dauern würde. Sie war es gewohnt, den Abend allein zu verbringen.

Was Reverend Willie Maxwell Stunden später zu sagen hatte und bis zum Ende seines Lebens wiederholte, machte allen deutlich, dass er sich in dieser Nacht in Hiob verwandelt hatte. Auf der Rückfahrt von der Erweckungsversammlung hielt er in Camp Hill an einer Tankstelle, um sich eine Cola zu kaufen und seine Frau anzurufen. Er behauptete beharrlich, sie sei nicht ans Telefon gegangen und nicht zu Hause gewesen, als er kurz vor elf nach Nixburg zurückgekommen sei. Er schwor, von dem langen, anstrengenden Tag so erschöpft gewesen zu sein, dass er sofort ins Bett gefallen sei. Erst als er um zwei Uhr morgens aufgewacht sei und gesehen habe, dass seine Frau noch immer nicht zu Hause war, habe er seine Schwiegermutter angerufen, die ihm erklärt habe, ihre Tochter sei ihr an dem Tag nicht begegnet. Auch seine Nachbarin habe er angerufen, die habe seine Frau zwar gesehen, doch sehr viel früher; und eine von Mary Lous Schwestern, die sagte, sie habe Mary Lou besucht, jedoch schon vor Stunden. Erst danach rief Maxwell die Polizei.

Die Beamten, die nach Nixburg geschickt wurden, sprachen zuerst mit Maxwell und dann mit Dorcas Anderson im Nachbarhaus. Der Reverend hatte sie in der Nacht aus dem Bett geklingelt, woraufhin sie zu ihm gegangen war, um über das Verschwinden seiner Frau zu sprechen. Als die Polizeibeamten jetzt bei ihr anklopften, sagte sie ihnen etwas, was sie dem Reverend verschwiegen hatte, nämlich dass Mrs Maxwell an jenem Abend nicht nur einmal, sondern zweimal bei ihr gewesen sei: das erste Mal, nachdem sie ihre Schwester Lena besucht hatte und ein seltsames Detail erwähnte, nämlich dass ihr Mann verlangt habe, sie solle das Telefon nicht abnehmen; das zweite Mal nach zehn Uhr abends. Sie sei aufgeregt und beunruhigt gewesen. »Der Reverend hat einen schweren Unfall gehabt und ich muss ihn abholen«, hatte sie zu Mrs Anderson gesagt und erklärt, Maxwell habe ihr am Telefon gesagt, er habe seinen Wagen in der Nähe von New Site zu Schrott gefahren.

Das waren die letzten Worte, die Mary Lou mit Mrs Anderson gewechselt hatte. Was Maxwells Behauptung angeht, er sei ungefähr um elf nach Hause gekommen, so sagte Mrs Anderson der Polizei, ihres Wissens sei er die ganze Nacht fort gewesen. Falls er früher nach Hause gekommen und eingeschlafen sei, habe sie nichts davon gemerkt. Sie könne nur mit Sicherheit sagen, dass es nach zwei Uhr nachts gewesen sei, als der Reverend sie von zu Hause angerufen habe, um sich bei ihr nach Mary Lous Verbleiben zu erkundigen. Direkt danach sei sie zur Hintertür gegangen und habe zur Garage des Reverends hinübergeblickt und seinen Wagen gesehen. »Ich ging ins Schlafzimmer zurück«, sagte sie, »und sagte zu meinem Mann, dass da etwas nicht stimmte, weil der Wagen keinen Kratzer hatte.«

Der Reverend bestand darauf, dass es sich um ein Missverständnis handele. Er habe überhaupt keinen Unfall gehabt, und als er von Camp Hill aus anrief, sei Mary Lou nicht ans Telefon gegangen. Er sei sicher, dass Mary Lou einen Unfall gehabt habe, und er drängte darauf, dass die Polizei auf dem Highway 22 nach ihrem Wagen suche, der Straße, auf der sie von ihrer Schwester Lena zurückgefahren sein musste und auf der auch er von New Site nach Hause gefahren war.

Der Highway 22 ist in Wirklichkeit eine verschlafene zweispurige Straße, die über den Hillabee Creek führt, und nur dem Namen nach ein Highway. Nachts, wenn die Luft kälter ist als das Wasser, steigt Nebel vom Fluss auf und hängt wie Atem im Winter über dem Asphalt. Neben ein paar Bäumen, dreieinhalb Meter von der Fahrbahn entfernt, fand die Polizei schließlich Mary Lous 1968er Ford Fairlane auf dem Seitenstreifen des Highway 22. Der Wagen war jedoch nicht an einen Baum geprallt. Er hatte ein paar Beulen, weiter nichts. Die Reparatur würde nur ein paar hundert Dollar kosten. Statt wie ein Unfallwagen zu wirken, sah der Wagen aus, als sei er dort geparkt worden. Der Motor lief und die Scheinwerfer starrten blind in die Dunkelheit. Mrs Maxwell befand sich im Wagen und war bereits tot.

In den ersten fünf Jahren ihres Ehelebens arbeiteten die Maxwells als Sharecropper für einen Mann namens Mac Allen Thomas, den damaligen Landrat und späteren Nachlassrichter, der eine Plantage bei Rockford besaß. Als Landrat war Mac der überschwängliche, einschüchternde Good Ol' Boy, der wusste, wie man Brücken und bessere Straßen gebaut bekam, und dem es nichts ausmachte, wenn über ihn gewitzelt wurde, er habe jeden Saupfad im Bezirk pflastern lassen. Als Richter kramte er nicht in Kleinigkeiten und tat den Polizeibeamten gern den Gefallen, ihnen im Voraus unterzeichnete Haftbefehle zu geben, die sie sich ins Auto legen konnten, falls sie einem Alkoholschwarzhändler begegnen sollten. Mac schloss die unaufdringlichen, ihm schmeichelnden Jungverheirateten, die seine Felder bestellten, ins Herz und blieb, als fast alle Gesetzeshüter in drei Countys ihre Meinung über ihn änderten, noch lange mit dem Reverend befreundet.

Maxwell konnte, wenn er wollte, charmant und überzeugend sein, doch wollte er es keineswegs immer, und seine Selbstbeherrschung hatte ihre Grenzen. In den Russell Mills beschädigte er beispielsweise seinen Ruf als fleißiger Arbeiter, indem er immer wieder unentschuldigt fehlte, und 1954, zwei Jahre nachdem Hank Williams wegen öffentlicher Trunkenheit und ordnungswidrigem Verhalten verhaftet worden und dann auf einem berühmten Foto zu sehen war, auf dem er mit nacktem Oberkörper aus einer Zelle des Alexander-City-Gefängnisses stolperte, wurde er gefeuert, weil er nicht mehr zur Arbeit erschien. Etwa um dieselbe Zeit legten die Maxwells die Arbeit als Sharecropper bei Mac Thomas nieder, was sie in finanzielle Nöte brachte. Doch Maxwell war, wie sich später mehr als deutlich zeigte, unternehmerisch gesinnt, und begann bald eine Reihe von Tätigkeiten, die er bis an sein Lebensende immer wieder abwechselnd ausübte: Sprengpulver platzieren, Holzstoff gewinnen und Predigen.

Die Sprengpulverplatzierung fand in einem Steinbruch in Fishpond statt, einer klitzekleinen Stadt an der County-Grenze. Diese Arbeit war schwierig und gefährlich, und Maxwell tat sich dabei hervor. »Er war in jeder Hinsicht einer meiner hervorragendsten und zuverlässigsten Angestellten«, erinnerte sich sein Vorarbeiter Jack Bush, der später zum ersten hauptberuflichen Bürgermeister von Alexander City gewählt wurde. Maxwells Arbeit bestand darin, Löcher mehrere Fuß tief in den Fels zu bohren, damit Sprengkapseln oder ANC-Sprengstoff ihn in Brocken zertrümmern konnten, die dann von einer Brechmaschine weiter zerkleinert wurden. Bei jeder Explosion wurde der Steinbruch samt allen, die sich dort befanden, in Steinstaub gehüllt, sodass die Arbeiter abends aussahen, als hätte man sie von Kopf bis Fuß mit Mehl bestäubt.

Im Gegensatz zu seinen Arbeitskollegen blieb Maxwell jedoch nie lange staubig, sondern verstand es glänzend, im Steinbruch ebenso wie überall sonst die Spuren dessen, was er getan hatte, zu beseitigen. »Wenn wir sauber machten«, sagte Bush, »war er makellos.« Maxwell wischte sich nicht nur den Steinstaub und den Schweiß ab, sondern trug

Arbeitskleidung nur, wenn es unbedingt nötig war, und machte aus sich den elegantesten Mann Ost-Alabamas. Er hatte immer geputzte Schuhe, trug immer schwarze Anzüge und eine Krawatte, die seine blütenweißen Hemden hervorhob. Später hieß es dann, der Teufel müsse seine Kleider geschneidert haben, und die Männer, die gesehen hatten, wie er im dreiteiligen Anzug Industrieholz auf den Holzplätzen ablieferte, reden noch heute davon.

Die Industrieholzgewinnung war ein wenig sauberer als die Pulverplatzierung, jedoch nur, weil der Reverend Maxwell einen Trupp anleitete, statt ihm anzugehören. Als Neuenglands Waldbestände geschrumpft waren und ein Chemiker aus Georgia entdeckt hatte, dass man aus Sumpfkiefern trotz ihres hohen Harzgehalts Zeitungspapier herstellen konnte, war Amerikas Faserholzindustrie in den ersten Jahrzehnten des 20. Jahrhunderts in den Süden gezogen. Die vielen Getreidemühlen und Sägewerke, mit denen die ländlichen Bezirke im Süden übersät waren, wurden im Nu von diesen Holzfabriken eingeholt, und viele Arbeiter, die zuvor Schwellen für die Eisenbahnindustrie geschlagen und behauen und Bauholz abgehobelt hatten, gebrauchten ihre Kräfte jetzt für die Industrieholzgewinnung. Als die Holzfäller mit den Industrieholzarbeitern um Millionen Morgen Wald stritten, kam es zu einem kurzen Lieferkrieg – die südliche Version der Kämpfe zwischen Farmern und Ranchern im Westen. In Alabama errichtete International Paper seine Hauptgeschäftsstelle in Mobile und die Gulf States Paper Corporation landete in Tuscaloosa; diese Giganten und viele andere kleinere Unternehmen waren von Pachtverträgen mit privaten Grundbesitzern und von Abmachungen mit privaten Arbeitertrupps abhängig, um ihre Fabriken betreiben zu können.

Als Chef eines solchen Trupps arbeitete Maxwell genau wie die meisten dieser Holzarbeiter: mit einem einfachen, wendigen Lastwagen, Kettensägen, Äxten und einem zwei- bis sechsköpfigen Arbeiterteam. Bei voller Besetzung betätigten ein oder zwei Männer die Sägen, ein Mann ging hinter ihnen her und entfernte die Äste und ein anderer Arbeiter schnitt die entasteten Baumstämme am Sägebock in Stücke, die von einem Verlader auf den Lastwagen gehoben und von einem Fahrer befördert wurden.

Solch ein Arbeitstrupp konnte damit rechnen, acht Klafter Kurzholz pro Tag einzubringen. In der Fabrik kam das Holz dann in Häcksler, die es in Späne verwandelten. Sie wurde zu Brei verkocht, der dann ausgepresst und zu Papier getrocknet wurde. Die Papierfabriken rochen übel nach Salmiakgeist und Sulfiden, Chemikalien, die einfach abgeleitet wurden, wenn die Maschinen liefen, doch sie bescherten Alabama eine seiner wenigen florierenden Industrien und dem Land wichtige und weniger wichtige Waren: Zeitungen, Notizbücher und Kladden, Handtücher, Lunchtüten, Tüten für Spirituosengeschäfte, Geburtstagskarten, Papiertücher, Milchtüten und Romane.

Durch die Industrieholzgewinnung verschaffte sich Maxwell Zugang zum lukrativen Holzhandel. Die Unkosten in dieser Branche waren überschaubar – ein paar hundert Dollar für Sägen, Ketten, Lastwagenreifen und Benzin für alles Maschinenbetriebene. Die Firmen, die Männer wie ihn vertraglich zu Holzlieferungen verpflichteten, waren auch für die Pachtverträge zuständig und schickten, bevor die Arbeiter anrückten, einen Holzfachmann, der die Bäume markieren sollte. Doch Maxwell brauchte kaum Hilfe. Er war im Wald ebenso zuverlässig wie im Steinbruch, übersah keinen einzigen markierten Baum und fällte nie einen, der stehen bleiben sollte. »Ich habe mich um alles gekümmert«, sagte der Geschäftsführer des Sägewerks Bama Wood mit Sitz in Montgomery. »Doch es war so, dass ich bei Maxwell nur eine kleine Stelle markieren musste. Er fällte die Bäume genau wie geheißen. Ich ging in den Wald hinaus, markierte ein Gebiet von ungefähr viertausend Quadratmetern und sagte dann zu ihm: ›Gut, Prediger, ich will, dass es so und so wird‹, und daran hielt er sich dann.«

Doch Industrieholzgewinnung und Sprengpulverplatzierung waren für Maxwell Nebenbeschäftigungen. Seine wahre Berufung sah er immer darin, »als Prediger das Evangelium zu verkünden«, wie er später unter Eid bezeugte. Er wurde 1962 in der Philippi Baptist Church in Keno ordiniert, einer Kirche, die einst die Philippi Methodist Church war, bis alle weißen Gottesdienstbesucher gestorben oder fortgezogen waren. Die Kirche war nach der römischen Stadt in Mazedonien benannt, die der heilige Paulus auf seiner zweiten Missionsreise besucht hatte; Jahre später schrieb er den Philippern aus dem Gefängnis einen Brief, in dem er sie vor falschen Predigern warnte. Diese Stelle aus dem *Neuen Testament* kannte Maxwell bestimmt – immerhin wurde er von seiner Gemeinde für seine gründlichen Bibelkenntnisse bewundert. »Er konnte ein Gebet so sprechen, dass alle ergriffen waren«, sagte ein Gemeindemitglied. »Er konnte singen und beten, und wenn es um die Bibel ging, kannte er sich aus.«

Seit seiner Ordinierung kannte man den Reverend Maxwell unter seinem Amtstitel, ganz gleich, ob er auf der Kanzel stand oder nicht. Sein rechtmäßiger Name lautete Willie Junior Maxwell; offizielle Dokumente unterschrieb er nicht so rechtmäßig mit W. J. Maxwell oder W. M. Maxwell oder Will Maxwell oder Willie Maxwell oder mit William ohne Mittelinitiale, doch fast alle nannten ihn Prediger oder Reverend. Seine Art, sich übertrieben zu kleiden, die für einen Steinbruch oder Holzplatz fehl am Platz war, passte zu einer heiligen Stätte, und seine unverkennbar seltsame Redeweise, die für den Alltag zu altmodisch und zu elegant war, verschaffte ihm auf den Kanzeln in Alabama Anerkennung – in der Mount-Zion-West-Baptistenkirche in Our Town, in der Union-No. 2-Baptistenkirche in Eclectic, der Mount-Gilead-Baptistenkirche in Newell, der Reeltown-Baptistenkirche in Notasulga und der Holly-Springs-Baptistenkirche in Springhill.

Als seine Predigten immer gefragter wurden, begann Maxwell, das Priesterseminar an der Selma University zu besuchen, ein schwarzes Bibelkolleg, das 1878 gegründet worden war und Tausende von Pastoren für die Alabama State Missionary Baptist Convention ausbildete, während ihr Ableger Kurse für Männer wie Maxwell anbot, die bereits als Geistliche tätig waren. Der Unterricht wurde im Keller der Montgomery's-Holt-Street-Baptistenkirche abgehalten, fünfzig Meilen südwestlich von Alex City, derjenigen Kirche, in der fünfzehn Jahre zuvor Reverend Martin Luther King jr. von Rosa Parks inspiriert zum Boykott der Segregation in den städtischen Bussen aufgerufen hatte.

1970 bekam Reverend Willie Maxwell eine Urkunde über sein Theologiestudium an der Selma University überreicht, das zwar seine Predigten verbesserte, an seiner finanziellen Lage jedoch nichts änderte. Pastoren wie Maxwell – Männern mit zwei Berufen, die gewillt waren, unter der Woche andere Arbeit zu tun, wenn die ländlichen Pfarreien keinen Vollzeitreverend bezahlen konnten – war es zum Teil zu verdanken, dass die Baptisten zur größten Konfessionsgemeinschaft Alabamas wurden. Doch auch trotz seiner Nebenjobs konnte der Reverend sich seinen exzessiven Lebensstil nicht leisten, der nicht allein auf ausgefallene Anzüge beschränkt blieb. Zusammen mit Mary Lou Maxwell war er in ein Backsteinhaus in Nixburg gezogen, eine Stadt am Highway 9 im Südwesten von Alex City, und schuldete der Bank von Dadeville Zehntausende von Dollar, der Citibank von Alabama ein paar Tausend Dollar und der Security Mutual Finance ein paar weitere Tausend Dollar. Er hatte Hypotheken aufgenommen und war schwer verschuldet, war mit der Finanzierung seines Wagens im Rückstand und mit seinen vielen Privatkonten bei den kleinen Läden rings um den Lake Martin im Verzug.

Um diese Schulden abtragen zu helfen, hatte Mary Lou mit ihrem Mann in den Russell Mills zu arbeiten begonnen. Das zusätzliche Geld war willkommen, änderte aber wenig an den Spannungen, die bei den Maxwells herrschten. Zu jener Zeit war das Paar zwanzig Jahre verheiratet, und die Belastung dieser Jahre zeigte sich. Mary Lou war schwerer und schwermütiger geworden; wer ihr nahestand, sah, dass sie unglücklich war, und obwohl es keine Anzeichen körperlichen Missbrauchs gab, war klar, dass ihr Mann andere Mittel gefunden hatte, um sie zu verletzen. Sich zu beklagen lag ihr nicht, doch das Wenige, was sie anderen anvertraute, genügte. »Sie hat mir oft von den Telefonanrufen erzählt, die er von verschiedenen Damen erhielt«, sagte Dorcas Anderson. »Die Damen wollten den Reverend Maxwell sprechen, und sie sagte jedes Mal, er sei nicht zu Hause, und dann dachten sie, das sei ein Versuch, sie von ihm fernzuhalten.«

Ein Geistlicher mag mehr Gründe haben als die meisten, Indiskretion zu vermeiden, doch hat er auch mehr Gelegenheiten, sie zu begehen. Die Pfarrgemeinden des Reverends lagen recht weit entfernt voneinander, weshalb er längere Zeit am Stück von seiner Frau fortbleiben konnte, und der Respekt zwischen Prediger und Gemeindemitglied erlaubte es, dass er anders als die meisten Männer zu fast jeder Frau nach Hause gehen und mit ihr allein sein konnte. Auch Anrufe zu allen Tages- und Nachtzeiten waren für einen Geistlichen, der sich um seine Schäfchen kümmerte, nichts Besonderes. Maxwell war nicht der erste Prediger, der seine Stellung ausnutzte oder sie als Tarnung verwendete, doch Mary Lou hatte die Nase endgültig voll. Was sie vor 1970 von den Affären ihres Mannes wusste oder ahnte, fand zu Beginn jenes Jahres unwiderlegbare Beweise. Am 21. Januar ging Reverend Maxwell zum Tallapoosa-County-Vormund-schaftsgericht, um ein sechs Wochen altes Kind rechtlich anzuerkennen: »Um besagtes Kind als mein eigenes anzuer-kennen, das wie ein ehelich geborenes Kind befähigt ist, mein Vermögen zu erben, sowohl Grund und Boden als auch persönlichen Besitz«, und um den Nachnamen des Mädchens durch seinen Nachnamen zu ersetzen.

Doch es war unwahrscheinlich, dass Mary Lou etwas gegen diese Entwicklung unternehmen würde, ganz gleich wie unglücklich sie darüber oder insgesamt war. »Verheiratet war verheiratet«, sagte eine ihrer Schwestern. Weder Ehe-bruch noch Insolvenz konnten Mary Lou dazu bringen, sich gegen ihren Ehemann zu entscheiden; sie würde nicht die-jenige sein, die die Ehe der Maxwells beendete.

Als die Polizisten in jener Augustnacht die Türen des Ford Fairlane öffneten, bot sich ihnen ein grausiges Bild. Die roten Tupfen auf Mary Lou Maxwells weißem Baumwoll-kleid waren vor lauter Blut kaum mehr zu sehen. Hände und Arme, Kopf und Brust waren blutüberströmt, und noch mehr Blut floss auf der Rückseite ihrer Beine hinunter. Überall hatte sie Schwellungen und Blutergüsse, im Gesicht auch Fleischwunden, ihr Kiefer war ausgerenkt, ihre Nase verschoben, und ihr fehlte ein Teil des linken Ohrs, das die Polizei dann vor dem hinteren Sitz auf dem Boden fand. Auch außen am Wagen war Blut – an der Fahrertür, an der Windschutzscheibe und an der Heckscheibe. Die Ermittlungen der Polizei ergaben, dass Mary Lou totgeprügelt worden war, und zwar irgendwann, bevor ihr Wagen am Highway 22 geparkt wurde.

Weil der Fall eigentlich nicht in den Zuständigkeitsbereich der Alexander City Police fiel, übergaben sie ihn an das Tallapoosa County Sheriff's Department und die Alabama State Troopers – die Landespolizei von Alabama. Ein paar Polizeibeamte fuhren zu Reverend Maxwell, um mit ihm zu reden, andere übernahmen die Untersuchungen vor Ort. Sie suchten den Wagen nach Spuren des Angreifers ab, sammelten Fasern aus dem Wageninneren und nahmen eine leere Kleenex-Schachtel und einen Splitthammer mit, die sie auf dem Rücksitz gefunden hatten. Dann gingen sie den Seitenstreifen entlang und hielten nach Fußspuren und Anzeichen für einen Kampf Ausschau. An einer Kirche ganz in der Nähe des Wagens fanden sie Blutstropfen in der Einfahrt, von denen sie ebenfalls Proben mitnahmen. Andere Polizeibeamte hatten Mary Lou Maxwells Leiche mittlerweile ins Armour Funeral Home gebracht, ein Bestattungsinstitut.

Gewalt hat die Tendenz, alles zu zerstören, außer sich selbst. Der Name von jemandem, der ermordet wurde, droht immer mit der Ermordung in eins gesetzt zu werden; der Tod eines Ermordeten droht immer, sein Leben zu verdunkeln. Dies galt ganz besonders für eine Schwarze in

Alabama, die wenig verdiente. Mary Lous Angehörige behielten ihr Nähtalent in Erinnerung, ihre Liebe zu ihrem Mann, ihre Geduld, ihren Glauben und ihre seelische Kraft, doch abgesehen von ihrer Geburtsurkunde, ihrer Heiratsurkunde und ihrem Totenschein besteht der einzig offizielle Beleg ihrer Existenz in einer verstörend genauen Schilderung ihres leblosen Körpers.

Außer den Fleischwunden und Schwellungen, die die Polizei bereits festgehalten hatte, fanden die amtlichen Leichenbeschauer noch einen ein Zentimeter großen blauen Fleck an Mary Lous Hals und Strangulationsmale sowie Sandkörner und Blattstückchen in ihrem Mund. Sand und Blätter fanden sich auch in den verkrusteten Blutflecken auf ihrem Kleid, und entlang der Mittellinie und des Saumes waren Fettflecken. Die Leichenbeschauer kamen zu dem Ergebnis, dass Mrs Maxwell zu Tode geprügelt worden war, nachdem jemand vergeblich versucht hatte, sie mit einem Strang oder Strick zu erdrosseln, und dass sie mit ihrem Angreifer gekämpft hatte und dann zu Boden gestürzt war. Nach der Obduktion schickten die Ermittlungsbeamten ihre Befunde samt aller Beweismittel vom Schauplatz des Verbrechens an das Department of Toxicology and Criminal Investigation der Auburn University.

Dieses Institut war seit fünfunddreißig Jahren Alabamas führendes Labor für Kriminaltechnik. Seine Gründung verdankte es einem Vorfall, der bald zu einem der infamsten Justizirrtümer der amerikanischen Geschichte werden sollte. Im März 1931 wurden neun schwarze Jungen – der jüngste war erst dreizehn Jahre alt, und keiner der neun war älter als neunzehn – beschuldigt, eine Weiße in einem Zug vergewaltigt zu haben. Alle neun wurden in drei übereilten Gerichtsverfahren in Scottsboro, Alabama, schuldig gesprochen und acht von ihnen zum Tode verurteilt, obwohl es keine stichhaltigen Indizien gab und eine Anklägerin später ihre Zeugenaussage zurückzog. Während die Jungen in den folgenden sechs Jahren im Gefängnis saßen – die meisten im Todestrakt –, schlängelte sich der Fall durch das Justizwesen: durch eine Reihe von Geschworenengerichten, die zu keinem einstimmigen Urteil gelangt waren, durch ergebnislose Prozesse, Wiederaufnahmeverfahren sowie zwei Gänge zum Supreme Court der Vereinigten Staaten. Im Jahr 1937 wurde die Anklage gegen ein paar der Angeklagten fallen gelassen; am Ende wurden alle Scottsboro-Jungen freigelassen, und Jahrzehnte später wurden die letzten drei posthum begnadigt.

Mitten in diesem Debakel nahm der Justizminister Thomas Knight Verbindung mit ein paar Toxikologen am Alabama Polytechnic Institute auf, aus dem später die Auburn University wurde. Knight meinte, die falsche Handhabung des Falls Scottsboro Boys hätte vermieden werden können, wenn die Behörden die Spuren wissenschaftlich gesichert und ausgewertet hätten. Als Gegenbeispiel führte er das gewissenhafte Verfahren an, das bei einem anderen höchst berüchtigten Kriminalfall der damaligen Zeit angewandt worden war und zur Verurteilung von Bruno Hauptmann geführt hatte, der den Sohn von Charles und Anne Morrow Lindbergh entführt und ermordet hatte. Dieser Fall setzte Standards, nach denen der Bundesstaat streben solle, fand Knight, und ermutigte Ankläger und Polizeibeamte in ganz Alabama, Beweismaterial an Dr. Hubert Nixon, einen Professor am Landwirtschaftslabor, und Dr. Carl Rehling, einen Chemieprofessor, zu schicken. Innerhalb weniger Jahre stellte das Parlament von Alabama dann offiziell Geldmittel für ein forensisches Sonderlabor bereit. »Wir bezwecken nicht, Schuld oder Unschuld zu beweisen«, sagte Dr. Rehling über das Labor, »sondern wollen die Fakten darlegen.«

Spätestens in den 1970er-Jahren beratschlagte das Department of Toxicology and Criminal Investigation in fast sechstausend Fällen pro Jahr und bot seine Hilfe bei Obduktionen, ballistischen Untersuchungen, Fingerabdrücken, Handschriftenanalysen, Mikroskopie und Fotografie an. Alle Beweismaterialien eines Verbrechens, das in Alabama begangen worden war, konnten an das Institut geschickt werden, wo sie von einem Team aus Chemikern, Gerichtsärzten, Kriminologen, Mikrobiologen, Technikern und Toxikologen unter die Lupe genommen wurden. Rehling nannte sich »Kriminalarzt« und seine Kollegen »Kriminalteam«. Ihre Berichte ersparten unschuldigen Verdächtigen für gewöhnlich die Haftstrafe oder die Todesstrafe und ermöglichten es Familien, deren Angehörige unter Umständen gestorben waren, die nur durch kriminaltechnische Untersuchungen zu klären waren, ihren Frieden wiederzufinden

Doch im Fall von Mary Lou Maxwell versagten der Kriminalarzt und sein Team in beidem. Als die Wissenschaftler in Auburn das Beweismaterial durchzuarbeiten begannen, waren sie derselben Meinung wie der Leichenbeschauer vor Ort und wie diejenigen, die am Schauplatz des Verbrechens ermittelt hatten: Dass Mary Lou erdrosselt und außerhalb ihres Wagens verprügelt worden war, wahrscheinlich in der Auffahrt der Kirche, denn das dort gefundene Blut konnte als ihr Blut identifiziert werden. Aber weder die Polizisten vor Ort noch die Hilfssheriffs noch die Landespolizei fanden jemals das Seil, mit dem sie nach Aussage des forensischen Teams mit Sicherheit stranguliert worden war, und als die Ermittler zurückkehrten, um das Haus des Reverends Maxwell zu durchsuchen, mussten sie feststellen, dass er seinen Müll vor Kurzem verbrannt hatte. Die Kriminaltechniker, die das Feuerfass untersuchten, konnten nur noch ein gesäumtes Stück Baumwollstoff und die Überreste von etwas mit einem Korbflechtmuster, vielleicht einen Strohhut oder eine Handtasche, identifizieren. Sie hatten die Vermutung, dass es sich um Kleider von Mrs Maxwell handelte oder vielleicht auch um die Kleidung des Reverends, die er am Tag des Mordes getragen hatte, doch es gab keine Möglichkeit, dies endgültig zu klären.

Weil physische Beweise fast völlig fehlten, begannen die Ermittler, die Leute in der Gegend nach dem Reverend Willie Maxwell zu befragen. Die Aussage seiner Nachbarin machte ihn zum Hauptverdächtigen, und ihr Kommentar über die Frauen, die dauernd bei Maxwell zu Hause anriefen, gewann an Glaubwürdigkeit, als sie ein paar der »Freundinnen« des Reverends identifizieren konnten, von denen eine, die in der alten Kellyton Road wohnte, einen nagelneuen Wagen fuhr, den er finanziert hatte – oder mit dessen Zahlung er im Rückstand war, denn die Polizei deckte auch auf, dass Maxwell beträchtliche Schulden hatte. Sie erfuhren, dass sein Privatleben wie bei so manchem Prediger nur wenig Ähnlichkeit mit den Vorstellungen hatte, die sich die Mitglieder seiner Gemeinde davon machten, und dass es in keiner Weise demjenigen ähnelte, das er in seinen Predigten pries.

Während die Polizei ihn überprüfte, machte der seit Kurzem arbeitslose und verwitwete Reverend sich daran, das zu tun, was man nach dem Tod des Ehepartners tut. Sein Anwalt Tom Radney half ihm bei den Vorbereitungen für die Beerdigung seiner Frau, und Maxwell beerdigte sie auf dem Friedhof der Peace-and-Goodwill-Baptistenkirche, nicht weit entfernt von ihrem gemeinsamen Haus in Nixburg.

Mary Lou hatte kein Testament und besaß nur einhundert Dollar, ein Vermögen würde er von ihr folglich nicht erben, doch ging er zum Nachlassgericht von Tallapoosa County, um die Einlösung ihres letzten Russell-Mills-Gehaltsschecks zu beantragen. Danach suchte er all ihre angefangenen Näharbeiten zusammen und brachte sie ihren Kunden zurück.

Als er das erledigt hatte, setzte sich Maxwell hin und schrieb einen Brief. »Sehr geehrter Herr«, begann er, »ich möchte Ihnen mitteilen, dass (Mary L. Maxwell) bei einem Autounfall am 3. August 1970 ums Leben kam.« Er fügte die Nummer einer Versicherungspolice hinzu, unterschrieb den Brief mit »Rev. W. M. Maxwell« und schickte ihn an die Old American Insurance Company. Besagte Police hatte eine bei Todesfall fällige Versicherungsleistung von fünfzehntausend Dollar, und Rev. W. M. Maxwell war der einzige Begünstigte. Er hatte die Versicherung für fünfundzwanzig Cent kurz vor dem Tod seiner Frau erworben – so kurzfristig, dass er die zwölf Doller, die er hätte aufwenden müssen, um sie zu erneuern, nie bezahlen musste. Der Brief, den der Reverend an die Old American schrieb, um das Geld ausbezahlt zu bekommen, war auf den 19. August 1970 datiert, einen Zeitpunkt, zu dem der Tod seiner Frau, auch wenn er dies nirgends vermerkte, zum Mord erklärt worden war – weswegen er unter Mordanklage stand.

3

Im Todesfall fällige Versicherungs-
leistungen

Bevor Leutnant Henry Farley den ersten Zehn-Inch-Mörser auf Fort Sumter abfeuerte, gab es in den Vereinigten Staaten kaum Lebensversicherungen. Es gab natürlich Sachversicherungen für Schiffe und Lagerhäuser und erschreckenderweise für Sklaven, doch selbst die Vollblutunternehmer in einem jungen, unternehmerischen Land hatten noch nicht herausgefunden, wie man Geld verdiente, indem man Leben versicherte. Um zu wissen, wie viel man Leuten bis zu ihrem Tod in Rechnung stellen konnte, musste man wissen, wie lange sie ungefähr leben würden, was ein Ding der Unmöglichkeit war, weil die Firmen nicht über versicherungsmathematische Daten verfügten. Damit man sich das Vertrauen der Verbraucher bewahrte, musste man über genügend Geld verfügen, um alle im Todesfall fälligen Versicherungsleistungen abdecken zu können, ganz gleich wie früh oder wie unerwartet das Ableben stattfand – was schwierig war, weil Kapital nur mühsam aufzubringen war. Der Bürgerkrieg löste beide Probleme, denn nicht nur die Todesart der Amerikaner änderte sich, sondern auch die Art und Weise, wie sie sich auf ihren Tod vorbereiteten. Als die Soldaten der

Union Army alle Erinnerungsstücke aus dem Haus in Appomattox fortgetragen hatten, in dem General Lee kapituliert hatte, brachen die Amerikaner beim Abschluss von Lebensversicherungen alle Rekorde.

Die Lebensversicherungsbranche war damals bereits Tausende von Jahren alt, auch wenn sie sich in den Vereinigten Staaten innerhalb von nur vier Jahren fest verwurzelt hatte. Ganz zu Anfang wirkten die Unternehmen jedoch keineswegs wie Firmen, die Policen verkauften, sondern eher wie Clubs, die Mitgliedschaften anboten. Im Römischen Reich taten sich die Menschen in Begräbnisgesellschaften zusammen, die Aufnahme- und Unterhaltsgebühren verlangten, die, wenn die Mitglieder starben, für die Beerdigungskosten verwendet wurden. In ähnlicher Weise sammelten religiöse Gruppen für trauernde Gemeindemitglieder Kollekten ein, um die Beerdigungskosten decken zu können und die Witwen und Waisen zu unterstützen. Es sollte noch Jahrhunderte dauern, bis diese Vereine zur Förderung gemeinsamer Interessen wie Finanzmärkte operierten, und bis es so weit war, musste eine Stadt brennen und eine weitere in Schutt und Asche zerfallen.

London war die Stadt, die niederbrannte. Nach einem langen trockenen Sommer ging eines Sonntagmorgens im Jahre 1666 die Pudding Lane in Flammen auf. Wie Zündhölzer in einem Zündholzbriefchen begannen die umliegenden Häuser eines nach dem anderen zu brennen und starker Wind trug das Feuer zur Themse, wo es auf Lagerhäuser traf, die voller Kohle, Schießpulver, Öl, Zucker, Schmierstoff, Terpentin und anderer leicht entzündlicher Stoffe waren. Am Montag fielen Glut und glühende Asche vom Himmel; am Dienstag hatte das Feuer das Bleidach der St. Paul's Cathedral und die Eisenschlösser der Stadttore zum Schmelzen gebracht. Am Mittwoch drehte der Wind, und die Lücken, die inzwischen geschlagen worden waren, indem man Gebäude am Rand der Katastrophe zerstört hatte, dämmten das Feuer ein. Doch das Große Feuer von London hatte bereits dreizehntausend Häuser zerstört und einhunderttausend Menschen obdachlos gemacht.

Einer derjenigen, die ein Vermögen am Wiederaufbau der Stadt verdienten, war ein zum Bauunternehmer gewordener ehemaliger Arzt mit dem passenden feurigen Namen Nicholas If-Christ-Had-Not-Died-for-Thee-Thou-Hadst-Been-Damned [Wenn-Christus-nicht-für-dich-gestorben-wäre-hättest-du-in-Verdammnis-gelebt] Barebone. (Den ermahnenden Namen hatte ihm sein Vater gegeben, der Millenarische Prediger Praise God – Lobegott – Barebone.) Er benutzte seinen beträchtlichen Gewinn für die Gründung eines »Insurance Office for Houses«, das eine eigene Feuerwehrmannschaft eingestellt hatte, um die Gebäude, die es versicherte, zu schützen – am Ende waren es fünftausend Häuser. In London war die treffende Abkürzung für den Doktor »Damned Barbone – Verdammter Barebone«, nicht nur wegen der Skrupellosigkeit, mit der er die Wohnbauvorschriften und den Widerstand der Ortsansässigen gegen seine Bauvorhaben ignorierte, sondern auch wegen der Gefühllosigkeit, mit der seine Feuerwehrleute ausschließlich auf Feuer in Wohnungen reagierten, in denen ein kleines Blechschild erkennen ließ, dass die Eigentümer Kunden waren. Barebones »Brandmale« vermehrten sich schon bald in der ganzen Stadt in den Fenstern im ersten Stock, und immer mehr Leute bezahlten gern ein wenig Geld in der Gegenwart, um sich gegen größere Risiken in der Zukunft abzusichern. Innerhalb von zehn Jahren trat Barebone mit einer neuen Erfindung auf diesem Gebiet hervor, die den Weg von der Brandversicherung zur Lebensversicherung ebnete: Um seine Versicherungspolicen zu finanzieren, schuf er eine Aktiengesellschaft. Zum ersten Mal konnten Kapitalanleger die Aktien einer Versicherungsgesellschaft kaufen und besitzen, so, wie sie bereits Aktieninhaber von Fabriken, Erzbergwerken und Gewürzhandelsfirmen waren.

Da die Versicherungsgesellschaften jetzt für Anleger attraktiv waren, konnten sie Kapital aufbringen. Doch der Wert eines Lebens war ungewiss – noch viel ungewisser als die schwankenden Preise von Safran oder Gold. Angenommen ein Bankier in Dover kaufte eine Police und lebte dann noch vier Jahrzehnte, dann würde er vierzig Jahre lang Versicherungsprämien bezahlt haben, lange genug für die Versicherungsgesellschaft, um der Bankierswitwe die gesamte, im Todesfall fällige Versicherungssumme auszahlen zu können und dennoch Gewinn zu machen. Doch angenommen derselbe Bankier führe direkt nach Abschluss der Lebensversicherung zu den weißen Klippen in Dover und ertränke dabei im Ärmelkanal, dann bekäme die Frau des Bankiers die fällige Summe zu einem Bruchteil der Kosten und die Versicherungsgesellschaft würde nicht nur keinerlei Gewinn machen, sondern einen erheblichen Verlust. Der Erfolg der Versicherungsgesellschaften hing davon ab, ob sie abschätzen konnten, welches Szenario wahrscheinlicher war: das Sterben aus Altersschwäche oder der Sturz von der Klippe – und zwar ohne über die geringste Information über Altern, Stürze oder die anderen unzähligen Todesarten zu verfügen.

Dass derlei Informationen nicht existierten, hatte zum Teil theologische Gründe. Gläubige Christen waren nicht dafür bestimmt, sich mit den Einzelheiten ihres Todes zu befassen. Wie Christus im Matthäusevangelium über den

Zeitpunkt seiner Wiederkehr erklärt: »Von dem Tage aber und von der Stunde weiß niemand, auch die Engel im Himmel nicht.« Gott, der über jeden Sperling wachte, würde für uns sorgen, und diese Sorge in Zweifel zu ziehen, indem man seine eigenen Vorbereitungen für sein Lebensende trifft, wurde als Mangel an Glauben betrachtet. Die Lebensversicherungsbranche war damit zwischen einer schwierigen Rechenaufgabe und Gott hin- und hergerissen.

Zu allem Übel war der Ruf der gesamten Versicherungsbranche auch noch durch den Verkauf spekulativer Policen befleckt worden, einer Praxis, die kaum von einem Wettspiel zu unterscheiden war. Man konnte spekulative Policen kaufen, deren Auszahlungen davon abhingen, ob ein bestimmtes Paar sich scheiden lassen würde oder wann jemand seine Jungfräulichkeit verlieren würde – oder, wie in einem berüchtigten Fall, ob ein wohlbekannter Transvestit und französischer Diplomat biologisch gesehen ein Mann oder eine Frau war. Solche Versicherungspolicen konnten heimlich erworben werden, ohne dass der Käufer Verbindung mit dem »Versicherten« zu haben brauchte. Diese zwielichtigen Praktiken, die mit dem offensichtlichen Anreiz einhergingen, jemanden, dessen Leben man versichert hatte, umzubringen, hatten Frankreich, Deutschland und Spanien dazu gebracht, Lebensversicherungen völlig zu verbieten. England hatte inzwischen die Richtlinie des versicherbaren Interesses erlassen, nach der eine Versicherungspolice nur an die Person verkauft werden konnte, die versichert werden wollte, oder an jemanden, der ein »Interesse« an dessen Leben hatte – das heißt interessiert daran war, dass derjenige am Leben blieb. Doch selbst diese Verbesserungen konnten die Versicherungsbranche nicht bereinigen. Sie begünstigten nur eine neue Art der Spekulation, bei der ältere, bedürftige oder kranke Versicherte ihre Versicherungspolicen an Kapitalanleger versteigerten, die je nach noch zu erwartender Lebensspanne boten.

Von den religiösen, mathematischen und das Ansehen betreffenden Hindernissen zur Etablierung einer Lebensversicherungsbranche wurde das mathematische Hindernis zuerst aus dem Weg geräumt. Jedermann wusste, dass der Tod zwar zu einem ungewissen Zeitpunkt eintrat, jedoch unvermeidlich war. Dennoch hatte vor dem 17. Jahrhundert niemand den Versuch unternommen, ihn systematisch zu erfassen oder auch nur die Lebensspanne einer bestimmten Bevölkerung oder bestimmter Berufe zu messen. Einer Versicherungsstatistik am nächsten kam damals die Bill of Mortality, eine schlimme britische Neuerung, bei der Listen der Pestopfer in den verschiedenen Gemeinden in England erstellt wurden. Im Jahr 1629 wies König Karl I seinen Klerus an, derartige Listen für alle Todesfälle anzulegen, nicht nur für die Pesttoten. Später, zur Zeit des Großen Brandes, ordnete John Graunt, ein Londoner Herrenausstatter, der sich nebenbei mit Demografie beschäftigte, diese Listen so, dass die Todesfälle von zwanzig Jahren einundachtzig Todesursachen zugeschrieben bekamen, und ermöglichte es damit festzustellen, wann ein Mensch höchstwahrscheinlich starb und woran.

Jetzt, wo die Versicherungsgesellschaften zum ersten Mal mit Informationen über die Bevölkerung bewaffnet waren, fand auch die Wahrscheinlichkeitsrechnung Eingang in ihre Arbeit, und schon bald half ihnen eine Naturkatastrophe dabei, ihr Problem mit der Religion zu entschärfen. An Allerheiligen im Jahr 1755 ereignete sich in Lissabon kurz vor zehn Uhr morgens eines der tödlichsten Erdbeben, die es je gab. Als das Beben – laut mancher Aufzeichnungen nach ganzen sechs Minuten – schließlich aufhörte, waren Zehntausende tot. Häuser und Kirchen waren eingestürzt, und in der Erde klafften fünf Meter breite Spalten. Wenig später zog sich das Wasser mit einem jähen Keuchen von Portugals Küste zurück und legte den Grund des Hafens frei. Scharen von erstaunten Schaulustigen waren herbeigeströmt und sahen alte Schiffswracks auf dem Meeresgrund, bevor das Meer eine Stunde später ausatmete und ein Tsunami über die Stadt fegte, der noch Tausende mehr tötete. Das Ausmaß der Tragödie war so groß, dass existierende Theodizeen unzureichend schienen und ganz Europa damit rang, die existenziellen Fragen zu beantworten, die die Katastrophe in Lissabon aufwarf.

Während dieses Ringens stellten die Theologen fest, dass sie mit Philosophen der Aufklärung wetteiferten, die das Erdbeben aufgriffen, um einen anderen Erklärungsansatz für das Wirken der Natur zu liefern. Wenn Erdbeben keine göttliche Strafe, sondern geologisch unvermeidlich waren, dann wäre es auch nicht gegen Gottes Plan, wenn man sich gegen den Tod versicherte, sondern entspräche einem frommen Weg, für die eigene Familie zu sorgen. Am Ende des 18. Jahrhunderts hatte dieser Gedanke in ganz Europa an Legitimität gewonnen. Als er einmal Fuß gefasst hatte, wurden religiöse Gruppen, die anfangs zu den heftigsten Gegnern von Lebensversicherungen gehörten, zu ihren stärksten Verfechtern, die manchmal sogar konfessionelle Fonds gründeten und Policen an ihre Mitglieder verkauften.

Diese Praxis verbreitete sich schließlich bis in die Vereinigten Staaten, wo selbst heute Millionen Amerikaner ihre Lebensversicherung bei konfessionell gebundenen Firmen erwerben, beispielsweise bei der Catholic Financial Life und der Thrivent Financial für Lutheraner. Doch solche Entwicklungen zeichneten sich seit Langem ab. Im Gegensatz zu Europa, wo es im 18. Jahrhundert bereits seit Jahrzehnten Sterberegister gab, hatte das koloniale Amerika kaum verlässliche Informationen über die Lebenserwartung seiner Bevölkerung, was es den Versicherungsgesellschaften erschwerte, Preise festzulegen und die Haftung für die Versicherungspolicen zu übernehmen. Als sie dann versuchten, Lebensversicherungen anzubieten, wollten oft zu viele Begünstigte gleichzeitig ausbezahlt werden, und dafür reichte das Geld der Versicherungsgesellschaften nicht aus.

Außerdem blieb die amerikanische Lebensversicherungsbranche außergewöhnlich anfällig für Betrug, obwohl die meisten Staaten ein versicherbares Interesse verlangten. Manche Policeninhaber logen von Anfang an, indem sie bei der Altersangabe flunkerten oder ihre Krankengeschichte fälschten. Andere logen später, indem sie die Vertragsbedingungen verletzten und in Sperrgebiete (beispielsweise in den malariaverseuchten Süden) oder mit unerlaubten Verkehrsmitteln (mit der Eisenbahn, ohne die entsprechende Zusatzklausel) reisten. Wieder andere logen zum Schluss, indem sie ihren eigenen Tod vortäuschten oder ihren Selbstmord als Unfall tarnten. Aber solche Lügen zu benennen war heikel. Einen Anspruch anzufechten war teuer, und ein Rechtsstreit führte nur selten zu einer Verweigerung der Deckungssumme, weil die Geschworenen wahrscheinlich eher die eigenen Policen ausbezahlt haben wollten, als sich um die Gewinnspanne der Versicherungsgesellschaften zu scheren. Beäugt von einer skeptischen Öffentlichkeit, die besorgt war, ihre eigenen Erben könnten ebenfalls betrogen werden, setzte eine Versicherungsgesellschaft überdies ihren guten Ruf aufs Spiel, wenn sie ihre Gewinne einbehielt, indem sie betrügerische Ansprüche ablehnte – sagen wir die eines Vaters, der seine Krankheitsgeschichte nicht offen dargelegt hatte, oder eines Ehemanns, der ein paar Tage vor seinem Tod Arsen gekauft hatte.

Wenn diese Firmen versuchten zu expandieren, kamen sie durch eigene Fehlurteile sogar noch mehr mit Betrug in Berührung. Um mehr Provision einzukassieren, ratifizierten manche Versicherungsvertreter Policen zu leichtfertig, während Manager Kapital riskant anlegten, um höhere Gewinne zu erzielen. Sich auf Neuland zu begeben bedeutete, dass neue Versicherungsvertreter gefunden werden mussten, die nicht alle gewissenhaft waren, und je mehr sich eine Firma geografisch ausbreitete, desto weniger wusste sie über die Herkunft, das Leben und den möglichen Tod ihrer zukünftigen Kunden, sodass jegliche Art von Schiedsspruch schwierig wurde. Die Zunahme postalischer Dienstleistungen ermöglichte in der zweiten Hälfte des 19. Jahrhunderts den Verkauf, aber auch den Betrug per Post, und zwar auf beiden Seiten: nicht existierende Firmen konnten nicht existierende Policen per Post vertreiben, während skrupellose Kunden sich Policen kommen lassen konnten, für die sie bei persönlicher Vorstellung nie infrage gekommen wären.

Einzelne Bundesstaaten versuchten, die Verbraucher zu schützen, indem sie von den Firmen Sicherheitsleistungen verlangten und deren Investitionen beschränkten. Doch diese Schutzmaßnahmen verlangsamten wiederum die Verkäufe, weil jeder einzelne Schritt des Verfahrens mehr Sorgfalt erforderte und die Kapitalerträge senkte und so die Firmen nicht mehr die Freiheit besaßen, Risiken einzugehen, die ihre Aktien hätten steigen lassen. Da die Versicherungsfirmen nicht mehr so viele Policen verkaufen konnten, mussten sie die Risiken auf eine kleinere Gesamtzahl umlegen, was es schwierig machte, weiter rentabel zu arbeiten.

Dadurch, dass sich die Branche schließlich von Aktienge-
sellschaften, die im Besitz von Anlegern waren, zu Versicherungsgesellschaften wandelten, die im Besitz der Versicherten selbst waren, konnten sich die Gesellschaften aus dem
Kapitalspiel befreien; statt Kapitalanleger anzulocken, mussten sie nur Kunden finden. Die Möglichkeit dazu verschaffte
ihnen das Gemetzel des Bürgerkriegs, der in den Vereinigten
Staaten bewerkstelligte, was Erdbeben und Brände in Europa zustande gebracht hatten, nämlich im ganzen Land ein
Gefühl der Angst und unausweichlichen Pflicht zu verbreiten, das den Bedarf an Lebensversicherungen in schwin-
delnde Höhen trieb. Der Gesamtwert der Policen stieg von
160 Millionen Dollar im Jahr 1862 auf unglaubliche 1,3 Milliarden im Jahr 1870. Binnen fünfzig Jahren gab es fast so
viele Lebensversicherungspolicen wie Amerikaner.

Mit diesem Größenwachstum wuchs auch der Betrug. Als
der Reverend Willie Maxwell begann, Lebensversicherungen
zu kaufen, war die Branche so wild wie früher der Westen:
groß, gesetzlos und gewinnbringend für Leichenbestatter. In
Zeitungen und Zeitschriften wurde Reklame für Versicherungspolicen mit beschränkter Laufzeit gemacht, Flugver-
sicherungen wurden für unter einen Dollar an Automaten
an Flughäfen verkauft, und örtliche Versicherungsvertreter
gingen von Tür zu Tür und boten Policen zu Gebühren an,
die mit Pennys und Dimes in Raten bezahlt werden konnten.
Weil Lebensversicherungen so wenig kosteten und man sie
auf so vielerlei Arten erwerben konnte, ohne genauerer Prü-
fung unterzogen zu werden, nahmen die Täuschungsma-
növer zu. Bei Abschluss fanden kaum ärztliche Untersuchungen statt, und im Todesfall bedurfte es keiner Obduktion.
Dies öffnete allen möglichen Machenschaften Tor und Tür,

von der Beschönigung gesundheitlicher Details über Unterschriftenfälschung auf einer Police bis hin zur Vortäuschung eines Todes – oder, noch schlimmer, bis hin zu Ermordungen. Auch wenn *Frau ohne Gewissen* (1944), *Wenn der Postmann zweimal klingelt* (1946) und *Rächer der Unterwelt* (1946) keine Dokumentarfilme waren, handelten sie von Verbrechen, die damals gängig waren: Versicherungsvertreter wurden Komplizen bei der Ermordung von Versicherungsnehmern, Begünstigte wurden zu Mördern und Versicherungsprüfer wurden zu Detektiven, die neben den offiziell Zuständigen zur Aufklärung von Mordfällen beitrugen.

Landesweit waren die Zeitungen voll von solchen Geschichten. Versicherungsbetrug war so weit verbreitet, dass ein anderer Willie Maxwell, der im selben Jahr geboren wurde wie der Reverend, jedoch in Florida lebte, Schlagzeilen machte, nachdem ein Mann, den er nach eigener Aussage getötet hatte, ein paar Wochen später lebendig aufgefunden wurde. Es stellte sich heraus, dass drei Personen eine krumme Tour gedreht hatten, wobei ein Skelett an der Küste zurückgelassen worden war, sodass der andere Maxwell einen Mord gestehen konnte; danach konnte der Cousin des Toten die Lebensversicherung einstreichen, woraufhin das angebliche Opfer wiederauferstand. In einem ähnlichen Fall wurde 1957 ein Bestattungsunternehmer in Alexander City wegen Mordes verurteilt, als ein älterer Mann, für den er eine Versicherung besaß, verbrannt aufgefunden worden war. Fred Hutchinson, der Besitzer des House of Hutchinson, eines der dortigen Bestattungsinstitute für Schwarze, geriet in Verdacht, als er James Hunts Leichnam noch am selben Tag beerdigte. Später sagte ein Angestellter des Bestattungsinstituts aus, er habe Hunt betrunken gemacht und danach sein Haus angezündet, wofür er etwas von den siebentausend Dollar erhalten habe, die Hutchinson auf die Versicherungspolicen ausbezahlt bekommen würde, die er drei Wochen zuvor auf Hunt abgeschlossen hatte.

Dies lässt darauf schließen, dass es erstaunlich einfach war, eine Versicherung auf andere Menschen abzuschließen, ohne dass diese davon wussten, und Reverend Willie Maxwell begann irgendwann damit, sich dies zur Gewohnheit zu machen. Im Jahr 1970 besaß er unter anderem Policen auf seine Frau, seine Mutter, seine Brüder, seine Tanten, seine Nichten, seine Neffen und auf die neugeborene Tochter, die er gerade rechtlich anerkannt hatte. Zwar unterschieden sich die Namen auf den Policen, die Adresse war jedoch immer dieselbe, und der Begünstigte ebenfalls: Reverend Willie Maxwell. Einer der örtlichen Versicherungsvertreter in Alex City besuchte Maxwell regelmäßig zu Hause, doch der Reverend bestellte auch Policen per Post, füllte die Formulare aus, die man ihm zwischen Zeitungs- und Zeitschriftenseiten hatte zukommen lassen, und schickte sie dann nach Kansas, Kalifornien, Florida, Nebraska, Pennsylvania und in Städte in ganz Alabama. Zu den Formularen legte er Schecks mit dem ersten Versicherungsbeitrag – der normalerweise unter einem Dollar lag. Die Versicherungspolicen reichten von ein paar hundert bis zu Zehntausenden von Dollar und gehörten unter anderem der Imperial Casualty & Indemnity Company, der Bankers Life and Casualty Company, der Old American Insurance Company, der Fidelity Interstate Life Insurance Company, der Allstate Life Insurance Company, der Pennsylvania Life Insurance, der Beneficial Standard, der Booker T. Washington, der Minnesota Mutual Life, der United of Omaha und der Independent Life and Accident Insurance Company.

Viele dieser Versicherungsgesellschaften hatten Versicherungspolicen, die auf die Frau des Reverends ausgestellt waren, und als er begann, sie nach ihrem Tod zu kontaktieren, schlug ihm mehr als der übliche bürokratische Widerstand entgegen. Mary Lou Maxwells Tod war zum Mord erklärt worden, und genau wie die Polizei behandeln Versicherungsgesellschaften Ehegatten als Verdächtige – besonders einen Ehemann, der ein paar Wochen vor der Ermordung seiner Frau eine beträchtliche Anzahl an Policen auf sie ausstellen ließ. Maxwell war zwar in einer schwierigen Lage, doch die Lage, in der sich die Versicherungen bald darauf befanden, war noch schlimmer: Kurz nachdem der Reverend wegen Mordes an seiner Frau verhaftet worden war, wurde das Verfahren aus Mangel an Beweisen eingestellt.

Wie so oft kam Maxwell genau zum richtigen Zeitpunkt. Er war am Montag, den 10. August, angeklagt worden, und fünf Tage später bestätigte das Große Geschworenengericht die Anklage, die auf Mord lautete. Doch zufälligerweise kämpfte der Bezirksstaatsanwalt, der die Anklage erhob, seit Jahren mit Alkoholismus, stand kurz davor, wegen nicht genehmigter Ausgaben von Bundesstaatsgeldern angeklagt zu werden, und hatte Anfang des Jahres bei seiner Kampagne zur Wiederwahl eine Niederlage erlebt. Weil der Staatsanwalt Thomas F. Young keinen Anreiz hatte, sich ins Zeug zu legen, war es alles in allem wahrscheinlich der beste Zeitpunkt in der Geschichte, um im Fünften Gerichtsbezirk von Alabama vor Gericht zu erscheinen. Da das damalige Gerichtswesen sich nicht besonders für häusliche Gewalt oder Verbrechen unter Schwarzen interessierte, war es unglückseligerweise besonders leicht, die Klage gegen Maxwell abzuweisen oder gar nicht erst zu führen.

Ein paar Polizisten interessierten sich jedoch weiterhin für den Fall, vor allem Herman Chapman vom Alabama Bureau of Investigation (ABI), dessen Hartnäckigkeit ihm den Spitznamen »Bear Tracker« – »Bärenfährtenleser« eingebracht hatte. Chapman, der Sohn eines einarmigen Polizeipräsidenten aus Clay County, hatte bereits zwanzig Jahre Erfahrung als Polizist – erst im Zweiten Weltkrieg bei der Militärpolizei und dann bei der Alabama Highway Patrol – und ließ einen Fall nicht gern ungelöst liegen. Während das Gericht unentschlossen war, setzten Chapman und Byron Prescott, ein anderer ABI-Ermittler, der später das Department of Public Safety übernahm, die Untersuchungen fort, sammelten weiteres Beweismaterial vom Schauplatz des Verbrechens und weitere Zeugenaussagen von denjenigen, die den Reverend kannten. Gestützt auf dieses zusätzliche Beweismaterial reichte das forensische Labor in Auburn Anfang Oktober einen neuen Bericht ein.

Als Charles Aaron im Januar 1971 das Amt des Bezirksstaatsanwalts übernahm, versuchte er sofort, von Neuem Anklage gegen Maxwell zu erheben, doch das Große Geschworenengericht von Tallapoosa County versäumte es, den Anklagebeschluss weiterzureichen. Obwohl das gute Nachrichten für Maxwell und Tom Radney waren, hatten beide Besseres zu tun, als zu feiern. Sie wussten, dass es nur eine Frage der Zeit war, bis der Fall *Bundesstaat Alabama gegen Willie J. Maxwell* wieder auf dem Terminplan stehen würde, und bis dahin hatten sie eine Menge im Todesfall fällige Versicherungsleistungen einzusammeln.

Während die Staatsanwaltschaft ihr Beweismaterial zusammentrug, machten sich der Reverend und Radney daran, in Zivilverfahren gegen diejenigen Versicherungen zu klagen, die sich zu zahlen weigerten, in der Hoffnung, die Abrechnungen zu erzwingen, bevor ein weiteres Großes Geschworenengericht Beweise gegen Maxwell aufnehmen konnte. Beide wussten, dass ein trauernder Witwer als Kläger besser dastand als jemand, der wegen Mordes angeklagt war. Radney erhob Klage gegen die Versicherungsfirmen Fidelity, Beneficial Standard und Independent Life and Accident. Der Anwalt von Independent erhob im Mai Einspruch und bestand darauf, dass Mary Lous Tod kein Unfall gewesen sei und die Unfalltodbestimmung ihrer Versicherungspolice daher nicht anwendbar. Der Anwalt der Fidelity beantragte im Juli eine Vertagung, weil, wie er behauptete, der neue Bezirksstaatsanwalt angedeutet habe, dass in der ersten Augustwoche ein Großes Geschworenengericht aus der Liste ausgewählt werden würde, das nochmals versuchen würde, den Reverend unter Mordanklage zu stellen. Vor dem Richter des Berufungsgerichts machte der Fidelity-Anwalt geltend, dass die Police bald ungültig werde, weil den Begünstigten eine Anklage wegen Mordes erwarte. Doch der Richter ließ sich nicht überzeugen und lehnte den Antrag ab. Daraufhin ergriffen die Geschworenen die Partei des Reverends und gewährten ihm die gesamte im Todesfall fällig werdende Versicherungssumme.

Zwar hatte die Fidelity-Versicherungsgesellschaft im Juli verloren, doch ihr Anwalt sollte drei Wochen später teilweise recht behalten: Am 6. August 1971, fast auf den Tag genau ein Jahr nachdem seine Frau am Highway 22 tot aufgefunden worden war, erhob ein Großes Geschworenengericht gegen Reverend Willie Maxwell Anklage wegen Mordes. Tom Radney meisterte die Anklageerhebung und die Anhörung und noch etwas anderes: Er willigte ein, eine von Maxwells »befreundeten Damen« zu vertreten, die ebenfalls in Verbindung mit dem Mord angeklagt wurde: eine Frau namens Ophelia Burns. Sie wurde beschuldigt, dabei geholfen zu haben, die Frau des Reverends an der Kirche aus dem Hinterhalt zu überfallen oder ihm in jener Nacht zumindest geholfen zu haben, seinen Wagen oder den seiner Frau fortzuschaffen. Am Ende wurden zwar beide angeklagt, aber nur der Reverend Maxwell musste sich dem Geschworenengericht stellen. Sein Prozess begann fast genau eine Woche später bei drückender Augusthitze. Aus den etwa hundert geladenen Bewohnern wurden zwölf Geschworene ausgewählt. Die Staatsanwaltschaft lud 22 Zeugen vor, und die Verteidigung 17. Doch der Prozess dauerte nicht einmal einen Tag.

Falls die Staatsanwaltschaft je die geringste Chance gehabt hatte, so löste sich diese Chance in Luft auf, als Dorcas Anderson, die Nachbarin des Reverends, in den Zeugenstand trat. Bei ihrer früheren Zeugenaussage hatte Anderson zwei Dinge geschworen: erstens, dass Mary Lou Maxwell in der Mordnacht einen Anruf vom Reverend bekommen habe, in dem er ihr mitteilte, er habe einen Unfall gehabt, und dass sie ihn daraufhin abgeholt habe. Zweitens, dass der Reverend in jener Nacht allein und sehr spät zurückgekehrt sei, und dass sein Wagen keine Schäden gehabt habe. Doch wie Captain Chapman später beklagte, »erzählte Anderson dem Gericht eine völlig andere Geschichte«.

Beim Prozess erklärte Dorcas Anderson unter Eid, sie könne sich an keine ihrer außergerichtlichen Aussagen erinnern. Statt zu bezeugen, dass sie eine verängstigte Frau gesehen hatte, die nach einem verzweifelten Telefonanruf ihres Mannes aus dem Haus rannte, oder zu schildern, dass der Reverend in jener Nacht nicht da war und sein Wagen in tadellosem Zustand war, als er endlich zurückkam, verschaffte Anderson ihrem Nachbarn ein Alibi. Verblüfft und wütend mussten die Polizeibeamten, die sie einst verhört hatten, miterleben, dass Anderson schwor, der Reverend könne nicht derjenige gewesen sein, der seiner Frau auf dem dunklen Highway begegnet sei, weil er sich nicht in der Nähe des Tatorts aufgehalten habe, an dem der brutale Mord stattgefunden habe. Bewaffnet mit ihrer revidierten – oder meineidigen, wie die Polizei sich ausdrückte – Zeugenaussage und in Abwesenheit jeglicher Beweisstücke hörte Maxwell zu, wie einer seiner Nachbarn den Freispruch des Geschworenengerichts verlas, und Bezirksstaatsanwalt Aaron sah den Reverend wieder einmal als freien Mann von dannen ziehen.

Nach dem Freispruch arbeitete Tom Radney an den Zivilverfahren weiter. Der Reverend hatte sich einverstanden erklärt, ihm die Hälfte jeder ihm vom Gericht zugesprochenen Versicherungssumme zu bezahlen. Also verfolgte der Anwalt jede einzelne Firma, die das Leben von Mary Lou Maxwell versichert hatte. Für eine Police nach der anderen erwirkte er die Auszahlung, einerseits, weil er ein begabter Anwalt war, aber auch, weil die Fakten auf seiner Seite waren, zumindest was die gerichtliche Seite anbelangte. Da Maxwell nicht verurteilt worden war, liefen die Andeutungen der Versicherungsgesellschaften, er habe seine Frau getötet, ins Leere, und ihr Einwand, dass Mord kein Unfalltod sei, fand bei den Geschworenen noch weniger Anklang.

Im Oktober 1971 hatte Radney nur noch drei nicht ausgezahlte Policen, alle bei der Independent Life and Accident, die die Zahlungen immer noch verweigerte, weil der Reverend die Policen erst ein paar Tage vor der Ermordung seiner Frau erworben hatte. Radney wollte die Independent-Versicherungsgesellschaft ebenfalls vor Gericht bringen, doch hier traf seine übliche Strategie auf Gegenwehr. Konfrontiert mit einer Beschränkung, an die er als Anwalt nicht gewohnt war, schrieb er einem Freund und Kollegen und bat ihn um Hilfe. Dieser Freund hatte seine Kanzlei in der Bundeshauptstadt, und Radney fragte ihn, ob er, sein Freund, nicht für ihn im Montgomery County gegen die Versicherungsgesellschaft prozessieren könne, weil Radney selbst, wie er seinem Freund gestand, »die Geschworenengerichte im Tallapoosa County mit dem Reverend Mr Maxwell reichlich strapaziert hatte«.

4

Siebter Sohn eines siebten Sohnes

Ein Mann, der beschuldigt wird, seine Frau getötet zu haben, findet sehr wahrscheinlich keine zweite Frau. Der hehre Ruf, der Willie Maxwell am Lake Martin vor Mary Lous Tod vorauseilte, zerfiel, als er wegen Mordes angeklagt wurde. Der redegewandte, ungewöhnlich elegante Mann Gottes schien auf einmal verdächtig und schäbig. Alle vier Kirchen, in denen er gepredigt hatte, entließen ihn, und als er eingeladen wurde, drüben im Pike County in der Holly-Springs-Baptistenkirche wieder zu predigen, gingen die Leute, die näher an seiner Heimatgemeinde wohnten, davon aus, dass die Kirchengemeinde dort nicht über ihn Bescheid wusste. Es war jedoch auch möglich, dass ein Mann, der ein Geschworenengericht von seiner Unschuld überzeugen konnte, auch imstande war, eine Gemeinde zu überzeugen, und dass die dortigen Gemeindemitglieder, da keine Verurteilung stattgefunden hatte, lieber glaubten, ein Geistlicher könne kein Mörder sein. Zumindest einen Menschen hatte der Reverend mit Sicherheit von seiner Unschuld überzeugt. Im November 1971, kaum fünfzehn Monate nachdem man Mary Lous Leiche gefunden hatte und nur vier Monate nachdem er von ihrer Ermordung freigesprochen worden war, heiratete Reverend Maxwell erneut: seine Nachbarin Dorcas Anderson, die angehende Schlüsselzeugin der Anklage.

Die zweite Mrs Maxwell war 1944 als Dorcas Duncan im Tallapoosa County geboren worden und hatte ihren neuen Ehemann schon länger gekannt oder vom Hörensagen von ihm gewusst. Seit sie ein Teenager war, waren die Predigten des Reverends am Lake Martin berühmt. Als sie mit ihrem ersten Mann ins Nachbarhaus der Maxwells in Nixburg zog, hatte sie also längst von ihm gehört. Abram Anderson war wie der Reverend im Coosa County geboren und aufgewachsen, hatte in der Armee gedient und war dann nach Alabama zurückgekehrt und hatte Arbeit in einer Textilfabrik gefunden. Was er dort verdiente, war für den Lebensunterhalt seiner Frau und seiner beiden kleinen Kinder gedacht, doch wurde sein Leben und das seiner Familie tragisch aus der Bahn geworfen, als bei ihm amyotrophe Lateralsklerose – ALS – diagnostiziert wurde. Dorcas, die erst Anfang zwanzig war und zwei kleine Jungen hatte, pflegte ihn rund um die Uhr.

Diese Erfahrung war leidvoll genug, und nach Mary Lous Ermordung sprachen Dorcas und der Reverend mehr und mehr miteinander. Obwohl sie achtzehn Jahre jünger war als er, hatten sie viele Gemeinsamkeiten. Sie hatte zwei kleine Söhne, er hatte eine kleine Tochter, die jedoch nicht von Mary Lou war. Er hatte seine Frau verloren, während sie zusehen musste, wie ALS den Körper ihres Mannes verwüstete: Die Krankheit hatte ihn bereits in den Rollstuhl gezwungen und würde ihn bis zu seinem Tod noch weiter auszehren. Die Ärzte gingen davon aus, dass Abram noch mindestens ein paar Jahre leben würde, doch am letzten Februartag 1971, kurz nachdem das Große Geschworenengericht zusammengekommen war, um die Anklage gegen den Reverend zu hören, kam er ins Veterans Administration Krankenhaus in Tuskegee und starb dort drei Monate später mit fünfunddreißig Jahren. Auf Abrams Totenschein stand als Todesursache Lungenentzündung, man hatte jedoch keine Obduktion vorgenommen, und als der Reverend Dorcas noch im selben Jahr heiratete, fingen die Leute an zu reden.

Wegen des Altersunterschieds (Dorcas war siebenundzwanzig und der Reverend war sechsundvierzig), aber auch wegen der Schnelligkeit, mit der der Witwer und die Witwe ihren Kummer überwunden hatten (Maxwell war kaum ein Jahr verwitwet, Dorcas erst ein paar Monate). Vor allem jedoch machte der auffallend günstige Zeitpunkt von Abrams Tod die Leute misstrauisch. Manche behaupteten, Maxwell habe den Mann mit Frostschutzmitteln oder Einbalsamierungsmitteln vergiftet, doch die meisten hatten eine andere Theorie. Nach Abram Andersons Tod begannen sich die Gerüchte über Voodoo auszubreiten.

Das Wort »Voodoo« gelangte ebenso wie die Praxis von weit her in den Süden, auf dem Landweg aus Hafenstädten wie Mobile und New Orleans, wohin es aus Übersee gekommen war, aus Togo und Benin, wo es in der Fon-Sprache des Königreichs Dahomey »Geist« oder »Gottheit« bedeutet. Es war vor allem über Zeitungs- und Reiseberichte früher Forschungsreisender nach Europa gekommen und dort in unterschiedlicher Weise zu »Veadeau«, »Vaudoux«, »Vudu«, »Voudoo«, »Voudon« und »Vodoun« verstümmelt worden. Nach Amerika jedoch kam das Wort durch diejenigen, die Voodoo ausübten: Männer und Frauen vom afrikanischen Kontinent, die in Ketten in die Vereinigten Staaten gebracht worden waren, manchmal nach ein, zwei Generationen Sklaverei in der Karibik. Weil die geschichtlichen Anfänge des Voodoo von der dominanten Kultur in Amerika, die den Versklavten verbot, ihre eigene Religion auszuüben, sie zwang zu konvertieren und für jede spirituelle Handlung bestrafte, erfolgreich ausgelöscht wurden, weiß keiner, wann genau Voodoo nach Amerika kam.

Bereits 1782 war Voodoo so gefürchtet, dass Barnardo de Gálvez, der Gouverneur von Louisiana, den Kauf von Sklaven aus Martinique verbot, mit der Begründung, sie seien »zu sehr an den Voodoo-Kult gewöhnt und machten das Leben der Bürger unsicher«. Damals war Voodoo bereits auf dem besten Weg, ein negativ besetzter Ausdruck zu werden, und die Glaubensrichtungen und Praktiken – bekannt unter Namen wie »Hoodoo«, »Obeah«, »Conjure« [Zauberei], Volksmedizin und »Root working« [Kräutermagie] – obwohl sie nicht ganz dasselbe bedeuten – wurden zusehends als illegal betrachtet und als kriminell abgestempelt. Im 19. Jahrhundert war Voodoo zu einem kulturellen Schreckgespenst geworden, zu einer Abkürzung für alles Mögliche, von Orgien bis zu Menschenopfern; im 20. Jahrhundert wurde es dann zur Kinogroteske und war auf Folterpuppen und Zombies zusammengeschrumpft. Viele Voodoo-Rituale waren auch nach der Sklavenbefreiung noch lange verboten, und die Feindseligkeit der Polizisten gegen diejenigen, die an Voodoo glauben und es ausüben, gibt es sogar noch heute.

Früher teilten die meisten Anthropologen und Historiker die allgemeinen Vorurteile und interessierten sich entweder nicht für afrikanische Spiritualität und Voodoo oder standen ihnen sogar feindselig gegenüber. Eine der ersten Gelehrten, die Voodoo ernst nahmen, war eine Absolventin der Columbia University, die im Süden geboren und aufgewachsen war und sich danach sehnte, dorthin zurückzukehren, um die Volkskultur zu dokumentieren: die Schriftstellerin Zora Neale Hurston, die vor allem mit ihren Romanen bekannt wurde, die sie später veröffentlichte – unter anderem *Vor ihren Augen sahen sie Gott*. Im Winter 1927 stieg Hurston in New York in den Zug nach Mobile und bereiste von dort aus die schwarzen Städte und Dörfer des Südens.

Sie fuhr einen Nash, den sie Sassy Susie nannte, und hatte eine verchromte Pistole im Koffer. Sie folgte, wie sie es nannte, »der Dixielandkarte auf meiner Zunge« und zeichnete die besten Geschichten, Rezepte, Redewendungen, Lieder und Gebräuche im Jargon der Sprecher auf, die ihr als Quellen dienten. Hurston äußerte sich aufrichtig über die Hindernisse, die sich ihr bei der Erforschung ihres Themas entgegenstellten. »Niemand weiß genau, wie viele Tausend sich in Amerika am Feuer von Hoodoo wärmen«, schrieb sie, »weil der Kult geheim gehalten wird. Er ist keine Glaubensrichtung, die das Land anerkennt, deshalb verheimlichen die Gläubigen ihren Glauben. Brüder vor ihren Schwestern, Ehemänner vor ihren Ehefrauen. Keiner kann sagen, wo Anfang und Ende sind. Die Wörter dringen nur aus den Mündern, wenn sie auf Ohren treffen, die ihnen wohlgesonnen sind und Verständnis für sie haben.«

Ein Anzeichen für das Schweigen, das Voodoo umgab, war, dass selbst Hurston bis an die äußerste Grenze gehen musste, bevor ihre Informanten willens waren, mit ihr zu reden. Ein Voodoo-Praktizierender verlangte von ihr, sich einer Reihe von Tests zu unterziehen, bevor er auch nur ein einziges seiner Geheimnisse mit ihr teilte: Sie musste ihm drei Schlangenhäute schenken, Blut aus ihrem Finger in eine Tasse mit Blut von fünf anderen Novizen träufeln und helfen, ein schwarzes Schaf zu schlachten. Pastor George Simms, dessen Kunden ihn unter dem Namen Frizzly Rooster – Krauser Hahn – kannten, verkaufte Hurston seine Pulver und Mittelchen, sagte ihr aber erst nach einer Initiation bei Kerzenlicht, wie sie einzunehmen waren. Hurston begriff schnell, dass Außenstehende Voodoo so lange voller Angst und Misstrauen betrachtet hatten, dass die Eingeweihten sich jetzt revanchierten.

Die Geheimhaltung, die dabei herauskam, schreckte die meisten Gelehrten ab, doch ein paar Jahre nachdem Zora Neale Hurston sich in den Süden begeben hatte, unternahm Harry Middleton Hyatt, ein weißer Pfarrer der Episkopalkirche, eine ähnliche Reise, auf der er Material für sein Buch *Hoodoo – Conjuration – Witchcraft – Rootwork* sammelte, das zum Schluss fünf Bände umfasste. Hyatt fuhr jahrelang durch Alabama, Arkansas, Florida, Georgia, Illinois, Louisiana, Maryland, Mississippi, North Carolina, South Carolina, Tennessee und Virginia und nahm über tausend Gespräche mit Edison- und Telediphone Phonographenzylindern auf. Transkribiert ergaben diese Befragungen fünftausend Seiten, die alle Themen berücksichtigten, von der spirituellen Begabung von Kindern, die mit Glückshauben geboren wurden, bis hin zu Vergiftungsmöglichkeiten durch Friedhofserde.

Hyatt und Hurston waren die Ersten, die Aufzeichnungen von Voodoo in Amerika machten und drei der am wenigsten geschätzten Aspekte dieses Glaubenssystems dokumentierten. Erstens war Voodoo in diesem Land immer synkretistisch: Es bezog Heilige und Festtage mit ein und gewann Pastoren und Priester unzähliger Konfessionsgemeinschaften: ein Baptistenpfarrer mochte seinen christlichen Glauben mit Voodoo-Praktiken vermischen, indem er im offiziellen Gottesdienst das Evangelium predigte, unter Ausschluss der Öffentlichkeit jedoch Geister für ein Gemeindemitglied beschwor, das arbeitslos geworden war oder eine Frau finden wollte. Zweitens war Voodoo eine florierende Alternativmedizin, die fast im ganzen Süden Verbreitung fand, nicht zuletzt durch Drogerien und Apotheken, die wesentliche Ingredienzien wie Zaubererde, Drachenblut, Adleraugen und John-de-Conqueror-Wurzeln verkauften, Heilmittel, die von Verstopfung bis Unfruchtbarkeit alles kurierten. Der Heilungsaspekt des Voodoo war wichtig für eine Bevölkerung, die normalerweise keinen Zugang zu medizinischer Versorgung hatte, entweder aufgrund ihrer Hautfarbe oder ihrer sozioökonomischen Stellung oder weil Ärzte und Hospitäler zu weit entfernt waren. Die Einbeziehung von Elementen anderer Religionen war wie bei vielen synkretistischen Glaubensrichtungen ein Produkt erzwungener Migration, gesellschaftlicher Zwänge und kultureller Aneignung. Letzten Endes übte Voodoo starke Anziehungskraft auf Schwarze und Weiße aus. Seit dem Augenblick, da Voodoo mit den versklavten Afrikanern ins Land gekommen war, gab es auch schon weiße Kunden, Praktiker und Lieferanten.

Die Rolle des Voodoo in Alabama wurde insbesondere von Carl Carmer dokumentiert, einem berüchtigten Chronisten, der aus New York stammte und nach Tuscaloosa gekommen war, um an der University of Alabama zu lehren, dann jedoch eine Art Sag-alles-und-erfinde-ein-wenig über den Deep South schrieb. Carmers *Sterne fielen auf Alabama* boten eine unkonventionelle, jedoch romantische Erklärung dafür, warum sich die Bewohner von Alabama von Voodoo angezogen fühlten und auch für anderen Aberglauben empfänglich waren. Laut Carmer war der ganze Bundesstaat während eines heftigen Sternschnuppenschwarms verhext worden, der die Vereinigten Staaten 1833 blendete, und manche Countys blieben dafür anfällig – besonders ein Gebiet, das er »Zaubercounty« nannte. »Ich habe Schwierigkeiten«, erklärte Carmer Ida Carter, einer Schwarzen, die dort lebte, »und die Weißen in Birmingham oben sagen, Sie könnten mir helfen.« Das tat sie anscheinend auch: Für eineinviertel Dollar sagte Carter ihm, wie er die Frau abwehren konnte, die ihm Probleme bereitete; für weitere eineinhalb Dollar brachte sie ihm bei, wie er seine Rückenschmerzen heilen konnte.

Carmer beobachtete mitunter jedoch auch scharfsinnig, zum Beispiel, dass selbst diejenigen, die behaupteten, kein bisschen an Voodoo zu glauben, nicht davor gefeit waren, sich vor Voodoo zu fürchten oder darauf zurückzugreifen. Man denke an Mark Twain und die zahllosen Kuren, Tricks und Ammenmärchen, auf die sich Tom Sawyer und Huck Finn allen Ernstes berufen. Genau wie ihre literarischen Entsprechungen waren die Südstaatler von einer Kultur durchdrungen, die ihnen etwas zu tun gab, wenn die Welt besorgniserregend oder unbegreiflich wurde. Darin waren sie natürlich nicht allein; wie die Todesfee in Irland oder die Feenklammen in Schottland oder die Geister und Kobolde der Tohokugegend in Japan durchdrang der Einfluss der Voodoo-Kultur die Landschaften des Südens und verzauberte die Leute ungeachtet ihrer Hautfarbe von der Wiege bis ins Grab.

Ganz gleich, ob der Reverend Willie Maxwell letztlich ein Voodoo-Priester war oder nicht, er lebte unter Menschen, die gewillt waren, dies zu glauben. Im Coosa County schüttelten viele gute Christen nachts ihre Kopfkissen aus und

schrubbten morgens ihre Treppen, um Geister und Zauber-
sprüche abzuwehren, sie warnten ihre Kinder, dass der Hoo-
doomann sie holen werde, wenn sie zu lange draußen blieben, und sagten zu ihren Ehegatten, sie würden sie mit
einem Zauber belegen, wenn sie nicht aufhörten zu trinken
oder zu lügen oder über ihr Trinken zu lügen. »Zufall« war
kein Wort, das den Leuten in Alabama so leicht über die
Lippen ging wie »Zauberei«. Als Willie Maxwell angeklagt
wurde, seine erste Frau ermordet zu haben, und dann die
junge Witwe seines bequemerweise verstorbenen Nachbarn
heiratete, glaubten deshalb viele, er habe Voodoo benutzt,
um die Geschworenen zu bestechen, seinem Nachbarn den
Tod an die Fersen zu heften und eine jüngere Frau zu bezau-
bern. Maxwell hatte vielleicht eine Gerichtsverfahrenskerze
abgebrannt oder Gesetz-bleib-fern-Öl verwendet; er hatte
vielleicht ein Foto von Abram Anderson an die Nordseite
eines Baumes genagelt und neun Tage lang jeden Morgen
einen neuen Nagel in das Bild eingeschlagen, bis der Mann
vor Schwäche starb; und was Dorcas Anderson anbelangt,
nun, so hatte er möglicherweise Wünschelöl auf einem Zettel mit ihrer Handschrift verteilt, ihn neun Tage nahe am
Herzen getragen und dann unter seiner Eingangstreppe ver-
graben.

Obwohl solche Theorien sehr unwahrscheinlich anmu-
ten, waren sie doch tröstlicher als die Alternative: Viele
Nachbarn des Reverends glaubten lieber, dass die Polizei und
das Justizsystem in Anbetracht der Zauberei nichts hatte tun
können, statt zu glauben, in Anbetracht schrecklicher Verbrechen sei nicht genügend getan worden. Wo Recht und
Ordnung versagen, gedeihen übernatürliche Erklärungen,
und deshalb erzählte man sich, als mit der Zeit weitere Menschen starben, immer mehr Geschichten über den Reverend,

die immer überzeugender, seltsamer und nach Möglichkeit noch unheimlicher wurden.

Am weitesten verbreitet war diejenige, die wie ein Märchen begann, mit sieben Schwestern und sieben Brüdern. Willie Maxwell, so hieß es, sei der siebte Sohn eines siebten Sohnes, eine numerologische Rarität, die bedeutete, dass er mit Macht über Leben und Tod geboren worden war. Um diese angeborene Gabe noch zu verbessern, hatte er anscheinend in New Orleans Voodoo bei den Seven Sisters gelernt, den Sieben Schwestern, einem furchterregenden Septett, das überall im Süden bekannt war. »Ich ging nach New Orleans, Louisiana«, ist der Anfang eines alten Blues-Songs, »nur weil mir etwas zu Ohren gekommen war. Die Seven Sisters haben mir alles erzählt, was ich wissen wollte, und ließen mich nicht zu Wort kommen.« Nachdem die Sisters dem Sänger geholfen hatten, erkennt jemand dessen neue Macht und sagt zu ihm: »Geh, Teufel, zerstöre die Welt.«

Die Vorgeschichte der Sisters ist ebenso umstritten wie die Frage, ob sie überhaupt existiert haben, doch sind sie seit den 1920er-Jahren in aller Munde. Sie sollen Hellseherinnen gewesen sein, alterslos, und sie sollen ihren Segen, ihre Flüche, Kerzen und Mittelchen an alle verkauften haben, die in ihren sieben identischen Wohnsitzen in der Coliseum Street im Garden District vorsprachen. Immer hielten dort Autos mit Nummernschildern aus anderen Bundesstaaten, und zu allen Tages- und Nachtstunden herrschte reger Betrieb. Manche Besucher waren nur Kunden, andere dagegen waren ihre Schüler – darunter, so hat es den Anschein, ein schlanker, eleganter, gut gekleideter Mann aus dem Coosa County.

Dass Reverend Willie Maxwell eigentlich nur vier Brüder und noch dazu – unpassenderweise – vier Schwestern hatte, spielte keine Rolle, Numerologie hin oder her: Die Gerüchte

über ihn wuchsen wie Weihrauchkiefern in den Himmel.
Um unerwünschte Geister fernzuhalten, hänge er weiße
Hühner verkehrt herum in den Pecannussbaum vor seinem
Haus, und er bestreiche die Stufen zu seiner Haustür mit
Blut, um die Behörden fernzuhalten. Er trage Umschläge
mit einem tödlichen Pulver mit sich herum und habe zu
Hause ein ganzes Zimmer für Voodoo reserviert, in dem
überall Gläser stünden, deren Etiketten mit »Liebe«, »Hass«,
»Freundschaft« und »Tod« beschriftet seien. Wenn er krank
werde, trinke er zur Genesung fremdes Blut. Wer an seiner
Haustür vorbeifahre, dessen Scheinwerfer würden verlö-
schen. Wer ein böses Wort über ihn sage, würde ausgetrickst
werden. Wer ihm in die Augen sehe, den würde er für immer
verfluchen. Er könne sich schneller bewegen, als es einem
Menschen möglich sei: Für die 150 Meilen von Birmingham
nach Atlanta brauche er nur zwanzig Minuten. Wenn er
noch schneller verschwinden müsse, verwandele er sich in
eine schwarze Katze.

Wie viele Gerüchte enthielten auch diese ein Körnchen
Wahrheit. Die Reporter, die Willie Maxwell später in sein
Haus einlud, entdeckten dort nichts, was auf Voodoo hinge-
deutet hätte. Doch wenn man sich vor Augen hält, wie lange
Zora Neale Hurston gebraucht hatte, um Voodoo in praxi
zu erleben, hätten sie wahrscheinlich nichts gesehen, selbst
wenn er Voodoo praktiziert hätte. Die Sieben Sisters kann
Maxwell in gewissem Sinne tatsächlich kennengelernt haben,
es ist jedoch höchst unwahrscheinlich, dass diese Begegnung
in Louisiana stattgefunden hat. Wie Marie Laveau – die berühmteste Voodoo-Priesterin Amerikas, die ihre schwarze
Magie so lange am Bayou Saint-John ausgeübt haben soll,
dass der Marquis de Lafayette sie bereits geküsst hatte, als er
nach der Amerikanischen Revolution durch New Orleans

kam, und dass Soldaten, die aus dem Ersten Weltkrieg zurückkehrten, ihr auf der Straße begegnet waren – so gehorch-
ten auch die Seven Sisters keinen zeitlichen oder geografi-
schen Beschränkungen. Überall im Süden behauptete immer
jemand, eine von ihnen zu sein oder von allen sieben ausge-
bildet worden zu sein, und viele einzelne Frauen hießen
»Seven Sisters«. Eine von ihnen war die Zauberin, die Carl
Carmer interviewt hatte. Sie war unter dem Namen Ida Carter bekannt und wohnte nicht weit von Reverend Maxwell
an der Grenze zu Georgia. Wenn Maxwell von irgendjemandem Voodoo gelernt hatte, dann wahrscheinlich nicht vom
Septett und wahrscheinlich auch nicht im weit entfernten
New Orleans.

In Nixburg jedoch machten die Leute sich wenig Gedanken darüber, wo der Reverend Maxwell seine Zauberkunst
gelernt hatte, sie fragten sich eher, wie er sie anwandte. So
gut wie jeder war überzeugt, dass er seine Frau umgebracht
hatte, und die meisten glaubten, dass er auch beim Tod seines Nachbarn seine Hand im Spiel gehabt hatte – bevor oder
während er Abram Andersons Frau den Hof machte, oder
danach, einer Frau, die halb so alt wie der Reverend war. Sie
dachten, sie habe vor Gericht nur deshalb für ihn gelogen,
weil sie seinem Charme buchstäblich erlegen sei. Da die
Experten keine Verurteilung wegen Mordes erwirken, die
Toxikologen kein Gift entdecken konnten und keiner sagen
konnte, warum Dorcas sich verliebte, fiel es den Menschen
um den Lake Martin leicht zu glauben, dass Reverend
Maxwell die drei Hauptfelder des Voodoo beherrschte: die
Gerechtigkeit, den Tod und die Liebe.

Als ein weiteres Jahr vergangen war, in dem die Blumen
auf dem Grab von Mary Lou Maxwell dahinwelkten und
Gras über das frischere Grab von Abram Anderson zu wach-

sen begann, fragten sich die Leute des Coosa County noch immer besorgt, was Willie Maxwell genau getan hatte, und darüber hinaus: ob er damit weitermachen würde. Anders als diejenigen, die ihn umgaben, war der Reverend nicht mit Dingen im Jenseits befasst, sondern durchaus mit dieser Welt. Jetzt, wo beide verwitwet waren, gaben sich der Witwer Maxwell und die Witwe Anderson am 21. November 1971 das Jawort. Am Tag danach bekam der Reverend Besuch von seinem Versicherungsvertreter.

5

Einfach Mordsangst

Vielleicht handelte ein pflichtbewusster Ehemann so, der sich um die gesamte Logistik einer neuen Familiengründung kümmern musste; vielleicht war es auch Kalkül. Ganz gleich, welches Motiv er hatte, Tatsache war: Wenn Mrs Dorcas Anderson Maxwell etwas zustoßen sollte, würde die Independent Life and Accident vom 22. November 1971 an Reverend Maxwell eintausend Dollar auf Police Nr. 71-0890563D schulden, weitere tausend auf Police Nr. 71-0890563 A, weitere tausend auf Police Nr. 71-0890563C sowie weitere zweitausend Dollar auf Police Nr. 71-0890563B. Binnen zwei Monaten würde die Bankers Life and Casualty im Fall von Mrs Maxwells Ableben mit zwanzigtausend Dollar am Haken zappeln und die Old American Insurance Company mit weiteren fünfundzwanzigtausend.

Für ein allem Anschein nach bescheidenes Leben war dies eine hohe Versicherungssumme. Nach seiner Heirat zog der Reverend nach nebenan, in das Haus, in dem die zweite Mrs Maxwell mit ihrem Mann gelebt hatte. Trotz der achtzehn Jahre Altersunterschied machten die Neuvermählten meist einen glücklichen Eindruck. Er fand, sie fahre zu schnell, und ihr missfiel, dass er nicht tanzen oder auf Partys gehen wollte. Im Nachbarhaus eines Priesters zu wohnen war, wie sie erfahren musste, nicht dasselbe, wie mit ihm verheiratet zu sein. Doch er half für ihre beiden Jungen zu sorgen und adoptierte sie offiziell. Auch regelten sie ihren Nachlass dergestalt, dass falls der eine starb, der andere sein Eigentum erben würde. Sie reichten die Dokumente beim Coosa-County-Nachlassgericht ein und bezahlten die Registrierungsgebühr bei Richter Mac Thomas, Maxwells altem Freund aus Sharecropper-Tagen.

Eine Woche später befand sich der Reverend wieder im selben Gerichtssaal in Rockford, aber aus einem ganz anderen Grund, nämlich um für seinen älteren Bruder John Columbus Maxwell die Kaution zu hinterlegen. Er war vom County-Sheriff wegen Trunkenheit am Steuer verhaftet worden. J. C., wie er genannt wurde, war zweiundfünfzig Jahre alt, arbeitete in einem Pfeifengeschäft und war laut seinem Bruder ein Trinker, jedoch einer, der nie ausfallend wurde. »Er war ein netter Bursche«, sagte der Reverend. »Er war sogar noch nett, wenn er betrunken war.« Der Reverend bezahlte die dreihundert Dollar Kaution und war bereit, dafür zu sorgen, dass sein Bruder am 7. Februar 1972 vor Gericht erscheinen würde.

Doch dazu kam es nicht. John Columbus wurde am Tag vor seinem Gerichtstermin in der Nähe von Nixburg tot am Straßenrand aufgefunden. Ein anonymer Anrufer hatte der Alexander City Police mitgeteilt, dass an der Stelle, wo der Highway 22 und der Highway 9 zusammentreffen, ein Fußgänger überfahren worden sei. Doch der Tote, den die Polizisten an besagter Highway-Kreuzung fanden, war nicht von einem Auto angefahren worden. Er war äußerlich unverletzt, hatte jedoch die ganze Nacht in der Kälte gelegen und stank nach Alkohol. Der Leichenbeschauer des Countys, ein Mann namens Jimmy Bailey, der eigentlich gelernter Elektriker war, konnte die Todesursache nicht sofort feststellen, schickte jedoch eine Blutprobe an das Department of Toxicology and Criminal Investigation, weil er wusste, dass J. C. Maxwell ein Verwandter von W. M. Maxwell war, und weil er die Gerüchte kannte, die über den Reverend zirkulierten.

Ein Lebensmittelchemiker des Verbrechensbekämpfungsteams fand heraus, dass der Verstorbene einen Blutalkoholgehalt von 4,1 Promille hatte, was weit über dem lebensbedrohlichen Wert lag – so weit, dass selbst ein 75 Kilogramm schwerer geübter Trinker das Bewusstsein verlieren und an Alkoholvergiftung sterben konnte. Die Polizei informierte John Columbus' Frau und Kinder nicht über diesen Befund, weil John Columbus weder Frau noch Kinder hatte. Er hatte jedoch eine Lebensversicherung, und der laut der Policen Begünstigte war Reverend Willie Maxwell.

Die Todesursache auf John Columbus' Totenschein lautete Herzinfarkt durch Alkoholabusus. Laut fast aller Einwohner von Nixburg starb John Columbus, weil er ein Maxwell war. Keiner glaubte, dass er sich so viel Alkohol aus freien Stücken einverleibt hatte, auch wenn er schon immer gerne getrunken hatte. Manche dachten, man habe ihm den Alkohol gewaltsam eingeflößt; andere meinten, der Alkohol habe zur Kaschierung eines Giftstoffs in seinem Blut gedient. Maxwell, der in nicht einmal zwei Jahren eine Ehefrau, einen unbequemen Nachbarn und einen Bruder verloren hatte, hielt dagegen. »Man sagt, jemand habe ihm ein Gewehr an den Kopf halten müssen, um ihn dazu zu bringen, so viel Whiskey zu trinken«, sagte der Reverend verächtlich, »aber ich kenne meinen Bruder, und er hat von allein getrunken.«

Die Nixburger waren zwar skeptisch, doch ging ihre

Skepsis nicht so weit wie die der Versicherungsgesellschaften, deren Kunde der Reverend Willie Maxwell immer noch war. Maxwell hatte innerhalb von zwei Jahren fast einhunderttausend Dollar Lebensversicherungsgelder eingesammelt, heute ein Betrag von über einer halben Million, und die Versicherungsgesellschaften, die ihn ausbezahlt hatten, verloren die Geduld so schnell, wie er seine Policen einlöste. Manche Versicherungen baten die Kanzleien, die sie im Fall der ersten Mrs Maxwell vertreten hatten, sich den Reverend noch einmal gründlich anzusehen, und bald überprüften Versicherungsanwälte im ganzen Land Handschriftenproben, verglichen Antragsadressen, schickten Ermittler, die Zeugen befragten, und baten das forensische Labor in Auburn um Informationen.

Eine der ersten Versicherungsfirmen, die die Verbindung zum Reverend abbrach, war die Central Security Life Insurance Company, die ihre Hauptgeschäftsstelle in Texas hatte. Die Versicherungsanwälte weigerte sich nicht nur, Maxwell weitere Versicherungspolicen auszustellen, sondern baten ihn, eine Verzichtserklärung zu unterschreiben, in der festgehalten wurde, dass gegen 2812,55 Dollar, dem momentanen Wert, die zehn aktuellen Policen, die er noch bei ihnen besaß, annulliert würden. Außerdem musste er einen Vertrag des Inhalts unterschreiben, dass »weder er noch sonst ein Mitglied seiner Familie, insbesondere Jimmy Maxwell, James Hicks, Dorcas Maxwell, Herman Maxwell, Flora Hicks, Henry Maxwell und Samantha Maxwell, eine Versicherung beantragen würden, weder als Versicherte noch als Begünstigte«.

Etwa zur selben Zeit weigerte sich die Pioneer Versicherungsgesellschaft in Illinois, eine Police auf die Mutter des Reverends auszustellen, nachdem sie erfahren hatte, dass der auf dem Antragsformular genannte Arzt keine Unterlagen zu Ada Maxwell hatte. Als die Pioneer-Versicherung um einen aktuellen Gesundheitsbefund bat, bekam sie keine Antwort. Sie hatte ihre Anfrage an die Adresse gerichtet, die sich auf der Police befand: Box 273 A auf Route I, Alexander City, dieselbe Adresse wie auf den anderen Policen, die den Reverend Maxwell als Begünstigten auswiesen.

Niemand weiß, ob Dorcas Maxwell die Post, die an diese Adresse geschickt wurde, je ansah oder auch nur eines der vielen Versicherungsschreiben öffnete. Als die Versicherungsgesellschaften anfingen, ihren Mann zu überprüfen, war sie anderweitig beschäftigt: Sechs Monate nachdem sie Maxwell geheiratet hatte, gebar sie ihren dritten Sohn. Es war im Mai 1972, demselben Monat, in dem George Wallace, der Gouverneur von Alabama, bei einem Attentat angeschossen wurde und seitdem von der Taille abwärts querschnittsgelähmt war. In jenem Sommer war ein Reporter der Associated Press mit der Nachricht an die Öffentlichkeit getreten, dass die amerikanische Regierung in den letzten vierzig Jahren wissentlich Hunderte verarmter schwarzer Sharecropper, die an der Tuskegee-Syphilis-Studie teilnahmen, hintergangen hatte, indem man diejenigen, die erkrankt waren, bewusst nicht medizinisch behandelte, sodass viele von ihnen starben. Der Vietnamkrieg ging langsam zu Ende, und die Watergate-Affäre spitzte sich zu. Mitte September begann die Fernsehserie *Die Waltons*, die zehn Jahre lang lief, und eine Woche später traf Muhammad Ali Floyd Patterson so schwer am Auge, dass dessen Karriere beendet war.

In derselben Nacht, am 20. September 1972, fast acht Monate nach dem Tod von Maxwells Bruder, machten drei Männer – Jerry Fuller, Ronnie Watts und Stanley Ingram –

auf dem Highway 9 in Nixburg eine Spritztour. Irgendwann zwischen zehn und elf stießen sie auf ein Auto, das mit laufendem Motor am Straßenrand stand und dessen Scheinwerfer zwei lange Trichter in den Nebel schnitten. Die Männer hielten an, stiegen aus und sahen, dass eine Frau völlig verkeilt und reglos auf dem Boden des vorderen Sitzes lag. Sie rasten sofort zurück zu Dunlap's Grocery und riefen die Polizei. Ungefähr um zwanzig nach elf kontaktierte die Notrufzentrale in Alexander City den Polizisten L. A. Wright, der der Landespolizei angehörte und im nahen Goodwater wohnte. Wright zog sich an, sprang in seinen Wagen und fand das Wrack eine Viertelstunde später. Das Auto war etwa zehn Meter von der Straße im rechten Winkel dazu zum Stehen gekommen, neben ein paar jungen Bäumen. Die rechte vordere Seite war leicht eingedellt und die untere Hälfte der Windschutzscheibe gesprungen, doch insgesamt war es nicht mehr als ein Blechschaden. Im Wageninneren jedoch lag, mit dem Gesicht nach unten, den Kopf vor dem Beifahrersitz und die Füße vor dem Fahrersitz, Dorcas Anderson Maxwell ausgestreckt auf dem Boden.

Laut der späteren Aussage des Reverends geschah in jener Nacht Folgendes: Seine Frau hatte das Abendessen für ihre Familie gekocht und ihre drei Kinder ins Bett gebracht. Danach war sie von Nixburg nach Alexander City gefahren, um kurz bei ihrer Mutter vorbeizuschauen, die tagsüber beim Fischen gewesen war. Als Dorcas das Haus verließ, soll sie, wie sich der Reverend erinnerte, gesagt haben: »Ich hole ein bisschen Fisch.« Sie meinte, sie sei gleich wieder da; ihre Mutter wohnte nur elf Meilen entfernt. Dorcas fuhr ungefähr um neun Uhr abends los, und Maxwell blieb bei ihren drei Söhnen, dem Siebenjährigen, dem Sechsjährigen und dem vier Monate alten Baby.

Als Maxwells Frau nach einer Stunde immer noch nicht zurückgekommen war, rief der Reverend seine Schwiegermutter an, die sagte, sie habe ihre Tochter weder gesehen noch seit dem Morgen etwas von ihr gehört. Da habe er das Baby eingewickelt und die beiden älteren Jungen aufgeweckt und sei losgefahren, um Dorcas zu suchen. Doch statt die Straße abzufahren, die sie genommen hatte, fuhr er in die entgegengesetzte Richtung und sprach mit den Nachbarn Clifford und Anita Coggins. Das Paar hatte kein Telefon, und Maxwell wollte fragen, ob seine Frau vielleicht bei ihnen sei. Seine Frau war nicht dort, doch der Reverend unterhielt sich ein Weilchen mit Mr und Mrs Coggins und stieg dann wieder in seinen Wagen und fuhr auf demselben Weg zurück.

Zu diesem Zeitpunkt hatten Fuller, Watts und Ingram Dorcas Wagen bereits gefunden – nur eine viertel Meile vom Haus des Reverends entfernt –, und im Wagen hatte der Polizist Wright bereits Dorcas Maxwell gefunden. Im Gegensatz zur ersten Mrs Maxwell hatte sie kaum sichtbare Verletzungen, doch hatte die Totenstarre bereits eingesetzt. Wright setzte sich über Funk mit der Notrufzentrale in Verbindung und bat seinen Vorgesetzten, Sergeant William Gray, zum Tatort zu kommen. Sobald Gray gesehen hatte, was wem angetan worden war, kehrte er schnurstracks um und ging zum Dunlap's Grocery, um per Telefon alle nur erdenkliche Hilfe anzufordern: den Sheriff in Rockford, die Ermittler aus Opelika, und den Leichenbeschauer und Toxikologen in Auburn.

Als der letzte Polizeibeamte am Tatort war, sah er es aus einer Meile Entfernung: Im dichten Septembernebel erzeugten die Lichter der Streifenwagen eine blaue Kuppel. Alle vor Ort wussten genau, wessen Frau man gefunden hatte und dass seine erste Frau an einem fast identischen Tatort ermordet in einem Wagen gefunden worden war. Maxwell war von diesem ersten Mord freigesprochen worden, und diesmal wollten die Behörden alles dafür tun, dass er verurteilt werden würde. Ein Beamter der Alexander City Police fotografierte den Wagen von außen und von innen, die Leiche im Wagen, das Stück Highway dahinter und den Seitenstreifen ringsum.

Zwei Dinge geschahen an jenem Septembertag vor dem Morgengrauen: Dorcas Anderson Maxwells Leichnam wurde zur Obduktion ins Armour Funeral Home nach Alexander City überführt, und der Reverend rief seinen Anwalt Tom Radney an. Bei der Obduktion war das, was nicht gefunden wurde, nennenswerter als das, was man fand: In Dorcas braunen Ledersandalen klebten Blätter, und sie hatte ein paar kleine Abschürfungen an Schultern und Ellenbogen, außerdem eine größere Schnittwunde über dem rechten Auge. Die Organ-, Gewebe- und Körperflüssigkeitenuntersuchung brachte jedoch keine Ergebnisse. Sie hatte keinen Alkohol im Blut, kein Glycol, kein Kohlenmonoxid, kein Zyanid, keine Metallgifte, keine säurehaltigen Gifte, keine Salicylsäure, kein Phenol, keine Barbiturate. In ihrer Leber fanden sich kein Strychnin, kein Rauschgift, keine Amphetamine. Ihr Magen enthielt keine Drogen und kein Gift. Allerdings war ihr Zungenbein gebrochen, der Knochen am Mundboden, der die Zunge stützt, was manchmal auf Erdrosselung hindeutet. Da dieser Knochen jedoch auch während der Obduktion beschädigt werden kann, lehnte die Ermittlungsbehörde diese Todesursache ab. Am Ende konnte der Rechtsmediziner Dr. Rehling nur erklären, dass Dorcas Maxwell eines natürlichen Todes gestorben war. Obwohl sie niemals Asthma, Bronchitis oder Lungenentzündung gehabt hatte und vor ihrem Tod das ganze Jahr über bis auf eine kleine

Erkältung nie krank gewesen war, kam er zu dem Ergebnis, dass die Neunundzwanzigjährige an akutem Lungenversagen verstorben war.

Niemand hatte miterlebt, wie Dorcas Maxwell starb. Zwar konnte keiner sagen, was genau geschehen war, doch konnte auch keiner aufhören, darüber zu reden. In nur zwei Jahren hatte der Reverend seine erste Frau verloren, seinen Nachbarn, seinen älteren Bruder und nun auch noch seine zweite Frau. Die erste Ehe hatte zwei Jahrzehnte gedauert, die zweite nicht einmal ein Jahr. In Anbetracht der immer schnelleren Aufeinanderfolge der Todesfälle und des Ablebens der zweiten Mrs Maxwell, die unter ganz ähnlichen Umständen umgekommen war wie die erste Mrs Maxwell, wurde der bereits schlechte Ruf des Reverends noch viel schlechter. »Die Leute fingen an, ihn zu fürchten«, sagte eine Freundin von Dorcas über den Reverend Maxwell nach dem Tod seiner zweiten Frau. »Weiße und Schwarze hatten Angst vor ihm.«

Maxwell spickte seine Rede weiterhin mit Bibelstellen und predigte im Pike County, doch die meisten Menschen in seiner unmittelbaren Nachbarschaft sahen ihn eher als Sünder denn als jemanden, gegen den man sich versündigte. Die Gerüchte über ihn wurden immer tückischer, und nicht alle bezogen sich auf Voodoo. »Man wusste einfach nicht, für wen er alles Lebensversicherungen abgeschlossen hatte«, sagte ein Bewohner des Coosa Countys. »Keiner wusste, wer vielleicht als Nächster dran war.« Die Frau eines Bestattungsunternehmers in Alexander City sagte es klar und deutlich: »Die meisten hatten einfach eine Mordsangst vor dem Mann.« Während der Reverend zuvor für gut aussehend gehalten wurde, nannten die Frauen sein Aussehen jetzt »rüde« und warnten einander im Flüsterton: »Lass dir von Will nicht in die Augen blicken.«

Überall am Lake Martin spielten die Nachbarn jetzt am Telefon Stille Post der Angst: Sie gaben wieder, wer den Reverend was hatte sagen hören, und erzählten weiter, was jemand anders ihn hatte tun sehen. Die Türen nachts abzuschließen half nichts, weil er sie mithilfe von Zaubersprüchen öffnen konnte, und wenn ihm das nicht gelang, konnte er einem immer noch durch die Wand Schaden zufügen. Ein unaufgeklärtes Verbrechen verbreitet oft Hysterie, doch die Leute von Nixburg fanden nicht, dass die Verbrechen, die ihrer Gemeinschaft zu schaffen machten, unaufgeklärt waren. Sie wussten, wer sie begangen hatte; sie wussten nur nicht, wie er vorgegangen war und wie man ihm das Handwerk legen konnte. Sie wussten jedoch, dass ein Mörder, den man kannte, unheimlicher war als ein unbekannter Mörder.

Die Leute hatten Angst, die Polizei war frustriert, und die Versicherungsgesellschaften waren wütend. Wieder war der Prediger aus dem Coosa County angetreten, um sich Zehntausende von Dollar Lebensversicherung auf ein Familienmitglied auszahlen zu lassen. Zwei Versicherungsfirmen, das Southern Farm Bureau und die Booker T. Washington Insurance, blieb keine andere Wahl, als klaglos zu zahlen, weil drei Policen – über zehntausend, eintausend und fünftausend Dollar – von Dorcas und Abram, ihrem ersten Mann, bei ihnen abgeschlossen worden waren. Maxwell war schlicht der gegenwärtig Begünstigte. Die Andersons hatten auch eine Hypothekenversicherung abgeschlossen, die die dreizehntausend Dollar abdeckte, mit denen ihr Haus immer noch belastet war und die der Reverend jetzt durch das Recht des Überlebenden erbte.

Die anderen Versicherungsgesellschaften zahlten ihre Versicherungspolicen jedoch nicht kampflos aus. Es lässt sich unmöglich feststellen, wie viele dieser auf Dorcas ausgestellten Policen Maxwell besaß, als sie starb – oder wie viele Policen er überhaupt auf andere abgeschlossen hatte –, weil diejenigen, die nicht angefochten wurden, keine Spuren hinterließen. Doch von den Policen, um die dann vor Gericht gestritten wurde, waren vier einen Tag nach Maxwells und Dorcas Hochzeit in Kraft getreten, eine fünfte war zwei Tage danach angelaufen, eine sechste im Januar 1972, eine siebte im März und der Rest im Spätfrühling desselben Jahres. Alles in allem hatte der Reverend mindestens siebzehn separate Versicherungspolicen auf Dorcas abgeschlossen und dafür zehn Dollar an Versicherungsbeiträgen pro Woche bezahlt, für die man ihm jetzt ein kleines Vermögen schuldete.

Die Imperial reagierte, indem sie die Birminghamer Anwaltskanzlei Lange, Simpson, Robinson & Somerville einschaltete. Bankers Life beauftragte eine Kanzlei aus Opelika, die Beneficial Standard und die Old American taten es ihr gleich. Die Independent ging zu einer Kanzlei in Tuskegee, und Allstate wurde in Montgomery fündig. Tom Radney führte schon bald Prozesse gegen – so muss es ihm vorgekommen sein – sämtliche Anwaltskanzleien im ganzen Bundesstaat, und wenn er schon nach dem Tod von Mary Lou Maxwell besorgt war, keine Geschworenen mehr zu finden, so legte er das Schwurgericht jetzt komplett trocken. Ein Jahr nach Dorcas Tod fand sich in den drei Countys anscheinend niemand mehr im wahlberechtigten Alter, kein Mann und keine Frau, die nicht wussten, dass der Reverend sich gegen eine Versicherungsgesellschaft nach der anderen verteidigt hatte. Radney erhob mehrfach Klage bei den Berufungsgerichten von Tallapoosa, Clay und Macon Countys sowie im Bezirksgericht des Middle District of Alabama, und er führte eine Klage durch das gesamte Berufungsverfahren bis zum Alabama Court of Civil Appeals, dem Appellationsgericht.

Die Prozesse drehten sich um eine Reihe komplizierter technischer Details hinsichtlich der Todesursache – nämlich ob die zweite Mrs Maxwell allein aufgrund des Autounfalls gestorben war oder allein aufgrund einer Vorerkrankung oder an einer Vorerkrankung, die durch den Autounfall verschlimmert worden war. Nach dem Telefonat mit dem Reverend in der Nacht von Dorcas Tod wusste Radney, dass er es erneut mit einem Schwall von Strafprozessen oder Zivilklagen oder beidem zu tun haben würde, und hatte sofort eine ungewöhnliche Vorsichtsmaßnahme getroffen: Gleich am nächsten Morgen hatte er einem außeramtlichen Gerichtsmediziner eintausend Dollar bezahlt, damit er im Anschluss an die staatliche Obduktion eine weitere im Namen seines Mandanten durchführte.

Beide Obduktionen stimmten im Wesentlichen überein – dass Dorcas an akutem Lungenversagen gestorben war –, nicht jedoch in den spitzfindigeren Einzelheiten, die an Bedeutung gewannen, als der Prozess begann. In stundenlangen Aussagen und Vernehmungen wurden die beiden sich duellierenden Rechtsmediziner in die Mangel genommen und über Bronchialwände, interstitielle Pneumonitis und Schleimpfropfen befragt. Die Versicherungsgesellschaften griffen ein paar der Befunde auf und machten geltend, dass Dorcas ohne ihre Atemprobleme nicht gestorben wäre, die jedoch zum Zeitpunkt des Versicherungsabschlusses verschwiegen worden waren, weswegen die Policen ungültig seien. Radney griff andere Befunde auf und behauptete, ohne den Autounfall wäre Dorcas nie an ihrer Atemwegserkrankung gestorben. Daher sei ihr Tod ein Unfall und die Police sei gültig.

Am Ende war die Independent die einzige Versicherungsgesellschaft, die unnachgiebig blieb. Obwohl die vier Policen zu den niedrigsten gehörten, die der Reverend auf Dorcas ausgestellt hatte, prozessierte der Versicherungsanwalt Harry Raymon hartnäckig gegen die Auszahlung. Tom Radney reagierte darauf, indem er sich helfen ließ, und zwar von einem Kollegen in Tuskegee, der Fred Gray hieß. Gray war kein Versicherungsfachmann; er war einer der hervorragendsten Bürgerrechtsanwälte des Landes. Noch bevor die juristischen Fakultäten in Alabama afroamerikanische Studenten aufnahmen, hatte er sein Juraexamen an der Case Western Reserve University in Ohio abgelegt und war damit nach Hause zurückgekehrt, um gegen rassistische Diskriminierung zu kämpfen. Gray hatte Rosa Parks vertreten, die sich in einem nach Hautfarben getrennten Bus geweigert hatte, ihren Sitzplatz einem weißen Fahrgast zu überlassen, woraufhin es zu einem Busboykott gekommen war, bei dem Gray die Montgomery Improvement Association vertreten hatte. Bei einem Prozess, bei dem Martin Luther King jr. der Steuerhinterziehung angeklagt wurde, erwirkte er von einem nur aus Weißen bestehenden Geschworenengericht einen Freispruch. Er trat gegen Governor Wallace an, als dieser versuchte, den Protestmarsch von Selma nach Montgomery zu verhindern, und erstritt von der amerikanischen Regierung für die überlebenden Opfer des Tuskegee-Experiments eine Abfindung von zehn Millionen Dollar. Neben seiner Tätigkeit als Anwalt amtierte er im Abgeordnetenhaus von Alabama als einer der ersten schwarzen Abgeordneten seit der Reconstruction[3].

---

3 Phase der wirtschaftlichen Neuordnung nach dem Sezessionskrieg 1861–65 [Anm. d. Übers.]

Bei seiner Arbeit als Abgeordneter hatte er Tom Radney kennengelernt, doch übernahm er den Maxwell-Prozess nicht nur, um einem Freund einen Gefallen zu tun, sondern weil sich damit eine Gelegenheit bot, eine Anfechtungsklage gegen eine weitere Art der Diskriminierung zu führen. Rassistische Vorurteile waren in der Versicherungsbranche allgegenwärtig. Afroamerikanische Policeninhaber mussten normalerweise mehr Geld für weniger Deckung bezahlen, sie bekamen keine Rabattangebote für die Zusammenlegung mehrerer Policen, man zwang ihnen Versicherungsbeiträge auf, die den Wert der Auszahlungssumme überstiegen, und verweigerte ihnen Leistungen, indem aus heiterem Himmel behauptet wurde, der Versicherungsschutz sei abgelaufen. Manche Versicherungsgesellschaften hatten verschiedene Tarife für weiße und schwarze Kunden, die auf separaten Sterberegistern basierten, womit man zu rechtfertigen versuchte, dass Nichtweiße für dieselben Policen mehr bezahlen mussten als Weiße. Andere Versicherungen hatten ein duales System und benutzten nur ein Sterberegister, boten jedoch zwei Versicherungsstufen an. Versicherungsvertretern wurde die volle Provision nur bezahlt, wenn sie der Minderheitenkundschaft minderwertige Policen verkauften. Manche Versicherungen weigerten sich schlicht, Schwarze überhaupt zu versichern.

Auch die Wucherpolicen, die man als Beerdigungsversicherung kennt, zielten unverhältnismäßig oft auf schwarze Familien ab. Diese kleinen Policen reichten, um die Beerdigungskosten zu decken. Sie wurden als Erstes an Fabrikarbeiter in Großbritannien verkauft, wo sie unter dem Namen »Industrieversicherung« bekannt wurden. In den Vereinigten Staaten wurden sie nach 1875 beliebt, besonders bei denjenigen, die sich keine vierteljährlichen oder jährlichen Beitragszahlungen leisten konnten, jedoch jede Woche ein paar Pennys oder Fünfcentstücke zusammenkratzen konnten, um ihren Familien die finanzielle Bürde der eigenen Beerdigung zu ersparen. Solche Policen wurden zuhauf an freigelassene Sklaven verkauft und später an deren Kinder und Kindeskinder und Kindeskindeskinder, und zwar von Versicherungsvertretern, die jede Woche anklopften, um die winzigen, aber zusammengenommen lukrativen Beiträge zu kassieren. Einer dieser Versicherungsvertreter war der Vater von Philip Roth, der »gruselige Abende« damit zubrachte, »Pennys von den Ärmsten der Armen in Newark einzusammeln«, wie Roth in jüngeren Jahren in seinem Erinnerungsbuch *Patrimony* (*Mein Leben als Sohn*) schreibt. Roths Vater erinnert sich, dass manche schwarze Familien »selbst noch zwanzig oder dreißig Jahre nach dem Tod des Versicherten Beiträge bezahlten«. Als sein Sohn ihn fragte, warum, sagte der alte Roth: »Sie haben dem Versicherungsvertreter nie etwas davon gesagt. Jemand starb und sie sagten nichts. Dann kam der Versicherungsmann und sie bezahlten.«

Raubgier und Betrügereien dieser Art waren nichts Besonderes. Versicherungsgesellschaften profitierten durch ausbeuterische Verkäufe, Haftungsübernahme und Verwaltungstechniken landesweit von afroamerikanischen Kunden, und diese Praktiken waren im Süden besonders weit verbreitet. Bürgerrechtsanwälte wie Fred Gray wussten, dass das diskriminierende Verhalten, das die Versicherungsgesellschaften den Schwarzen gegenüber an den Tag legten, nicht nur Raubbau an deren Vermögen trieb, sondern zukünftige Generationen um die finanziellen Leistungen der Beerdigungs- und Lebensversicherungen brachten, die den Weißen zur Verfügung standen: als Sicherheitsnetz, Beihilfe oder Erbschaft. Jahrzehnte später sollten Sammelklagen von lebenden Kunden und überlebenden Begünstigten das fürchterliche Ausmaß des Missbrauchs enthüllen: Als Entschädigung für über vierzehn Millionen einseitig verfälschte Policen wurde über hundert Versicherungsgesellschaften eine halbe Milliarde Dollar Wiedergutmachung und Bußgelder entwunden.

Doch als die Independent Life and Accident sich gegen den Reverend behauptete, war all dies noch Zukunftsmusik. Die Versicherungsgesellschaft, der rassistische Diskriminierung in ihrer Branche gleichgültig war, argumentierte, dass Dorcas Anderson Maxwell keines natürlichen Todes gestorben sei. Als sie mit diesem Argument nicht überzeugen konnte, erklärte sie, dass Dorcas Tod kein Unfalltod gewesen sei und die Versicherung daher nicht zahlen müsse. Radney und Gray wussten inzwischen, dass das Gerichtsverfahren von dem Nachweis abhing, dass Dorcas Tod durch eine Unfalltodpolice versichert gewesen war; gleichzeitig wussten sie, dass ihr Appell an die Geschworenen eher auf offene Ohren treffen würde, wenn sie ihre Argumentation weiter fassten und die Diskriminierung und Raubgier der Versicherungsbranche mit einbezogen. »Dieser Versicherungsmann klopfte jedes Mal an die Tür, bekam das Geld, nahm es mit nach Hause und schickte es an die Versicherungsgesellschaft«, sagte Gray in seinem Schlussplädoyer, »und wenn sie dann irgendwann zahlen sollte, hieß es ›Oh nein, wir zahlen nicht‹. So sind diese Konzerne. Sie wollen dein Geld, doch wenn sie sich drücken können, bezahlen sie nicht.«

Dass ihr Mandant das vielleicht schlechteste Aushängeschild für Bürgerrechte in der gesamten afroamerikanischen Bevölkerung von Alabama war, tat nichts zur Sache. Auch nicht, dass Maxwell – im Gegensatz zu den von Philip Roths Vater beschriebenen Versicherungsnehmern – nie im Leben auch nur einen Cent für den Versicherungsbeitrag eines Toten ausgeben würde oder es je versäumen würde, sich eine Versicherungssumme auszahlen zu lassen. Die Strategie, die Tom Radney und Fred Gray anwandten, funktionierte – nicht nur im Macon County, wo die Geschworenen dem Reverend Maxwell den gesamten Betrag von fünftausend Dollar am 26. April 1973 zusprachen, sondern auch in Montgomery, wo das Appellationsgericht – der Alabama Court of Civil Appeals – dieses Urteil über ein Jahr später bestätigte.

Es war der letzte von einem halben Dutzend Prozessen gegen Versicherungen, die auf Dorcas Anderson Maxwell ausgestellte Policen nicht auszahlen wollten. Tom Radney gelang es, von den 131.000 Dollar, dem Wert der Versicherungspolicen, die der Reverend auf seine zweite Frau bis zu deren Tod abgeschlossen hatte, 80.000 Dollar wieder hereinzuholen. Witwer zu werden erwies sich für den Reverend Maxwell zusehends als lukratives Geschäft.

6

Keine Ausnahme von der Regel

Wasser lässt sich wie Gewalt schwer eindämmen. Kaum hatten die Kraftwerke von Alabama den Tallapoosa gestaut, versuchte dieser bereits, sich mit einer Reihe von Überschwemmungen, bei denen der Lake Martin über die Ufer trat, und mit Dürreperioden, die ihn austrockneten, zu rächen. Manchmal war es, als würden die unter Wasser liegenden Städte sich ebenfalls rächen: Wer spät nachts über den See ruderte oder am Seeufer wohnte, behauptete, man könne die längst überfluteten Kirchenglocken läuten hören.

Noch anderes, tief Vergrabenes aus der Vergangenheit geistert an diesem Gewässer umher. Die Krieger der Creek, die fast ihr gesamtes Land durch Gewalt und den Rest durch Verträge verloren hatten, fochten am 27. März 1814 ihr letztes Gefecht nicht weit vom Lake Martin, in nördlicher Richtung, wo der Tallapoosa River eine scharfe Kehre macht, die Horseshoe Bend genannt wird. An dieser Stelle metzelte der spätere Präsident Andrew Jackson mit seinen Truppen 577 Creek nieder, trieb Hunderte in den Tod, die versuchten, über den Fluss zu entkommen, und nahm die Überlebenden gefangen. Hinterher zwang er sie auf dem Pfad der Tränen über den Mississippi. Unter dem Lake Martin versunken liegen Begräbnisstätten der Creek, und auf dem Fleckchen Land innerhalb der Horseshoe Bend, wo wilde Pflanzen wuchern und der Fluss mit seiner blutigen Geschichte immer in nächster Nähe ist, reicht das Geräusch einer Wasserschildkröte, die von einem Stein ins Wasser gleitet, um einen erwachsenen Mann zusammenzucken zu lassen.

Geisterglocken, Kriegsrufe, das Klirren der Sklavenketten: Wenn je ein Gebiet es redlich verdient hat, dass es dort spukt, dann Ost-Alabama. In der meilenweiten Leere zwischen den Städten führen die Highways Anhöhen hinauf und hinunter, die Sicht ist versperrt, und so besitzt alles, was man zu sehen bekommt, den Charakter des Unerwarteten. Wo die Asphaltdecke endet, verwandeln sich die Straßen in rost- oder blutrote Erde. Kiefern und Eichen säumen sie, von deren Ästen gespenstische Moosfetzen herabhängen. Nachts ist der Nebel so dicht, dass alles darin verschwinden oder daraus hervorkommen kann.

Reverend Maxwell behauptete, sich ebenfalls vor dem, was dort draußen war, zu fürchten. Sein ganzes Leben beharrte er auf seiner Unschuld – am Mord seiner ersten Ehefrau, am Tod seines Nachbarn, am Tod seines Bruders, am Tod seiner zweiten Ehefrau oder sonstiger Verbrechen, auch Voodoo habe er nie praktiziert. Alle gegenteiligen Behauptungen seien bösartige Gerüchte auf Kosten eines rechtschaffenen Mannes, der in nur zwei Jahren zweimal Witwer geworden war. Dass er auf alle Verstorbenen Versicherungen abgeschlossen hatte, deute nicht auf ein Motiv hin, sondern zeige nur, dass er ein gewissenhafter Ehemann und Bruder gewesen sei. Während die ganze Stadt über ihn tuschelte und die Blicke abwandte, wenn er vorbeikam, bestand er darauf, dass die wahre Niedertracht – sein Feind, wer immer das sein mochte – unter ihnen weile und unbehelligt bleibe.

Als ein Reporter des *Montgomery Advertiser* ihn fragte, ob es nicht seltsam sei, wie der Tod seine Verwandten heimsuche, sagte der Reverend: »Ich habe gebetet und viel darüber nachgedacht, und dabei ist mir einiges in den Sinn gekommen.«

Seine erste Frau sei, behauptete er, statt seiner ermordet worden, doch wisse er nicht, von wem: »Ich glaube, sie haben auf mich gewartet. Als sie den Wagen sahen, dachten sie, ich sei es, haben ihn angehalten und festgestellt, dass ich nicht darin saß, und beschlossen, stattdessen sie zu töten.« Er machte sich nicht die Mühe zu erklären, warum diese rätselhaften »sie« ihn eigentlich töten wollten. Was die anderen Todesfälle betraf, so hatte er das Gefühl, von einer schrecklichen Macht geprüft zu werden, die vielleicht ein Mensch war, vielleicht auch nicht. »Irgendein Feind, der immer in der Nähe ist und mich behindert, der immer irgendwo herumschleicht, wo ich ihn nicht sehen kann, aber ich bitte den Herrn, Er möge ihn sehen, und Er wird ihn sehen.« Der Reverend wusste noch nicht, wer oder was ihn quälte, indem er, sie oder es diejenigen umbrachte, die er liebte, doch er sagte: »Wenn ich mich an den Herrn halte, werde ich es erfahren.«

Der Reverend konnte jedoch nicht mehr so nah beim Herrn bleiben wie einst, weil keine seiner Kirchen ihn mehr predigen lassen wollte. Gegen seinen Willen tauschte er die Kanzel gegen die Kirchenbank ein und fing an, in der Peace-and-Goodwill-Baptistenkirche in Cottage Grove zu Gott zu beten, dort, wo er auch seine beiden Ehefrauen beerdigt hatte, nicht weit von seinem Haus in Nixburg. Die anderen Gemeindemitglieder billigten dies möglicherweise nicht, doch Maxwell trug weiterhin den Kopf hoch, trug weiterhin feinste Anzüge, redete weiterhin in seiner seltsam förmlichen

Manier, und nach nicht allzu langer Zeit stand er wieder am Altar, wenn auch auf andere Art. Drei Jahre nach dem Tod der ersten Mrs Maxwell und zwei Jahre nach dem Tod der zweiten Mrs Maxwell heiratete der Reverend erneut.

Niemand war je erstaunt darüber, dass Mary Lou Willie Maxwell hatte heiraten wollen, den gut aussehenden, arbeitsamen jungen Mann, der gerade vom Dienst für sein Land heimgekehrt war. Viele Leute wunderten sich, warum Dorcas Anderson ihm ihr Jawort gegeben hatte, obwohl manch einer sich wegen des Todeszeitpunkts ihres ersten Mannes seinen eigenen Reim darauf machte. Doch welche Frau würde einwilligen, die dritte Mrs Willie Maxwell zu werden?

Die Antwort lag, wie sich zeigen sollte, auf der Hand. Je nach Blickwinkel hatte die Frau, die Maxwell im November 1974 heiratete, entweder weniger Anlass, ihn zu fürchten, als alle anderen, oder sehr viel mehr, doch wusste sie ganz gewiss, worauf sie sich einließ. Die dritte Mrs Maxwell war Ophelia Burns, die Frau, die man beschuldigt hatte, die erste Mrs Maxwell getötet zu haben, aber nie vor Gericht gestellt hatte.

»Er konnte nichts dafür, dass die Leute gerne Gerüchte über ihn verbreiteten«, sagte Ophelia Maxwell über ihren neuen Ehemann. Merkwürdigerweise blieben ihr selbst derlei Gerüchte erspart. Obwohl man munkelte, der Reverend habe eine Komplizin gehabt, die ihn wie Charon zu den Tatorten hin und zurück befördert habe, an denen seine Verwandten tot aufgefunden worden waren, und obwohl zahllose Polizisten, Zeugen und Geschworene irgendwann von den Beschuldigungen gegen Ophelia im Mordfall Mary Lou gehört hatten, war ihre mutmaßliche Verstrickung im

Jahr 1974 aus dem kollektiven Gedächtnis der Stadt so gut wie verschwunden und wurde von der Bedrohung durch den Reverend überschattet. Sollte sie irgendetwas über Maxwells Verbrechen gewusst haben, so schwieg sie eisern; genau wie der Reverend beharrte sie immer darauf, dass er unschuldig sei. »Nur weil er wegen einer Sache angeklagt wurde«, sagte Ophelia, »halte ich es nicht für richtig zu glauben, dass er überall beteiligt war.«

Willie und Ophelia hatten beide große, komplizierte Familien. Auch sie war schon einmal verheiratet gewesen, ließ sich aber von ihrem Mann scheiden, als sie mit dem Reverend ertappt worden war. Beide hatten Kinder, die aus früheren Ehen stammten oder mehr oder weniger offiziell adoptiert worden waren. Der Reverend zog seinen jüngsten Sohn auf, dessen Mutter Dorcas war, doch die beiden älteren Jungen, die er nach seiner Eheschließung mit ihr adoptiert hatte, wurden von den Großeltern in Dadeville großgezogen, und die Tochter, die er als sein Kind anerkannt hatte, wohnte mit ihrer Mutter in Alexander City. Ophelia hatte noch ältere Kinder, die nicht mehr bei ihr wohnten, zog aber ein Kind namens Shirley Ann Ellington groß, das sie während ihrer ersten Ehe von einer Verwandten übernommen, jedoch nie offiziell adoptiert hatte.

Als Oberhaupt eines großen Hausstands stürzte sich der Reverend, der nicht predigen durfte, in die Industrieholzgewinnung. Er kaufte noch mehr Land am Highway 9 und verpachtete Grundbesitz seiner Mutter an ein Bauholzunternehmen mit Gewinnbeteiligung namens Bama Wood. Frank Colquitt, einer ihrer Manager, sagte später, der Reverend habe zu seinen allerbesten Arbeitern gezählt – er sei so gut gewesen, dass sich die zeitraubende Mühe gelohnt habe, die Ängste nervöser Kunden zu zerstreuen, die jedem anderen Holzunternehmer auf ihrem Grundstück den Vorzug gegeben hätten. Colquitt lernte bald, dass es am besten war, den Stier bei den Hörnern zu packen: Er nahm den Reverend zu einem Kunden mit, stellte ihn vor und »erklärte« ihm dann kurz, wessen er beschuldigt wurde – dass er ein Prediger sei, Voodoo und all der Kram –, und dann sagten sie alle »Der Bursche kommt mir aber nett vor«. Diese Taktik hätte bei Afroamerikanern nicht besonders gut funktioniert, doch im Coosa County gab es kaum Afroamerikaner, die genügend Land besaßen, um es an eine Holzfirma verpachten zu können. Die weißen Landbesitzer hingegen betrachteten Maxwell in den meisten Fällen als ein höfliches Objekt ihrer Neugier, als eine makabre Art der Unterhaltung und als etwas, womit sie bei ihren Freunden angeben konnten. Wenn man Colquitt fragte, wie er sich mit seinem Angestellten sicher fühlen könne, hatte er einen Witz auf Lager: »Ich habe immer gesagt, ich bin unbesorgt, weil *ich* nämlich eine Versicherung auf *ihn* abgeschlossen hatte.«

Jede Menge Leute hatten jedoch weiterhin Angst vor Maxwell, einschließlich der Arbeiter seines Holztrupps, die häufig aus Nervosität kündigten. Einer davon war ein Neffe des Reverends, ein junger Mann namens James Hicks, dessen Mutter Mae Ella Maxwell Willies zwei Jahre ältere Schwester war. Hicks war zweiundzwanzig Jahre alt, eins zweiundsiebzig groß und wog kaum fünfundfünfzig Kilo. Mit seinem schmächtigen Körper und seinem spärlichen Bartwuchs wirkte er fast noch wie ein Junge, war jedoch erwachsen genug, um zu heiraten. Nachdem er bei seinem Onkel gekündigt hatte, fand er Arbeit in einer Fabrik in Alexander City und zog mit seiner Frau nach Hissop, einer Stadt in der Nähe von Nixburg, wo Maxwell wohnte. Am 14. Februar 1976 verschwand Hicks. Zwei Tage später rief eine Frau in den frühen Morgenstunden Otis Armour an, einen Bestatter in Alexander City, und bestellte einen Wagen an den Highway 9. Sie wollte anonym bleiben, doch als sie zum zweiten Mal anrief, machte sich Armour auf den Weg. Zu diesem Zeitpunkt war James Hicks jedoch bereits zehn Meilen südlich von Goodwater auf dem Seitenstreifen der SR9 tot in einem Wagen gefunden worden – am selben Highway, wo man auch die zweite Mrs Maxwell gefunden hatte und wo der Reverend immer noch wohnte, mittlerweile mit seiner neuen Frau Ophelia.

Die Polizeibeamten am Tatort mussten das seltsame Gefühl eines schrecklichen Déjà-vus gehabt haben. Der Pontiac Firebird, Baujahr 1968, in dem Hicks gefunden wurde, sah nicht aus, als sei er dort liegen geblieben, sondern als habe ihn jemand dort geparkt. Die paar Kiefern neben dem Wagen waren unversehrt. An Hicks leblosem Körper sah man keine Verletzungen. Jimmy Bailey, der immer noch der Leichenbeschauer des Countys war und äußerst frustriert über die sich um den Reverend häufenden Todesfälle, kontaktierte sofort den Bezirksanwalt Harold Walden, der die Ermittlungen einleitete.

An jenem Montag kam ein Rechtsmediziner aus dem forensischen Labor ins Bestattungsinstitut Armour Funeral Homes, um die Leiche zu obduzieren. Es war Mitte Februar, daher hatte James Hicks über seinem kurzärmligen roten Hemd noch eine Jeansjacke an. Auch trug er immer noch seinen Absolventenring der Coosa County Highschool. Er hatte ein paar kleine Schnittwunden an Beinen und Armen, quer über dem Brustkorb und an der Seite der inneren Unterlippe. In seinem Blut fand sich ein wenig Koffein und Alkohol, jedoch keine anderen Drogen. Der Rechtsmediziner gab letztlich in seinem Obduktionsbericht an, dass es nichts gab, »was den Tod dieser Person angemessen erklären würde«.

Obwohl dieser ergebnislose Befund mehr als verblüffend war, wäre Willie Maxwell kaum darüber erstaunt gewesen. »Es wird keine Beweise geben«, versicherte der Reverend Tom Radney, als er zu ihm in die Kanzlei kam, um über den Tod eines weiteren Verwandten zu reden. Wie meistens, wenn er sprach, war seine Ausdrucksweise seltsam: Seine Worte waren beileibe keine Unschuldsbeteuerung, sondern ließen darauf schließen, dass er über das Verbrechen ganz genau Bescheid wusste.

Seine Formulierung war eigentümlich, aber korrekt – zumindest insofern, als alles, was als Beweis für den Mord an James Hicks verwendet werden konnte, nicht bei seiner Leiche oder am Tatort gefunden wurde, sondern erst hinterher – und zwar bei seinen Sachen. Als das Alabama Bureau of Investigation seine Habseligkeiten durchsah, wurde eine Versicherungspolice entdeckt, die die Handschrift des Reverends trug. Diese Entdeckung war wenig mehr als ein Indiz und brachte die Staatsanwaltschaft einer Verurteilung oder auch nur einer Festnahme des Reverends keinen Schritt näher. Doch sie erregte die Aufmerksamkeit eines ABI-Beamten. James Abbett war neu dort, doch mit den gescheiterten Ermittlungen in früheren Maxwell-Fällen vertraut. Er und sein Kollege Herman Chapman – »Der Bärenaufspürer« – wollten unbedingt, dass es dieses Mal anders verlief.

Als Abbett James Hicks' Witwe vernahm, sagte sie ihm sofort, sie sei sicher, dass Reverend Maxwell ihren Mann getötet habe. Etwa eine Woche vor seinem Verschwinden seien sie und James, so Mary Dean Riley Hicks, mit dem Wagen unterwegs gewesen, als Reverend Maxwell plötzlich hinter ihnen fuhr und sie dazu brachte anzuhalten. Ihr

Mann sagte, sie solle im Wagen warten, während er nach seinem Onkel sah.

Als Hicks zum Wagen zurückkam, sagte er nicht genau, was sein Onkel von ihm gewollt habe, doch Mrs Hicks erfuhr später, dass Ophelia Maxwell verschiedene Verwandte angerufen habe, um James' Sozialversicherungsnummer zu bekommen. »Sie haben die Nummer wahrscheinlich für ihre Versicherungspolice gebraucht«, sagte Mrs Hicks zu Abbett. »Weil ja so viele umgebracht worden sind.« Und nicht irgendwelche Leute: »Alles Leute, auf die Will Maxwell Versicherungen abgeschlossen hatte.« Sie sagte, ihr Vater habe sogar gehört, wie eine Frau sich damit brüstete, eine Police auf James zu haben, die achtunddreißigtausend Dollar wert sei.

Mary Hicks' Überzeugtheit brachte Abbett dazu weiterzuermitteln. Da er sicher war, das Tatmotiv zu kennen, suchte er jetzt nach den Mitteln. Es kostete ihn zwei Monate, doch dann fand er etwas Vernichtendes. Am 14. April verhörte Abbett einen Mann namens Aaron Burton, der unter Eid schwor, dass der Reverend ihm bei Smith's Grocery über den Weg gelaufen sei, zwei Wochen bevor James Hicks tot aufgefunden wurde. Er habe ihn zu seinem braunen Continental herübergewinkt – und »mich gefragt«, sagte Burton, »wie dreckig ich sei«. Als Burton erwiderte, er sei so dreckig, wie Maxwell wolle, verabredeten sich die beiden. Erst als sie sich ein paar Stunden später trafen, ließ Maxwell Burton schwören, das, worüber sie sprechen würden, mit ins Grab zu nehmen.

Was der Reverend von Aaron Burton wissen wollte, war, ob er ihm helfen würde, zwei seiner Neffen umzubringen. »Weil sie ihm viel Geld schuldeten, wollte er sie umbringen«, sagte Burton. Dem Reverend war es ernst damit, daher verhandelte er mit Burton über einen Geldbetrag, und sie einigten sich auf jeweils viertausend Dollar für den Mord an James Hicks und dessen Bruder Jimmy Maxwell.

Sie redeten fast eine Stunde lang und trafen sich dann am Ende der Woche erneut, wobei der Reverend mit Burton den Highway 9 entlangfuhr, um ihm die Stelle zu zeigen, wo der Mord stattfinden sollte. Der Reverend parkte seinen Continental auf einer Anhöhe bei der Elam-Kirche und schlug Burton vor, dass sie Hicks überwältigen könnten, wenn er vor Ort sei. »Will sagte, ich bräuchte nichts weiter zu tun, als mich im Wald zu verstecken, und wenn James Hicks dann oben ankommt, würde er mit ihm sprechen, und ich sollte James dann am Rücken berühren, den Rest würde er selbst erledigen. Will sagte mir, er hätte zwei Paar Handschuhe für uns, die wir tragen würden, um keine Fingerabdrücke zu hinterlassen.«

Als Maxwell dann ein Paar blauweiße Handschuhe unter dem Sitz des Continental hervorzog, verlor Burton die Nerven und erklärte dem Reverend, er habe es sich anders überlegt und wolle mit der Sache nichts zu tun haben. Das hielt Maxwell nicht davon ab, Burton auf dem Rückweg einen anderen Bergkamm am Highway 9 zu zeigen, von dem sie den Wagen seines Neffen von der Straße hinunterschubsen könnten, damit der Mord wie ein Autounfall aussähe. »Er sagte, er werde James' Wagen mit seinem eigenen Wagen runterstoßen. Ich erklärte Will, dass die Gummistoßstange an seinem Continental zu tief saß, und Will sagte, dann würde er eben seinen Ford Torino nehmen.«

Als Burton sich erneut weigerte, sich an den Morden zu beteiligen, bot Maxwell ihm Schweigegeld an. Burton sagte zu ihm, das sei nicht nötig, doch als eine Woche später die Leiche von James Hicks gefunden worden war, machte der

Reverend einen Besuch bei Burtons Vater und Bruder und wies beide darauf hin, dass Aaron besser den Mund hielt. Burton sagte dem Ermittlungsbeamten Abbett auch, dass in der Nähe des Bergkamms am Highway 9, wo der Reverend angehalten hatte, eine Familie namens Edwards wohne, und schlug vor, dass das ABI auch mit Edwards' Sohn über den Reverend Willie Maxwell sprechen solle.

Am nächsten Tag befragte Abbett Calvin Edward, der einst zu Maxwells Holzarbeitern gehört hatte. Hätte Abbett nicht unmittelbar zuvor Aaron Burton befragt, hätte er die Geschichte nie geglaubt, die Edwards ihm nun erzählte. Edwards schwor, dass der Reverend auch ihn für die Ermordung von zwei seiner Neffen um Hilfe gebeten habe. »Reverend Maxwell ist zu mir nach Hause gekommen und hat mich gefragt, wie dreckig ich bin«, erinnerte sich Calvin Edwards. »Ich hab gefragt, was er damit meint, und Maxwell hat zu mir gesagt, da wären zwei, die umgelegt werden müssen.«

Edwards behauptete, das Gespräch habe im Februar 1975 stattgefunden, fast ein Jahr bevor man James Hicks tot aufgefunden hatte und etwa einen Monat nachdem Maxwell für Edwards die Kaution im Coosa-County-Gefängnis in Rockford hinterlegt, ihn in seinem Arbeitertrupp in der Holzfabrik untergebracht und ihn gefragt hatte, ob er willens sei, das Gesetz nochmals zu brechen. Laut Edwards hatte sich Maxwell darüber beklagt, dass seine Neffen ihm Geld schuldeten, und versprochen, dass er vier Monate nach ihrer Ermordung genügend Versicherungsgeld haben werde, um einem Komplizen je viertausend Dollar zu bezahlen.

Abbett hörte zu, während Edwards genau schilderte, wie der Reverend plante, seine Neffen zu töten. »Maxwell erklärte mir, er hätte eine Pille, die man in etwas Whiskey auflösen kann, sodass ihnen schwindlig wird. Er wollte, dass ich sie betrunken mache und ihn dann anrufe.« Wenn die jungen Männer dann betrunken wären, habe Edwards nichts weiter zu tun, als sie zu einer Kirche in der Nähe von Tallassee zu bringen. Dort werde der Reverend warten, und er verspreche Edwards, dass er derjenige sein werde, der »sie ersticken und dann in ihrem Wagen über einen steilen Abhang oberhalb der Elam-Kirche hinunterstoßen würde«.

Der Ermittlungsbeamte fand sowohl Edwards als auch Burton glaubwürdig, doch wurden ihre Aussagen nicht öffentlich bekannt gegeben. Obwohl das Beweismaterial, das Abbett entdeckt hatte, den Reverend zum Hauptverdächtigen machte, konnte weder er noch sonst irgendjemand wegen eines Todes angeklagt werden, der natürliche Ursachen hatte: Weil James Hicks zumindest nach Ansicht der Leichenbeschauer nicht ermordet worden war, konnte es auch keinen Mörder geben. Wieder einmal war der Verdacht, den die Behörden hegten, himmelweit von dem entfernt, was sie beweisen konnten. Für die Leute am Lake Martin, ganz zu schweigen von denen, die James Hicks nahestanden, war die Tatsache, dass sich die Todesursache niemals feststellen lassen würde, fast so schwer zu akzeptieren, wie sich bewusst zu machen, dass niemals Anklage erhoben werden würde: Doch beides ließ sich nicht ändern.

Das Ergebnis war, dass weder der Ermittlungsbeamte Abbett noch irgendein anderer einschreiten konnte, als bei der Beneficial National Life Insurance Company, bei der Vulcan Life Insurance Company, der John Hancock Insurance Company und der World Wide Insurance Company Ansprüche auf Auszahlung der auf James Hicks abgeschlossenen Versicherungspolicen geltend gemacht wurden. Auch als Tom Radney die Schecks für seinen Mandanten Reverend Willie Maxwell einlöste, konnte keiner etwas dagegen tun. Wie zuvor bei seinen anderen verstorbenen Verwandten wurde der Reverend für kein Verbrechen verurteilt, und wie bei jedem Todesfall seit dem Tod seiner ersten Frau musste er sich keiner Anklage stellen. Er löste seine Schecks ein und ging seinen Geschäften nach, während diejenigen, die die Voodoo-Gerüchte glaubten, sowie viele von denen, die sie nicht glaubten, vor Wut kochten, weil das Objekt ihrer Angst und ihres Hasses damit prahlte, dass das Gesetz niemals imstande sein würde, Reverend Willie Maxwell anzutasten.

In der Zwischenzeit war das Jahr langsam vorangeschritten, und dann feierte Amerika sein zweihundertjähriges Bestehen. Ende Juli schoss ein Mann auf zwei Mädchen in der Bronx, beide Teenager, von denen das eine starb und das andere überlebte. Es war der erste einer Reihe von Angriffen mit einem .44-Kaliber-Revolver. Als im Januar 1977 ein weiteres Opfer starb, hatte die Polizeibehörde eine Spezialeinheit auf den Schützen angesetzt. Im März wurde eine Studentin auf dem Heimweg vom College ermordet. Im April wurde ein Pärchen in einem geparkten Wagen ermordet. Diesmal hinterließ der Mörder einen Brief, den er mit »Sams Sohn« unterschrieben hatte. Es folgten weitere Briefe und weitere Morde. Aus Angst, das nächste Opfer zu werden, fingen die Frauen an, ihre Frisuren zu ändern, und Liebespaare mieden Schäferstündchen in geparkten Autos. Polizisten, Reporter und Bürger zerbrachen sich allesamt den Kopf über die Hinweise in den Botschaften des Mörders, und ganz New York war in Angst.

Aus einer Schlagzeile nach der anderen erfuhr auch der Rest des Landes von der Gewalt in New York, einschließlich Alabama, wo selbst der *Alexander City Outlook* über den Sohn von Sam berichtete. Ein paar Jahre zuvor hatte ein

FBI-Beamter den Begriff »Serienmord« in einem Vortrag verwendet, doch jetzt wurde das Land vom Gedanken an einen Serienmörder vereinnahmt: jemand, der mehrere Menschen über einen längeren Zeitraum hinweg umbringt, manchmal aus Wut, manchmal aus Rache, manchmal aus psychopathologischem Vergnügen und manchmal nur für Geld. Die New-York-Morde waren in den gesamten Vereinigten Staaten eine Sensation und weckten Erinnerungen an die Manson-Morde und den Zodiac-Killer. Sie bestimmten den Ton für die Berichterstattung zukünftiger Serienmörder.

Sams Sommer war anstrengend für die Maxwells, und zwar vor allem, weil ihre Adoptivtochter Shirley Ann pubertäre Mürrischkeit an den Tag legte. Mit ihren sechzehn Jahren war sie weitaus schwieriger als vor ihrer Teenagerzeit, und besonders Ophelia machte sich Sorgen um sie. Shell, wie sie von ihren Freundinnen und Geschwistern genannt wurde, war bereits ein paarmal von zu Hause weggelaufen und »war einfach nicht mehr Shirley«, beklagte sich Ophelia. »Sie war ein anderer Mensch. Sie freute sich nur darauf, etwas zu unternehmen. Sie half nicht im Haus.« Wie viele Teenager war Shirley rebellisch und wie viele, erinnerte sich Ophelia, »glaubte sie, sie käme ohne Hilfe zurecht. Wenn es nach ihrem Kopf ging, war sie zufrieden.«

Ophelia dachte, ein Ferienjob würde ihre Tochter zur Ruhe bringen, und Shirley fand gleich nach ihrem zweiten Highschool-Jahr einen Job als Bedienung in einem Fast-Food-Restaurant in Alex City. Da sie noch keinen Führerschein hatte, musste sie zu Hardee's und auch überall anderswohin gefahren werden. Zwei Wochen später, am zweiten Junisamstag, fuhr Ophelia Shell zu ihrer Schwester nach Perryville und hielt auf dem Rückweg an, um ein Eis zu essen. Um sieben Uhr waren sie wieder zu Hause, doch Shirley war mit dem Verlauf des Tages nicht zufrieden, beschwerte sich und wollte erneut ausgehen. Ophelia erklärte ihr, sie hätten fast kein Benzin mehr im Tank, und versuchte einen Streit hinauszuzögern, indem sie ihr sagte, sie solle warten, bis der Reverend von seiner Holzplatzerkundungsfahrt zurück sei.

Stattdessen fuhr Shell laut Ophelia im Wagen davon. Ophelia sah nicht, wohin sie fuhr, nahm aber an, sie sei nach Perryville zurückgefahren. Ophelia war wütend, doch statt ihr hinterherzulaufen, beschloss sie zu warten, bis die Schwester des Mädchens sich melden würde. Als dies nicht geschah und Shirley nicht nach Hause kam, rief Ophelia die Polizei an, und als der Reverend nach Hause kam, fuhren sie sie suchen. Als es anfing, dunkel zu werden, und sie ihre Tochter immer noch nicht gefunden hatten, hielten sie vor der Polizeiwache in Alexander City, wo man ihnen mitteilte, das Mädchen würde nicht mehr vermisst.

Man brachte die Maxwells an eine Stelle des Highway 9, etwa eine Meile von ihrem Haus entfernt, wo ein Mann vor Kurzem neben einem alten Friedhof mit windschiefen Zäunen und moosbedeckten Grabsteinen den Ford Torino, Baujahr 1974, des Reverends gefunden hatte. Als die Maxwells zum Tatort kamen, ließ man nur Ophelia näher heran. »Ich durfte den Wagen nicht verlassen«, sagte der Reverend. »Es hieß, die Sache ginge mich nichts an. Das wühlte mich auf.« Von Ferne sah es so aus, als hätte der Vorderreifen auf der Fahrerseite einen Platten gehabt und Shirley den Ford aufgebockt, die Radmuttern mit einem Montiereisen gelöst und das Rad dann mühsam von der Achse gezerrt, wobei der Wagenheber weggekippt und der Wagen mit vollem Gewicht auf ihren schmächtigen Körper gefallen war.

Es sah so aus, weil es so aussehen sollte. Doch der Reifen, den Shirley Ann allem Anschein nach wechselte, hatte gar keinen Platten. Ihre Hände waren sauber, ohne eine Spur von Schmieröl oder Schmutz. Die Radmuttern des Ford Torino lagen nicht neben ihr, sondern steckten unter ihr fest. Am folgenden Sonntagmorgen, einer Zeit, zu der das Geflüster in den Kirchenbänken Telefonate überflüssig machte, atmeten die Leute im Coosa County mehr Gerüchte als Luft ein. Wer hatte je gehört, dass eine Sechzehnjährige einen Reifen wechselte, wo sie doch die eine Meile zu Fuß nach Hause hätte gehen können? Wieso fuhr der Reverend so spät am Tag und noch dazu an einem Wochenende zu Bauholzplätzen? Warum fand man Maxwells Verwandte immer tot am Straßenrand? Wieso gab es keinen einzigen Zeugen, der miterlebt hatte, was passiert war? Warum war die Polizei nicht früher eingeschritten? Wer konnte ein Kind töten, noch dazu sein eigenes Kind? Wann würde jemand all dem ein Ende machen? Während der langen Woche zwischen Shirley Anns Tod und ihrer Beerdigung brodelte es in der Gerüchteküche und die Wut wuchs an, ebenso wie der Verfolgungswahn des Reverends. »Ich weiß, dass sie über mich reden«, sagte Maxwell. »Ich merke, dass sie mit mir beschäftigt sind, und ich war's nicht.«

Am Samstag, dem 18. Juni 1977, dem Tag vor dem Vatertag, betrat der Reverend mit seiner Frau ein Bestattungsinstitut in Alexander City und setzte sich vorne in die Kapelle. Man hatte das Gefühl, es sei bereits Hochsommer, und die Eichen auf dem Rasen vor dem Haus spendeten nicht viel Schatten. Das Bestattungsinstitut House of Hutchinson hatte nur ein Stockwerk, und die Hitze konnte nicht entweichen. Die Deckenventilatoren bewegten die Luft hin und her, doch es war so heiß, dass viele der dreihundert Trauergäste auf dem Weg zu den Bänken einen Papierfächer von der Aufsicht entgegennahmen. Ganz vorne ruhte Shirley Ann Ellingtons Leichnam in einem offenen Sarg. Als alle Platz genommen hatten und die vernehmbare Trauer sich gelegt hatte, begann Reverend E. B. Burpo jr., ein Pfarrer der nahe gelegenen Great-Bethel-Baptistenkirche, mit dem Gedenkgottesdienst. Die Grabrede, die er auf Shirley Ann hielt, hob ihre Warmherzigkeit und Energie hervor, rief aber allen Anwesenden in Erinnerung, dass weder diese noch andere Qualitäten uns vor dem Tod bewahren konnten. Ob jung oder alt, in Begleitung oder allein, unschuldig oder nicht: früher oder später würde jeden dasselbe Schicksal ereilen. »Wir alle müssen den Weg gehen, den alle Menschen gehen müssen«, klagte Reverend Burpo. »Es gibt keine Ausnahme von der Regel.«

Ein gemeinsames »Amen« beendete die Liturgie, und nach dem Gottesdienst gingen alle Trauergäste nach vorn, um sich von Shirley zu verabschieden. Ophelia Maxwell war von dem Anblick, der sich ihr im Sarg bot, so überwältigt, dass sie sich wieder setzen musste. Ihr Mann führte sie zurück zur dritten Bankreihe, wo sie den Kopf an seine Schulter lehnte, während er ein weißes Taschentuch in der Hand hielt. Die Leute blieben noch eine Weile im vorderen Teil der Kapelle stehen, während die Trauergäste in den letzten Reihen sich nacheinander erhoben und nach vorn gingen, unter ihnen auch Louvinia Lee, eine Schwester von Shirley. »Sie hat ganz anders ausgesehen, und da habe ich angefangen zu weinen«, sagte Lee, als sie sich in Erinnerung rief, wie es für sie gewesen war, am Sarg ihrer jüngeren Schwester zu stehen. »Ich sah Mr Maxwell an, und er sah aus, als hätte er keinerlei Sorgen. Er hatte nicht mal Tränen in den Augen, und da hab ich es gesagt.« Sie hatte mit dem Finger auf den

Reverend gezeigt und, deutlich vernehmbar für alle, die an jenem Tag dort waren, mit ganz lauter Stimme gesagt: »Du hast meine Schwester getötet und dafür wirst du jetzt büßen!«

Noch bevor irgendjemand in der Kapelle reagieren konnte, zog ein Mann in einem grünen Anzug eine Pistole aus der Hosentasche und feuerte dem Reverend drei Mal in den Kopf. Die Schüsse kamen aus allernächster Nähe. Der Mann mit der Waffe saß nur eine Reihe vor ihm und zwar so dicht, dass er mit dem Schwalbenschwanzvisier seiner Beretta Maxwells Schnurrbart beinah hätte streifen können. Der Reverend versuchte noch, sich das Blut mit dem Taschentuch vom Gesicht zu wischen, starb jedoch, bevor die weiße Baumwolle seine Haut berührte.

Beim Knall der Pistole stürmten Hunderte von Trauergästen zu den Türen des Bestattungsinstituts und sprangen Hals über Kopf aus den Fenstern. »Sie haben meine Kapelle in Stücke gerissen«, erinnerte sich der Eigentümer Fred Hutchinson – derselbe Fred Hutchinson, der zwanzig Jahre zuvor selbst wegen Mordes und Versicherungsbetrugs verurteilt worden war, als er einen mit Arsen vergifteten älteren Mann auffallend schnell begraben hatte. Nach vorzeitiger Entlassung aus dem Gefängnis hatte er wieder in seinem alten Beruf gearbeitet, doch die Schießerei hatte sein Beerdigungsinstitut verwüstet. »Überall lagen kaputte Bilder und Damenhandtaschen und Brillen und Schirme am Boden.«

Zeuge des Chaos wurde Jim Earnhardt, ein junger, unerfahrener Reporter der Lokalzeitung. Er, der erst vor ein paar Jahren seinen Highschool-Abschluss gemacht hatte, hatte den Kürzeren gezogen und musste seinen Samstag der Aufgabe opfern, über Shirleys Beerdigung zu berichten. Als alle kondolierten, war er nach draußen gegangen. Er stand vor der Kapelle und schrieb bereits in Gedanken an seinem Artikel, dann hörte er den ersten Schuss. Alle rannten aus der Kapelle, er aber rannte dorthin zurück. Er hörte, wie jemand sagte: »Hier wurde geschossen.« »Will ist erschossen worden!«, schrie jemand.

Earnhardt verließ das Beerdigungsinstitut für einen Moment, um vom Nachbarhaus aus mit seinem Redakteur zu telefonieren, und kehrte dann zum Tatort zurück, um Zeugen zu befragen. »Weil es neben mir passierte, dachte ich, jemand zücke einen Fotoapparat«, sagte Millie Sistrunk, die Organistin, zu ihm. Johnnie Ruth Minniefield, eine der Trauergäste, sagte, sie habe zwei Schüsse gehört, doch eine andere Frau, Myrtrice Sutton, war nicht einmal in der Lage gewesen, die Schüsse zu zählen. »Ich hatte solche Angst. Ich wollte nur weg.«

Wenig später, noch bevor der Rechtsmediziner den Toten von der Kirchenbank wegtragen ließ, erschien Alvin Benn, Earnhardts Redakteur, mit einem Fotoapparat. Er knipste alles, und machte sogar ein Bild, von dem alle wussten, dass sie es nie bringen würden: Es zeigte Reverend Willie Maxwell, der immer noch verblüffend jung und attraktiv aussah, wie er, den Kopf überstreckt, die dunklen Augen geöffnet, mit leerem Blick an die Decke des Bestattungsinstituts starrte. In den kommenden Wochen würden Benn und Earnhardt die Titelseiten des *Alexander City Outlook* mit Artikeln und Interviews über Leben und Tod des Reverends Maxwell füllen: über seine drei Ehen, die fünf Familienmitglieder, die unter merkwürdigen Umständen starben, über die Tatsache, dass er nie verurteilt worden war, und über den Mann, der alldem an jenem Tag in der Kapelle endlich ein Ende machte.

Die Polizei rückte fast sofort nach dem Mord aus dem nahe gelegenen Revier an. Doch als sich die Polizisten durch die verwirrte Menge aus Zeugen und Zuschauern drängten, hatte sich der Schütze bereits den beiden schwarzen Polizeibeamten im Dienst gestellt, die beauftragt worden waren, den Verkehr während der Beerdigung zu regeln. Ob der Schütze ein Held war oder ein kaltblütiger Mörder, hing davon ab, wen man fragte. Eines jedoch war klar: Der Mann, der den Reverend erschossen hatte, würde einen guten Anwalt brauchen. Und wie sich herausstellte, brauchte auch der beste Anwalt der Stadt einen neuen Mandanten.

TEIL ZWEI
Der Anwalt

7

Who's in the Stew?

Tom Radney wollte, dass seine Familie wie die Kennedys aussah: flotte Eltern, reizende Kinder – eine sagenhafte Dixieland-Idylle. Seine Frau Madolyn hatte die Kleider schon vor Wochen gekauft, die Mädchen durften sie aber bis zu dem großen Tag nicht einmal anprobieren, weil sie nicht ausleiern oder schmutzig werden sollten – was selbst ihre wohlerzogenen Mädchen nicht versprechen konnten, die sechs, vier und zwei Jahre alt waren. Der von Tom bestellte Fotograf traf sich mit ihnen in Montgomery vor dem Parlamentsgebäude, einen Häuserblock vom ersten Weißen Haus der Konföderation entfernt, an derselben Kreuzung, an der vier Jahre zuvor Martin Luther King jr. die fünfundzwanzigtausend Bürgerrechtsdemonstranten, die gerade zu Fuß aus Salma gekommen waren, beschworen hatte, dass sie jetzt nicht umkehren würden.

Die Familie Radney tat, was der Fotograf wollte: Alle gingen dahin, wo er sie hinwinkte, und blieben stehen und lächelten, wenn er die Hand wie ein Stoppschild nach oben hielt. Die kleine Hollis wurde müde und musste getragen werden, doch Ellen und Fran waren ganz aufgeregt. Sie verstanden, dass die Fotos wichtig waren, und auch warum –

soweit kleine Kinder so etwas verstehen konnten: weil ihr Papa für das Amt des Vizegouverneurs kandidierte. Bevor Tom Radney berühmt wurde oder als Anwalt von Reverend Willie Maxwell berüchtigt, kannte man ihn bereits in ganz Alabama, weil er sich für etwas fast Unmögliches engagierte: für liberale Politik im Deep South.

Sein erster Wahlkampf hatte sieben Jahre zuvor stattgefunden, im Jahre 1962. Als er die Wahl doch noch verlor, die er unbestreitbar gewonnen hatte, erhielt er einen Vorgeschmack auf sein zukünftiges Leben als Liberaler in den Südstaaten. Am ersten Mai hatte Tom beim Wettlauf um ein Mandat im Abgeordnetenhaus von Alabama einen Geflügelfarmer aus Alexander City geschlagen sowie einen Holzfäller aus Daviston besiegt. Danach war Tom mit seinem Wahlkampfleiter zum Feiern an die Golfküste von Florida gefahren, wo er erfuhr, dass das Mandat, das er hätte übernehmen sollen, einer Neuverteilung zum Opfer gefallen war.

Die Zuteilung der Sitze hatte sich in Alabama seit 1901, dem Jahr, in dem sich der Bundesstaat eine neue Verfassung gab, kaum verändert, doch während Tom feierte, befand ein Bundesgericht, dass die Demografie sich drastisch verändert habe, und veranlasste, dass der Bundesstaat in neue Bezirke eingeteilt wurde. Das Gericht änderte nicht die Gesamtzahl der Sitze in der Legislative, verlangte aber, dass sie anders über die Countys verteilt würden. Die neu gezeichnete Karte gab manchen Countys zusätzliche Sitze, die anderen Countys weggenommen wurden – darunter auch Tallapoosa, wo der Sitz verschwand, den Tom gewonnen hatte. Er sah sich mit einer Sonderwahl konfrontiert, bei der es nur um den einen Sitz ging, der mit seinem zusammengelegt worden war. Am letzten Dienstag des Monats August wurde das Wahlergebnis bekannt gegeben: Tom Radney hatte die Wahl verloren.

Vier Jahre später jedoch sollte sich dasselbe Mandat als entscheidend für Toms Karriere erweisen. 1966 kandidierte er im Senat von Alabama für den Sechzehnten Bezirk. Vor der Neuzuteilung der Sitze hatte dieser Bezirk aus den beiden Countys Elmore und Tallapoosa bestanden, in denen der lokale Politapparat sich ein System ausgedacht hatte, das Senatorenrotation genannt wurde: Kandidierende Bewohner des einen Countys wechselten sich mit denen des anderen ab, wobei der Sitz bei jeder Wahl hin- und hergereicht wurde. Doch die Neuverteilung der Sitze fügte dem Sechzehnten Bezirk Macon County hinzu, dem Sitz des Tuskegee Institutes, machte dem langjährigen Rotationsbrauch den Garaus und änderte das Bild für die Kandidaten auch in anderer Hinsicht. Von 1964 bis 1966 waren den Listen des Macon County viertausend Namen hinzugefügt worden, was vor allem dem Voting Rights Act zu verdanken war, dem Wahlrechtsgesetz, das die Gesamtzahl registrierter Wähler auf mehr als elftausend erhöhte. Fast siebentausend dieser Wähler waren Afroamerikaner, was bedeutete, dass ein Kandidat für den Sechzehnten Bezirk erstmals Wahlkampf in einem County führen musste, das mehrheitlich schwarz war.

Tom machte das nichts aus. Anfang Januar gab er vor Hunderten von Freunden bekannt, dass er für den Sitz kandidiere. Das Programm war vage, der Kandidat jedoch ein Traum: Der junge Anwalt war in einer Kleinstadt in Alabama geboren und aufgewachsen, er war Methodist und Freimaurer und gehörte der Bruderschaft der Shriners und derjenigen der Elks an; er war Mitglied der Amerikanischen Legion, der Handelskammer und des Kiwanis Clubs; seit Collegetagen gehörte er zu den Auburn Tigers und seit der Universität war er Mitglied des Sportteams Crimson Tide, außerdem war er Sonntagsschullehrer und ehemaliger Soldat.

Toms Gegner in der Vorwahl war ein Mann namens H.H. »Runt« O'Daniel. Runt war schon fast so lange im Geschäft, wie Tom auf der Welt war, und der Autohändler, der ehemals Farmer gewesen war, hatte viele Kunden, auf deren Stimmen er zählen konnte. Doch Runt war nicht annähernd so erpicht darauf wie Tom, im Macon County Wahlkampf zu führen. Stattdessen hatte er vor, auf die Stimmen derer abzuzielen, die Befürworter der Segregation waren. Dabei half ihm ein mächtiger Verbündeter: der Gouverneur George Corley Wallace jr.

Man vergisst heutzutage leicht, dass George Wallace Demokrat war: Die tektonischen Platten der Parteien hatten sich noch nicht Richtung *Race* verschoben, und die Republikaner wurden im Süden immer noch als die Partei Lincolns beschimpft, sodass sowohl Befürworter der Segregation als auch die Verfechter der Gleichberechtigung für die Demokraten kandidierten. Doch die lange Karriere von George Wallace hatte bereits viele Jahre zuvor begonnen und war moralisch noch Lichtjahre von seinem berüchtigten Versprechen entfernt, das lautete: »Rassentrennung jetzt, Rassentrennung in Zukunft, Rassentrennung für immer«. Als Enkel eines Nachlassrichters hatte Wallace die juristische Karriereleiter erklommen und war erst Justizminister und dann Richter am Dritten Bezirksgericht des Bundesstaates geworden. Dabei verdiente er sich die Bewunderung schwarzer Anwälte, die ihn als einen der liberaleren Richter betrachteten und als einen der wenigen, der sowohl Weiße als auch Schwarze im Gerichtssaal mit »Mister« anredete. Als er 1958 zum ersten Mal für das Amt des Gouverneurs kandidierte, wurde er von der National Association for the Advancement of Colored People unterstützt, während sein Gegenspieler vom Ku-Klux-Klan Rückenstärkung bekam.

Wallaces Wahlniederlage mit einem Abstand von über dreißigtausend Stimmen machte ihn fuchsteufelswild. »Wissen Sie, warum ich die Gouverneurswahl verloren habe?«, vertraute er einem Wahlhelfer hinterher an: »Ich wurde ausgen***ert.« Diese Einschätzung war boshaft und brachte eine ebenso bösartige Philosophie hervor: »Ich sage Ihnen hiermit, dass man mich nie wieder ausn***ern wird.«

Damit begann das unglückselige Zeitalter von Wallace in Alabamas Politik. Es waren dunkle Jahre am Meeresgrund, in denen Politiker auf allen Regierungsebenen die weißen Wähler stärkten und ihnen eine Macht versprachen, die sie nie zuvor gehabt hatten, und zwar auf Kosten der Afroamerikaner, die, wie man ihnen versicherte, nie Macht bekommen würden. Wallace, der damals Gouverneur war, war derjenige, der im Juni 1963 am Eingang der University of Alabama stand und zwei schwarze Studenten daran hinderte, sich einzuschreiben. Und es war Wallace, der drei Monate später die Polizei von Alabama anwies, schwarzen Kindern den Zutritt zu den staatlichen Schulen von Birmingham zu verwehren. Er konnte die *Race*karte in jedem Kartenspiel finden und spielte sie gegen jeden aus, der mit seinem populistischen Überlegenheitsgebaren nicht übereinstimmte. Jeder, der ihn kritisiere, sagte er, sei ein »niederträchtiger Carpetbagger – ein politischer Abenteurer und Schwindler, ein Scalawag – ein Kümmerling und ein ›Rassen‹ vermischender Lügner.«

In seinen Reden war Wallace ein Law-and-Order-Mann, doch im richtigen Leben stellte er gern seine eigenen Regeln auf. Trotz seiner ungeheuren Beliebtheit war er 1966 nicht in der Lage, erneut zu kandidieren, weil ein Gouverneur in Alabama nicht zweimal hintereinander im Amt sein durfte. Als die Legislative es ablehnte, die Verfassung zu ändern, um ihn wählbar zu machen, ließ er einen Stellvertreter kandidieren: seine Frau Lurleen. Bei den Wahlkampfveranstaltungen sprach Lurleen ein paar Minuten lang, und dann betrat Wallace die Bühne und geiferte und tobte über eine Stunde lang. Er fuhr durch den ganzen Bundesstaat und warb nicht nur für seine Frau, sondern auch für eine ganze Kandidatenliste von Mini-Wallaces, unter denen sich auch Runt O'Daniel, der Kandidat des Sechzehnten Bezirks, befand.

Alabama war lange Zeit ein Einparteienstaat gewesen: Mitte der 60er-Jahre bestand diese Partei aus Wallace. Tom Radney jedoch gehörte ihr nicht an. Er wurde am 18. Juni 1932 in Wadley geboren, einer winzigen Stadt direkt auf der anderen Seite der Tallapoosa-County-Grenze, als sechstes Kind von Nancy Beatrice Simpson und James Monroe Radney, die man als Beatrice und Jim kannte. Seine Geburtsurkunde lautet auf den Namen »John Tomas«, und sein Leben lang tauchte das fehlende »h« entweder auf oder verschwand wieder in der Versenkung, je nach Laune der Reporter, Gelehrten, Kalligraphen und Korrektoren.

Auch wenn man ihn in Alexander City und in ganz Alabama irgendwann als Big Tom kannte, war er der Jüngste in der Radney-Familie, und seine Mutter behandelte ihn entsprechend. Tom behauptete später, sein Vater habe ihm nie gesagt, dass er ihn liebe, doch Beatrice bevorzugte ihren Jüngsten extrem. Wenn ihr Mann morgens zur Arbeit gegangen war – er leitete eine Zweigstelle des Handelsunternehmens seines Schwiegervaters und bewirtschaftete seine Plantage –, holte sie Tom in ihr Bett, wo es wärmer war, und wenn er nicht mochte, was auf dem Abendessenstisch stand, wartete sie, bis der Rest der Familie im Bett war und kochte ihm dann, was ihm schmeckte. Wenn Mutter dazu imstande gewesen wäre, hätte sie ihm das Essen vorgekaut, erinnerte sich eine seiner älteren Schwestern einmal.

Doch statt Tom zu verderben, machte diese Verhätschelung aus ihm einen netten Jungen. Beatrice schickte ihren Sohn mit Milch oder Marmelade zu anderen Familien und erklärte ihm, dass ihnen das Glück zwar heute gewogen sein mochte, aber vielleicht morgen schon nicht mehr, und dann wollten sie, dass man sich an ihre Freundlichkeit erinnerte. Diese Unterweisung in menschlichem Anstand, die er durch das Vorbild seiner Mutter bekam, erhielt er von seinem Vater durch dessen abschreckendes Beispiel. Auf dem Grundstück, das Jim Radney bewirtschaftete, gab es einen Bereich, den man »das Quartier« nannte: Er wurde von neunundzwanzig Sharecropper-Familien bestellt, ganz ähnlich wie das Stück Land der Maxwells im Coosa County. Eine der Familien im Quartier hatte einen Sohn, der nur ein Jahr älter war als Tom und mit dem er sich als Kind eng befreundete. Doch als der Vater des Jungen den rechten Arm in einer Baumwollentkörnungsmaschine verlor, weigerte sich Jim, der Familie zu helfen, und vertrieb sie aus dem »Quartier«. Der Vater schämte sich dessen nicht, doch den Sohn Tom machte es tief betroffen, und er vergaß es sein Leben lang nicht.

Tom regte sich auch über einen Erweckungsgottesdienst auf, den er eines Sommers in einer Kirche in Wadley erlebte, die weiße Version der Gottesdienste, die der Reverend Maxwell veranstaltete. Er war mit zwei Freunden unterwegs, und zu dritt sahen die Jungen mit großen Augen Bilder von lodernden Flammen, die herumgereicht wurden – wie diejenigen, die sie in der Hölle erwarten würden, sagte der Prediger, wenn sie eine der Sünden begingen, die er ihnen entgegenschrie. Die Jungen rannten zum Ausgang, und Tom schwor sich später, nie wieder zu einem Gottesdienst zu gehen, bei dem nur die Strafe Gottes ohne Gottes Liebe gepredigt würde. Bei den Methodisten fühlte er sich gut aufgehoben, und er sagte sein Leben lang, sein Glaube habe ihn dazu gebracht, an die Gleichheit und die Würde aller Menschen zu glauben, ungeachtet ihrer Hautfarbe.

Dieser Glaube half Tom auch dabei, sich 1966 erneut um einen Sitz im Senat zu bemühen und eine Wahlkampfstrategie zu entwickeln. Aus seiner Sicht verdienten die afroamerikanischen Bürger im Macon County ebenso viel Zeit und Aufmerksamkeit wie die weißen Bürger anderswo im Bezirk. Wähler waren Wähler, wie er fand, und er war darauf aus, Stimmen zu gewinnen. Toms Gegner hatte sich inzwischen damit abgefunden, Macon County zu verlieren, plante jedoch, Toms Heimat-County wegzuschnappen. Runt wusste, dass Tom die Vorwahlen durchaus gewinnen konnte, wenn er mehr als fünfzig Prozent der Stimmen bekam, doch wenn er, Runt, ihn in eine Stichwahl zwingen könnte, dann könnte er Toms afroamerikanische Anhänger gegen ihn verwenden. Dafür musste er die Wählerschaft in kleinere Stücke aufteilen, und deshalb tauchte zwei Monate vor den Vorwahlen ein Spoiler auf: Ein schnurrbärtiger Countrysänger namens Gene »Mutt« Lanier setzte seinen Cowboyhut auf und verkündete, dass er für den Senat kandidiere. Radney konnte nichts gegen Mutt tun, und er konnte auch nicht beweisen, dass Runt hinter dieser Hauruckkandidatur steckte, durchschaute den Plan aber. In der Vorwahl würden Runt und Mutt zusammen genügend Stimmen erhalten, um Tom auszustechen, und danach würden sie, wie er sich ausdrückte, »mir in der Stichwahl aus den N****stimmen einen Strick drehen«.

In der ersten Maiwoche stellten sich Mutt, Runt und Tom zur Wahl. Radney bekam die meisten Stimmen, doch um die Stimmenmehrheit zu erhalten und einer Stichwahl zu entgehen, fehlten ihm immer noch fünfhundert Stimmen. Tallapoosa County entschied sich für den Sohn seiner Stadt, Elmore County ebenfalls, doch »die N**** traten geschlossen an«, wie die *Tuskegee News* es ausdrückte, und entschieden sich für Tom Radney. Diese Information reichte Runt aus, um sich, in der Sprache der damaligen Zeit, zum Sieg zu segregieren – durch rassistische Ausgrenzung die Wahl zu gewinnen, und diese rassistische Strategie trug er in die Druckereien und Radiosender. Die Stichwahl fand erst am Ende des Monats statt, und Runt wollte nur, dass die weißen Wähler bis dahin hörten, wie viel er mit den Wallaces gemeinsam hatte und wie viel Radney mit der afroamerikanischen Bevölkerung des Distrikts gemeinsam hatte. Flugblätter machten die Runde, mit denen die noch unschlüssigen Anhänger aufgefordert wurden, anzurufen und sich zu vergewissern, dass Wallace Runts Sieg wollte; wenn die Wähler dann die angegebene Telefonnummer wählten, wurden sie mit Wallace' Finanzminister verbunden, der eine Wahlrede für Runt hielt und gleichzeitig Spenden annahm. »Sie sehen ja, wer hier für wen einsteht«, sagte Runt über seinen jungen liberalen Gegner, und versprach dann, mit »Mrs George C. Wallaces Regierung gegen die Linksliberalen in Washington« und für »die Rechte unseres Bundesstaats und unsere Südstaatenlebensart« zu kämpfen.

Die »Rechte des Bundesstaates und die Lebensart der Südstaaten« war ein kaum verschlüsselter Appell an die Überlegenheit der Weißen, hatte jedoch nichts von dem bösartigen Wahlkampfprospekt, das Runt im Kampf gegen Tom Radney produzierte: eine Faltbroschüre, auf deren Vorderseite eine Karikatur von einem Mann zu sehen war, der pechschwarz war, barfuß und bis auf einen Bastrock nackt, und der mit einem weißen Knochen zwischen den Lippen in einem siedenden Kessel rührte. Über ihm steht in bluttriefenden Buchstaben in roter Tinte: »WHO'S IN THE STEW ... – Wer steckt in diesem Schlamassel ...« Wenn ein Wähler die Broschüre aufschlug, sah er die Warnung: »PASSEN SIE AUF, SONST TRIFFT ES SIE!« Darunter hatte Runt die Ergebnisse der Vorwahl abgedruckt, sodass sonnenklar wurde, dass Radney der von den Afroamerikanern bevorzugte Kandidat war.

Die Reklame war abscheulich, aber sie wirkte, und Tom wusste zuerst nicht, was er dagegen tun sollte. Ihm war klar, dass Runt die Broschüre an weiße Wähler in zwei Countys geschickt hatte, und er starrte immerzu wutentbrannt und völlig blockiert darauf. Während er sie weiter hin- und herdrehte in Gedanken und mit den Händen, sah er auf einmal das winzige Unionszeichen auf der Rückseite. Er rief den Drucker an und erfuhr, dass die Broschürenfahne noch vorhanden war, bezahlte für den Druck weiterer fünfzehnhundert Broschüren und verteilte sie eigenhändig an die schwarzen Wähler im Macon County. Auch seinen weißen Country-Club-Freunden brachte er Exemplare mit. Keiner von ihnen war ein Liberaler, doch viele waren über die beleidigenden politischen Aktivitäten im Tallapoosa County bestürzt. Alexander City war eine aufstrebende Stadt, die aufgrund der Baumwollfabriken gut bei Kasse war, und diejenigen, die dort das Sagen hatten, versuchten, Geschäftsleute aus dem ganzen Land anzulocken. Der anständige Radney mit dem Bürstenschnitt war ein Aushängeschild für den Neuen Süden, und schon bald setzten sich die typischen Handelskammervertreter zu ihm in den Schlamassel-Kessel.

Das Fundament von Radneys Wahlkampf war seine Frau Madolyn Boyd Anderson, die FDRs Eleanor und JFKs

Jackie in einer Person war. Sie war in Montgomery aufgewachsen, und ihre Eltern wohnten dort immer noch; die Andersons hatten ihrem Schwiegersohn bereits ein Zimmer in ihrem Haus versprochen, falls er es während seiner Senatssitzungen benötigen sollte. Als sich Madolyn und Tom kennenlernten, unterrichtete sie Erstklässler und engagierte sich sehr für das staatliche Schulwesen. Tom, der in Auburn studiert hatte und einen Bachelor und einen Master-Abschluss in Pädagogik gemacht hatte, beeindruckte sie damit, dass er ernsthaft über das Thema nachgedacht hatte und leidenschaftlich daran glaubte, dass die öffentlichen Schulen Gleichheit und gesellschaftliche Mobilität förderten. Madolyn taxierte Tom kurz und wusste sofort, was sie an ihm hatte: einen Mann, der zu gleichen Teilen aus Idealismus und Ehrgeiz bestand, einen Politiker, der mit einem Auge nach Montgomery und mit dem anderen nach Washington schielte. Am 8. September 1962 heirateten sie in der First United Methodist Church und zogen in eine kleine Wohnung in der Innenstadt von Alex City. Als sie genügend Geld gespart hatten, kauften sie Land im nahe gelegenen Ridgeway Drive, und Madolyns Vater, der Ingenieur war, überwachte dort den Bau ihres Hauses. Das Haus war genauso modern wie sie selbst, und sie sollten dort bis zu Toms Tod gemeinsam leben.

Als Tom seinen Wahlkampf begann, kam Madolyn meistens mit, chauffierte ihn, damit er seine Reden im Wagen zu Ende schreiben konnte, und unterhielt gleich nach der Ankunft die Presse. Doch Tom unterhielt die Wähler. Mit seinen politischen Ansichten inspirierte er diejenigen, die sie teilten, und mit seiner Begeisterung, Aufrichtigkeit und seinem Optimismus gewann er sogar manche für sich, deren Ansichten zuvor von seinen abgewichen waren. Ein paar

Tage vor der Wahl veröffentlichte Tom einen offenen Brief in einer Regionalzeitung und bat die Leute aus dem Sechzehnten Bezirk um ihre Wählerstimme. Im Gegenzug versprach er ihnen »harte Arbeit, anständige Vertretung und eine Stimme im Senat, auf die Sie stolz sein können«.

Bei der Stichwahl hatte Tom in seinem Heimat-County über fünfhundert Stimmen verloren, und Runt hatte im Elmore County weitere tausendfünfhundert Stimmen gewonnen. Tom Radney jedoch war mit über zweitausend Stimmen der Sieger im Macon County, womit er die Stichwahl gewonnen hatte – und damit einen Sitz im Senat. Das Voting Rights Act – das Wahlrechtsgesetz – von 1965 hatte noch nicht dazu geführt, dass die weißen Bewohner Alabamas die Demokratische Partei in Massen verließen: Wer damals – beinah zum letzten Mal – als Demokrat die Vorwahlen im Bundesstaat gewann, gewann die gesamte Wahl, genau wie heute in Alabama, wo ein republikanischer Vorwahlgewinner oft Wahlsieger wird. Im November besiegte er den sechzigjährigen Farmer, seinen Gegenkandidaten, mit Leichtigkeit.

Bei der anschließenden Senatssitzung wurde Tom Radney als Senator von Alabama vereidigt. Er war vierunddreißig und, wie Madolyn seit ihrem ersten Rendezvous wusste, ehrgeizig genug, um in Erwägung zu ziehen, sich als Kandidat um ein Amt zu bemühen, für das er noch nicht alt genug war. Doch er schaffte es nie nach Washington. In den Jahren zwischen seiner Wahl ins Parlament und den Bilderbuchfotos von ihm mit Familie in Montgomery, die für seinen Wahlkampf zum Vizegouverneur gedacht waren, wurde er fast vollständig aus der Politik verjagt.

8

Rosen sind rot

Als Liberaler in Alabama zu kandidieren war schwer genug, doch als Liberaler dort zu regieren, war fast ein Ding der Unmöglichkeit. Toms Kollegen im Parlament mussten ihn in den Plenarsaal lassen, hatten jedoch nicht vor, auch nur einen seiner Gesetzesentwürfe zu verabschieden. Nach einem Jahr im Amt vertraute Tom einer Kirchengruppe in Auburn an, er fühle sich, als »verbringe er mehr Zeit damit, schlechte Gesetze zu bekämpfen, als gute Gesetze zu erlassen«.

Zu den schlechten Gesetzen gehörte der ernsthafte, wenn auch unerklärliche Versuch, Alabama aus den Vereinten Nationen auszugliedern, der im Abgeordnetenhaus durchgesetzt wurde, nicht jedoch im Senat; weiterhin ein Gesetzentwurf, der es der gesetzgebenden Versammlung erlaubt hätte, Sprecher in staatlichen Schulen zuzulassen oder abzulehnen, und den Tom erfolgreich zu Fall bringen konnte, teils durch eine öffentliche Debatte an der Auburn University, bei der er die akademische Freiheit mit Leidenschaft verteidigte; der von Wallace befürwortete Versuch, dem Tuskegee Institute die Gelder zu streichen, das seit 1881 von Alabama finanziert wurde, was Tom verhinderte, indem er mit einem Einmann-Filibuster drohte. Zu den von Radney vorgeschlagenen guten Gesetzesentwürfen, die vehement niedergestimmt wurden oder erst gar keine Stimme erhielten, gehörte die Senkung des Wahlalters in Alabama auf achtzehn Jahre (mit der Begründung, dass, wer alt genug sei, in Vietnam für das Vaterland zu sterben, auch alt genug sei, seine Regierung zu wählen), die Reform des Briefwahlrechts und die Entfernung eines Budgetpostens der University of Alabama für den Kauf von Konföderiertenflaggen.

Tom Radney hatte seine Vorstellung des Guten von seiner Mutter und von der Kirche bekommen, doch seine Vorstellung einer guten Gesetzgebung stammte von Präsident Kennedy. 1960 ging Tom zum Parteitag der Demokraten, der die Absicht hatte, Adlai Stevenson zu nominieren. Dann lernte er JFK bei einer Cocktailparty kennen und wechselte sofort zu ihm über. »Es hört sich doof an«, erinnerte er sich Jahre später, »aber er gab einem das Gefühl, dass er tatsächlich mit einem sprach. Er hatte einen durchdringenden Blick.«

Dies war eine angemessene Beschreibung dessen, was im Wesentlichen der Beginn einer politischen Liebesaffäre war. Toms Bewunderung für die Kennedys brachte ihn mit der Zeit dazu, bei ihren Wahlkampfveranstaltungen mitzuarbeiten, sie zur Erholung an den Lake Martin einzuladen und ihre Visitenkarten zu gestalten. Als JFK erschossen wurde, war Tom am Boden zerstört. Er ließ die Arbeit liegen, ging nach Hause und weinte. Doch er gab Kennedys Vision davon, was eine Regierung für ihre Bürger tun konnte, niemals auf. Als er mit seiner Frau zu einem anderen Nominierungsparteitag nach Chicago fuhr, schwebte ihm ein zweiter Kennedy vor.

Der Parteitag der Demokraten im Jahr 1968 war außergewöhnlich turbulent und fiel in eine außergewöhnlich turbulente Zeit. Vier Monate zuvor war Martin Luther King jr. ermordet worden, und Robert Kennedy traf es zwei Monate später. Vor dem Tagungszentrum kam es zu gewalttätigen Zusammenstößen zwischen Demonstranten gegen den Vietnamkrieg und der Chicagoer Polizei, und im Gebäude selbst gab es ebenso viel Aufruhr. Präsident Lyndon Johnson hatte verkündet, dass er sich nicht wiederwählen lassen wolle, daher stritten sich Vizepräsident Hubert Humphrey und Senator Eugene McCarthy um sein Amt. Robert Kennedy war auch ein vielversprechender Präsidentschaftskandidat gewesen, und seit seiner Ermordung in jenem Juni waren Hunderte von Delegierten unentschieden. Verschiedene Südstaaten hatten zudem rivalisierende Kandidatenlisten geschickt – von denen manche für und manche gegen die Segregation waren. Vier Jahre zuvor hatte fast die gesamte Delegation Alabamas den Parteitag verlassen, aus Protest gegen die Sitzverteilung von Delegierten aus Mississippi, die Gegner der Segregation waren. Diesmal waren drei separate Listen mit Delegierten aus Alabama aufgetaucht, zu deren Sortierung ein Zulassungskomitee gebraucht wurde.

Als das Komitee fertig war, zählte Tom Radney zu denen, die einen Sitz hatten. Er steckte sich sofort einen »Holt Ted«-Button an sein Jackett und suchte eine Kamera. »Edward Kennedy hat große Begeisterung für den Süden und seine Probleme gezeigt«, verkündete Radney, »und im Süden wird er ein beliebter Kandidat sein. Ich kann keinem anderen Kandidaten meine Stimme geben.« Diese Erklärung war so verblüffend, dass ihn die *CBS News* noch im Plenarsaal interviewten, und damit begannen seine Probleme. »Walter«, sagte ein Dan Rather mit jungem, frischem Gesicht zu Walter Cronkite, dem Moderator, »Sie gehen automatisch davon aus, dass jeder aus Alabama für Wallace ist. Stimmt nicht. In der Alabama-Delegation gibt es mindestens einen glühenden Anhänger von Senator Edward Kennedy. Dieser Mann ist Tom Radney aus Alexander City in Alabama.«

Tom, der im staatlichen Fernsehen so entspannt wirkte wie Cronkite und genauso klang, beschrieb Ted Kennedy als »den eindrucksvollsten Kandidaten der Demokraten, den wir haben«, und prophezeite irgendwann, zwischen lauter lächelnden »Ach, was soll's«, dass Senator Kennedy »den Süden abräumen« werde. Nach dem Gespräch mit dem *CBS* gab Tom ein Interview nach dem anderen und bot sich allen, die zuhören wollten, als Botschafter des Neuen Südens an.

Der Alte Süden empörte sich sofort. Zur Freude von vielen in seinem Heimatstaat und außerhalb kandidierte George Wallace in jenem Jahr als unabhängiger Kandidat für die Präsidentschaft. (Am Ende sollte er in Alabama, Georgia, Mississippi, Louisiana und Arkansas, einschließlich einer treulosen Wählerstimme aus North Carolina, insgesamt sechsundvierzig Stimmen gewinnen, die meisten, die je ein Kandidat einer dritten Partei gewinnen konnte, seit der frühere Präsident Theodore Roosevelt als Progressiver angetreten war.) Doch selbst wenn Wallace nicht kandidiert hätte, wollte keiner, der den Parteitag zu Hause in Alabama verfolgte, einen weiteren Kennedy im Weißen Haus: Sie ließen ihren Senator genau wissen, was sie davon hielten, dass er sich auf ihre Kosten im Fernsehen in Szene setzte. Fast zeitgleich erreichten Tom Telegramme auf dem Parteitag, und in seinem Hotel häuften sich Nachrichten für ihn. Sie waren fast alle anonym und allesamt boshaft. Ein Telegramm aus Birmingham war nur mit »Besorgte Bürger aus Alabama« unterschrieben und lautete: »Rosen sind rot, und Veilchen sind blau. Zwei Kennedys sind tot, so wie Sie, ganz genau.«

Tom war in der Vergangenheit wegen seiner politischen Ansichten aufgezogen worden, und man hatte ihm das Gefühl gegeben, seinen Staat und seine *Race* verraten zu haben, doch hatte man ihn nie bedroht, und nie zuvor hatte man ihm Angst eingejagt. Madolyn war sofort außer sich, vor allem wegen der Kinder zu Hause in Alexander City. Ihre Eltern waren bei den Mädchen im Haus am Ridgeway Drive, eines war fünf, das andere drei und das Kleinste 10 Monate alt. Dann begann auch dort das Telefon zu klingeln. Tom bat die Alexander City Police einen Wagen zu schicken und seine Familie zu beschützen, während er und Madolyn überlegten, was sie tun sollten. Sie verließen Chicago schließlich früher als geplant, aber nicht unmittelbar; Tom wollte noch seinen Pflichten als Delegierter nachkommen, und obwohl Kennedy sich nicht zur Wahl gestellt hatte, wählte Tom ihn.

Die Radneys kehrten nach Alex City zurück und der Parteitag war kurz danach zu Ende. Die Drohungen jedoch gingen weiter. Meistens waren es Telefonanrufe, die morgens, mittags, abends und nachts erfolgten. Die anonymen Anrufer machten sich nicht die Mühe festzustellen, ob Tom am anderen Ende der Leitung war. Sie drohten seiner Frau. Sie drohten seinen Töchtern. Sie drohten ihm. »Ich hob um drei Uhr morgens den Hörer ab«, sagte er, »und eine Stimme sagte zu mir, wenn ich am nächsten Morgen meinen Wagen anließe, würde ich in Stücke zerfetzt.« Nach ein, zwei Tagen hörte Tom auf, die Anrufe zu zählen. Er versuchte, zuversichtlich zu bleiben, war aber sehr mitgenommen. Er sagte, er wisse, dass sein Verhalten in Chicago nicht auf große Gegenliebe stoße, »doch ich glaube nicht, dass die Hoffnung auf Beliebtheit ausschlaggebend sein sollte, wenn ein Regierungsbeamter seine Überzeugungen äußert. Ich habe getan, was ich für richtig gehalten habe, und brauche mich nicht zu entschuldigen.« Er respektiere die Meinungen derjenigen, die ihm nicht zustimmten; er wünsche sich nur, sie würden ihm denselben Respekt entgegenbringen.

Wer immer die anonymen Anrufer waren, Respekt brachten sie ihm nicht entgegen. Es blieb nicht bei Anrufen: Jemand stahl die amerikanische Flagge vom Fahnenmast im Garten der Radneys und ihr Namensschild am Eingang wurde zertrümmert. Sie hatten eine Blockhütte am Lake Martin, zu der Tom die Mädchen eines Tages in seinem schwarzen Simca fuhr, einem winzigen französischen Wagen, der schnell war und Spaß machte. Sie fuhren mit ihrem Boot ein paar Mal um die flache Bucht und die Mädchen gingen schwimmen. Danach gingen sie zurück zum Auto, doch als sie auf den Hügel gelangten, wo sie geparkt hatten, war das Auto verschwunden.

Tom lenkte seine Töchter ab, indem er sie Brombeeren pflücken schickte, mit denen sie einen Cobbler backen konnten, und während sie Beeren sammelten, trieb er sie zum Highway hinauf, wo er dachte, vielleicht jemanden anhalten zu können, der sie mitnehmen würde. An der Kurve, wo der Feldweg zur Hütte auf den Asphalt traf, fanden sie den Simca mitten auf der Straße. Er lag auf dem Dach. Er sagte zu den Mädchen, der Wind müsse ihn umgeblasen haben, und lachte mit ihnen, dann versuchte er auch zu lachen, als er entdeckte, dass ihre Blockhütte verwüstet worden war, und auch, als ihr Boot sank, weil jemand ein Loch in den Rumpf gebohrt hatte.

Toms Töchter ließen sich beruhigen – seine Frau nicht. Während er versuchte, alles, was geschehen war, leicht zu nehmen, machte sich Madolyn immer mehr Sorgen und bestand darauf, die Mädchen nachts in ihr Zimmer zu bringen. Sie ließ sie unter den Fenstern auf dem Boden schlafen, wo sie glaubte, sie seien in Sicherheit, wenn etwas durch die Fensterscheibe flog. »George Wallace hat hier einen Samen der Furcht gesät, und das ist beängstigend«, erklärte sie der *Washington Post*, die, ebenso wie die *New York Times* und viele andere Zeitungen, berichtete, dass man die Radneys seit dem Parteitag schikaniere. »Mein Mann wird verurteilt, nur weil er mit denen, die hier an der Macht sind, nicht einer Meinung ist, weil er sich weigert, ein willenloses Werkzeug zu sein.«

Was Wallace anging und die Bösartigkeit, zu der er viele in Alabama angestiftet hatte, hatte sie natürlich recht. Eine ganze Reihe von Aktivisten und Unschuldigen war tragischerweise, wie die Radneys wussten, für das Verbrechen gestorben, schwarz zu sein oder Schwarze in ihrem Bundesstaat zu unterstützen: Willie Edwards jr., ein Lastwagenfahrer, war von vier Mitgliedern des Ku-Klux-Klans in Montgomery eine Brücke hinuntergestoßen worden. William Lewis Moore, ein Mann aus Baltimore, wurde in Attalla erschossen, als er versuchte, einen Brief, in dem er die Segregation anprangerte, 385 Meilen zu Fuß zum Gouverneur von Mississippi zu tragen. Vier junge Mädchen, Addie Mae Collins, Denise McNair, Carole Robertson und Cynthia Wesley wurden bei einer Bombenexplosion in der Sixteenth-Street-Baptistenkirche in Birmingham getötet. In derselben Stadt wurde der dreizehnjährige Virgil Lamar Ware auf der Lenkstange des Fahrrads seines Bruders erschossen. Jimmie Lee Jackson wurde von Polizisten der Alabama State Troopers in Marion verprügelt und angeschossen, als er versuchte, seine Mutter und seinen Großvater auf einer Demonstration zu schützen. Reverend James Reeb, der unitarische Geistliche, wurde in Selma totgeprügelt. Viola Gregg Liuzzo wurde von

Ku-Klux-Klan-Mitgliedern erschossen, als sie versuchte, Demonstranten mit dem Wagen von Selma nach Montgomery zu bringen. Willie Brewster wurde erschossen, als er in Anniston zu Fuß nach Hause ging. Der Seminarist Jonathan Myrick Daniels, der schwarze Wähler registrierte, wurde verhaftet, weil er an einer Demonstration teilgenommen hatte, und dann von einem Hilfssheriff in Hayneville erschossen. Samuel Leamon Younge jr. wurde nach einem Streit über nach Hautfarben getrennte Toiletten von einem Tankstellenbesitzer ermordet.

Alabama hatte den Märtyrertod so vieler erlebt und noch viel mehr gescheiterte Versuche aus viel nichtigeren Gründen als denjenigen, deren man Tom beschuldigte. Als die Bedrohungen schlimmer wurden, war Tom allmählich ebenso besorgt um die Sicherheit seiner Familie wie seine Frau. »Nachts holte ich meine Pistole hervor, sah unters Bett, überprüfte die Wandschränke und schloss dann die Schlafzimmertür ab.« Als seine älteste Tochter das Telefon abnahm und angeschrien wurde, war er schockiert, und als sie begann, Albträume zu bekommen, entschied er, dass jetzt Schluss sei. »Ich sah, was dieses Leben in dauernder Angst Madolyn und den Kindern antat – was es uns als Familie antat«, sagte er, »und war nicht bereit, einen so hohen Preis zu bezahlen.« Um seine Familie zu schützen, gab Tom bekannt, dass er die Politik nach seiner Amtszeit verlassen werde. »Meine Frau und ich haben andächtig über unseren zukünftigen Lebensweg entschieden«, erklärte Tom dem *Montgomery Advertiser*. »Meine drei Töchter sind mir zu kostbar, um ihre Sicherheit aufs Spiel zu setzen.«

In der Hoffnung, die Drohungen gegen ihn würden aufhören, verbreitete Tom überall, dass er nun keine Bedrohung mehr sei. »Mein einziger Wunsch ist es, mich in Alabama äußern zu können, ohne um mein Leben fürchten zu müssen«, sagte er zu einem Reporter, doch weil ihm dies nicht möglich sei, habe er den felsenfesten Entschluss gefasst, »nie wieder für ein öffentliches Amt zu kandidieren«. Die Sicherheit seiner Familie sei wichtiger als seine politische Karriere, betonte Radney.

Auf die Berichte in den Zeitungen folgten Leitartikel in allen möglichen Zeitungen, die den Mangel an Höflichkeit in der Politik anprangerten, über den Preis klagten, den im Wallace-Land zu zahlen hatte, wer anderer Meinung war, und Radney für seinen Mut priesen. Die *Birmingham News*, die Tom als Junge in Wadley ausgetragen hatte, verlangte »Schutz vor Beschimpfungen«, lobte Tom für seinen »offen zum Ausdruck gebrachten Standpunkt« und schrieb, er verdiene Respekt, ganz gleich, ob seine Politik »zum vorherrschenden politischen Gedankengut dieses Bundesstaates passe oder nicht«. Die Zeitung *Alabama Journal* schrieb, dass seine »Entscheidung, aus der Politik auszuscheiden, dazu führe, dass Alabama politisch noch mehr isoliert sei«. »Eine solche Entscheidung kann Radney kaum angekreidet werden«, erklärte eine andere Zeitung weiter im Süden in Louisiana, »doch der apathischen Bürgerschaft von Alabama muss man den Vorwurf machen, dass sie über den Verlust genau desjenigen Mannes die Schultern zuckt, der gebraucht wird, um die Politik dieses Bundesstaats aus dem finsteren Mittelalter ins Licht zu führen«.

Zu dieser öffentlich artikulierten Unterstützung gesellte sich privater Rückhalt – nicht immer für Toms Politik, aber immer für ihn. Fast zweihundert Telegramme stapelten sich in seiner Kanzlei, und fast hundert Briefe erreichten ihn zu Hause. Manchmal war es nur eine kurze, einfache Mitteilung: »Ich war stolz auf Sie.« Andere enthielten längere, handgeschriebene Karten, in denen stand, dass Tom berechtigt sei, seine Meinung zu vertreten, auch wenn »ich Ihre Meinung nicht teile«. Manche waren mit Schreibmaschine auf Firmenbriefpapier getippt und beruhigten Tom – »Es gibt viele, die denken wie Sie« – oder baten ihn inständig: »Wir hoffen sehr, dass diese schlimme Zeit irgendwann vorbei ist und Sie ins öffentliche Leben zurückkehren und den wunderbaren Beitrag dazu leisten, den nur Sie leisten können.«

Die Briefe stammten aus Groß- und Kleinstädten in ganz Alabama. Sie stammten aus Massachusetts und New York, von Studenten der Kent State University und einer Frau aus Pennsylvania, die wollte, dass Tom dorthin umzog und dort kandidiere. Sie stammten aus Iowa, Oklahoma, Kentucky, Georgia, Florida, Virginia, Texas, Arkansas und aus dem Vizepräsidialamt der Vereinigten Staaten von Amerika. Sie stammten von einem Studenten in Texas, der seinen handgeschriebenen Brief mit der Zeile schloss: »Ich bin N****und imstande, die Angst nachzuempfinden, die sie jetzt ausstehen.« Ein Brief stammte aus Toms eigener Wählerschaft, von einem früheren Führer der NAACP, der seine eigenen Erfahrungen mit Schikanierungen schilderte: »Die Drohanrufe waren so schlimm, dass ich fast zwanzig Jahre lang gezwungen war, meine Telefonnummer geheim zu halten. In meinen Akten hier in Tuskegee habe ich fast hundert Kopien anonymer Briefe voller Drohungen und Obszönitäten.«

Ende September, ein paar Wochen nach Beginn dieser Flut an Unterstützung, wurde Tom zu einer landesweiten Radiosendung der methodistischen Kirche eingeladen. Gemeinsam mit dem früheren Kongressabgeordneten Lawrence Brooks Hays aus Arkansas, der sein Mandat im Repräsentantenhaus verloren hatte, weil er es abgelehnt hatte, die von

Präsident Eisenhower verfügte Aufhebung der Segregation in der Central Highschool in Little Rock anzufechten. Als die beiden Männer über die *Race*frage in ihren Heimatbundesstaaten sprachen, wirkte derjenige aus Alabama eher entmutigt als hoffnungsvoll. Obwohl der Parteitag erst einen Monat zurücklag, klang Tom, als wäre er unendlich gealtert. Er sagte nichts über Männer wie Kennedy, die den Süden abräumen würden, oder über seinesgleichen, die ins Gouverneurshaus in der South Perry Street einziehen würden. Stattdessen erzählte der Senator von Alabama Del Shields, dem Moderator von *Night Call*, er gehe in die Colleges und erzähle den Studenten, dass »da noch ein paar wenige Leute waren, die ich mir geschnappt habe«. Er habe sie gebeten, »da weiterzumachen, wo Tom Radney aufgehört hat«.

Als Tom Radney aufhörte, wurde er endlich in Ruhe gelassen. Der Sommer 1968 kühlte langsam ab, genau wie alles andere: Die Beschimpfungen hörten auf, die Drohungen ebenfalls, und die ganze Familie konnte aufatmen. Als Tom den, wie sich erweisen sollte, letzten anonymen Telefonanruf entgegennahm, sagte jemand am anderen Ende der Leitung: »Na ja, wir wollten Sie rausekeln – und das ist uns gelungen.«

9

Kampf bis zum Ende

Ein Yellow Dog⁴ lässt sich auf Dauer nicht unterkriegen. Tom warf alle Drohbriefe weg, hob aber jede Karte, jeden Brief und jedes Telegramm auf, das ihn darin bestärkte, der Öffentlichkeit weiter zu dienen. Er las diese Ermutigungen immer wieder. Er las auch Biografien berühmter guter und böser Männer und vertiefte sich in das Leben von Jesus, Jefferson und Hitler. Er lernte das Gedicht von Tennyson auswendig, das Harry Truman immer in der Brieftasche bei sich trug (»Bis sich die Vernunft der Mehrheit hehr ihr Reich des Lichts ersiegt/ Und bis Ein Gesetz die Erde friedlich still in Schlaf gewiegt«), und er prägte sich die letzten Worte von Stonewall Jackson ein sowie Zitate aus Reden von Jefferson Davis. In jenem Herbst schrieb er einen Essay über College-unruhen; im folgenden Frühjahr schrieb er einen Gastbei-trag für die University of Alabama in Huntsville, in dem er einen Zusammenhang zwischen dem Chaos der 1960er-Jahre und anderen Krisenzeiten der Weltgeschichte herstellte. Er las sehr viel, dachte über die Vergangenheit nach und betete

---

4 Wörtl. »gelber Hund«, d.h. eingefleischter Demokrat [Anm. d. Übers.]

für die Zukunft. Nachdem er eine ganze Zeit lang so zuge-
bracht hatte, wies er Madolyn im Frühjahr 1969 immer wieder darauf hin, dass der Wahlkampf um den Vizegouver-
neursposten allen offenstand.

Lurleen Wallace war während ihrer Amtszeit verstorben
und Albert Brewer, der Vizegouverneur, hatte ihren Posten
übernommen. Brewer hatte bereits kundgetan, dass er versuchen würde, das Mandat zu behalten, indem er bei den
nächsten Wahlen für das Amt des Gouverneurs kandidieren
würde, doch George Wallace, der die obligatorische Auszeit
nach seiner Amtszeit genommen hatte, plante ebenfalls, wieder zu kandidieren. Dieser Wahlkampf war einer der übels-
ten in der Geschichte von Alabama. Brewer bekam durch
heimliche Gelder Auftrieb, die von Richard Nixons Komitee
zur Wiederwahl des Präsidenten stammten, das versuchte,
Wallace davon abzuhalten, ein Wahlprogramm aufzustellen,
mit dem er erneut den Wahlkampf um das Präsidentenamt
beginnen konnte. Wallace lancierte währenddessen Angriffe,
die im doppelten Sinne billig waren: Für einen Hungerlohn
und eine riesige Abfindung verbreitete er das Gerücht, dass
Brewer schwul sei, seine Frau Alkoholikerin und dass seine
Tochter mit Schwarzen schlafe. Doch Brewer machte keinen
Rückzieher, und da er sich nicht mit dem Posten des Vizegouverneurs zufriedengab, stand dieses Amt zur Verfügung.

Wochenlang ging Tom seiner Frau mit dem Wahlkampf
auf die Nerven. Erst lag er ihr damit in den Ohren, dass
seine Kandidatur diesmal absolut gefahrlos sei; dann begann
er, alle Gründe aufzuzählen, warum er seiner Meinung nach
gewinnen würde. Obwohl ein weiterer Wahlkampf das
Letzte war, was sie sich wünschte, sah sie doch, dass *er* ihn
unbedingt wollte, und beugte sich wie üblich seinem Willen, was in der damaligen Zeit nichts Besonderes war. Toms

Kinder schätzten allesamt seine Gesellschaft, aber er war kein Vater, der zu Cheerleading-Proben oder auf Elternversammlungen ging. Ihm behagte es mehr, wenn seine Kinder zu *seinen* Veranstaltungen kamen. Madolyn war diejenige, die ihre Töchter morgens für die Schule bereit machte, während Tom im Wohnzimmer saß und sich durch drei Zeitungen las, und Madolyn war diejenige, die den Tagesablauf für alle organisierte – wie eine Fluglotsin, die Zwischenlandungen plant und Flugpläne genehmigt. Tom kandidierte am Ende ohne ihren Segen, und sie stellte sich seiner Entscheidung nicht in den Weg, weil sie wusste, dass dies zwar nicht so gut für ihre Familie sein mochte, dafür aber besser für Alabama.

Alabama jedoch hatte Tom bereits in großem Stil verabschiedet, was ihn vor ein Problem stellte: Wie betritt jemand, der sich offiziell aus der Politik verabschiedet hat, die Bühne erneut und mit Würde? Tom wusste, dass mancher ihm wahrscheinlich vorwerfen würde, er habe die Drohungen gegen seine Familie übertrieben, um aus Mitleid gewählt zu werden, und erklärte daher gleich zu Beginn, dass er sich nicht aus Opportunismus zurückgezogen, sondern überreagiert habe. »Ich tat dies nicht, um Mitleid für mich und meine Familie zu erregen, wie manche Zyniker meinen«, sagte er. Es sei eher eine »rein menschliche« Reaktion auf die Drohungen gewesen, mit denen er bombardiert worden sei. »Ich will meine Umentscheidung nicht rechtfertigen«, erklärte er, doch »ich glaube, dass ich reifer geworden bin. Ich hoffe, dass die schwierige Zeit im letzten Jahr mich zu einem besseren Menschen gemacht hat.«

Am 6. September 1969 gab Tom seine Kandidatur bekannt. »Diesmal kämpfe ich bis zum Ende«, sagte er den Presseleuten, die sich versammelt hatten, um über den Beginn seiner Wahlkampagne zu berichten. »Ich kämpfe für Ehrlichkeit und Integrität in allen Regierungsbereichen … Ich kämpfe auch für vernünftige und fortschrittliche Reformen und für Brüderlichkeit und Gerechtigkeit, die allen unseren Bürgern zugutekommen.« Die Vorwahl der Demokraten würde im Mai stattfinden, was Tom acht Monate Zeit gab, die Stimmen aller siebenundsechzig Countys Alabamas zu gewinnen. Als Allererstes ließ er in Montgomery die an die Kennedys erinnernden Familienfotos anfertigen und überschwemmte dann den gesamten Bundesstaat mit Farbbroschüren und Plakaten, auf denen die Fotos mit dem Wahlspruch »Tom Radney kümmert sich um Sie« prangten. Er ging zu allen Fischbratereien und Fleischbrutzelständen und Jahrmärkten auf dem Land, die er ausfindig machen konnte, und hielt in allen Vereinen, die ihn haben wollten, Ansprachen beim Frühstück, Mittagessen und Abendessen.

Es dauerte nicht lange, bis Tom Unterstützung bekam. Die Lehrergewerkschaften und die Arbeitergewerkschaften schlugen sich auf seine Seite, ebenso die Zeitungen in Alexander City, Heflin und Anniston. Im März versprach er einer Gruppe schwarzer Studenten am Miles College, mit »Blut, Schweiß und Tränen eigenhändig dazu beizutragen, das Unrecht wiedergutzumachen, das verhindert, dass wir uns voll und ganz entwickeln«. Im April beging seine Heimatstadt Wadley den Tom-Radney-Tag und feierte ihren Lieblingssohn mit Musik und Reden. Im Mai hatte er sich und sein Budget erschöpft. Allein die Plakate hatten ihn achtzehntausend Dollar gekostet. Der gesamte Wahlkampf kostete fünfzigtausend Dollar. Tom hatte zwanzigtausend Dollar selbst beigesteuert und weitere zehntausend von Madolyns Eltern bekommen; der Rest stammte von Freunden und Anhängern.

Im Wahlkampf um das Amt des Vizegouverneurs trat Radney gegen sieben Gegner an, deren Wahlprogramme sich vehement von seinem unterschieden. Zum einen, weil sie auf Law and Order setzten und er auf Bildung und Wirtschaft. Er wollte den Bildungsetat verdoppeln, Highways bauen, die die Kleinstädte des Bundesstaates miteinander verbanden, und gegen die Kraftwerke vorgehen, die Alabamas Wasserwege verschmutzten und es versäumten, den Wasserstand in Reservoires wie dem Lake Martin verlässlich zu kontrollieren. Er wusste jedoch, dass alle diese Maßnahmen eine Erhöhung der Grundsteuer erforderlich machten, die seit sechzig Jahren nicht erhöht worden war. Er sang überall ein Loblied darauf, dass alle ihren Teil beitragen müssten, und versuchte, Verständnis dafür zu entwickeln, was Regierungen auf welcher Ebene für ihr Volk tun konnten. Diese Gelegenheit sei teuer, erklärte Tom, jedoch sehr viel erschwinglicher als die Alternative, nämlich noch weiter hinter den Rest des Landes zurückzufallen. »Meine Liebe zur Vergangenheit trete ich an keinen in Alabama ab«, sagte er in einer Wahlkampfrede, »aber davon kann man nicht leben.«

Vor allem hinsichtlich der Bürgerrechte gingen Radney und seine Gegner getrennte Wege. Tom ging nie zu einer Demonstration und registrierte nie schwarze Wähler. Er nahm die Freedom Riders nicht in Empfang, wenn sie in ihren nicht nach Hautfarbe getrennten Bussen in Alabama eintrafen, und wenn er sich rechtfertigen musste, sagte er der Menschenmenge höchstens: »Ich bin stolz auf mein Südstaatenerbe, und als Symbol für etwas Edles und Gutes halte ich die Fahne der Konföderierten in Ehren.« Doch er glaubte nicht an den »Lost Cause« – die aussichtslose Sache – und fügte immer ausdrücklich hinzu: »Ich ehre sie nicht mit dem Trotz desjenigen, der ›Zum Teufel, nein, niemals‹ sagt.«

Sachlicher gesagt war er ein Bewohner Alabamas der sechsten Generation, der zu sagen wagte, dass dieser Bundesstaat oft unrecht hatte und die Regierung der Vereinigten Staaten manchmal recht hatte, und der nach der Aufhebung der Segregation per Gerichtsbeschluss ein entschiedener Befürworter der Integration wurde, und zwar nicht nur als Politiker, sondern auch im Privatleben. Als er hörte, dass ein Restaurant vor Ort sich weigerte, eine schwarze Blaskapelle zu bedienen, sagte er zu Madolyn, er werde ein paar Studenten zum Lunch mitbringen; kurz darauf tauchte er mit allen zweihundert Mitgliedern der Blaskapelle auf. An jenem Tag im Jahr 1970, als die Schulen in Alexander City die Segregation aufhoben und viele weiße Familien ihre Kinder zu Hause ließen, setzte Tom sich mit seiner siebenjährigen Tochter Ellen an den Frühstückstisch und sagte zu ihr, dies sei ein besonderer Tag. »Ganze Busladungen schwarzer Kinder werden in deiner Schule sein«, erklärte er ihr, »und sie werden Angst haben, aber sei nett zu ihnen und mach ihnen klar, dass du ihre Freundin bist.« In einem Bundesstaat, in dem ein Abgeordneter vorgeschlagen hatte, die öffentlichen Schulen lieber zu schließen, als sie für alle zu öffnen, war das mehr als genug, um Tom als Radikalen zu brandmarken.

Und in Alabama gab es nicht viele registrierte Radikale. Obwohl die furchtlose Organisationsarbeit der Bürgerrechtsaktivisten die Zahl der afroamerikanischen Wähler im Bundesstaat von 66.000 im Jahr 1960 auf 315.000 im Jahr 1970 erhöht hatte, hatte ihre Arbeit eine Gegenreaktion bewirkt: die höchst wirkungsvollen Gegenanstrengungen weißer Suprematisten. Die selten erzählte, sensationelle Geschichte der Wählerregistrierung im Süden ist folgende: Im Jahr 1965 wurden 79 Prozent der wahlberechtigten Weißen in die Wahllisten eingetragen; fünf Jahre später war diese Zahl auf 97 Prozent angewachsen. Am Ende gab es einfach nicht genug Stimmen, um einen fortschrittlichen Kandidaten wie Tom in die Stichwahl zu bringen.

Man sagt gern, manche Menschen seien ihrer Zeit voraus, doch auf Tom Radney trifft eher zu, dass er seinem Ort voraus war. An dem Abend, als Tom die Wahl zum Vizegouverneur verlor, sagte er, er habe nicht das Gefühl »verloren zu haben, er sei nur enttäuscht«. Er hätte gern eine neue Art der Politik in Alabama eingeführt: »die Politik der Vernunft, nicht der Rasse, der Einheit, nicht der Spaltung; eine Politik, der es um alle Bürger gehe, nicht die herzlose Missachtung der einen zugunsten der anderen«. Wie viele Liberale im tiefen Süden wollte er nicht glauben, dass sich die Region nie ändern würde, und sprach ergreifend davon, dass er willens sei, daran zu arbeiten, bis es so weit sei. Ihm war klar, dass der Kampf um die Bürgerrechte und die politische Gleichstellung noch nicht beendet war, und versprach, für beides als Bürger zu kämpfen. Noch bevor alle Stimmen ausgezählt waren, gab er sich geschlagen, hielt die weitaus beste Rede seiner politischen Laufbahn, verbeugte sich und verabschiedete sich erneut aus der Politik, diesmal für immer.

10

Das Maxwellhaus

Gerichte gab es in Alabama bereits, bevor es Gerichtsgebäude gab. Im frühen 19. Jahrhundert führte ein Richter bei einer Verhandlung im Baldwin County den Vorsitz von der Astgabel einer Eiche aus: die Geschworenen saßen zu seiner Rechten, die Zuschauer zu seiner Linken, und nicht weit davon stand eine zweite Eiche – für den Henker. In Jasper, dem Verwaltungssitz des Walker County, saß der Richter auf einem großen Stein und die Geschworenen auf einem Stein, der noch größer war. Im Randolph County diente ein Baumstumpf als Richterbank, und diejenigen, die ins Gefängnis mussten, saßen ihre Haftstrafe in einem hohlen Baumstamm am Tallapoosa River ab. Nachdem ein Häftling bei Hochwasser fast ertrunken wäre und der Fluss den Baumstamm, in dem er gefangen war, mit sich riss, stülpte das Gericht einen Eisenbahnwaggon über die Häftlinge und setzte einen Sheriff obendrauf.

Doch als Alabama richtige Gerichtsgebäude bekam, waren dies stilvolle Bauten. Die meisten Städte im Süden sind in der Regel allergisch gegen Autorität und ärgern sich über jegliche staatliche Präsenz, sofern es sich nicht um ein Postamt handelt. Alle jedoch heißen ein Gerichtsgebäude willkommen, ganz gleich, welche Art Gericht es beherbergen soll: Stadtgericht, County-Gericht, Bezirksgericht, Bundesgericht, alle Gerichte, die in einem Gebäude untergebracht werden können. Es gab keine bessere Werbung für den eigenen Grad an Zivilisiertheit als »den Bau eines Gerichtsgebäudes in einem neuen, unberührten Territorium«, um aus dem Kapitel über Alabama der *National Society of the Colonial Dames of America* von 1860 zu zitieren. Manche der ersten Gerichtsgebäude in Alabama waren einfache Blockhäuser, doch es dauerte nicht lange, bis selbst Weiler, die kaum gepflastert waren, und bescheidene County-Verwaltungssitze damit begannen, einander architektonisch zu übertreffen: mit imposanten Backsteinbauten, klassizistischer Säulenseligkeit und Extravaganzen wie Kuppeln und Uhrentürmen und vergoldeten Adlern auf den Dächern. Im Inneren der Gebäude waren die eigentlichen Gerichte, zudem Amtsstuben, Registraturen und Räume, in denen so gut wie alle Veranstaltungen stattfinden konnten, die für eine Kleinstadt im Süden typisch waren: Faschingsbälle, Shape-Note-Konzerte, Fuchsjägerdiners, Konföderiertentreffen, Wahlkampfveranstaltungen, Grundstückversteigerungen, Ku-Klux-Klan-Treffen, Erntebälle. Ganz zu schweigen von den Kellergewölben, in denen sich die Männer versammelten, um im Kühlen Poker oder Domino zu spielen.

Fast genau zu der Zeit, als Tom Radney seine politischen Ambitionen aufgab, ließ er sich direkt neben dem Gerichtsgebäude von Alexander City in einer neuen Kanzlei nieder. Obwohl der Verwaltungssitz des Tallapoosa Countys sich in Dadeville befindet, besaß Alex City über hundert Jahre lang ein Gerichtsgebäude und teilte sich die Bezirksgerichtsfälle lange mit Dadeville. Das ursprüngliche Gebäude brannte 1902 ab, nur eine Flasche Rum blieb übrig, die in den Eck-

stein eingelassen worden war und in das neue Gerichtsgebäude umzog, das nach der Weltwirtschaftskrise errichtet
wurde. In einem Flügel war das Gericht untergebracht, im
anderen das Rathaus, und dann gab es noch ein paar weitere
Räume, die anderweitig benutzt wurden. Wer zum Court
Square 1 kam, konnte seine Steuern bezahlen, sein Testament urkundlich niederlegen, seine Erbschaft einklagen, ein
Buch aus der öffentlichen Bibliothek leihen, seinen Führerschein verlängern lassen oder seinen Schatz heiraten. Für
die, die dort wohnten, war es der Ort, an dem man fast alles
bekam, außer Lebensmittel und Seelenheil.

Dennoch war das Gerichtsgebäude nicht der wichtigste
Ort in Alexander City: Diese Ehre gebührte der Baumwollspinnerei. Der gesamte Süden baute auf Baumwolle, und
besonders Alex City auf Sportkleidung, lange Unterwäsche
und Damenhemdhosen. Im Jahr 1902, dreißig Jahre nach
Gründung der Stadt, eröffnete ein Mann, der von dort
stammte und Benjamin Russell hieß, mit sechs Strickmaschi-
nen, zehn Nähmaschinen, einer Dampfmaschine und einem
Dutzend Angestellten ein Unternehmen. Anfangs kaufte die
Firma Garn und stellte Damen- und Kinderstrickhemden
her, konnte sich aber damit kaum über Wasser halten. Das
Geschäft wuchs jedoch schnell, als Russel auf die damals
sogenannten Damenhemdhosen umstieg, lose Bodysuits.
1932 konnte die Fabrik Fasern bis zum fertigen Produkt ver-
arbeiten und ihr Sortiment beträchtlich erweitern. Ein Jahrzehnt später boomte die Firma erneut: Im Zweiten Weltkrieg verdiente Russell Millionen mit der Herstellung von
Armeeuniformen, wie Reverend Willie Maxwell sie einst
getragen hatte.

Ein paar wenige Arbeiter, die die Kleidung herstellten, die
Ben Russell reich machte, wohnten in Alex City, viele kamen

jedoch – wie die Maxwells – von außerhalb. Die Landstraßen und Städtchen in den umliegenden Countys waren voller Spinner, Schlitzer, Schnitter, Weber, Falter und Aufwickler, die jeden Tag nach Alex City fuhren und die Stechkarte betätigten, und zwischen den Russell Mills und ihrem Konkurrenten, den Avondale Mills, schien die ganze Gegend im Takt der Arbeitspfiffe zu leben. Die Arbeit in den Baumwollfabriken war begehrt, doch bekamen die meisten Arbeiter keine festen Löhne, sondern arbeiteten im Akkord. Zudem floss ein Großteil ihres Verdienstes unmittelbar an die Firma zurück, entweder während der Schicht, wenn der »Dopewagen« mit Limonade, Schokolade, Sandwiches und Chips von Raum zu Raum fuhr, oder danach für Unterkunft, Kleidung und Essen.

Alexander City war eindeutig eine Fabriksiedlung, auch wenn nicht jeder in der Fabrik arbeitete oder innerhalb der Stadtgrenze wohnte. Nach der Eröffnung seiner Russell Mills hatte Russell binnen zwölf Jahren einen Lehrer eingestellt, der in einer Kirche in der Innenstadt Unterricht gab. Seine Angestellten schickten ihre Kinder auf die Russell School, ließen sich im Russell-Krankenhaus ärztlich behandeln und kauften ihre Lebensmittel in Läden, die Russell gehörten. Bens Bruder Thomas war von 1907 bis 1947 Bürgermeister, und die Familie Russell half bei der Etablierung der Handelskammer und leitete eine der größten Banken der Stadt. Wenn die Baumwolle König war, so machte sie die Russells zu Herzogen und Grafen und Alexander City um vieles reicher als die umliegenden Regionen.

Tom Radney, der die Russell Mills irgendwann als Mandanten gewann, passte sehr gut zu diesem Wohlstand. Er hatte an der University of Alabama Jura studiert und verbrachte die Sommermonate beim Marine Corps in Camp Upshur in Virginia. Er war etwas jünger als Reverend Maxwell und daher nicht im Krieg gewesen, und er war sehr viel wohlhabender und ging deshalb 1955 zur Armee, zum Judge Advocate General's Corps. In Fort Jackson, South Carolina, wurde Radney zum Oberleutnant ernannt; in Camp Chaffee in Arkansas wurde er Offizier und diente als stellvertretender Strafverteidiger.

Weil Radney beim JAG Corps gewesen war, hatte er bei seiner Rückkehr nach Ost-Alabama Gerichtserfahrung; dank seines Jurastudiums kehrte er mit einem Partner nach Hause zurück, einem Freund, den er bei der Einschreibung an der Universität kennengelernt hatte. Tom war derjenige, der vorschlug, eine Kanzlei in Alexander City zu eröffnen, zum Teil, weil er dort Cousins hatte, zum Teil, weil er in einer reichen Stadt arbeiten wollte, in der Raum für seine Ambitionen war. Er und sein Freund hängten ihr Firmenschild über einem Möbelgeschäft auf und warteten auf Kundschaft – und zwar so lange, bis sein Partner aufgab und sich aus der gemeinsamen Kanzlei verabschiedete. Tom hielt durch und bekam nach und nach so viele Mandanten, dass er mit seiner Kanzlei in den zweiten Stock des Gerichtsgebäudes von Alexander City umziehen konnte, die er während seiner politischen Karriere aufrechterhielt.

Doch als diese Karriere vorüber war, war er bereit, auch fast alles andere zu verändern. Nachdem Tom den Wettlauf um das Amt des Vizegouverneurs verloren hatte, ließ er sich die Haare wachsen. Dass sein charakteristischer Bürstenhaarschnitt verschwand, war derart schockierend, dass die Lokalzeitung darüber schrieb. Seine Anzüge saßen jetzt lockerer und er fuhr schönere Autos. Seine Ehe erholte sich von der Belastung der Wahlkampftour. Am bedeutsamsten war, dass er und Madolyn ein weiteres Kind bekamen: Thomas, sein einziger Sohn, wurde nach den Wahlen im Mai geboren und verwandelte seinen Vater unwiderruflich in Big Tom.

Big Tom hatte mehr Geld als Senator Radney, und jetzt, wo er als Vollzeitanwalt arbeitete, brauchte er auch eine größere Kanzlei. Er pachtete das Grundstück neben dem Gerichtsgebäude, den Court Square 56, und baute sich dort ein Haus aus Backsteinen, mit einem Innenhof, um den herum die Kanzleibüros lagen. Als die andere große Fabrik der Stadt – die Gerüchteküche – später anfing, am laufenden Band nachzufragen, wie Radney sich ein solch pompöses Haus leisten könne, begann man, das Haus »Maxwellhaus« zu nennen. Doch Tom nannte es lieber den Zoo, weil dort so viel Betrieb herrschte.

Der rege Betrieb hatte teilweise damit zu tun, dass Big Tom fand, jeder habe einen Anwalt verdient. Er wollte, dass jeder potenzielle Mandant das Gefühl bekam, in seinem Haus willkommen zu sein. Doch lebte er auch für das Gespräch und unterhielt sich mit jedem, der den Fuß über seine Schwelle setzte, ob Mandant oder nicht – zur Not auch mit dem Skelett namens Harvey, das in der Bürobibliothek lebte. Im Lauf der Jahre empfing der Zoo Farmer, Gouverneure, Fabrikarbeiter, Richter, Polizisten, Ärzte, Bankiers, Gastwirte, Rechtsberater der Konkurrenz, Prediger, Postbeamte, Hausmeister, jugendliche Straftäter und Senatoren. Als die berühmte Countrysängerin Tammy Wynette zum fünfundsiebzigsten Geburtstag der Russell Corporation kam, stieg sie aus ihrem Tourneebus und sang *Stand by Your Man* und landete dann wie fast jeder in Alex City irgendwann am Court Square 56.

Wenn ein Mandant im Zoo anrief, verbanden Radneys

Assistenten ihn sofort mit Big Tom; und wenn Big Tom nicht da war, sagten sie, er sei im Gerichtssaal, eine Höflichkeit, auf der er bestand und zu der er sie angewiesen hatte, selbst wenn er gar keinen Gerichtstermin hatte. Wenn ein Mandant persönlich auftauchte, wurde er direkt in Toms Büro geführt, wo er ihn Platz nehmen ließ, ein Malzbonbon aus der Süßigkeitenschublade seines Schreibtischs nahm, es sich in den Mund steckte, sich in seinen grünen Ledersessel zurücklehnte und zuhörte, umgeben von seinem Privatlouvre des Liberalismus: einer JFK-Büste, Eselskarikaturen und Bildern, auf denen er mit allen – von Ted Kennedy bis Jimmy Carter – zu sehen war.

Während seine Mandanten über die Rechtsfragen sprachen, die sie geklärt haben wollten, dachte Tom darüber nach, wie viel er von ihnen verlangen sollte. Er scheute sich nicht, von denen, die es sich leisten konnten, mehr Geld zu nehmen; anderen, die es sich nicht leisten konnten, berechnete er Erfolgshonorare oder er ließ sich in Heidelbeer-Cobblers oder Hühnern bezahlen, in Pecan Pies oder manchmal auch nur in Pecannüssen. Eine Rechnung wurde mit Möbeln beglichen. Er dachte oft an das, was seine Mutter zu ihm gesagt hatte, wenn sie ihn mit Milch und Marmelade zu den Nachbarn schickte, und er sagte gern, keinem Mandanten solle mehr in Rechnung gestellt werden, als er bezahlen könne. Es war, als sei Big Toms Anwaltskarriere, wie bereits seine Karriere als Politiker, seine Art, die Grausamkeit seines Vaters von sich zu weisen und die Großzügigkeit seiner Mutter zum Ausdruck zu bringen. Und immer, wenn er für einen Betrag arbeitete, der unter Wert war, hatte er das Gefühl, seine Zeit und sein Talent so zu gebrauchen, wie sie es ihn gelehrt hatte und wie es Gott wünschte.

Dies brachte er auch seinem Sohn und seinen Töchtern

bei. Big Tom gehörte nicht zu denjenigen, die sich damit brüsteten, ihre Arbeit nie mit nach Hause zu nehmen; er nahm sie *immer* mit nach Hause. Er probte seine Fälle gern mit seiner Frau und seinen Kindern, ermutigte sie, Fragen zu stellen, und verriet ihnen grundsätzlich erst, wenn sie ihr Urteil gefällt hatten, um welchen Mandanten es sich handelte. Seine »Abendessenstischgeschworenen« hörten sich jeden einzelnen Rechtsfall an, den er vor Gericht verhandelt hatte. Als Ellen, Fran, Hollis und Thomas älter wurden, schenkte er jedem von ihnen eine Taschenbuchausgabe der Verfassung zum Geburtstag, und sie alle übernahmen Aufgaben in seiner Kanzlei, kochten ihm Kaffee, erledigten Besorgungen oder tippten ihm, der nie Schreibmaschine schreiben gelernt hatte, etwas ab. Big Tom stellte auch andere Laufburschen ein, junge Männer und Frauen vom Lake Martin, die während ihrer Zeit im Zoo ein bisschen Jura und viel liberale Gesinnung lernten. Er scheute sich nicht, sie zu bitten, die Büropflanzen zu ölen (er mochte es, wenn die Blätter und Wedel glänzten, wofür Babyöl sorgte) oder sich das Yellow-Dog-Kostüm überzuwerfen, das er für politische Kundgebungen erworben hatte.

Selbst nachdem seine Wahlkämpfe hinter ihm lagen, ging Tom immer noch gerne auf diese Veranstaltungen, kostümiert oder unkostümiert. Madolyn wollte nicht, dass er noch einmal für ein öffentliches Amt kandidierte, doch Radney trieb Geld für andere Kandidaten auf, ging zu fast allen Veranstaltungen, die ein Demokrat im Umkreis von fünf Countys abhielt, und hielt Stimmzettel bereit, falls er irgendjemandem zeigen musste, wie man richtig für die Demokraten stimmte. Hin und wieder schmuggelte er sich sogar selbst auf die Stimmzettel, jedoch nur für den Parteivorsitz, nie wieder für ein führendes Amt. Zwar vermisste

Radney die Politik, doch dieser Verlust wurde dadurch gelindert, dass ihm der Gerichtssaal dasselbe Gefühl vermittelte wie eine Wahlkampftour. Er war wie viele Politiker extrovertiert und charismatisch gewesen, und die schauspielerischen Aspekte der Tätigkeit als Prozessanwalt gefielen ihm sehr. Nachdem er zehn Jahre versucht hatte, Zehntausende von Wählern für sich zu gewinnen, fand er es einfacher, zwölf Geschworene zu überzeugen.

Das Scheitern seiner politischen Karriere hatte Big Tom Charakter verliehen; sein Erfolg als Anwalt machte ihn zu einer Persönlichkeit. Jetzt, wo er nicht mehr im Zentrum stand, war sein demokratischer Feuereifer weniger bedrohlich, und seine liberale Ader war besser zu ertragen, wenn er einem Teenagersohn juristisch aus der Patsche geholfen hatte. Tom spielte schon bald die Rolle des Big Man in Town, der sich die ganze Woche über mittags nach einem rotierenden Dienstplan zu Geschäftsessen mit Geschäftsleuten aus Tallapoosa County traf, mit Anwälten, Bankiers und Fabrikdirektoren. Sie riefen morgens an, trafen sich um zwölf in einem Restaurant, tratschten ein, zwei Stunden und gingen dann zurück in ihre Büros. Nach und nach warfen alle Restaurants sie hinaus, weil sie zu lange blieben, nicht genug bestellten oder sich einer Sprache bedienten, die den anderen Stammkunden zu viel war. Als es am Ende in der Stadt keine Restaurants mehr gab, die groß genug oder entgegenkommend genug waren, um sie unterzubringen, kauften sie neben der St. James-Episcopal-Kirche ein Doppelhaus, gestalteten es um, stellten Kochpersonal ein und ließen sich als »The Lunch Bunch« registrieren. Der Mitgliedsbeitrag war bescheiden, und es gab nur zwei Regeln: Jeder Lunch begann mit einer Runde »Strike the Jury«, um zu entscheiden, wer an diesem Tag die Rechnung begleichen würde (Gäste spielten mit, bezahlten aber nie; der Letzte, der noch stand, bekam die Rechnung, der Zweitletzte musste das Trinkgeld bezahlen); und jeder Lunch endete mit ein paar Runden Siebzehnundvier.

Big Toms unermüdliche Geselligkeit war, so sanft sie manchmal auch schien, Bestandteil dessen, was ihn zu einem solch bemerkenswerten Prozessanwalt machte. Er kannte fast jeden Drahtzieher in den Gerichtsbezirken, in denen er tätig war, wusste, was sie gern tranken und was sie über ihre Nachbarn dachten und ob sie den Burschen mochten, der ihren Rasen mähte. Doch kannte er auch den Burschen, der den Rasen mähte, und kannte obendrein dessen Lieblingsgetränk. Big Tom war eine wandelnde Rollkartei für Voreingenommenheit und Konflikt. Er wusste, wer wo gefeuert worden war, wo jemand zuvor gearbeitet hatte, warum der eine einen erbitterten tätlichen Angriff verzieh und ein anderer für einen Bagatelldiebstahl die Todesstrafe forderte. Er war die Anwaltsversion der »alten Frau« in W. J. Cashs *The Mind of the South*, die »das Gedächtnis eines homerischen Barden hatte und sich mit Leichtigkeit durch Unmengen von Namen und Beziehungen bewegte, die so kompliziert waren, dass die Quantenphysik dagegen ein Kinderspiel ist«. Big Tom war der Ahnenforscher und Soziologe all derer, die er je kennengelernt hatte, und das machte ihn unter anderem zu einem Meister in der Kunst der Geschworenenauswahl. Jeder, der ihn agieren sah, bewunderte, wie er das Prozedere des Voir dire in ein Familientreffen verwandelte, bei dem er mögliche Geschworene traf und mit ihnen plauderte, als seien sie Cousins zweiten Grades.

Die Auswahl war jedoch nur der Anfang seiner Verführung. Wie Clarence Darrow glaubte Radney, dass »Geschworene selten einen Menschen verurteilen, den sie mögen, oder jemanden freisprechen, den sie nicht mögen. Die Hauptarbeit eines Prozessanwalts besteht darin, die Geschworenen dazu zu bringen, seinen Mandanten zu mögen oder zumindest Verständnis für ihn zu haben; die Fakten des Verbrechens sind relativ unwichtig.« Radney wusste, dass mit den richtigen Leuten im Geschworenengericht der Kampf erst zur Hälfte gewonnen war: Der wahre Kunstgriff bestand darin, dass sie den Fall aus der richtigen Perspektive zu sehen gewillt waren. Als einem Casanova des Gerichtssaals gelang dies Big Tom immer wieder. Auch wenn seine Geschworenen seine Mandanten vielleicht nicht immer mochten, so stand doch außer Frage, dass sie ihn mochten. Einmal bekam er nach einem Prozess einen Umschlag zugesteckt, in dem eine Geburtstagskarte war, die alle zwölf Geschworenen unterschrieben hatten.

Doch bei jedem Rechtsfall, den ein Anwalt gewinnt, verliert jemand anders, und jemand wie Tom, der Freisprüche wie Brennholz stapelte, hatte viele gegnerische Rechtsberater und Mandanten, die sich nicht nur über das Urteil ärgerten, sondern auch über den Anwalt, der es erwirkt hatte. Nicht jeder war von Toms »Bauernanwaltsmasche« entzückt, wie Kritiker seinen umgänglichen Stil verunglimpfend nannten. Eine Kleinstadt hat ein gutes Gedächtnis und Groll wird länger gehegt. Manche grollten Big Tom wegen seines Erfolgs, andere wegen seiner Selbstdarstellung und wieder andere wegen Verschwendungssucht im Privatleben.

Weil Big Tom gerne für Minderheiten und Mittellose arbeitete, geriet er auch wegen der Mandanten, die er vertrat, heftig unter Beschuss, und als Reverend Willie Maxwell zu ihm kam, wurde es noch viel schlimmer. Den wegen einfachen Mordes angeklagten Reverend zu verteidigen war eine

Sache; ihm dabei zu helfen, Geld zu verdienen und an ihm Geld zu verdienen, war etwas ganz anderes. Radney für seinen Teil hielt nichts davon, potenziellen Mandanten die Frage zu stellen, ob sie getan hatten, wessen man sie beschuldigte, und selbst bei denen, die schuldig waren, geizte er nicht mit seinem Talent. Er zweifelte, so weit es ihm möglich war, alle Beweismittel an, damit sie nicht zugelassen wurden; wenn sie doch zugelassen wurden, machte er sich an die Person, die sie gesammelt hatte. Wenn Big Tom vor Gericht sprach, konnten die Geschworenen davon ausgehen, dass sie erfuhren, ob ein Toxikologe einen Abschluss in Zoologie hatte oder ein Rechtsmediziner zuvor als Metzger gearbeitet hatte. Wenn die Aussage eines Arztes belastend war, holte Big Tom eine lange Liste von Patienten hervor, die alle verstorben waren, und fragte vor Gericht, ob der Arzt diese Personen, deren Namen er einzeln verlas, behandelt habe, und wenn dieser bejahte, fragte er ihn, wo der Patient denn jetzt sei.

Während Tom einen Prozess nach dem anderen gewann und seinen Mandanten half, einer Verurteilung zu entgehen, wuchs seine Kanzlei – sie wurde größer, angesehener und einträglicher. Er verteidigte kleine Jungen, die Eigentum zerstört hatten, und alte Männer wegen Trunkenheit in der Öffentlichkeit; er verhinderte, dass der Staat einen Vierzehnjährigen, der wegen Mordes angeklagt war, als Erwachsenen vor Gericht stellte, und erwirkte einen Freispruch für jemanden, der wegen Raubs angeklagt war, obwohl er mit einem markierten Geldschein aus der Ladenkasse gefasst worden war. Er kümmerte sich um Urkunden, Scheidungen, Testamente und Nachlässe; verteidigte County-Landräte, die wegen Bestechung angeklagt waren, und verklagte Ärzte und Krankenhäuser wegen ärztlicher Kunstfehler und widerrechtlicher Tötung. Er verhandelte Fälle vor dem Verkehrsgericht und im Bundesberufungsgericht. Keine Aufgabe war zu gering, kein Streit zu lang und keine Feindschaft, die jemand gegen ihn hegte, zählte mehr, wenn man ihn plötzlich brauchte. Selbst die Polizeibeamten der Stadt, die sich über Toms manchmal auf ihre Kosten erwirkte Freisprechungen ärgerten, verziehen ihm, wenn ein Freund oder Verwandter von ihnen einen guten Anwalt benötigte.

Dass er Maxwell so viele Jahre sowohl in Zivil- als auch in Strafprozessen vertrat, hatte am Lake Martin nicht zu Big Toms Beliebtheit beigetragen, ihm aber geholfen, sich einen Namen als Anwalt zu machen, der mit jedem Fall fertig wurde. An dem Tag, als ein Mann namens Robert Burns den Reverend vor dreihundert Zeugen erschoss, sagte sein Bruder deshalb zu ihm, er solle sich keine Sorgen machen, und versprach: »Big Tom holt dich da raus.«

11

Frieden und Wohlwollen

Mitte Juni 1977 waren es achtunddreißig Grad: Es war der Tag, an dem die Totenwache für den Reverend Willie Maxwell stattfand, eine Woche nach derjenigen für seine Stieftochter. Während der kurzen Fieberpause eines Sommergewitters zuckten Blitze am Himmel und gegenüber vom Bestattungsinstitut House of Hutchinson brach der Wind an einem Baum einen toten Ast ab, der durch die anderen Äste hindurch krachend zu Boden fiel. Die Trauergäste, die zu Fuß kamen, hielten ihre Hüte fest, während sie zur Eingangstür eilten, und ein Auto nach dem anderen machte vor der Kapelle halt, in der Maxwell ein paar Tage zuvor niedergeschossen worden war. Obwohl die Ortsansässigen sich zu Lebzeiten des Reverends die größte Mühe gegeben hatten, ihm keinesfalls über den Weg zu laufen, kam halb Alabama zu seiner Totenwache. »Vielleicht kommen sie, um zu sehen, dass er wirklich tot ist«, spekulierte jemand. »Manche sagen, er ist gar nicht tot, und manche sagen, er kommt wieder.«

Vor dem House of Hutchinson standen Reporter mit Notizbüchern und Kameras. Eine Geschichte, die seit sieben Jahren auf den abgelegenen Landstraßen des Coosa County vor sich hin geköchelt hatte, kochte plötzlich im ganzen Land auf den Titelseiten der Zeitungen hoch, und auf dem Parkplatz des Bestattungsinstituts gingen von weit her angereiste Journalisten umher, die Schatten suchten und Nachrichtenquellen: Vern Smith, der für *Newsweek* schrieb und in Natchez, Mississippi, aufgewachsen war, und Mike Keza, ein weißer Fotograf, der ihn nach Alex City begleitete, um über den Fall zu berichten; Phyllis Wesley vom *Montgomery Advertiser*, dessen Kollege Lou Elliott den Fall Maxwell seit Shirleys Ermordung verfolgt hatte und einer der wenigen Journalisten war, die den Reverend interviewt hatten, bevor er erschossen wurde; Harmon Perry, der erste schwarze Reporter der Zeitung *Atlanta Journal*, der jetzt Leiter der Zeitschrift *Jet* war. Neben diesen und anderen auswärtigen Journalisten waren Jim Earnhardt und Alvin Benn gekommen, die immer noch abwechselnd über den Fall im *Alexander City Outlook* schrieben.

Kaum einer von denen, die in der Menschenmenge vor dem House of Hutchinson standen, wollte sich offiziell äußern. Viele wollten überhaupt nichts sagen, und diejenigen, die den Mund auftaten, wollten anonym bleiben. Das meiste, was sie über den Reverend zu wissen behaupteten, erwies sich als Information aus zweiter, dritter oder vierter Hand. Niemand hatte das mutmaßliche Voodoo-Zimmer des Reverends mit eigenen Augen gesehen, doch jeder kannte jemanden, der jemanden kannte, der es gesehen hatte; jeder wusste, dass Maxwell am Tod von fünf Mitgliedern seiner Familie beteiligt war, und vielleicht auch noch an ein paar mehr, aber niemand hatte Beweise dafür oder wusste, wie er dabei vorgegangen war. Das hinderte die Presse natürlich nicht daran, ihre Artikel zu schreiben, und die Gerüchte, die seit Jahren in Alex City die Runde machten, wurden nun zwischen Anführungszeichen heimisch: Eine Schlagzeile lautete »Voodoo-Priester auf Beerdigung in Alabama ermordet«, eine andere »Tod eines Voodoo-Schamanen lässt Stadt aufatmen«. Ein ungenannter Nachbar des Reverends Maxwell wurde mit den Worten zitiert, dass sich »alle freuten«, weil sie »eine Mordsangst vor ihm hatten«. Ein anderer, der ebenfalls ungenannt blieb, sagte, nach Maxwells Tod »war es, als fiele eine schwere Last von der gesamten Stadt«.

Doch nicht alle fühlten sich nach der Ermordung des Reverends Willie Maxwell sicherer. Manche glaubten, er kehre vielleicht von den Toten zurück und verfolge sie oder tue ihnen etwas an, und manche befürchteten, er habe Komplizen hinterlassen. »Es gibt keinen Grund zur Freude«, sagte eine Frau, »vielleicht ist noch jemand anders beteiligt, deshalb sagt man besser nichts über das, was passiert ist.« Ein paar Menschen meinten, der Reverend sei unschuldig und der oder diejenigen, die die Verbrechen begangen hatten, befänden sich weiterhin auf freiem Fuß. »Will Maxwell ist von der öffentlichen Meinung getötet worden«, sagte einer seiner Freunde, »und ich hoffe, die Ermittler machen sich jetzt, wo er tot ist, an die Arbeit und finden heraus, was wirklich mit Shirley Ellington passiert ist und wer dafür verantwortlich ist.«

Die trauernde Familie des Reverends stieß ins selbe Horn. Als Alvin Benn Ophelia Maxwell einen Tag nach der Ermordung ihres Mannes in ihrem Haus für den *Alexander City Outlook* interviewte, beharrte sie auf seiner Unschuld und sagte, sie komme sich vor, als habe sie »einen Albtraum«. Die Witwe des Reverends war nicht die einzige Hinterbliebene, er hinterließ auch mehrere Kinder, ein Enkelkind, seine Mutter, drei Schwestern, drei Brüder sowie mehrere Nichten und Neffen. Viele von ihnen hatten seine Erschießung miterlebt, außerdem ein paar Kollegen: Pastoren und Arbeiter aus der Holzfabrik und dem Steinbruch. Diejenigen, die glaubten, er sei unschuldig, hielten ihn für das Opfer bösartiger Gerüchte, das zum Opfer eines bösartigen Mordes geworden war.

»Ich hasse all diesen Rummel«, sagte Mac Thomas, ein alter Freund des Reverends. »Ich glaube nicht, dass er etwas verbessert.« Eine Verwandte von Maxwell, die in das Journalistengetümmel vor dem Bestattungsinstitut geraten war, schrie den Reportern zu, das Wort »Voodoo« kotze sie an, und falls sie etwas Verleumderisches druckten, werde ihre Familie sie verklagen.

Am Donnerstag war es ebenso heiß wie bei der Totenwache am Tag zuvor, doch zur Beerdigung kamen mehr Menschen und sogar noch mehr Presseleute. An der Kreuzung, wo der Highway 9 auf den Highway 22 trifft, ganz in der Nähe der Stelle, an der vier Verwandte des Reverends tot aufgefunden worden waren, standen die Polizisten mittags um zwölf an ihre Wagen gelehnt da, rauchten und beobachteten den Verkehr, der sich auf die Peace-and-Goodwill-Baptistenkirche zubewegte. Viele von ihnen hatten Fälle bearbeitet, die Maxwells Verwandte betrafen, und viele waren bestürzt über seinen Tod – nicht weil sie um ihn trauerten, sondern weil sie fanden, man habe ihnen die Möglichkeit genommen, ihn endlich vor Gericht zu bringen. Im Gegensatz zu fast allen anderen Fällen – abgesehen von einem einzigen – war der Tod von Shirley Ann Ellington offiziell zum Tötungsdelikt erklärt worden, sie war, wie man festgestellt hatte, erdrosselt worden, und der Reverend war der einzige Verdächtige gewesen. Sobald der Bericht des Leichenbeschauers beglaubigt worden war, wollte die Staatsanwaltschaft ihn anklagen.

Doch für eine Anklage gegen den Reverend Willie Maxwell war es jetzt zu spät. Die Ermittler, Hilfssheriffs und Landespolizisten, die sich an jenem Tag dort versammelt hatten, waren nur dazu da, auf der Beerdigung für Ordnung zu sorgen. Sie setzten sich bald wieder in ihre Wagen, fuhren zur Peace-and-Goodwill-Kirche und verteilten sich dann, um auf dem Parkplatz und vor der Kapelle zu patrouillieren. Captain Chapman, der den Fall Maxwell für das Alabama Bureau of Investigation bearbeitet hatte, war der Ermittler, der vor langer Zeit frustriert gewesen war, als Dorcas Anderson ihre Zeugenaussage bezüglich jener Nacht geändert hatte, in der Mary Lou Maxwell gestorben war, und dessen Partner die Aussagen der beiden vermeintlichen Komplizen niedergeschrieben hatte. Er stand jetzt in Begleitung seines Sohnes an der Tür und beobachtete, ob die unteren Ränder der Blazer, die die Männer trugen, im Wind flatterten oder steif blieben, weil das Gewicht einer Waffe sie nach unten zog. Als der Gottesdienst begann, betrat Chapman die Kirche und gesellte sich zu den anderen Beamten, die sich in alle Richtungen verteilten, um die Kanzel und alle drei Eingänge zu überwachen.

Vor dem Altar stand ein silbrig-blauer Stahlsarg, der offen war, sodass alle den Leichnam des Reverends sehen konnten, der teilweise in eine amerikanische Fahne gehüllt war und von Kränzen aus roten und weißen Nelken umgeben war. Die so oft gemiedenen Augen des Reverends starrten jeden Trauergast von einem Foto auf dem Programm der Trauerzeremonie an, in dem der Ablauf des Gottesdienstes, die Liste der Hinterbliebenen und ein paar Verse standen, die manchmal in den Nachrufen von Landpfarrern auftauchten: *»Ganz Ohr war er für ihre Mühen und Sorgen, für die der Alten und der Jugend, für Kranke, Gesunde, Arme und Reiche,*

Dunkelhäutige, Weiße und alle andern. Nach getanem Dienst, den gerechten Lohn vor Augen, beugte er in einem ruhigen Moment sein Haupt ein letztes Mal.«

Ophelia saß in der vordersten Reihe und weinte gemeinsam mit der Mutter Maxwells vor den Augen des Hilfssheriffs, der neben der Kanzel stand, während alle Journalisten, die in jener Woche in Alex City abgestiegen waren, vom hinteren Kirchenraum aus zusahen. Die Familie hatte darum gebeten, der Presse keinen Zutritt zu gewähren, doch Reverend Chester Mardis, der verantwortliche Pastor, hatte es abgelehnt, sie vom Gottesdienst auszuschließen. Stattdessen hatte Mardis, der siebenundsiebzig war und an diesem Morgen die achtzig Meilen von Birmingham mit dem Wagen zurückgelegt hatte, um den Trauergottesdienst zu halten, die versammelten Reporter willkommen geheißen und zu ihnen gesagt: »Wir haben nichts zu verbergen.« Danach buchstabierte er ihnen seinen Namen, um sicherzustellen, dass sie ihn in ihren Artikeln auch richtig schrieben.

An jenem Tag gab es in der Peace-and-Goodwill-Kirche wenig Frieden und Wohlwollen unter den trauernden Verwandten, den Trauergästen, den Schaulustigen, den Presseleuten und der Polizei. Während des Gottesdienstes fiel irgendwann ein Klappstuhl, der an der Wand gelehnt hatte, laut scheppernd zu Boden, sodass alle Polizisten nach ihren Waffen griffen. Doch bei der Beerdigung des Mannes, der bei einer Beerdigung erschossen worden war, wurde niemand erschossen. Der Chor gab ein paar Lieder zum Besten, man verlas Bibelverse und Psalmen, sprach Gebete, und ein Hilfsprediger sang Thomas A. Dorseys *The Lord Will Make a Way Somehow*. Zum Schluss kam die Trauerrede: Reverend Mardis hielt eine Predigt über das zehnte Kapitel des Johannesevangeliums und erinnerte die Gemeinde daran, dass

Jesus, der gute Hirte, seine Schäfchen, zu denen auch der Reverend Maxwell gehöre, ins ewige Leben führe. Dann verglich Mardis Maxwell mit Moses, »einem Mörder auf der Flucht«, den Gott benutzt habe, um das Volk Gottes in die Freiheit zu führen. »Der Teufel konnte Moses nicht von Gott abbringen«, sagte Reverend Mardis, und alle stimmten im Chor das gemeinsame Amen an. Doch als er hinzufügte, dass der Teufel auch den Reverend nicht von Gott abbringen konnte, verstummte der Chor, und als er sagte, Maxwell werde zurückkehren, um die zu richten, die ihn gerichtet hätten, schüttelten alle in der Kirche missbilligend oder besorgt die Köpfe, und ein Mann sagte laut und deutlich: »Alles, bloß das nicht.«

Um drei Uhr nachmittags war es vorbei. Die Sargträger trugen den Sarg hinaus, der dann mit dem Wagen zum Peace-and-Goodwill-Friedhof gefahren wurde. Am Grab sagte Mardis noch ein paar Worte, die Anwesenden sprachen das Vaterunser, die amerikanische Fahne wurde abgenommen, gefaltet und an Ophelia übergeben, und dann ließ man den Sarg in die Erde hinab. Der Reverend Willie Maxwell wurde kaum eine Meile weit von seinem Haus begraben, dicht an den letzten Ruhestätten von Mary Lou Maxwell, Dorcas Maxwell, John Columbus Maxwell und James Hicks.

Tom Radney ging nicht zu Willie Maxwells Beerdigung, sprach jedoch mit vielen der Journalisten, die darüber schrieben. Er wollte ihnen klarmachen, dass er den Reverend im Mordfall Shirley Ann Ellington nicht verteidigt hätte, wollte sie aber auch daran erinnern, dass Maxwell nie verurteilt und nur ein einziges Mal bei einem der Todesfälle angeklagt worden war, die man so beharrlich mit ihm in Verbindung brachte. Der ehemalige Anwalt des Reverends war rasch mit der Erklärung bei der Hand, dass er vom Mord an seiner ersten Frau freigesprochen worden sei, dass John Columbus sich totgetrunken habe, Abram Anderson eine degenerative Krankheit gehabt habe und an Lungenentzündung gestorben sei, Dorcas Maxwell an Lungenversagen gestorben sei, und was James Hicks angehe, nun, es sehe so aus, als sei er an gar nichts gestorben. Eine Leier, die Big Tom immer wieder anstimmte, die ihm jedoch bald vergehen sollte, lautete, dass der Reverend rechtlich gesehen völlig unschuldig war und es immer gewesen ist.

Während Tom damit beschäftigt war, seinen alten Mandanten öffentlich zu verteidigen, machte er sich insgeheim Gedanken darüber, wie er seinen neuen Mandanten verteidigen sollte. Vor der Ermordung des Reverends hatte er nie etwas von Robert Burns gehört. Im Gegensatz zu seinem Opfer war Burns keineswegs stadtbekannt. Er hatte nicht einmal permanent in der Stadt gelebt. Burns war in Alex City geboren und aufgewachsen, war aber nach der Highschool nach Cleveland gezogen, wo er als Lastwagenfahrer lebte, und dann nach Chicago, wo er als Stadtbusfahrer arbeitete. Er wurde zur Armee eingezogen und diente im Vietnamkrieg in der Vierten Infanteriedivision.

Nach seiner Entlassung lernte er seine Frau Vera kennen, mit der er nach Alex City zurückkehrte. Sie fand Arbeit bei Head Start, er arbeitete wieder als Fernfahrer. Die beiden zogen in ein Haus an der Horseshoe Bend, um näher bei ihrer Familie zu wohnen. Zur Familie gehörte auch Nathaniel, einer von Roberts Brüdern, der die spätere Ophelia Maxwell geheiratet hatte und sich dann von ihr hatte scheiden lassen. Damit waren Ophelias Kinder, samt Shirley Ann Ellington, Robert Burns Verwandte, die ihm nahestanden. In der Nacht, als Shell getötet wurde, hatte Burns eine Güterladung in Ohio transportiert; als ihn die Fahrdienstzentrale erreichte und er erfuhr, was passiert war, stieg er in seinen Lastwagen und fuhr die achthundert Meilen nach Hause.

Als Big Tom Robert Burns kennenlernte, war dieser ein großer, schlanker, gut aussehender, selbstbeherrschter sechsunddreißigjähriger Mann. Er war seit acht Jahren mit Vera verheiratet, und gemeinsam zogen sie Veras Sohn aus erster Ehe auf, einen Teenager, und pflegten ein schwer behindertes siebenjähriges Mädchen, dessen Mutter in der Schwangerschaft Röteln gehabt hatte. Burns war allem Anschein nach ein bescheidener, fleißiger, weichherziger Familienvater, bis er dann die Waffe zog und aus einem Meter Entfernung vor den Augen der gesamten Trauergemeinde Reverend Maxwell erschoss.

In den Wochen nach Maxwells Beerdigung waren es fast immer achtunddreißig Grad. Aus der Hitzeattacke im Juni war im Juli eine Hitzewelle geworden: Die Heuwiesen, die im Hochsommer normalerweise zweimal gemäht wurden, waren ungemäht geblieben, die Baumwolle hatte nur ein Drittel ihrer üblichen Höhe erreicht, der Mais war völlig vertrocknet, und der Großteil der Sojabohnen war noch nicht einmal ausgesät worden. Staubteufel wirbelten an den Highways entlang. Tag für Tag glühte die Sonne vom Himmel herab, versengte alles und hinterließ, wenn sie unterging, stickig heiße Nächte. Gelegentlich bildeten sich bedrohliche Wolken, doch es regnete nie. In der dritten Augustwoche war die Dürre so schlimm, dass Präsident Carter sowohl Coosa County als auch Tallapoosa County ebenso wie den Rest von Alabama und ganz Georgia zu Katastrophengebieten erklärte.

Die Hitze dieses Sommers machte die Farmer wahnsinnig

und die Holzfäller und die Fabrikarbeiter, im Grunde alle, außer dem Eismann und den Kindern am Lake Martin, und so entschied sich Big Tom eines Tages, Robert Burns zu verteidigen. Mitte Juli, als Burns von einem großen Geschworenengericht in Tallapoosa County angeklagt wurde, tat er, was Radney ihn geheißen hatte, und erklärte sich wegen Unzurechnungsfähigkeit für nicht schuldig. Danach verließ Burns in einer blauen Latzhose und mit einer Caterpillar-Baseballkappe gegen eine Kaution von zehntausend Dollar das Gerichtsgebäude.

Unzurechnungsfähigkeit lässt sich nicht leicht nachweisen und ist für die Verteidigung oft der letzte Ausweg. Der Glaube, dass Wahnsinn entlastend sei, ist alt – so alt, dass er eintausendsiebenhundert Jahre vor Christi Geburt in den Codex Hammurapi gemeißelt wurde, ebenso wie die proportionale Vergeltung »ius talionis«: Auge um Auge. Doch als Tom Radney sich auf Unzurechnungsfähigkeit berief, war diese bereits seit hundert Jahren aus der Mode. Queen Victoria versuchte Mitte des 19. Jahrhunderts, ihr den Garaus zu machen, aus Angst, künftigen Mördern würde sonst Tür und Tor geöffnet. Hundert Jahre später versuchte Präsident Nixon, sie verbieten zu lassen. Es hatte sich gezeigt, dass zu viele Angeklagte nur bis zu ihrem Freispruch geisteskrank waren, und sowohl Kläger als auch Psychiater hatten befürchtet, dass dieses Verteidigungsmittel nur dazu diene, Mörder ungeschoren davonkommen zu lassen. Im ganzen Land gab es warnende Beispiele für Angeklagte, die in staatliche psychiatrische Kliniken eingewiesen worden waren, nachdem die Geschworenen entschieden hatten, sie seien geisteskrank, und die dann vom Leiter und Personal der Klinik als geistig gesund diagnostiziert und entlassen worden waren. Infolgedessen verboten manche Staaten – Idaho, Kansas, Montana und Utah – den Einwand »Unzurechnungsfähigkeit« ganz und gar. Doch Alabama erlaubte ihn weiterhin, und Big Tom hatte beschlossen, dass er damit am ehesten Erfolg haben würde. Tatsächlich blieb ihm gar nichts anderes übrig. Sein Mandant hatte eine Pistole in eine Kirche mitgenommen, vor Hunderten von Menschen drei Mal auf einen Mann geschossen und sich dann nicht nur einmal, sondern zwei Mal bei der Polizei schuldig bekannt, noch bevor der Leichnam erkaltet war. Ein Jurastudent im ersten oder zweiten Semester hätte die Anklage im Schlaf führen können.

Im Mordprozess gegen Robert Burns war der Anwalt der Gegenpartei, mit dem Tom es zu tun hatte, geradezu das Gegenteil eines Jurastudenten im ersten Semester. Zu Prozessbeginn hatte Thomas F. Young bereits sechzehn Jahre als Staatsanwalt gearbeitet und begann soeben eine weitere Amtszeit von sechs Jahren. Er wurde ebenfalls Tom genannt, und es hieß, er habe mehr Strafprozesse geführt als jeder andere Staatsanwalt in Alabama. Im Fall Maxwell hatte er zudem etwas unter Beweis zu stellen: Er war der Staatsanwalt gewesen, der es versäumt hatte, rechtzeitig Anklage gegen den Reverend zu erheben, als dessen erste Frau starb. Er und Tom Radney hatten bereits in fast fünfzig anderen Mordprozessen einander gegenübergestanden, und beide hatten einen guten Ruf, waren jedoch von ihrer Art her grundverschieden.

»Radney ist Seide und Young ist Schmirgelpapier«, schrieb Alvin Benn im *Alexander City Outlook*. Benn kannte sich gut mit Gegensätzen aus: Aufgewachsen in der Gegend der Amischen in Pennsylvania, war er in den Süden gegangen, um über die Bürgerrechtsbewegung zu berichten, und dort ge-

blieben. Er hatte eine Familie gegründet und nervös zugehört, als Ku-Klux-Klan-Mitglieder zionistische Juden bei
einer Kundgebung denunzierten, ihn, den jüdischen Reporter, dann aber zu einem Umtrunk einluden. Er hatte Reverend Martin Luther King jr. und den Polizeipräsidenten Bull
Connor für denselben Artikel interviewt. Doch selbst Benn
war selten zwei Männern begegnet, die sich so drastisch unterschieden wie die beiden Toms. Young würde keinen
Mordprozess verlieren, für den es Hunderte von Zeugen
gab, und Radney würde keine Gerichtsverhandlung verlieren, bei der der gesamte Bundesstaat und das halbe Land
zusahen. Im Gegensatz zu dem, was kommerzielle Romane
und Perry Mason den Leuten weiszumachen versuchen,
heißt es bei Benn: »Die meisten Prozesse ähneln aufgewärm-
ter Grütze, und man muss schwer aufpassen, dass man nicht
einschläft.« Doch der Fall Burns war etwas anderes.

Big Tom wusste von Anfang an, dass es zwei Dinge gab,
die die Geschworenen wissen mussten, und zwei Dinge, die
sie nicht wissen durften. Die beiden Dinge, die sie nicht
wissen durften, waren, dass sein Mandant vorbestraft war
und gestanden hatte, Maxwell getötet zu haben. Tom Young
behauptete, eine FBI-Akte zu besitzen, aus der hervorgehe,
dass Burns wegen Überfall und Totschlag in Ohio, wegen
Ladendiebstahl in Maryland und wegen schwerer Körper-
verletzung in Illinois verhaftet worden war. Doch aus der
Akte ging wenig hervor – das Strafverfahren wegen Mordes
wurde eingestellt, und neben der Anklage wegen Körperver-
letzung, die keine Fallnummer hatte, stand »falsch« am
Rand, und die endgültige Entscheidung fehlte – daher stellte
Radney einen Präventivantrag auf Ausschluss der Dokumente aus dem Strafverfahren. Die Geständnisse waren ähnlich kompliziert. Zwei Polizisten hatten in der Kirche mit

angehört, wie Burns über dem Leichnam des Reverends Willie Maxwell stand und sagte: »Du hast meine Familie lange genug misshandelt«, doch für Radney hörte sich dies eher wie ein Belauschen an, nicht wie das Ablegen eines Geständnisses. Auch gestand Burns auf dem Rücksitz des Streifenwagens, der ihn vom Bestattungsinstitut abholte – »Ich musste es tun«, sagte er, »und wenn ich noch mal die Wahl hätte, würde ich es wieder tun« –, doch hatte man ihn erst auf der Polizeiwache über seine Rechte aufgeklärt. Und was die Sache für die Staatsanwaltschaft noch schlimmer machte: Bei dem Mann, vor dem Burns das Geständnis abgelegt hatte, handelte es sich um seinen eigenen Bruder, der, obgleich er in den letzten Jahren Hilfssheriff gewesen war, am Tag der Beerdigung nur als Vertretung fungiert hatte, um Verdächtige und Untersuchungshäftlinge zu chauffieren, und nicht im Dienst war.

Selbst wenn Big Tom die Geständnisse und die Vorstrafen aus dem Gerichtssaal heraushalten konnte, stand er nicht gut da – schließlich gab es die dreihundert Zeugen –, doch zumindest konnte er die Tatsachen und Beweise selbst darlegen. Dazu musste er sicherstellen, dass die Geschworenen bei ihren Überlegungen vor allem zweierlei mitbedachten: Voodoo und Vietnam. Tom war zu der Überzeugung gelangt, dass er, um zu gewinnen, den Reverend Willie Maxwell als den dämonischsten Wunderheiler und Voodoo-Priester darstellen musste, den der Süden je erlebt hatte – ein Mann, der eine solch mysteriöse Macht hatte, dass keine Gesetzeskraft ihn belangen konnte, und der so gefürchtet war, dass kein Nachbar ihm in die Augen blicken wollte. Toms ehemaliger Mandant musste außergewöhnlich böse sein, und der Mandant, den er gerade vertrat, musste außergewöhnlich gut sein: ein Kriegsheld, dessen patriotische

Tapferkeit auf der anderen Seite der Erdkugel sein empfind-
sames Herz und seinen offenen Geist zu Hause anfällig für
seelische Erschütterungen gemacht hatte.

Tom Young brauchte seinerseits nur eines: Robert Burns
musste geistig gesund wirken. Zu diesem Zweck stellte er
den Antrag, dass sämtliche Arztberichte über den Angeklagten vorgelegt würden. Er begann außerdem, Unzurechnungsfähigkeit als Mittel der Verteidigung zu verunglimpfen, indem er sich öffentlich über die »Drehtür« des Bryce
Hospital, der staatlichen Psychiatrie, lustig machte, durch
die, wie er behauptete, die wegen Unzurechnungsfähigkeit
Freigesprochenen schnell wieder in die Gesellschaft zurückkehrten. Zwar gab es keinen Grund zu der Annahme, dass
Bryce in dieser Hinsicht schlimmer war als andere staatliche
Anstalten der damaligen Zeit, es stimmte jedoch, dass ein
Kliniker einen psychisch auffälligen Häftling, dem dann
geistige Gesundheit bescheinigt wurde, entlassen musste,
ganz gleich wie kurz er in der Einrichtung gewesen war oder
wie abscheulich das Verbrechen war, das ihn dort hingeführt
hatte. Radney reagierte mit einem Antrag, in dem er vor-
brachte, dass Youngs Bemerkungen die für das Geschworenengericht infrage kommenden Kandidaten bereits infiziert
hätten. Den ganzen Sommer über und bis zum Herbstan-
fang schickten die beiden Anwälte Salven von konkurrieren-
den Anträgen hin und her. Am letzten Montag im September, sieben Jahre nach dem brutalen Mord an der ersten Mrs
Willie Maxwell, traten Tom Young und Tom Radney
schließlich durch die Tür des Gerichtsgebäudes in Alexander
City, um den Fall *State of Alabama gegen Robert Lewis Burns*
zu verhandeln.

12

Tom vs. Tom

James Albert Avary war kein Richter, dem viel an Förmlichkeiten lag. Er trug nicht gern eine Robe im Gerichtssaal und rauchte in seinem Amtszimmer mit Vorliebe eine Zigarre, deren Asche er in einer eigens dafür gedachten Schreibtischschublade abklopfte. Avary war direkt hinter der Grenze in La Grange in Georgia geboren, hatte die aufs College vorbereitende Privatschule in New York besucht, dann in Princeton Religion studiert (später schrieb er für ein Klassentreffen einen »Führer durch die Redneck-Riviera«) und ging dann zurück in den Süden, um in Emory Jura zu studieren. Nachdem er ein paar Jahre bei einer Firma in Atlanta gearbeitet hatte, eröffnete er in Lanett, Alabama, seine eigene Kanzlei, die er behielt, bis er zum Richter des Fünften Bezirksgerichts gewählt wurde. Diese Wahl hatte ein Jahr vor dem Burns-Prozess stattgefunden, und der Mann, gegen den Avary angetreten war und gegen den er gewonnen hatte, war Tom Young gewesen.

Da sich Avary des großen Interesses für den zu verhandelnden Fall bewusst war, wollte er im Burns-Verfahren Kameras im Gerichtssaal erlauben. Das Gesetz in Alabama verlangte jedoch, dass beide Parteien damit einverstanden sein mussten, und Tom Young wollte nicht, dass während des Prozesses fotografiert oder gefilmt wurde. Der *Alexander City Outlook* war jedoch auf Bildmaterial erpicht. Als Jim Earnhardt erwähnte, dass seine Cousine Mary Lynn Baxter, die bereits für den *Outlook* arbeitete, zeichnerisch talentiert war, beauftragte man sie unverzüglich, im Gerichtssaal Skizzen anzufertigen. Richter Avary lockerte die Regeln später dahingehend, dass Fotografieren während der Pausen erlaubt war, doch Baxters Zeichnungen sind die einzigen Bilder, die während der Verhandlung entstanden.

Am Morgen des 26. September 1977 wurde der Prozess eröffnet. Obwohl es schon so spät im Jahr war, herrschte eine unerträgliche Hitze, die durch die nicht funktionierende Klimaanlage und die riesige Menschenmenge im Saal noch schlimmer wurde. Fünf der Dutzenden von Geschworenenkandidaten mussten sofort entlassen werden, weil man sie gleichzeitig als Zeugen vorgeladen hatte: Vier von ihnen waren Leumundszeugen des Angeklagten und einer war Augenzeuge der Erschießung. Diese Entlassungen waren aufschlussreich. Wie bei jedem Kleinstadtprozess mussten die Anwälte nicht abwägen, ob die Leute einander kannten, sondern wie gut sie sich kannten, in welcher Beziehung sie zueinander standen und welches Ausmaß an Sympathien und Antipathien sie füreinander hegten. Doch Tom Young und sein Mitarbeiter, Staatsanwalt E. Paul Jones, hofften ebenfalls, den Fall von Anfang an für sich zu entscheiden, indem sie die Geschworenen so auswählten, dass Unzurechnungsfähigkeit als Mittel der Verteidigung untergraben wurde. Sie fragten zuerst, ob einer der möglichen Geschworenen davon gehört hätte, dass »dieser Mann laufen gelassen werden« solle, und dann, ob sie in der Lage seien, die Zeugenaussage »sogenannter Sachverständiger« zu beurteilen.

Big Tom, der sich auf dem Weg in den Gerichtssaal gewöhnlich energisch in Form brachte, platzte sofort mit Einwänden heraus: der Bundesstaat halte Reden; der Bundesstaat verleumde seine Zeugen, noch bevor sie die Möglichkeit zur Aussage erhielten. Richter Avary winkte ab und ließ Young und Jones fortfahren.

Als Big Tom an der Reihe war, machte er sich daran, ein Geschworenengericht zusammenzustellen, von dem er meinte, es für sich gewinnen zu können – bestehend aus Menschen, die an Sachverständigenaussagen und Schuldunfähigkeit glaubten, vor allem jedoch sollten es zwölf weiße Männer sein – Männer, weil Radney dachte, sie würden nicht überempfindlich auf die Vorstellung eines gerechten Mordes reagieren, und weiß, damit sie keine Verbindung zu Maxwell oder seiner trauernden Familie hätten und die Sache von Burns Warte aus würden sehen können: für den die Erschießung des Reverends eine notwendige und mutige Tat war.

Big Tom bekam schließlich, was er wollte: zwei Reihen mit je sechs weißen Männern, die sich auf den Geschworenenbänken verteilten. Direkt danach blickte Richter Avary auf seine Uhr, sah, dass es halb zwölf war, und ordnete eine Pause an. Als die Geschworenen unter der Aufsicht des Gerichtsdieners zum Mittagessen gegangen waren, begaben sich Big Tom und Tom Young zur Richterbank und gerieten sofort aneinander. Radney brachte zwei seiner offenen Anträge zur Sprache. Im ersten bat er sich zwei Dinge aus: Dass die Staatsanwaltschaft nicht über »Drehtüren« im Bryce Hospital sprach und dass Young die Einwendung der Unzurechnungsfähigkeit nicht unterminierte, indem er ihn als unzulässiges Mittel der Verteidigung bezeichnete. Der zweite Antrag hatte mit Burns vermeintlichen Vorstrafen zu tun.

Ungeachtet der Tatsache, dass fragwürdig war, ob diese zu Recht verhängt worden waren, argumentierte Big Tom, dass es in einer Strafverhandlung, in der der Angeklagte Schuldunfähigkeit geltend mache, unzulässig sei, sich auf derlei Vorstrafen zu berufen. Richter Avary gab zu bedenken, dass es, wenn Radney plane, Leumundszeugen aufzurufen, heikel werden könne, die Vorstrafen nicht mit einzubeziehen, doch als Avary Young zu fragen versuchte, was er für das Kreuzverhör dieser Zeugen geplant habe, verlor Young die Beherrschung und rief: »Ich will jetzt nicht eingeschüchtert werden, weil ich noch nicht weiß, was dabei herauskommt!« Dann machte Young dem Richter Vorhaltungen, weil die Schuldunfähigkeit missbraucht würde, bis Radney seinerseits die Beherrschung verlor und ihn anfuhr: »Seine Ehren und ich haben jetzt keine Zeit, uns Ihre Reden anzuhören.«

All dies klärte die Sache nur teilweise. Nachdem eine Menge Pferde von hinten aufgezäumt worden waren, entschied Richter Avary, dass der Angeklagte das Recht habe, jede Verteidigung geltend zu machen, einschließlich der Schuldunfähigkeit, und dass die Vorstrafen vorläufig ausgesetzt würden, dass man jedoch auf sie zurückkommen könne, wenn die Leumundszeugen aussagten. Damit erklärte Avary das Ende der Mittagspause.

Die Geschworenen und die Zuschauer kehrten mit vollen Bäuchen zurück, waren nach Tisch etwas schläfrig und hingen, verschwitzt von der Hitze, ein wenig schief in den Gerichtsbänken und auf den Stühlen. Die Verteidigung nahm auf der linken Seite des Gerichtssaals Platz. Tom Radneys Mitarbeiter Lee Sims, ein Anwalt aus Dadeville, hatte zwei Stapel Gesetzbücher auf dem Tisch vor sich aufgetürmt, je sieben Bände. Tom saß mit ein paar Blättern Papier lächelnd neben ihm. Robert Burns saß entspannt und mit gelassener Miene links von den Anwälten. Er trug eine leichte Hose und ein Hemd mit Schraffurmuster; das Auffälligste an ihm war sein Revers.

Auf der anderen Seite des Gerichtssaals, in der Nähe der zwölf Geschworenen und neben dem Bereich, der für die Presse reserviert war, befanden sich Tom Young und E. Paul Jones und begannen mit dem Eröffnungsplädoyer. Young rief den Herren Geschworenen in Erinnerung, dass vor einer Weile »ein kaltblütiger Mord in Anwesenheit von mehreren hundert Menschen verübt wurde«. Der Staat werde jetzt beweisen, sagte Young, dass Robert Burns diesen Mord begangen habe und dass er »nichts weiter war als ein Lynchmob, der aus nur einer Person bestand« und für den in einer gesetzestreuen Stadt wie Alexander City kein Platz sei.

Young hatte ganze 143 Wörter herausgebracht, bevor Big Tom Einspruch erhob. Der Bezirksstaatsanwalt begann, etwas gegen die Einrede der Verteidigung zu sagen, woraufhin Radney sofort protestierte und erklärte, die Anklage habe an dieser Stelle keine Kommentare über die Verteidigung abzugeben. Richter Avary gab dem Einspruch statt, und Young, dessen blassblauer Anzug bereits durchgeschwitzt war, kehrte zu seinen Einlassungen zurück. »Sie sind hier, um Schuld oder Unschuld zu beurteilen«, rief er den Geschworenen in Erinnerung und bat sie, ein Urteil zu sprechen, »das Sie ruhig schlafen lässt, nicht nur heute oder morgen Nacht, sondern für den Rest Ihres Lebens«.

»Nein, Sir, wir erheben Einspruch«, unterbrach Big Tom ihn wieder, diesmal um über die Verantwortung der Geschworenen im gegenwärtigen Prozess zu streiten. Auf seinen nächsten Einspruch folgte ein Einspruch seines Anwaltskollegen und danach ein weiterer Einspruch von ihm selbst. Tom Young konnte kaum einen Satz zu Ende sprechen, ohne dass einer der beiden Verteidiger aufstand und Einspruch erhob. Bereits nach ein paar Minuten seiner Eröffnungsrede wandte er sich an die Geschworenen und klagte: »Ich rechne damit, dass heute eine Menge Schlammwasser in den Bach der Gerechtigkeit gegossen wird!«

Big Tom freute sich, dass er den Motor der Anklage gleich zu Beginn abgewürgt hatte, doch Young würde sich bald revanchieren. Radney hielt seine Eröffnungsplädoyers gern wie ein Barde, der ein Epos vorträgt: Er erzählte das Leben seines Mandanten von dessen Geburt bis zu den Schwierigkeiten, Ungerechtigkeiten und Launen des Schicksals, die dazu geführt hatten, dass alle an diesem Tag im Gerichtssaal versammelt waren. Diese Strategie wandte Big Tom auch diesmal an: Als Erstes stellte er Robert Burns als einen Jungen aus der Gegend vor, der aus dem Norden des Tallapoosa Countys stammte und dort aufgewachsen war. Dann führte er den Geschworenen die Jahre vor Augen, die Burns als Bus- und Lastwagenfahrer in Cleveland und Chicago verbracht hatte und im Dienst für sein Vaterland als Soldat in Vietnam – an dieser Stelle hielt Big Tom inne und verweilte bei der Tapferkeit seines Mandanten und bei der entsetzlichen Gewalt, die er in Übersee miterlebt hatte –, um sich dann der Rückkehr seines Kriegshelden in seine Heimat zu widmen, wo Burns, wie Big Tom erwähnte, viele Verwandte hatte, unter anderem seine frühere Schwägerin Ophelia Maxwell.

Als Tom Young diesen Namen hörte, sprang er auf und sagte in scharfem Ton: »Mr Radney schlägt offensichtlich einen Weg ein, von dem ihm das Gericht abgeraten hat. Er schneidet gerade ein Thema an, das in keiner Weise mit dem Mordfall zu tun hat.« Young wusste, dass Big Tom vorhatte, zwei Fälle gleichzeitig zu verhandeln: seinen momentanen

Mandanten zu verteidigen und seinen ehemaligen Mandanten anzuklagen. Radney, der sich von Young nicht abschrecken ließ, dankte Richter Avary dafür, dass er dessen Einspruch abgewiesen hatte, und brachte dann vor, was sich für jeden, der Grips hatte, eigentlich von selbst verstand: »Ich muss Ihnen ganz nebenbei etwas sagen, und zwar, dass Mr Youngs plötzliches Aufspringen bedeutet, dass er fuchsteufelswild ist.«

»Bevor mir das Wort so rüde abgeschnitten wurde, sagte ich zu Ihnen«, fuhr Big Tom fort und kehrte damit zu seinen einstudierten Worten zurück und ließ eine Aufzählung sämtlicher Verwandter folgen, die der Reverend Willie Maxwell angeblich getötet hatte, woraufhin ihn der Bezirksstaatsanwalt wieder unterbrach. »Na schön, wenn das Gericht nichts dagegen hat«, schnauzte Young, »so bittet die Staatsanwaltschaft darum, den Prozess wegen Verfahrensmängeln aufzuheben.«

Es war das erste von vielen weiteren Malen, dass der Staatsanwalt behauptete, der Prozess sei bereits zu sehr kompromittiert, um fortgesetzt zu werden, weshalb er Richter Avary inständig bat, ihn sofort zu beenden. Nach diesem ersten Gesuch beantragte Young allein während Big Toms Eröffnungsplädoyer weitere vier Male die Feststellung der Ungültigkeit des Verfahrens wegen schwerer Verfahrensverstöße. Als vier dieser Anträge abgelehnt worden waren, bat Young um Vertagung der Verhandlung, was ebenfalls abgelehnt wurde, woraufhin er Einspruch erhob, dem jedoch nicht stattgegeben wurde.

Während Tom Young auf keinen grünen Zweig gelangte, legte Big Tom los. Er habe nicht die Absicht zu leugnen, was nicht zu leugnen sei, erklärte er. Er behaupte nicht, dass Robert Burns Willie Maxwell nicht getötet habe, sondern lediglich, dass Robert Burns, als er die Tat beging, nicht Robert Burns gewesen sei. Wild entschlossen darzulegen, dass er den Tatsachen eines Mordfalls gerade in die Augen blicken konnte, beendete Big Tom sein Eröffnungsplädoyer mit einem grandiosen Eingeständnis: »Wir geben zu, dass er ihn getötet hat, wir geben zu, dass er drei Mal auf ihn geschossen hat, und wir geben zu, dass er auf alle Stellen geschossen hat, die Mr Young genannt hat, in den Kopf, den Bauch oder wohin auch immer, und wir geben zu, dass er infolge der Schusswunden gestorben ist, die Robert Lewis Burns ihm zugefügt hat.« Die Verteidigung gab all dies zu, erinnerte die Geschworenen jedoch daran, dass dies keinesfalls bedeute, dass der Angeklagte ins Gefängnis gehöre.

Danach rief der Staatsanwalt den ersten Zeugen auf: Dr. Carlos Rabren, den Toxikologen, der Reverend Maxwell obduziert hatte. Dr. Rabren sagte ein paar Worte über seinen beruflichen Werdegang und bestätigte dann, dass er die drei Kugeln aus dem Körper des Reverends entfernt hatte. Für Tom Young verlief alles gut, doch als das Kreuzverhör begann, stellte sich heraus, dass Rabren fünfzehn Jahre für das Department of Toxicology gearbeitet und während dieser Zeit nicht nur Willie Maxwell obduziert hatte, sondern auch mehrere von dessen Verwandten. Sims, der das Kreuzverhör für die beiden Verteidiger durchführte, befragte Rabren zu einer rätselhaften Leiche nach der anderen. Er fragte den Arzt, ob er den Tod von Mary Lou Maxwell untersucht habe. Tom Young erhob Einspruch. Ob er den Tod von John Columbus Maxwell untersucht habe. Tom Young erhob erneut Einspruch. »Das ist mehr als eine Schlammschlacht«, beklagte sich Young, nicht um den Richter, sondern um die Geschworenen zu überzeugen, »das ist der Versuch, das Kernproblem dieses Prozesses zu verschleiern.«

Richter Avary lehnte die Einsprüche ab. Sims griff wieder zu seinem Fragebogen und wandte sich an den Zeugen der Anklage, um den Charakter des Mordopfers zu verunglimpfen. »Ist es wahr«, fragte er, »dass die zweite Mrs Maxwell genau wie die erste Mrs Maxwell tot hinter dem Steuerrad eines Autos gefunden wurde?« Nun ja, nicht ganz, erklärte Dr. Rabren: Die zweite Mrs Maxwell sei auf dem Boden des Wagens gefunden worden. Danach befragte Sims ihn zum Tod von James Hicks. Dr. Rabren sagte, an diesem Fall sei er nicht beteiligt gewesen, wisse aber, zu welchem Befund oder fehlenden Befund die Anklage gekommen sei. »Sir«, begann er, »das Institut kam in diesem Fall zu keinem Befund über die Todesursache. Ich weiß nicht, ob es sich um Mord handelt oder nicht –.«

»Es war Voodoo, Voodoo«, rief Sims und schlug mit der Faust dramatisch in die Luft. Tom Young erhob wieder Einspruch, doch die schwarze Katze war aus dem Sack. Seit sieben Jahren hatten alle, die am Lake Martin lebten, Gerüchte über den Reverend verbreitet, und an dem Tag, als Maxwell erschossen worden war, hatten die Nachrichtenagenturen anzügliche Schlagzeilen in Umlauf gesetzt. Falls der Staat Alabama je eine Chance gehabt hatte, diesen ganzen Tratsch aus dem Gerichtssaal zu verscheuchen, so hatte sie sich jetzt verflüchtigt. Von den beiden Strategien, die sich Big Tom für den Prozess zurechtgelegt hatte – ihn in ein Urteil über das Opfer statt den Angeklagten zu verwandeln und aus dem Angeklagten einen Helden zu machen –, hatte er die erste innerhalb einer Stunde mit Erfolg eingesetzt, und kein einziger von Tom Youngs dreißig Einsprüchen, die er während der Aussage seines eigenen Zeugen erhob, konnte etwas dagegen ausrichten.

Als der Staat seinen zweiten Zeugen in den Zeugenstand rief, geschah genau dasselbe. Tellis Hudson, ein weiteres Mitglied des Kriminaltechnischen Teams aus Auburn, legte seine ballistische Analyse dar, die zeigte, dass der Schütze den Reverend aus nur einem Meter Entfernung erschossen hatte. Doch im Kreuzverhör wollte Big Tom von Hudson wissen, wie lange er schon in dem Labor arbeite, und befragte ihn dann zum Tod von James Hicks. Im Gegensatz zu Rabren war Hudson an diesem Fall beteiligt gewesen und konnte bestätigen, dass die Todesursache offengeblieben war. »Ihre Ermittlungen ergaben, dass es sich um einen kräftigen, gesunden Zweiundzwanzigjährigen handelte, der die ganze Nacht in der Baumwollspinnerei gearbeitet hatte, dass er auf der Heimfahrt war, als man ihn tot in seinem Wagen fand, und Sie wissen nicht, woran er starb«, sagte Radney. »Ist das richtig?«

Ja, das sei richtig, sagte Hudson. Big Tom, der nie zu reden aufhörte, wenn alles so verlief, wie er wollte, fragte den Zeugen nach einer Büchse mit schwarzem Pfeffer, die angeblich in der Hosentasche des Reverends gefunden wurde, als dieser starb. Er fragte nach dem Blut, das anscheinend über die Haustür des Reverends gestrichen worden war, und nach den Hühnern, die, wie gemunkelt wurde, im Vorgarten des Reverends mit dem Kopf nach unten von den Pecannussbäumen hingen. Hudson behauptete, dass er von diesen Dingen noch nie gehört habe, was aber für die Verteidigung nicht weiter schlimm war, denn die Geschworenen hörten ja jetzt davon. Ein weiterer Zeuge, Reverend Burpo, der die Trauerrede für Shirley Ann gehalten hatte, sagte aus, diese Geschichten ebenfalls noch nie gehört zu haben, räumte dann aber während des Kreuzverhörs ein, dass Maxwell alle seine Kirchengemeinden verloren hatte, weil das Gerücht umging, er habe seine Verwandten umgebracht.

Die Verteidigung war auf dem besten Wege, Maxwell in den berüchtigtsten Voodoo-Priester seit Marie Laveau zu verwandeln. Tom wollte jedoch noch auf etwas anderes hinaus – dass Robert Burns ein guter Mensch war, der jedoch geistig verwirrt aus Vietnam zurückgekehrt war. Als Patricia Burns Pogue, eine weitere Zeugin der Anklage, später in den Zeugenstand trat, half sie Tom zufällig dabei. Pogue, eine weitere Nichte von Robert Burns, hatte während Shirleys Beerdigung neben ihm in der zweiten Bankreihe der Kapelle des House of Hutchinson gesessen und sagte aus, dass er ununterbrochen geweint habe. Burns war emotional so berührt gewesen, dass er nicht habe sprechen können. Sie sagte, sie habe ihn angeschrien, als er den ersten Schuss abgefeuert hatte, doch er sei in einer Art Trance gewesen und habe sie nicht einmal angesehen. So ging es weiter: Ein Zeuge der Anklage nach dem anderen wurde vereidigt, trat in den Zeugenstand und klang zum Schluss wie ein Zeuge der Verteidigung.

Doch dann kam James Ware. Ware war ein ehemaliger Marinesoldat und einer der ersten afroamerikanischen Polizeibeamten, die je im Tallapoosa County eingestellt wurden. Er hatte zwölf Jahre bei der Alexander City Police gearbeitet und hatte, im Gegensatz zu den anderen Zeugen, viel Erfahrung vor Gericht. An dem Tag, als der Reverend ermordet wurde, hatte er den Verkehr vor dem Bestattungsinstitut geregelt und war beim ersten Schuss sofort herbeigeeilt. Er hatte Robert Burns glockenklares Geständnis in der Kapelle mit angehört, ebenso wie sein zweites Geständnis im Streifenwagen auf dem Weg ins Polizeirevier.

Wenn dies herauskam, das wusste Big Tom, dann würde Wachtmeister James Ware ganz bestimmt nicht wie ein Zeuge der Verteidigung klingen. Jegliche Art von Geständnis hätte für Radney ein Problem dargestellt, doch insbesondere Burns' Worte – »Du hast meine Familie lange genug misshandelt« und »Wenn ich noch mal die Wahl hätte, würde ich es wieder tun« – klangen eindeutig nicht wie die eines Menschen, der vorübergehend geistig umnachtet war. Big Tom war zum ersten Mal seit Prozessbeginn in der Defensive und erhob beinah bei jeder Silbe, die Young oder Ware über die Lippen kam, Einspruch. Als sich die Szene im Streifenwagen abzeichnete, bat er Richter Avary, die Geschworenen aus dem Gerichtssaal zu schicken, bevor Ware seine Zeugenaussage beendete, damit das Gericht die Frage beantworten konnte, ob die Geständnisse in Anbetracht der besonderen Umstände, unter denen sie gemacht worden waren, zulässig seien.

Richter Avary stimmte zu, und als die Geschworenen fort waren, lauschten die Reporter und Zuschauer den Anwälten, die ihre Erörterungen unverzüglich dort wieder aufnahmen, wo sie vor dem Mittagessen aufgehört hatten. Big Tom machte geltend, dass die Geständnisse auf unlautere Weise zustande gekommen und daher nicht verwertbar seien, denn Robert Burns sei erst eine Stunde, nachdem er gestanden hatte, über seine Rechte belehrt worden, und die Einzigen, die sein Geständnis gehört hätten, seien zwei Polizeibeamte gewesen. Tom Young entgegnete, dass beide Geständnisse freiwillig und spontan vor jedem in Hörweite abgelegt worden seien, sodass nicht das Geringste gegen sie einzuwenden sei. Zudem habe einer derjenigen, die das Geständnis gehört hätten, nämlich Robert Burns' Bruder William, zwar früher im Sheriff's Department gearbeitet, jedoch nicht mehr, als der Mord stattfand, weswegen ein vor ihm abgelegtes Geständnis verwertbar sei.

Immer noch in Abwesenheit der Geschworenen rief der

Staat Alabama William Burns in den Zeugenstand, wo sich zu Youngs Bestürzung herausstellte, dass das Geständnis keineswegs spontan erfolgt war. William hatte vielmehr gefragt: »Robert, warum hast du das getan?« Noch schlimmer war, dass Young in dem Versuch, Williams Arbeitsstellen darzulegen, behauptet hatte, der Mann habe schon jahrelang nicht mehr für den Sheriff gearbeitet, und dass das Gericht jetzt erfuhr, dass er sich dort in Wirklichkeit immer wieder freiwillig zur Verfügung gestellt hatte. Tom Radney machte dann darauf aufmerksam, dass William die Erlaubnis hatte, seinem Bruder die Handschellen abzunehmen, etwas, was man nur einem Polizeibeamten gestatte. Richter Avary ließ sich überzeugen und erklärte die Geständnisse für nicht verwertbar.

Es war bereits vier Uhr nachmittags, und Tom Young wollte Schadensbegrenzung betreiben und Feierabend machen. Doch Big Tom, für den Schwurgerichtsverfahren wie Bühnenstücke waren, wollte sicherstellen, dass der Szenenwechsel stattfand, wenn er es für richtig hielt, und er wollte nicht, dass sich die Geschworenen die ganze Nacht überlegten, was sein Mandant im Streifenwagen auf dem Weg ins Polizeirevier genau gesagt hatte. Daher erhob Big Tom Einspruch gegen eine Vertagung so früh am Nachmittag, und Richter Avary stimmte einer Fortsetzung der Verhandlung zu. Die Geschworenen wurden in den Gerichtssaal zurückgeholt, Wachtmeister Ware setzte seine Zeugenaussage fort, und Tom Young versuchte erneut alles Menschenmögliche, um die Geständnisse in den Gerichtssaal zu schmuggeln, während Big Tom weiterhin mit der Stetigkeit eines Metronoms Einspruch erhob.

Fünfundvierzig Minuten später hatten alle die Nase voll.

Bevor Richter Avary die Verhandlung mit dem Richterhammer für diesen Tag beendete, erinnerte er die Geschworenen daran, dass sie über Nacht isoliert werden würden – was ungewöhnlich war für einen Kreis, in dem Anklagen oft mit Schuldgeständnissen endeten und die meisten Prozesse innerhalb weniger Stunden vorüber waren. Die Geschworenen durften nicht einmal nach Hause gehen, um sich umzuziehen, wofür sich Richter Avary entschuldigte. Stattdessen machten sie Listen mit Dingen, die sie brauchten, und dann wurden Bevollmächtigte zu ihnen nach Hause geschickt, die diese Dinge von ihren Frauen oder Freundinnen abholten. Richter Avary bat die Geschworenen, keine Fernseh- oder Radionachrichten zu sehen, und schickte sie dann zum Ausruhen ins Horseshoe Bend Motel in derselben Straße, dorthin, wo der Highway 22 auf den Highway 280 trifft.

13

Der Mann aus Eclectic

Immerhin funktionierte die Klimaanlage. Im Gerichtssaal war es am Dienstag kühler als am Tag zuvor, der Zuschauerraum war jedoch genauso dicht besetzt. Auch die anderen Räume des Alexander-City-Gerichtsgebäudes waren brechend voll: Die Verteidigung und die Anklage hatten die Zeugen der jeweils anderen Partei vorgeladen, und diese Zeugen konnten der Gerichtsverhandlung erst ab dem Zeitpunkt beiwohnen, da sie in den Zeugenstand traten. Infolgedessen drängten sich die Zeugen der Anklage im Sitzungssaal, die Polizeibeamten drängten sich in der Bibliothek und die Zeugen der Verteidigung irrten im Gang umher. Tom Young war überzeugt, dass manche von ihnen das Verfahren über die Klimageräte mit anhören konnten, und behielt besonders eine Zeugin der Verteidigung im Auge, die sich, wie es schien, in Hörweite herumtrieb.

Am frühen Vormittag rief die Staatsanwaltschaft den einzigen weiteren afroamerikanischen Polizeibeamten der Alexander City Police in den Zeugenstand: einen Mann namens Joe Ennis Berry, der beauftragt worden war, zusammen mit James Ware an dem Tag, als der Reverend ermordet wurde, den Verkehr vor dem House of Hutchinson zu regeln. Berry hatte seinem Land gedient, seit er ein Teenager war. Als er sechzehn war, gab er sich als Achtzehnjähriger aus und trat rechtzeitig in die Armee ein, um mit den Fallschirmjägern an den Stränden der Normandie zu landen und dann in der Luftwaffe zu dienen, bis er nach Alabama zurückkehrte. Im Jahr 1966, zu einer Zeit, als nur wenige Polizeieinheiten im Süden daran interessiert waren, Schwarze in ihre Reihen zu integrieren, rief der Bürgermeister von Alexander City Berry an und bat ihn, Polizist zu werden.

Seitdem war Wachtmeister Berry bei der Polizei, und als die Verteidigung ihn ins Kreuzverhör nahm, befragte sie ihn zu den Ermittlungen in den Todesfällen Mary Lou Maxwell, John Columbus Maxwell, Dorcas Maxwell, James Hicks und zu guter Letzt Shirley Ann Ellington. Tom Young erhob bei fast jeder Frage Einspruch und verlangte die Aufhebung des Prozesses wegen Verfahrensmängeln, doch Richter Avary lehnte ab.

Tom Youngs Reaktion war, dass er Wachtmeister Ware in den Zeugenstand zurückrief und ihn erneut über den Tag befragte, an dem Reverend Maxwell erschossen wurde – in der Hoffnung, Robert Burns' Geständnisse auf irgendeine Weise doch noch zur Sprache bringen zu können. Tom Radney unterbrach ihn sofort: »Einen Moment, Mr Young, halten Sie ganz kurz den Mund.«

»Nun, ich glaube –«, sagte Young.

»Halten Sie den Mund«, schrie Radney, »das ist mein Ernst.«

»Zum Teufel mit Ihnen«, antwortete Young.

Richter Avary, der es gewohnt war, für seine beiden kleinen Töchter Pye und Scottie den Schiedsrichter zu spielen, forderte eine Auszeit für Tom und Tom. Er schickte sie zurück an ihre jeweiligen Tische, gab ihnen kurz Zeit, sich zu beruhigen, und begann dann den Ankläger zurechtzuweisen. »Mr Young«, sagte er, »wir hatten diese Sache mit der Aussage doch schon viele, viele Male. Und ich habe sie abgelehnt.« Radney spielte den großzügigen Kollegen und erklärte dem Richter, er wolle keine Aufhebung des Prozesses, sondern eine Fortsetzung des Prozesses, um den Namen seines Mandanten reinzuwaschen. Avary beschloss fortzufahren und ermahnte die Anwälte, sich ordentlich zu benehmen, doch Young unterbrach ihn: »Euer Ehren, wie kann ein Mensch sich benehmen, wenn der Strafverteidiger mit ihm spricht wie mit einem Hund?«

Richter Avary schickte die Geschworenen aus dem Gerichtssaal und nahm die Anwälte dann ins Gebet. Er hätte die Fernsehkameras doch erlauben sollen, sagte er zu ihnen – dann würden sie sich vielleicht nicht so lächerlich machen. Der Prozess habe sich in einen »Karneval« verwandelt, in einen »Zirkus«, und er bat Radney und Young, professionell aufzutreten. Dasselbe galt für die Presse und die Zuschauer, die bereits unzählige Male von dem zunehmend geplagten Richter zur Ordnung gerufen worden waren. Zweihundert Menschen waren gekommen, um sich den Robert-Burns-Prozess anzusehen, und drängten sich im Gerichtsgebäude von Alexander City wie in einer Sardinenbüchse. Die Zuschauer rangen beim Anblick der Leichenbeschauer nach Luft, lachten über die Zeugen, flüsterten bei jeder neuen Zeugenaussage miteinander, und wenn sie sich vorbeugten, um mit ihren Nachbarn zu reden, knarrten jedes Mal die Bänke. Der Richter hatte sie immer wieder gebeten, leise zu sein. Nun sei es aber genug, verkündete er: Alle hätten sich zu benehmen, einschließlich der Anwälte.

Nachdem Richter Avary allen ins Gewissen geredet hatte, sodass sie vorübergehend fügsam geworden waren, ließ er die Geschworenen wieder auf ihren Bänken Platz nehmen, und bald darauf trat der letzte Zeuge der Anklage in den Zeugenstand. Es war Jimmy Burns, einer von Ophelias Söhnen, der, wie zu erwarten, aussagte, er habe gesehen, wie sein Onkel Robert seinen Stiefvater auf Shirley Anns Beerdigung erschossen habe. Diese Tatsache bestritt keiner, auch nicht die Verteidigung, und im Gerichtssaal, in dem es ein paar Minuten zuvor beinah laut gewesen war, drohte man sich zu langweilen. Doch im Kreuzverhör sagte Jimmy Burns etwas, was alle aufhorchen ließ. Bei Shirleys Totenwache, sagte Jimmy, habe die Familie erfahren, dass ein Mann aus der nahe gelegenen Stadt Eclectic überall verbreite, Reverend Maxwell hätte versucht, ihn anzuheuern, um Shirley zu töten.

Der Mann aus Eclectic unterbrach das Vormittagsverfahren ebenso dramatisch und endgültig wie der Mann aus Porlock. Dieser Mann hieß, wie sich herausstellte, Alfonzo Murphy und wohnte jetzt in der Nähe von Wetumpka, südwestlich vom Lake Martin im Elmore County. Er war vierundzwanzig Jahre alt und hatte einen Monat lang in der Holztruppe des Reverends eine Säge bedient. Als er von der schmutzigen Vergangenheit seines Arbeitgebers erfuhr, kündigte er und fragte sich, auf wen der Reverend sonst noch Lebensversicherungen abgeschlossen haben mochte und ob er vielleicht der Nächste sei, den man tot auffinden werde.

Stattdessen kam der Reverend, wie Murphy vor Gericht bezeugte, fünf Monate später bei ihm zu Hause vorbei und sagte: »Bestimmt haben Sie alles Mögliche über mich gehört.« Dann sagte Maxwell zu ihm, dass er ihn bestens entlohnen werde, wenn er seine Stieftochter umbringe. »Ich kann Ihnen Bargeld geben oder ein neues Auto oder Ihnen helfen, ein Grundstück zu kaufen, auf das Sie Ihr Haus bauen können«, habe der Reverend gesagt, »ganz wie Sie wollen.« Der Preis sei verhandelbar und auch, was er genau tun sollte: »Ich kann Ihnen die ganze Sache überlassen, Sie können das Mädchen entweder töten oder aber, falls Sie dazu nicht bereit sind, tun Sie einfach so, als hätten Sie den Wagen zu Schrott gefahren.«

Tom Young hätte Murphy am liebsten aus dem Gerichtssaal verbannt, doch Tom Radney konnte seine Zeugenaussage kaum erwarten. Er war der erste Zeuge, den die Verteidigung aufrief, und er machte die obszönste Aussage des Prozesses. Gleichzeitig lieferte er die bisher einzige Quasitheorie der Verbrechen, die je an die Öffentlichkeit drang. Alfonzo Murphy zufolge hatte der Reverend gesagt, Shirley sei bereits tot, wenn sie in den Wagen gelegt werde, und hatte vorgeschlagen, Alfonzo solle sich ein paar Schnittwunden zufügen, um den »Unfall« realistischer aussehen zu lassen. Er brauche nichts weiter zu tun, als am Unfallort zu bleiben, bis die Polizei auftauche. Falls er nicht selbst zu Hause Probleme habe oder befürchte, verraten zu werden. »Wenn Sie Angst haben, dass Ihre Frau es weitersagt«, riet der Reverend, »dann schlage ich vor, dass Sie sie in den Wagen sperren und ebenfalls erledigen.«

Bereits nach wenigen Minuten der Zeugenaussage waren sämtliche Voodoo-Gerüchte aus dem Gerichtssaal verschwunden. Es gab kein Gift mehr und kein Pulver, keine Verfluchungen und keinen Bann. Böse Taten, die seit sieben Jahren übernatürlich gewirkt hatten, erschienen plötzlich nur allzu menschlich: Ein Mann hatte bei einem anderen Mann angeklopft und ihn gebeten, ihm bei einem Mord zu helfen. Aus dem kollektiven Japsen, das der Mann aus Eclectic den Anwesenden entlockt hatte, wurde ein gemeinsames Raunen, als man sich im Zuschauerbereich an all die anderen verdächtigen Unfälle erinnerte und darüber zu spekulieren begann, wer dort wohl mitgeholfen haben mochte.

Nachdem Tom Radney Murphy verhört hatte, rief er den einzigen Menschen im gesamten Gerichtsgebäude in den Zeugenstand, der über die Zeugenaussage des Mannes aus Eclectic nicht überrascht gewesen sein dürfte: der ABI-Beamte James Abbett, der vor Jahren von zwei Männern ähnliche Äußerungen zum Tod von James Hicks gehört hatte. Abbett war auch derjenige gewesen, der Alfonzo Murphy befragt hatte, und die zweieinhalb Seiten Notizen, die er sich während des Gesprächs gemacht hatte, erwiesen sich als weitaus detaillierter als die Zeugenaussage, die Murphy an diesem Tag vor Gericht gemacht hatte.

Laut Abbetts offizieller Ermittlungsnotizen hatte Murphy auf den Tag genau mitgeteilt, wann ihm der Reverend sein schreckliches Angebot unterbreitet hatte, nämlich am Donnerstag, den 19. Mai. An diesem Tag war der »Prediger Maxwell« in seinem zweitürigen 1974 Gran Torino bei ihm vorgefahren und hatte ihm ein Haus oder einen Wohnwagen oder Bargeld angeboten, wenn er mithülfe, seine Stieftochter Mitte des nächsten Monats umzubringen. Reverend Maxwell behauptete, Shirley habe versucht, ihn mit irgendwelchen Kapseln zu vergiften, und danach habe sie »überall herumgefragt, warum er nicht tot war«.

Paranoid und unter Zeitdruck hatte der Reverend erklärt, Murphy könne außer einem Vorschuss auch noch etwas von der Versicherungssumme bekommen, die ihm, Reverend Maxwell, nach Shirleys Tod ausgezahlt werde. Er erzählte Murphy, er habe bereits einen Ort gefunden, an dem der

Unfall inszeniert werden solle – eine Stelle in der Nähe des Wind Creek State Park, einem Campinggebiet am Westufer des Lake Martin. Um den Wagen ungesehen stehen zu lassen, gab es jede Menge abgelegener Straßen, die in den Park hinein-, aus ihm heraus- oder an ihm entlangführten, und der Park lag leicht erreichbar zwischen Eclectic und Alexander City. Als der Reverend nach ein paar Tagen zurückkkam und wissen wollte, was Alfonzo entschieden hatte, weigerte sich dieser, bei dem Mord mitzumachen.

Die Geschichte kam der Verteidigung mehr als gelegen, und der Zeuge, der sie den Geschworenen überbrachte, ebenso. Abbett, der sechs Mal zum Sheriff von Tallapoosa County gewählt wurde, war professionell, gründlich und Respekt einflößend. Nach seiner Zeugenaussage versuchten Radney und Young nicht mehr wirklich, den Fall *Staat Alabama vs. Robert Burns* zu verhandeln. Sie befanden jetzt über *Das Volk vs. Willie Maxwell,* und in diesem Prozess war verglichen mit dem eigentlichen Prozess alles umgekehrt: Der erschossene Reverend war kein Opfer mehr, sondern ein kaltblütiger Mörder; Burns, der laut dreihundert Zeugen und eigenem Geständnis eigentlich ein kaltblütiger Mörder war, war nun ein rechtschaffenes Bürgerwehrmitglied, der einzige Bewohner einer Stadt in Angst und Schrecken, der tapfer genug war, das zu tun, was getan werden musste.

Nicht dass irgendwer dies laut hätte sagen können. Natürlich nicht. Der Mann aus Eclectic ging zurück nach Wetumpka, Abbett verließ den Zeugenstand, und der Prozess – der eigentliche oder der andere – ging weiter. Radney rief den ersten seiner beiden Sachverständigen, einen Mann namens Julian Woodhouse, der im East Alabama Mental Health Center in Opelika arbeitete, in den Zeugenstand. Woodhouse war einunddreißig, hatte an der New Mexico

State University Psychologie studiert und dann sein Master-Examen in Klinischer Psychologie an der Florida State University abgelegt. Er hatte ein Medizinalpraktikum in klinischer Psychologie an der University of Texas gemacht, in der rechtspsychologischen Abteilung des Florida State Hospital gearbeitet und alle Lehrveranstaltungen für Doktoranden absolviert, seine Dissertation jedoch nicht fertiggestellt. Dr. Woodhouse war kein echter Doktor, ebenso wenig wie der Hilfssheriff William Burns, Robert Burns Bruder, ein echter Hilfssheriff war.

»Er ist also gar kein Doktor«, wandte Young ein, als Radney das erste Mal versuchte zu behaupten, er sei promoviert. »Herrgottnochmal«, entgegnete Radney, dass er seine Dissertation nicht zu Ende geschrieben habe, sei ja wohl kaum von Belang. Nicht nur spiele der noch nicht vorhandene Doktortitel keine Rolle, Big Tom behauptete auch, der Mann sei überaus qualifiziert dafür, die psychologischen Tests auszuführen und auszuwerten, denen sich Burns unterziehen musste. Radney war damit einverstanden, Julian »Mr Woodhouse« zu nennen statt »Doktor«, doch nach ein paar Fragen dachte er nicht mehr daran und plusterte die Qualifikationen seines Zeugen erneut auf. »Nun, Dr. Woodhouse«, sagte Big Tom und fuhr fort: »Entschuldigen Sie, Julian.« Dann ließ er ihn ausführlich von seiner reichen Erfahrung als klinischer Psychologe erzählen, zu der ein Sommer im Veterans Administration Hospital in St. Petersburg, Florida, gehörte sowie ein weiterführendes Studium in England.

Young erhob wieder Einspruch. »Wenn das Gericht nichts dagegen hat«, versuchte er es diesmal auf die höfliche Art, »ich denke, der Herr ist kein Doktor – ich weiß, dass Mr Radney allen seinen Zeugen das Renommee eines Doktors geben will, aber Mr Woodhouse hat ausgesagt, dass er kein Doktor ist.« Dem Einspruch wurde stattgegeben, und Woodhouse fuhr fort, über die geistige Gesundheit des Angeklagten zu sprechen. Er hatte Robert Burns in diesem Sommer zwei Mal jeweils drei Stunden lang examiniert und dabei sechs psychologische Tests in den beiden ersten Juliwochen mit ihm durchgeführt. Der Zeuge erklärte den Geschworenen die Methode, die bei jedem Test angewandt worden war, und danach den Befund. Radney bat »Dr.« Woodhouse so oft wie möglich, seine heilige Pflicht zu tun. Young erhob immer wieder Einspruch und gab schließlich auf. Radney war Experte darin, etwas so lange zu wiederholen, bis es wahr wurde. Als Julian seine Zeugenaussage beendete, nannte selbst Tom Young den Zeugen »Dr. Woodhouse« – eine Kapitulation, die es wert wäre, von einem Psychologen erklärt zu werden.

Als Radney am Ende der, wie er den Anschein erwecken wollte, längsten und gründlichsten Untersuchung einer menschlichen Psyche seinen Sachverständigen bat, den Geisteszustand des Angeklagten am Tag der Erschießung zu schildern, antwortete »Dr.« Woodhouse: »Als Robert Lewis Burns an dem Tag abdrückte, litt er unter einer Geistesstörung, die ihn daran hinderte, Recht und Unrecht zu unterscheiden.« Radney wollte, dass Woodhouse noch mehr sagte, und fragte daher, ob »unwiderstehlicher Impuls« der richtige Ausdruck für das sei, was Burns im Bestattungsinstitut erlebt habe. Woodhouse bejahte und fügte hinzu, dass er Mr Burns die Diagnose »vorübergehende situationsbedingte Verwirrung« gestellt habe.

Radney hatte von Woodhouse bekommen, was er wollte, und rief nun seinen zweiten Sachverständigen in den Zeugenstand, Dr. Frances Goodrich Gunnels. Gunnels war eine alte Freundin von Big Tom, die er am Junior College kennengelernt hatte, wo er gelegentlich Politik und Geschichte unterrichtete, während sie für die Sozialwissenschaften verantwortlich war und die Abteilung für Psychologie leitete. Als sie in den Zeugenstand trat, wurde Young wütend, jedoch seltsamerweise nicht wegen des offensichtlichen Interessenkonflikts. Gunnels war die Zeugin, die, davon war er überzeugt, versucht hatte zu lauschen. Daher bat er darum, die Geschworenen aus dem Saal zu schicken, und geriet, als sie draußen waren, in Rage. Er musste befürchtet haben, dass Big Toms zweite Sachverständige sich überzeugen wollte, dass ihre Zeugenaussage zu derjenigen seines ersten Zeugen passte oder dass sie versuchen würde, Antworten auf technische Fragen zu klauen, doch statt diese seine Sorgen offenzulegen, drohte er dem Richter mit der Faust.

»Ich habe mich gestern an den Richter gewandt und dem Gericht mitgeteilt – das Gericht weiß es also bereits –, dass ich Einspruch erheben werde, wenn Dr. Gunnels in diesem Prozess als Zeugin aufgerufen wird«, sagte er zu Richter Avary. »Sie hat nicht nur gestern, sondern auch heute am Belüftungsrohr neben der Tür des Gerichtssaals gestanden«, behauptete er, »direkt neben dem Zeugenstand, keine drei Meter davon entfernt, und hat sich die Zeugenaussage angehört.« Doch als Richter Avary Dr. Gunnels befragte, sagte sie, ja, das sei richtig, sie habe die ganze Zeit im Gang gestanden, habe aber wegen der Klimaanlage nichts hören können. Außerdem sei sie so schwerhörig, dass sie, selbst wenn sie ihr Ohr ans Belüftungsrohr gedrückt hätte, nicht hätte hören können, was im Gerichtssaal gesagt wurde.

Avary, der Tom Young auch diesmal nicht überzeugend fand, ließ die Geschworenen in den Saal zurückkehren, und Gunnels begann mit ihrer Zeugenaussage. Sie sprach über ihre eigene Qualifikation – sowohl über ihre akademischen Abschlüsse in Psychologie, Sonderpädagogik und Therapie als auch über ihre ausgedehnte praktische Arbeitserfahrung an der Birmingham Child Guidance Clinic und bei der Veterans Administration, dem Kriegsveteranenministerium – und über ihre Treffen mit Robert Burns, den sie in diesem Sommer drei Mal für insgesamt sechs Stunden befragt hatte. Gunnels sagte aus, ihr Befund sei, dass er durchschnittlich intelligent sei, jedoch an einem passiv-aggressiven Syndrom leide, weshalb er seine Wut unterdrücke und dann nach einer Tragödie wie der Ermordung seiner Nichte dazu neige, zu »platzen«. Sie ging sogar so weit zu behaupten, dass Robert Burns das, was im House of Hutchinson passiert sei, »zu vermeiden nicht in der Lage gewesen« sei.

Young begann Gunnels ins Kreuzverhör zu nehmen, indem er ihre Qualifikation herabsetzte, so wie er es zuvor – nicht völlig zu Unrecht – bei Herrn Nur-beinahe-Doktor Woodhouse getan hatte. »Sie sind in Wirklichkeit so etwas wie eine Schulpsychologin«, sagte er über ihre Arbeit an der Birmingham Child Guidance Clinic. »Im Grunde sind Sie nicht mehr als das, stimmt's?« Es stimmte nicht. Wie Dr. Gunnels Young und den Geschworenen erklärte, hatte sie in ihrer zehnjährigen Tätigkeit als klinische Psychologin von Legasthenie bis hin zu Schizophrenie alles zu beurteilen und zu behandeln gehabt.

Nachdem es Young nicht geglückt war, die Zeugin zu diskreditieren, versuchte er, die Psychologie zu diskreditieren. Was das überhaupt sei, »eine Kunst, eine Wissenschaft oder was?«, wollte er wissen. Diesen Schachzug hatte er bereits im Kreuzverhör mit Woodhouse probiert, als er fragte, ob der Minnesota Multiphasic Personality Inventory, einer der Tests, denen sich Burns unterziehen musste, »tatsächlich

Krankheiten bei Schwarzen ebenso wie bei Weißen« zeige und ob Versuchstiere wie Mäuse Menschen verlässlich repräsentieren könnten. Doch als Young auf diesen Punkt zurückkam, schlug ihn die neue Zeugin aus dem Feld: Gunnels war Leiterin eines Mäuselabors im Community College und besser auf die Verteidigung ihrer Forschungen vorbereitet als Woodhouse.

Die Lage verschlimmerte sich noch für Tom Young, als die Verteidigung sich erhob, um die Zeugin abermals zu vernehmen. Lee Sims fragte Dr. Gunnels, ob sie jemals zuvor eine Zeugenaussage als Sachverständige gemacht habe. Ja, das habe sie, und zwar für den Bundesstaat Alabama. Diese Zeugin, die die Staatsanwaltschaft selbst befürwortet hatte, sagte jetzt zu den Geschworenen, »kein Mensch und kein Geld bringen es fertig, dass ich einen Menschen für geisteskrank erkläre, wenn ich ihn nicht für geisteskrank halte«. Sie glaube, Robert Burns sei zu dem Zeitpunkt, da er den Reverend Willie Maxwell erschoss, nicht zurechnungsfähig gewesen. Er sei kein gewalttätiger Mensch und sei vor dieser Tat, abgesehen von seinem Militärdienst, niemals gewalttätig geworden.

Tom Young, der die FBI-Akte über Burns kannte, die das Gegenteil behauptete, saß da und kochte vor Wut. Doch ganz gleich, was er unternahm, die Zeugin Gunnels konnte den Geschworenen nichts über frühere Gewalttaten des Angeklagten enthüllen, weil sie mit Burns nicht über seine Zeit in Ohio, Maryland und Illinois gesprochen hatte und nichts von den Verbrechen wusste, die er dort vermeintlich begangen hatte. Dies traf auch für alle anderen Leumundszeugen zu, die Big Tom aufrief. Sie bezeugten alle, was für ein guter Mensch Burns war; sie bezeugten, dass er aus einer guten Familie stamme; von Besuchen in Cleveland oder Laurel oder Chicago wüssten sie nichts. Soweit die Geschworenen es beurteilen konnten, war Burns vor der Erschießung überall bewundert und geliebt worden.

Zur Vertiefung dieses Eindrucks rief Big Tom die Frau seines Mandanten in den Zeugenstand. Vera Burns sprach über ihre acht Ehejahre, dass ihr Mann geholfen habe, ihren Sohn, der ein Teenager war, und ihre behinderte Pflegetochter großzuziehen. Außerdem sagte sie aus, dass Shirley Ann Ellington dieser Tochter und dass ihr Mann Shirley nahegestanden haben. Die größte Wirkung auf die Geschworenen hatte möglicherweise ihre Aussage, dass ihr zu Ohren gekommen sei, worum Reverend Maxwell den Mann aus Eclectic gebeten habe, und dass sie ihrem Mann vor der Erschießung davon erzählt habe. Daraufhin sei er außer sich geraten. »Er hat zu mir gesagt, ihm sei übel, und dann hat er die Fassung verloren«, sagte sie aus. »Und er hat gesagt, er hätte Angst, dass Mr Maxwell die anderen Kinder von Nathaniel auch noch töten würde« und dass »er auch Angst hätte, dass Mr Maxwell sogar versuchen könnte, uns etwas anzutun«.

»Erlauben Sie mir eine Frage, Vera«, sagte Big Tom in seinem sanftesten Ton. »Ist es wahr, dass alle in der Familie Burns eine Mordsangst vor Reverend Maxwell hatten?«

Vera sagte: Ja, das stimme. Und als Radney fragte, ob sie ausdrücklich vor Maxwell Angst hatte, bejahte sie das ebenfalls. Als er sie nach Voodoo fragte, erklärte sie, dass es darüber immer viel Gerede gegeben habe. Alles, was sie seit Shells Tod über den Reverend erfahren hätten, sei entsetzlich, sagte Mrs Burns, und ihn dann auf der Beerdigung zu sehen, sei einfach zu viel gewesen. Ihr Mann trage seine Pistole immer bei sich, deshalb habe sie sich keine Gedanken gemacht, als er sie zur Beerdigung mitnahm. Da sie mit einer von Shirleys Schwestern, die während des Gottesdienstes zusammengebrochen war, früher gegangen sei, sei sie nicht einmal dabei gewesen, als er sie abfeuerte.

Die Zeugenaussage tat ihre Wirkung, doch Big Tom wollte noch einen weiteren Zeugen in den Zeugenstand rufen, weil er genau wusste, dass Geschworene voller Mitgefühl nicken und sich die Augen abtupfen und dann einen Menschen dennoch schuldig sprechen können. Eine Frau, die in Alexander City wohnte und Dorothy Moeling hieß, war Robert Burns bei einem Brieffreundschaftsprogramm zugeteilt worden, das eine Gemeindegruppe vor Ort für die Truppen, die im Ausland dienten, ins Leben gerufen hatte. Sie hatte Robert Burns zwar nur einmal getroffen, jedoch viele Briefe mit ihm ausgetauscht, als er in Vietnam kämpfte. »Mein Mann und ich fanden seine Briefe einfach wundervoll«, lautete ihre Aussage. »Er war sehr patriotisch und sehr engagiert.«

Tom Young erhob Einspruch und behauptete, Moelings Zeugenaussage sei irrelevant und solle ausgeschlossen werden, doch Big Tom appellierte an eine höhere Autorität: »Wenn man auf Unzurechnungsfähigkeit plädiert, sagt der Oberste Gerichtshof, ist von der Wiege bis ins Grab jeder Schritt verwertbar.« Avary lehnte Youngs Einspruch ab, und Big Tom gab große Teile von Robert Burns' Armeeentlassungszeugnis zu Protokoll, samt Dienstresümee, Auszeichnungen und Medaillen. Dann las er aus einem Brief vor, den Burns Dorothy Moeling aus Vietnam geschrieben hatte. Er bedankte sich bei ihr, dass sie sich Zeit nahm, ihm zu schreiben, und schilderte dann, wie er an der Horseshoe Bend aufgewachsen war. Dann schrieb er, dass er schon 134 Tage in Vietnam sei und noch 232 weitere Tage dort ausharren müsse. »Ich möchte Ihnen sagen, dass ich keinen einzigen

Tag bereue«, schrieb er, und dann, frei nach Nathan Hale: »Das Einzige, was ich bereue, ist, dass ich nur ein einziges Leben an mein Land und Menschen wie Sie zu verschenken habe.«

Er schreibe bei Kerzenlicht, fuhr Burns fort. Vor zwei Tagen sei seine Kompanie Action Alpha »bei einem großen Feuergefecht im Einsatz gewesen, bei dem wir achtundfünf-zig Männer und drei Frauen getötet und drei weitere Frauen verwundet haben«. »Mrs Moeling«, schrieb der Soldat zum Schluss, »wir werden diesen Krieg gewinnen, sollte er auch noch so viele Leben kosten, samt meinem eigenen, wenn das der Preis ist, den ich bezahlen muss.« Das Beweisstück war geschickt ausgewählt worden und Big Tom hatte gut daran getan, dafür zu kämpfen, dass es berücksichtigt wurde. Ganz gleich ob die Geschworenen Burns' Tat im House of Hut-chinson als Heldentat betrachteten oder nicht, sie wurden nun daran erinnert, dass er sich in Vietnam heroisch verhal-ten und dass sein Militärdienst ihn erschüttert hatte, so wie Kampfeinsätze jeden Menschen erschüttern können, egal wie friedfertig er zuvor gewesen war.

Nachmittags um zehn vor vier schloss Tom Radney seine Beweisführung ab. Eine Viertelstunde später folgte die Staatsanwaltschaft seinem Beispiel, und beide Parteien mach-ten sich für ihre Schlussplädoyers bereit. Der Staatsanwalt der Bezirksstaatsanwaltschaft sprach als Erster. Er kam auf die Zeugenaussagen zurück und ging die einfache These der Anklage mit den Geschworenen durch: dass Robert Burns den Reverend Willie Maxwell erschossen hatte und dass er bei jedem Abdrücken der Waffe zurechnungsfähig gewesen war. In Vorwegnahme des Schlussplädoyers der Verteidigung erinnerte er die Geschworenen daran, dass sie Reverend

Willie Maxwell vielleicht verurteilt hätten, wenn sie die Möglichkeit dazu gehabt hätten, doch dass sie nicht deswegen hier seien. »Um zu entscheiden, ob Burns schuldig oder unschuldig ist«, sagte E. Paul Jones zu ihnen, »spielt es nicht die geringste Rolle, ob Willie J. Maxwell die Schuld an diesen Morden trägt.« Zum Schluss brachte Jones den springenden Punkt zum Ausdruck, um den es dem Staat in diesem Prozess gehe und der ein Eckstein unseres Rechtssystems sei. »Auch wenn Willie Maxwell diese Verbrechen vor Gericht öffentlich gestanden hätte, hier, direkt vor Ihnen allen«, sagte er, »hätte dies Robert Burns nicht berechtigt, ihm das Leben zu nehmen.«

Lee Sims, der das erste Abschlussplädoyer für die Verteidigung hielt, schenkte dem, was Jones soeben gesagt hatte, keinerlei Beachtung. Er listete die Anschuldigungen gegen den Reverend auf und erinnerte die Geschworenen an das, was die Sachverständigen über die Geistesverfassung von Robert Burns gesagt hatten. Dann gab er das Plädoyer an Big Tom weiter, der sich von dem Verteidigungstisch erhob und seine Krawatte lockerte.

Big Tom lebte für Prozesse: In der kurzen Zeit, da alle Anträge und Einsprüche und Beweisaufnahmen vorbei waren und er vor den Geschworenen stand und nur noch eloquent sein musste, während alle anderen Pflichten von ihm abgefallen waren, war er ganz in seinem Element. Die Geschworenen wussten alles über ihn – beziehungsweise alles, von dem er wollte, dass sie es wussten –, und er konnte nun endlich so mit ihnen reden, wie er mit seinen Geschworenen zu Hause am Abendessenstisch redete. Zuerst zeigte er Bescheidenheit, indem er erklärte, Jones habe seine Wortgewandtheit zu Unrecht gepriesen, denn er, Tom Radney, sei kein großer Redner, nur ein einfacher Bauernanwalt.

Dann entschuldigte er sich für eventuelle Kränkungen, denen er sich eventuell schuldig gemacht hatte, als es im Prozess hoch herging, bat die Geschworenen, ihm zu vergeben, weil alles, was er getan habe, nur getan worden sei, um seinem Mandanten zu dienen, einem Mann, dessen Freiheit auf dem Spiel stehe. Dann entschuldigte er sich bei den Geschworenen dafür, dass sie dem Schwurgericht hatten beiwohnen müssen und fern von ihren Familien im Hotel hatten übernachten müssen.

Als all dies aus dem Weg geräumt worden war, erinnerte Big Tom die Geschworenen daran, dass Robert Burns ein guter Mensch war, der seinem Land gedient hatte und dessen Familie ihn zu Hause brauchte, sowie daran, dass vor seiner Tat halb Coosa County nachts wach gelegen und sich überlegt hatte: »Wen holt der Reverend wohl als Nächsten?« Er führte ihnen die Waage der Justitia vor Augen und forderte sie auf, seinen Mandanten Robert Burns in die eine Waagschale zu legen und den Reverend Willie Maxwell in die andere. Mit einem seiner typischen Schlussworte bat er sie schließlich, sich Zeit zu nehmen, deutete auf den Angeklagten und sagte, er wisse, dass es zumindest ein paar Geschworene gebe, die »ewig auf der Geschworenenbank sitzen würden – ja, *ewig* –, statt ihn auch nur zu einem einzigen Tag zu verurteilen«.

Das letzte Wort des Verfahrens – abgesehen vom Urteil – gehörte Tom Young, der es dazu benutzte, einmal mehr Recht und Ordnung einzufordern. »Wir befinden uns nicht mehr in der Zeit des wilden, kratzigen Westens«, sagte er. »Wir befinden uns in Alexander City, Alabama«, und nicht in »Lynch City, Alabama«. Er kritisierte die Presse scharf dafür, Hass auf Willie Maxwell geschürt zu haben, und bezichtigte sie, an seiner Ermordung mitschuldig zu sein.

Dann richtete er seine Aufmerksamkeit auf den Angeklagten und bat die Geschworenen inständig, eine einzige Frage zu beantworten. Die Frage war dieselbe, mit deren Beantwortung Richter James Avary sie am 27. September 1977 um zwanzig vor sechs im Fünften Bezirksgericht in Alexander City betraut hatte: »Hat Robert Lewis Burns Willie J. Maxwell widerrechtlich und vorsätzlich getötet?«

14

Worüber Holmes sprach

Achtzig Minuten später waren die Geschworenen wieder im Saal. Nicht weil sie ein Urteil gefällt hatten, sondern weil Richter Avary vom Obmann auf den neuesten Stand gebracht werden wollte. L. D. Benton, ein sechzigjähriger Veteran des Zweiten Weltkriegs, dem die Bronze Star Medal und das Purple Heart verliehen worden waren und der dann Vorarbeiter bei den Russell Mills wurde, berichtete dem Richter, den Anwälten und denjenigen, die sich noch im Gerichtssaal befanden, dass die Geschworenen praktisch festgefahren seien. Sein Bericht musste sowohl die Verteidigung als auch die Anklage beunruhigt haben, doch Richter Avary schickte ihn zurück ins Geschworenenzimmer, sagte, etwas zu Abend zu essen helfe ihnen vielleicht bei ihren Überlegungen, und forderte den Gerichtsdiener auf, ihre Bestellungen für Hamburger und Sandwiches aufzunehmen.

Um neun Uhr abends rief Richter Avary die Geschworenen in den Saal zurück. Er war ungeduldig und wollte wissen, ob sie in der Lage seien, den Fall noch am selben Abend oder überhaupt je abzuschließen. Benton berichtete, dass sie immer noch nicht zu einem Urteil gekommen seien, sie hätten jedoch abgestimmt. Avary bat ihn, etwas über die Verteilung zu sagen, nicht jedoch, ob sie zu einer Verurteilung oder einem Freispruch tendierten. Es gab keinen Grund zu der Annahme, dass der momentane Stand der Dinge bereits das Endergebnis sein würde, dennoch war es sowohl für den Angeklagten als auch für seinen Anwalt ein spannender Moment. Ein Freispruch war für Alabama ein Verlust, doch hatte der Bundesstaat schon früher verloren, während eine Verurteilung wegen Mordes für Burns sehr wahrscheinlich eine lebenslange Gefängnisstrafe bedeuten würde. Benton verkündete, es stehe neun zu drei, woraufhin Richter Avary die Geschworenen wieder wegschickte und sie daran erinnerte, dass sie alles fragen könnten, was ihnen für ihre Überlegungen hilfreich erscheine.

Ein paar Minuten später kehrte der Gerichtsdiener mit einer schriftlich formulierten Frage in den Gerichtssaal zurück: »Welche Maßnahmen werden ergriffen, wenn es zu einem Freispruch wegen Unzurechnungsfähigkeit kommen sollte?«, wollten die Geschworenen wissen. Richter Avary wollte den Geschworenen antworten und schlug folgende Antwort vor: »Dann würde ich ihn ins Bryce Hospital schicken, wo er begutachtet wird, und wenn man dabei zu der Entscheidung kommt, dass er geistig gesund ist, wird er entlassen.«

Die Anwälte waren ausnahmsweise einer Meinung. Big Tom, der besorgt war, dass wieder über Drehtüren gesprochen werden würde, argumentierte, dass jede Antwort von Nachteil sei, die über die möglichen Urteile hinausging, die den Geschworenen zur Auswahl vorlagen. Die Staatsanwaltschaft, die die Aufhebung des Prozesses wegen Verfahrensmängeln befürchtete, wenn unrichtige Anweisungen erteilt würden, pflichtete bei. Richter Avary ließ sich überzeugen und schickte den Geschworenen einen Zettel, auf dem stand: »Es ist unangebracht, dass die Geschworenen sich bei der Urteilsfindung darüber Gedanken machen.«

Um zehn Uhr warteten immer noch fünfzig Leute auf das Urteil, darunter auch Robert und Vera Burns. Richter Avary rief die Geschworenen zum vierten Mal in den Gerichtssaal. Als Benton sagte, sie seien immer noch festgefahren und hätten bereits die einzige Frage gestellt, die sie hatten stellen wollen, teilte Richter Avary ihnen mit, dass das Gericht ihnen für eine weitere Nacht Zimmer im Horseshoe Bend Motel zur Verfügung stelle. Ein guter und gerechter Prozess, gab er zu bedenken, könne Tage dauern, doch er gebe ihnen jetzt noch eine halbe Stunde, um sich zu beraten, und dann bringe man sie ins Hotel. Big Tom erhob Einspruch gegen diese »Ladung Dynamit« und behauptete, Richter Avary habe den Geschworenen praktisch mit Haft gedroht. Zum ersten Mal seit Prozessbeginn verlangte Big Tom eine Aufhebung des Prozesses wegen Verfahrensmängeln. »Das war nur ein Knallfrosch«, fauchte Avary und lehnte Radneys Antrag ab. »Das Dynamit hebe ich für später auf.«

Er kam ohne Dynamit zurecht. Als die dreißig Minuten vorbei waren – fast fünf Stunden nachdem die Geschworenen ihre Beratung begonnen hatten –, ließen sie durch den Gerichtsdiener mitteilen, dass sie zu einem Urteil gelangt seien. Tom Young war bereits nach Hause gegangen und die Witwe des Reverends ebenfalls, doch es waren noch jede Menge Leute da – auch Big Tom, der einen ausgefüllten Berufungsantrag für den Richter bereithielt. Doch zuerst überreichte der Obmann dem Richter sein Blatt Papier. Der nahm es entgegen und las es laut vor: »Wir, die Geschworenen, befinden, dass der Angeklagte wegen Unzurechnungsfähigkeit nicht schuldig ist.«

Robert Burns ließ den Kopf in die Hände fallen. Seine Frau fing an zu weinen. Hurrarufe und Beifall erfüllten den Gerichtssaal, und als die Geschworenen gegangen waren und der Richter Burns nach vorne gerufen hatte, um das Urteil nochmals zu verlesen, eilten Freunde und Familie zu ihm, umarmten ihn und schüttelten Big Tom die Hand. Richter Avary wollte Burns sofort ins Bryce Hospital schicken, doch Radney bat darum, dass er bei seiner Familie übernachten durfte, und Avary genehmigte es.

Als sich am nächsten Morgen alle wieder im Gerichtssaal einfanden, wusste fast die ganze Stadt, was Richter Avary den Geschworenen als Antwort auf ihre Frage sagen wollte: Ein Angeklagter, der wegen Unzurechnungsfähigkeit freigesprochen wird, kommt zur Begutachtung in eine staatliche psychiatrische Klinik und wird entlassen, sobald der Leiter der Einrichtung es für angebracht hält. Es gibt keinen Mindestaufenthalt, auch nicht für Mörder. Tom Young, der gewollt hatte, dass die Geschworenen dies gesagt bekamen, jedoch keine Aufhebung des Prozesses wegen Verfahrensmängeln riskieren wollte, kam an diesem Morgen mit der folgenden Presseerklärung in den Gerichtssaal: »Ein kaltblütiger Mörder ist jetzt ein Held. Die Unzurechnungsfähigkeit ist nie bewiesen worden, sie wurde sogar vollständig widerlegt. Burns ins Bryce Hospital einzuweisen ist eine komplette Farce und eine Verschwendung von Steuergeldern. Wenn er dort hingeschickt wird, braucht er keine Kleider einzupacken, sondern nur ein Lunchpaket.«

Young täuschte sich zwar, aber nicht ganz und gar. Die Klinikangestellten, die Robert Burns begutachteten, stimmten nicht mit der Diagnose überein, die die Sachverständigen, die beim Prozess ausgesagt hatten, gestellt hatten. Dies war kaum überraschend, denn es stellte sich heraus, dass auch diese nicht einer Meinung waren. »In gewisser Hinsicht«, sagte Dr. Gunnels später, »war die Ermordung von Willie Maxwell die gesündeste Tat des gesamten Sommers.« Im Tallapoosa County gebe es keine Geschworenen, so Gunnels weiter, die Burns schuldig gesprochen hätten, der »nur getan hatte, was die Justiz viel früher hätte tun sollen«. Und dann fügte sie noch ohne jegliche Spur von Ironie hinzu: »Also, ich hätte diesen Mann wahrscheinlich auch umgebracht.«

Robert Burns wurde am 28. September 1977 nach Tuscaloosa gebracht und ein paar Wochen später aus dem Bryce Hospital entlassen – das war weniger Zeit als zwischen seinem Mord und dem Befund über seine Schuldunfähigkeit vergangen war. Rechtzeitig zum Erntedankfest war er wieder bei seiner Familie.

Der Burns-Prozess hatte sich im Wesentlichen gegen zwei Primitivismen gewendet: gegen den Glauben an das Übernatürliche und denjenigen an die Gerechtigkeit von Bürgerwehren. Es war nicht das erste Mal, dass ein weißes Geschworenengericht zwingende Zeugenbeweise für einen Mord gehört hatte, sich dann aber nach reiflicher Überlegung zu einem Freispruch durchgerungen hatte. Rache ist so alt wie Gewalt, und viele weiße Südstaatler können die Genealogie ihrer Moral über Familienfehden und Kavaliersduelle, über Flüsse und Meere bis hin zu den Höfen des Mittelalters und biblischen Dynastien zurückverfolgen. Sie gehörten einer Gesellschaft an, die vor nicht allzu langer Zeit Diebstahl in rechtsgültige Verträge mit amerikanischen Ureinwohnern eintrug und der Versklavung von Afroamerikanern die Form rechtsgültiger Urkunden gab – einer Gesellschaft, die bis vor Kurzem geglaubt hatte, das Gesetz sei dehnbar und würde nicht gebrochen, wenn das Lynchen nicht als Morden galt. Wie die Lynchmorde war die Ermordung des Reverends Willie Maxwell von Hunderten Augen bezeugt worden und hatte trotzdem zu keiner Verurteilung geführt.

In Burns' Prozess verdeutlichte der Freispruch wegen Unzurechnungsfähigkeit, was Oliver Wendell Holmes in seinem Buch über das angloamerikanische Rechtssystem geschrieben hatte: »Die erste Anforderung an eine gute Gesetzessammlung besteht darin, dass sie den Gefühlen und Forderungen der Gemeinschaft entspricht, ungeachtet von Recht oder Unrecht. Wenn die Menschen ihre Rachegelüste außerhalb des Gesetzes befriedigen, weil das Gesetz ihnen keine Hilfe ist, dann bleibt dem Gesetz nichts anderes übrig, als sich diesem Verlangen zu beugen, um auf diese Weise das größere Übel persönlicher Vergeltung zu verhindern.« Als der *Montgomery Advertiser* diese Stelle in seinem Leitartikel über den Fall Maxwell zitierte, schrieb er, dass die Menschen am Lake Martin, die es gewohnt waren, in Angst vor dem Reverend zu leben, wüssten, wovon Holmes spreche, weil die Justiz versagt habe. Doch als die Geschworenen Maxwells Mörder freisprachen, beklagte sich dieselbe Zeitung über diese Entscheidung. Bürgerwehraktionen waren sowohl romantisch als auch widerwärtig: zu praktisch, um sie für unbrauchbar zu erklären, zu gefährlich, um sie zu dulden. Doch Recht oder Unrecht, der Fall war jetzt abgeschlossen, und auch wenn einige bedenklich fanden, was geschehen war, so war niemand, der nicht unmittelbar zur Familie gehörte oder zu den Polizisten, denen ein Strich durch die Rechnung gemacht worden war, besonders betrübt über das Ende der langen, seltsamen Karriere des Reverends.

So wie sich die Schleusentore am Tallapoosa-River-Damm geschlossen hatten, hatten sich jetzt die Tore des Falls

Maxwell geschlossen, und das Wasser begann allmählich zu steigen. Mit den Wochen und Monaten veränderten sich die Geschichten nach und nach, Akten bekamen Beine, Gerichtsaufzeichnungen verschwanden. Manches verschwand absichtlich. Möchtegernhelden wollten bekannt werden; diejenigen, deren Ruf befleckt war, wollten in Ruhe gelassen werden; Hinterbliebene aller Art wollten, dass das Leben weiterging. Noch mehr Verluste ergaben sich aus dem unvermeidlichen Verebben der Erinnerung und ihrer Erosion durch die Zeit. Die Gegenwart legte sich fortwährend über die Vergangenheit, und die Vergangenheit glitt weiter nach unten, bis die Wahrheit, die über das Leben und den Tod des Reverends Willie Maxwell bekannt wurde, und die bereits damals schwer zu fassen war, dem steinernen Fundament und den überfluteten Kirchen und Gräbern zu ähneln begann, die sich in fünfzig Meter Tiefe im Schlick am Grund des Lake Martin befanden. Doch bevor sie völlig verschwunden war, kam jemand daher und versuchte sie zu retten.

Reverend Willie Maxwell nach dem Militärdienst, als er bereits
in verschiedenen Kirchen am Lake Martin predigte.
The Alexander City Outlook

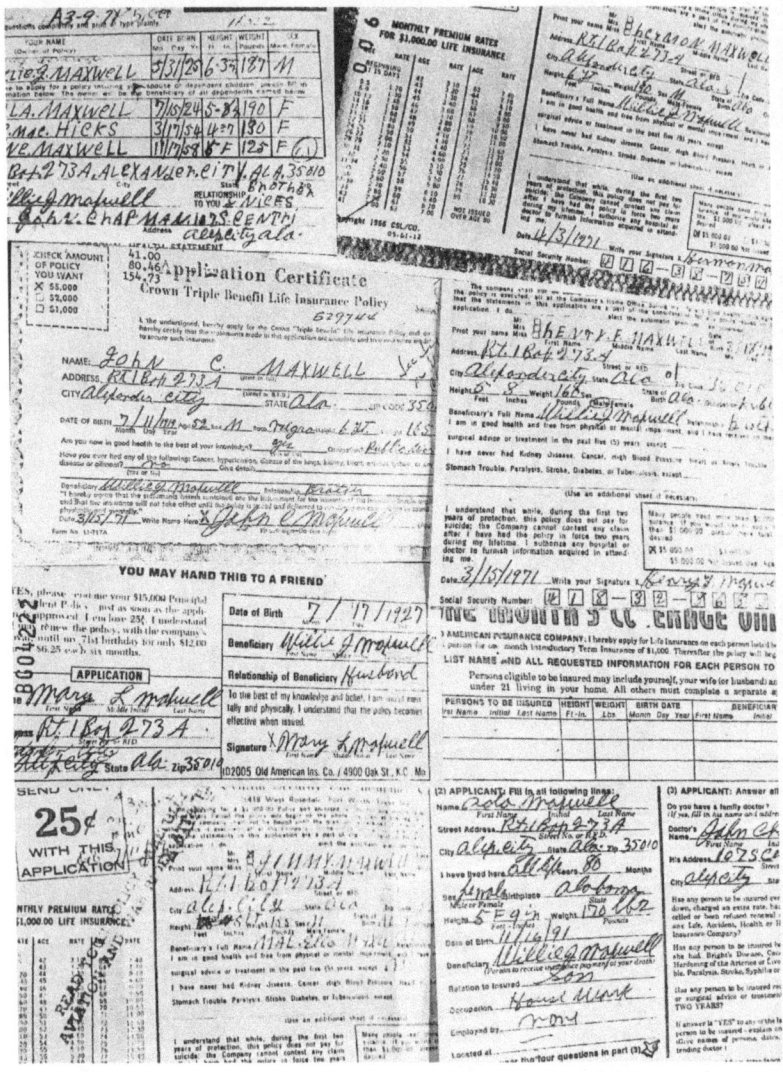

Eine kleine Auswahl der Lebensversicherungspolicen, die Reverend Maxwell auf seine Verwandten ausstellte: auf Ehefrauen, Brüder, Tanten, Nichten, Neffen und Kinder.

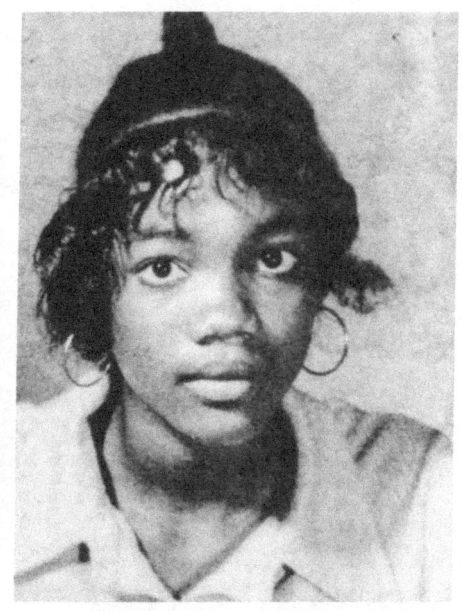

Sherley Ann Ellington, die Stieftochter der Maxwells, die noch bei ihnen wohnte und ermordet wurde.
The Alexander City Outlook

Landesweit erschienen in Zeitungen und Magazinen Artikel und Agentur-meldungen über das seltsame Leben und die schockierende Ermordung des Reverend Willie Maxwell.

Sargträger tragen den in die Nationalflagge gehüllten
Sarg des Reverend aus der Peace and Goodwill Church.
The Alexander City Outlook

Ophelia Maxwell nach der Beerdigung ihres Mannes.
The Alexander City Outlook

Trauergäste vor dem Bestattungsinstitut House of Hutchinson nach der
Flucht aus der Kirche, in der Reverend Willie Maxwell bei der Trauerfeier
für Shirley Ann Ellington erschossen worden war.
The Alexander City Outlook.

Der junge Tom Radney in seiner Kanzlei.
(Privatbesitz der Radneys)

Runt O'Daniels Wahlkampfbroschüre für die Senatsstichwahl 1966, in der er versuchte, die ›N****wahlstimmen‹ gegen Tom Radney zu verwenden.
(Privatbesitz der Radneys)

Die Radneys vor dem Kapitol von Alabama auf einem offiziellen Foto für Tom Radneys Kandidatur zum Vizegouverneur
(Privatbesitz der Radneys)

Von links nach rechts: der Polizist James Ware, der Polizeichef Winfred Patterson und der Polizist Joe Ennis Berry von der Alexander City Polizeidienststelle. Ware und Berry, die beiden ersten afroamerikanischen Polizisten der Stadt, sagten beim Prozess von Robert Burns als Zeugen aus.
Johnson Publishing Company, LLC.

Tom Radney nach der Anklageerhebung mit Robert und Vera Burns.
The Alexander City Outlook

Gerichtszeichnung der Geschworenen im Burnsprozess.
The Alexander City Outlook.

Robert Burns mit Familie am ersten Prozesstag am Tisch des Verteidigers.
The Alexander City Outlook

Robert und Vera
Burns warten auf
das Urteil der
Geschworenen.
*The Alexander
City Outlook*

Am zweiten Prozesstag: Bezirksstaatsanwalt Tom Young erhebt sich vom
Tisch der Anklage, während Tom Radney und die Verteidigung das
Pausenende abwarten.
Montgomery Advertiser, Gannett-Community Publishing

Die Radneys – Madolyn, Ellen, Big Tom, Hollis, Fran und Thomas –
ungefähr zu der Zeit, da der Burnsprozess stattfand.
Privatbesitz der Familie Radney

Big Tom und Madolyn Radney mit allen Enkeln. In der Mitte von links nach rechts: Margaret Harvey mit William Lovett auf dem Schoß, Madolyn Price Kirby mit Cecilia Radney, Anna Lee Price mit Radney Lovett, Elizabeth Harvey, Finlay Radney. Ganz vorne von links nach rechts: Thomas Lovett, Anderson Radney und Luke Harvey.

Privatbesitz der Familie Radney

Nelle Harper Lee als Studentin der University of Alabama in der Redaktion des Rammer-Jammer.
The University of Alabama Special Libraries Collection

Harper Lee mit ihrem Vater A. C. Lee auf der vorderen Veranda des Familiensitzes in der West Avenue in Monroeville. Donald Uhrbrock – *The LIFE Images Collection/Getty*

Harper Lee beim Schreiben in der Familienkanzlei in Monroeville.
Donald Uhrbrock – The LIFE Images Collection/Getty

Harper Lee und Truman Capote auf der Second Avenue in New York, 1976. *Harry Benson*

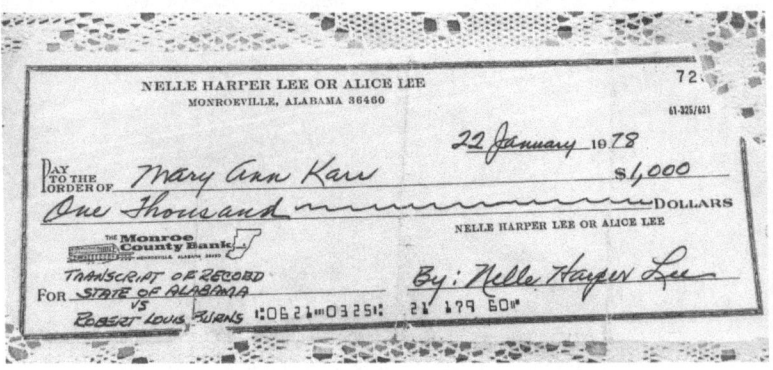

Der Scheck, den Harper Lee der Gerichtsreporterin Mary Ann Karr für die Prozessmitschrift ausgestellt hat, mit sorgfältig angegebenem Verwendungszweck.

Das Horseshoe Bend Motel in Alexander City, wo Harper Lee während ihrer Recherche wohnte und in dem die Geschworenen während des Burnsprozesses isoliert wurden.
Tichnor Brothers Inc.

Die drei Schwestern Harper, Alice und Louise 1983 beim Alabama History und Heritage Festival in Eufaula.
The Eufaula Tribune

Obwohl sich Harper Lees Name viele Jahrzehnte lang auf dem Klingelbrett des Hauses 433 East Eighty-Second Street befand, in dem sie in New York lebte, bemerkte vermutlich kaum jemand das ›Lee-H‹ neben ›1E‹.

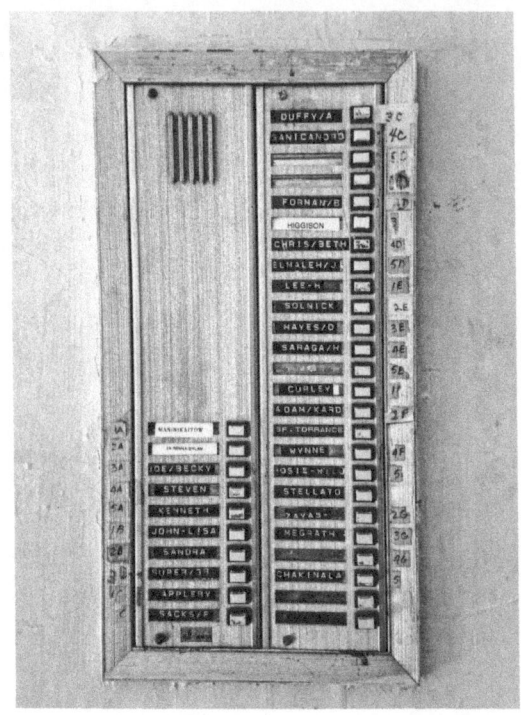

Harper Lee in ihrem Zimmer im Meadows in Monroeville. *Penny Weaver*

TEIL DREI
Die Schriftstellerin

15

Akt des Verschwindens

Obwohl Maryon Pittman Allen sich teuflische Mühe gab, konnte sie in ganz Washington kein einziges Exemplar von *Wer die Nachtigall stört* finden. Mrs James Browning Allen war die zweite Frau des Junior Senators aus dem großartigen Staat Alabama, und in dieser Rolle wurde von ihr erwartet, dass sie nicht nur am Senatsdamenlunch teilnahm, sondern auch Rosalynn Carter, der First Lady der Vereinigten Staaten, ein Buch schenkte, das ihren Heimatstaat würdig vertrat. Allen wusste sofort, welches Buch sie mitbringen wollte, denn es gab keine berühmtere Geschichte aus Alabama, als diejenige über die Abenteuer eines Wildfangs namens Scout und ihres heldenhaften Vaters, des Anwalts Atticus Finch. Doch obwohl damals Millionen Exemplare von Nelle Harper Lees Roman im Umlauf waren, konnte Allen in der Landeshauptstadt kein einziges finden.

Allen war so alt wie Lee und beide hatten ihr Studium an der University of Alabama fast zur selben Zeit abgebrochen. Lee hatte erst Jura studiert, wollte dann aber lieber schreiben, Allen hatte Journalismus studiert und verließ die Uni, um Kinder zu bekommen. Als ihre erste Ehe zerbrach und sie drei hungrige Mäuler zu stopfen hatte, begann sie als

Reporterin für ein paar Zeitungen in Birmingham zu schreiben. Dabei lernte sie ihren zweiten Mann James Browning Ellen kennen, der damals Vizegouverneur war, ein Witwer mit zwei eigenen Kindern. Auf dem Weg zu einem Interview mit ihm hörte sie die Kirchenglocken läuten und hoffte, es sei kein Omen, doch vier Monate später waren sie verheiratet, und vier Jahre später zogen sie nach Washington, wo er einen Sitz im Senat der Vereinigten Staaten übernahm. Allen machte nicht gern viel Aufhebens um ihre Rolle als Ehefrau eines Senators, jedoch wollte sie ihren Mann oder den Bundesstaat Alabama auch nicht in Verlegenheit bringen, weshalb sie entschlossen war, Mrs Carter das richtige Geschenk zu überreichen. Da sie das Buch nicht finden konnte, machte sie sich auf die Suche nach der Autorin.

Allen wusste, dass sie und Lee aus Tuscaloosa-Zeiten einen gemeinsamen Freund hatten, und dachte, er wisse vielleicht, wo sie zu erreichen sei. Fast jeder im Bundesstaat hätte John Forneys Stimme erkannt, und die Hälfte der Fans, die alle Alabama-Fans waren, hielt seine Stimme im Grunde für die Stimme Gottes: Forney hat über zehn Jahre lang jedes Spiel der Alabama Crimson Tide kommentiert. »John«, sagte Allen, als der Sportreporter den Hörer abnahm, »weißt du, wo Nelle Lee ist? Ich brauche unbedingt ein Exemplar ihres Romans.« Als sie ihm den Grund genannt hatte, sagte Forney, Lee sei in Alexander City.

Allen kannte Alex City gut: Ihr erster Mann war dort geboren und aufgewachsen. In den Jahren, als ihr Vater Dämme am Mississippi baute und mit ihrer Mutter am Ufer in einem Zelt lebte, hatte ihr Exschwiegervater im Senat von Alabama verkehrt. Danach war J. Sanford Mullins nach Alex City gezogen, wo er über dreißig Jahre lang als Rechtsanwalt für die Stadt gearbeitet hatte. Das Aufregendste, was je am

Lake Martin passierte, soweit sich Allen erinnern konnte, war, dass ihr Schwiegervater auf die Ladefläche eines Lastwagens gestiegen war, um eine seiner leidenschaftlichen Reden zu halten, die stets ein Publikum aus drei Countys anzogen. Doch der magische Redner von Channahatchee Creek war längst gestorben, und Allen konnte sich nicht vorstellen, was eine weltberühmte Autorin ins Tallapoosa County locken sollte. »Was in aller Welt macht sie in Alex City?«, fragte Allen Forney skeptisch.

Lee sei dort, um zu schreiben, sagte Forney, doch wenn Allen ihm etwas Zeit ließe, würde er versuchen, sie zu kontaktieren. Ein paar Stunden später rief er zurück und sagte, er habe Lee im Horseshoe Bend Motel aufgespürt – das kenne sie vielleicht, es sei das sechseckige Gebäude am Highway 280 – und er habe grünes Licht bekommen, die Privatnummer der Schriftstellerin an sie weiterzugeben. »Es war, als würde sie sich hinter den paar doofen Bäumen verstecken«, erinnerte sich Allen, »aber ich habe die geheime Nummer bekommen, und dann haben wir über eine Stunde telefoniert.«

Da Allen wissen wollte, ob Lee etwas über ihren Exschwiegervater wusste, sprachen sie über Provinzanwälte, und da Lee regelmäßig Allens in mehreren Zeitungen erscheinende Kolumne »Betrachtungen einer Nachrichtenhenne« las, sprachen sie über Journalismus. Als Allen endlich dazu kam, Lee zu fragen, warum sie ausgerechnet in Alex City sei, sagte die Autorin nicht viel – nur, dass sie seit ein paar Monaten dort sei und etwas über einen Voodoo-Prediger schreibe. Lee versicherte ihr jedoch, dass ein Exemplar ihres Romans spätestens am 15. Mai 1978, rechtzeitig zum Senatslunch, in der Hauptstadt eintreffen werde.

Lee hielt Wort und schickte eine Erstausgabe ihres Buchs,

auf dessen erster Seite sie »Für Rosalynn Carter« geschrieben hatte, sowie einen Vers aus den Sprüchen Salomos: »Ihre Wege sind liebliche Wege, und alle ihre Steige sind Frieden.« Beim Damenlunch des Senats schenkte Mrs Allen das Buch Mrs Carter – und zufälligerweise war es der letzte Lunch dieser Art, zu dem Allen je ging. Zwei Wochen später, nachdem sie mit ihrem Mann zur Sommerpause nach Alabama zurückgekehrt war, starb dieser in ihrem Strandhaus in Gulf Shores an einem Herzinfarkt. Kurz darauf übertrug Gouverneur George Wallace den Senatorenposten ihres Mannes auf Maryon Pittmann Allen und machte sie damit zur zweiten Frau auf diesem Posten in Alabama. Privat und beruflich überwältigt, vergaß sie die Pulitzer-Preisträgerin, die sich im Horseshoe Bend Motel verkrochen hatte.

Damals konnte man Harper Lee sehr leicht vergessen. *Wer die Nachtigall stört* war vor achtzehn Jahren erschienen, und seitdem hatte Lee fast nichts veröffentlicht. Drei kurze Essays für zwei Hochglanzmagazine, zwei winzige Porträts, die sie ihrem Freund Truman Capote zuliebe verfasst hatte, und ein satirisches Rezept für Griebenmaisbrot in einem Kochbuch: Mehr hatte sie in den fast zwei Jahrzehnten nicht zustande gebracht. Nach dem ersten Roman kam kein zweiter, und sie hatte vierzehn Jahre lang kein Interview mehr gegeben. Das letzte Mal, als sie sich einverstanden erklärte, gedruckt zitiert zu werden, handelte es sich wieder einmal um einen Gefallen für Capote. Im Jahr 1976 hatte er Lee gebeten, ihn zu begleiten, während *People* ihn für ein Porträt interviewte. Sie hatte ganze zwölf Wörter gesagt, von denen fünf lauteten: »Eine gemeinsame Seelenqual verbindet uns.«

Durch *Wer die Nachtigall stört* war Lee sehr reich geworden, was man ihr jedoch nicht anmerkte, wenn man ihr Leben betrachtete. In New York wohnte sie in einer kleinen

Mietwohnung an der Upper East Side; wenn sie nach Alabama kam, übernachtete sie bei einer ihrer Schwestern in einem bescheidenen Backsteinbungalow in ihrer Heimatstadt Monroeville. Ganz egal wo sie war, sie mied die Presse, ihre Fans und alles, was zu literarisch anmutete. Sie versuchte, ihr Leben so zu leben, als hätte sie nie einen der beliebtesten Romane Amerikas geschrieben. Im Jahr 1962, dem Jahr, in dem ihr Buch verfilmt worden war – Gregory Peck gewann dafür einen Oscar und sorgte dafür, dass sich ihr Porträt einer kleinen Südstaatenstadt noch tiefer im kollektiven Gedächtnis des Landes einprägte –, erklärte Lee einem Reporter des *Mobile Register*, sie wolle verschwinden, und das tat sie im Grunde auch.

Jetzt, da sie allein in einem Motel am Ende der Welt saß und die Welt ihr nicht länger zusah, war sie fast so frei wie in der winzigen Wohnung, in der sie *Wer die Nachtigall stört* geschrieben hatte. Was sie Maryon Pittman Allen an jenem Tag am Telefon verschwiegen hatte, war, dass sie, Harper Lee, sich in Alexander City befand, weil sie nach all den Jahren endlich wieder ein Buch schreiben wollte.

16

Eine Art Seele

In den ersten vierunddreißig Jahren ihres Lebens hörte sie auf den Namen Nelle: »Ellen« von hinten gelesen, nach ihrer Großmutter Ellen Rivers Finch. Ihr Zwischenname »Harper«, der ihr zu Ruhm verhalf, war der Nachname eines Kinderarztes in Selma, der ihrer älteren Schwester das Leben gerettet hatte. Als ihr erstes Buch veröffentlicht wurde, zog sie es vor, nur einen der ererbten Namen zu verwenden. »Wir müssen besprechen, unter welchem oder welchen Namen ich ›herauskommen‹ soll«, schrieb sie im Sommer vor dem Erscheinen von *Wer die Nachtigall stört* an ihre Agentur. »Ich habe mit ›Harper Lee‹ unterschrieben, weil die Schreibweise meines Vornamens eigentümlich ist und die meisten Leute ihn ›Nellie‹ aussprechen, wenn sie ihn lesen (auf Schecks oder Bewerbungsschreiben) – was ich nicht ertrage. Um keine Verwirrung zu stiften, habe ich meinen Vornamen gestrichen.« Dass dadurch nur neue Verwirrung entstand, sollte sich bald herausstellen, denn der Name verurteilte Lee ein Leben lang dazu, von manchen Lesern für einen Mann gehalten zu werden. Doch die burschikose Kettenraucherin, die mit Jungs Fußball spielte und in Männerschlafanzügen schlief, war es gewohnt, andere zu verwirren.

Nelle Harper Lee, die 1926 geboren wurde, ein Jahr nach Reverend Maxwell und sechs Jahre vor Tom Radney, war das vierte Kind von Frances Cunningham Finch und Amasa Coleman Lee. Selbst gemessen an den elastischen Maßstäben der Südstaatenexzentrik galten die Lees als seltsam. Amasa stammte von einem Soldaten der Konföderierten ab, jedoch nicht von jenem berühmten General Lee[5], und wurde meist A. C. genannt oder manchmal auch Coley. Er war auf einer Farm in Florida aufgewachsen und nur wenige Jahre auf eine ordentliche Schule gegangen. Er wusste jedoch schon früh, dass er sein Leben nicht auf den Äckern zubringen wollte. Daher legte er noch als Teenager das Examen ab, das man brauchte, um Lehrer zu werden, und begann in den Schulen zu arbeiten, die er selbst kaum besucht hatte. Danach wurde er Büroangestellter in einem Sägewerk und dann Buchhalter, was ihn ins Monroe County führte, wo er seine Frau traf, eine Finch, von den Finches aus Finchburg. Die beiden heirateten 1910 und ließen sich schließlich in Monroeville nieder, wo A. C. für die dortige Anwaltskanzlei Barnett & Bugg eine benachbarte Eisenbahnlinie verwaltete. Der Verwaltungssitz von Monroe County, Monroeville, hatte ursprünglich Centerville geheißen, doch der Name war so falsch, dass die Stadt ihn schließlich änderte. Anscheinend war der Landvermesser, den man beauftragt hatte, den Mittelpunkt des Countys ausfindig zu machen, mit Alkohol dazu gebracht worden, ihn um ein paar Meilen zu verschieben, doch nach dem Tod von Präsident James Monroe nahmen die Bewohner Abstand von der List und voilà: Centerville wurde zu Monroeville. In den 1930er-Jahren hatte die

---

5 Robert Edward Lee, General der Konföderierten im Amerikanischen Bürgerkrieg [Anm. d. Übers.]

Stadt nur dreizehnhundert Einwohner – etwas mehr als Nixburg, jedoch weitaus weniger als Alexander City. Fernab von Fluss und Eisenbahn war Monroeville nur schwer zu erreichen und man blieb leicht dort hängen.

Während A. C. Lee für Barnett & Bugg arbeitete, brachte er sich Jura bei und arbeitete dort auch weiter, nachdem er die staatliche Anwaltsprüfung bestanden hatte – was damals ohne Universitätsabschluss möglich war. Nachdem er Teilhaber der Firma geworden war, nannte sich diese Barnett, Bugg & Lee und florierte sogar während der Weltwirtschaftskrise. Als 1929 ein Großteil des Landes in Konkurs ging, kaufte A. C. die Lokalzeitung *The Monroe Journal*, deren Eigentümer er bis 1947 blieb, und bekam ein Mandat im Abgeordnetenhaus von Alabama, das er bis 1938 innehatte.

Geld wirkt Wunder bei Eigenbrötlern. Die Leekinder konnten so seltsam sein, wie sie wollten, weil ihr Vater eine Berühmtheit war. Diese Seltsamkeit begann mit ihrem Alter: Nelle, das Nesthäkchen, war sechs Jahre jünger als ihr Bruder Edwin Coleman Lee, zehn Jahre jünger als ihre Schwester Frances Louise Lee, die Louise genannt wurde, und fünfzehn Jahre jünger als ihre älteste Schwester Alice Finch Lee. Die großen Abstände zwischen den Kindern waren zum Teil eine Folge der Schwierigkeiten, die ihre Mutter durchlebte, nachdem Louise als Kleinkind beinahe gestorben wäre. Die Belastung hatte eine »nervöse Störung« bei ihr hinterlassen, die die Ärzte vor Ort nicht behandeln konnten, weswegen sie zu einem Spezialisten nach Mobile ging. Es verging fast ein Jahr, bis sie nach Monroeville zurückkehrte.

Wegen ihres Altersunterschieds wuchsen alle vier Lee-Kinder ein wenig wie Einzelkinder auf. Als Nelle lesen lernte, besuchte ihre älteste Schwester bereits das College.

Als sie ein Fahrrad zu Weihnachten geschenkt bekam, bekam ihre zweitälteste Schwester einen Ehemann. Mit vierzehn hatte sie bereits eine Nichte und drei Neffen. Ihr Bruder stand ihr am nächsten, während ihre älteren Schwestern eher wie Mütter zu ihr waren. Ihre eigentliche Mutter, die während ihrer Internatszeit eine schöngeistige Bildung erhalten hatte, unterrichtete Nelle im Harfenspiel, begeisterte sie für Kreuzworträtsel und las ihr vor, jedoch nur, wenn sie gesund war, und das war nicht sehr oft. Frances hatte furchtbare Allergien, die ihr das Leben im ländlichen Süden zur Qual machten, der mit seinen Kohlezügen und Baumwollentkörnungsmaschinen und dem saisonalen Staub ebenso schlimm sein konnte wie der industrialisierte Norden; sie erholte sich seelisch nie mehr von dem Nervenzusammenbruch, den sie nach ihrer zweiten Schwangerschaft erlitten hatte. Manchmal verließ sie Monroeville für länger, und wenn sie zurückkam, konnte sie sich nicht um den Haushalt kümmern und delegierte diese Aufgaben an ihre beiden älteren Töchter und eine Reihe von afroamerikanischen Dienstmädchen. Alle Lee-Kinder sagten, ihre Mutter sei sanft und nett gewesen, doch weder die Stadt noch die damalige Zeit hatten die nötige Geduld für ihre fragile Gesundheit. Die Nachbarn tratschten darüber, dass Frances zu sonderbaren Zeiten Klavier spielte, laut von der Veranda aus rief, sich oft wiederholte und dann wieder schweigend vor sich hin starrte, unfähig zu den Artigkeiten, die von Südstaatlerinnen erwartet wurden.

Da ihre Mutter krank war und ihr Vater den ganzen Tag arbeitete und zwischendurch im Parlament in Montgomery war, wuchs Nelle in den ersten Jahren ohne viel Aufsicht auf. Für Kinder in Monroeville war dies jedoch nicht ungewöhnlich: Solange sie rechtzeitig nach Hause kamen, sich vor dem

Essen die Hände wuschen und ihre Haare vor dem Kirchgang bändigten, durften sie alles Mögliche anstellen. Es war eine Zeit, in der man jungen Leuten nicht nur gestattete, sich zu amüsieren, man erwartete es von ihnen. Diejenigen, die zehn Cents für das Kino übrig hatten, waren verpflichtet, den anderen Kindern danach den ganzen Film nachzuspielen. (Nelle, die zu klein war, um Boris Karloffs *Frankenstein* zu sehen, war zutiefst erschrocken über die Darbietung ihrer Schwester und noch Jahre später erstaunt über die Akkuratheit ihrer Aufführung.) Doch das meiste, was sie zum Spaß taten, kostete nichts. Maisfelder wurden zu den Schlachtfeldern von Gettysburg und Rohrkolben zum westafrikanischen Dschungel. Wenn sie auf den Boden starrten, führten sie Brigaden von Ameisen über Felder und Berge; wenn sie in den Himmel blickten, flogen sie wie Amelia Earhart oder Lucky Lindy über den Atlantik. Wenn sie zahlreich genug waren, spielten sie Elektrizität, Straußenfangen, Looby Loo, Heißes Fett in der Küche und Hexe im Graben. Wenn sie allein waren, wurde ihnen langweilig und sie gewöhnten sich daran.

Selbst wenn das Leben nicht langweilig war, war es auch nicht besonders aufregend. Monroeville war eine Stadt, in der am nächsten Tag in der Zeitung stand, jemandes Schwester habe »eine Einladung gegeben«, wenn sie an einem Freitag einen Kuchen gebacken hatte, und wenn ein Freund seinen achten Geburtstag mit Fruchtpunsch und Preisen feierte, wurde er mit Schlagzeilen und einem fünfzeiligen Artikel bedacht. Man braucht nur irgendeine Ausgabe des *Monroe Journal* aus den 1930er- oder 1940er-Jahren aufzuschlagen und findet die Lees erwähnt – nicht nur, weil ihr Vater Eigentümer der Zeitung war und viele Leitartikel schrieb, sondern weil die Zeitung viele Seiten hatte und es nicht genügend Neuigkeiten gab, um sie zu füllen. Louise schaffte es bis zum National 4-H Club Camp in Washington, D. C.; Edwin und das Meisterschafts-Footballteam wurden mit einem Festessen gefeiert; die Epworth League der Methodistischen Kirche traf sich zu einem Vortrag über die Kreuzzüge mit anschließender Rede zur Weltlage, die von der zwölfjährigen Nelle gehalten wurde und mit »Was ist der Grund für diese Verwirrung?« übertitelt war.

In einer Kleinstadt galt so etwas als großes Ereignis. Für die Kinder beschnitt nur die Schule die Zahl der Stunden, die man zum Nichtstun hatte. Nelle mit Schlafzimmerblick und Struwwelkopf besuchte die staatlichen Schulen im Monroe County, die immer noch nach Hautfarben getrennt waren; es ist kaum wahrscheinlich, dass sie oder ihre Geschwister je die Rosenwald School betreten hatten, eine der fünftausend Schulen, die Booker T. Washington entworfen hatte und die von dem Philanthropen Julius Rosenwald für die Schulbildung schwarzer Kinder in den Südstaaten finanziert wurde. Nelles Schule war direkt beim Haus der Lees, aber ihre Klassenkameraden gaben ihr nie das Gefühl, zu Hause zu sein. Sie trug die falschen Kleider, ihre Haare waren zu kurz, sie balgte sich mit den Jungen und spielte nicht gern mit den Mädchen. Wenn die Nachbarn aus dem Fenster blickten, sahen sie Nelle oft johlend in Latzhosen herumrennen, als gehöre sie zu den Red Sticks und kämpfe in den Creek-Kriegen gegen Old Mad Jackson.

Nelle konnte mit ihresgleichen nicht viel anfangen – selbst auf Klassenbildern fällt sie buchstäblich aus dem Rahmen – und geistig war sie ihnen um Jahre voraus, weil sie so früh lesen gelernt hatte. Sie hatte mit *Rapunzel* begonnen, den *Rover Boys* und *Uncle Wiggily Longears*, und hatte dann *Bobbsey Twins* gelesen sowie die Abenteuer von Tom Swift. Bald darauf hatte sie sich mit Anne of Green Gables nach Avonlea begeben und war mit Seckatary Hawkins zu Versammlungen des Fair and Square Clubs gegangen. Als sie in die erste Klasse kam, konnte man fest darauf bauen, dass sie sowohl *The Monroe Journal* als auch *The Mobile Press* gelesen hatte, eine Meisterleistung, die nur wenige Erwachsene in Monroeville vollbrachten.

Nelle war zwar ein ungewöhnliches Kind, jedoch nichts im Vergleich zu ihrem besten Freund, dem kleinen Jungen, der eines Tages wie ein Wechselbalg im Nachbarhaus auftauchte. Seine Mutter Lillie Mae Faulk war mit vier Cousinen in Monroeville aufgewachsen und hatte mit siebzehn Archulus Persons geheiratet, einen blonden, gelernten Anwalt mit dicken Brillengläsern, der sein Geld als P. T. Barnum- Winzling verdiente: Er managte einen Boxer, buchte Gruppentouren auf Dampfschiffen und veranstaltete Varieté-Vorstellungen, bei denen ein Artist auftrat, der auf den Plakaten als »Der geheimnisvollste Mann der Welt« angekündigt wurde. (Als Persons die Vorstellung nach Monroeville brachte, vergrub er den geheimnisvollen Mann in einem Grab an der Grundschule, in die Nelle ging, und ließ ihn zwei Tage lang durch ein Rohr atmen; wer sich dafür interessierte, konnte ihn für einen Dollar durch das Loch anschauen.) Niemand außer Lillie Mae war überrascht, dass ihnen noch vor Ende ihrer Hochzeitsreise das Geld ausging. Lillie Mae wurde schwanger und wollte abtreiben; Archulus wollte einen Sohn und gewann. Als der Sohn auf die Welt kam, nannte sein Vater ihn Truman, nach einem alten Schulfreund, und Streckfus, nach einer Mississippidampfschifffahrtslinie.

Truman Streckfus Persons erblickte 1924 das Licht der Welt und lebte von 1928 bis 1932 überwiegend in Monroeville. Lillie Maes Cousinen, die sich vor ihrer Hochzeit um sie gekümmert hatten, kümmerten sich hinterher um ihren Sohn. Sie wohnten im Nachbarhaus, das nur durch eine niedrige Steinmauer von den Lees getrennt war. Noch bevor Nelle dem Kleinkindalter entwachsen war, wurden sie und Truman eingeschworene Komplizen und machten fast alles gemeinsam. Sie ließen Drachen steigen, spielten Taufe im Fischteich seiner Familie und vertrieben sich die Zeit im Baumhaus, das ihr Vater in einem Zedrachbaum im Garten gebaut hatte. Bevor sie lesen konnten, las Nelles Bruder Ed ihnen vor, und dann spielten alle drei die Geschichte nach und wetteiferten um die beste Rolle, was von Alter, Größe und Sturheit abhing. Nelle und Truman konnten irgendwann selbst lesen, und als sie keine Geschichten mehr fanden, die sie hätten lesen können, begannen sie selbst zu schreiben und fanden ihre Helden und Schurken in den vertrauten Gestalten auf der South Alabama Avenue. Als Nelles Vater ihr eine ausrangierte Schreibmaschine gab, tippte sie jeden Tag stundenlang Gedichte und kleine Episoden, und gelegentlich willigte sie ein, das komische Gerät mit Truman zu teilen.

Für Nelle war die Schule manchmal eine Qual, doch für Truman Streckfus Persons, einen Jungen, der halb so groß wie sein Name war und doppelt so seltsam, war sie weitaus schlimmer. Nelle war jünger, jedoch größer, wilder und stets bereit zurückzuschlagen, und sie war die Einzige, die ihn beschützte. Doch meistens blieben sie nah beieinander und hielten sich fern von den anderen. Beide waren sie Menschen, die gern »für sich« waren, wie er sehr viel später erklärte, als die Welt ihn unter dem Namen Truman Capote kannte. Nachdem seine Mutter mit einem anderen Mann davongelaufen war, einem kubanischen Büromanager, der für eine Wall-Street-Firma arbeitete, hatten sich seine Eltern scheiden lassen, und nach einem hässlichen Streit vor Gericht erhielt Lillie Mae, die sich jetzt Nina nannte, das alleinige Sorgerecht für ihren Sohn. Sie brachte ihn nach New York und änderte seinen Nachnamen, schickte ihn aber die Sommermonate über weiterhin zu ihren Cousinen. »Der junge Herr Truman Capote aus New York City kam am Sonntag an«, schrieb *The Monroe Journal* über einen seiner Besuche im Juni 1935, »und wird mehrere Wochen bei den Misses Faulk verbringen.«

Den jungen Herrn Truman als Vollzeitnachbar zu verlieren war ein Schlag für Nelle, doch die Sommermonate waren besser als nichts, und wenn Truman dann die Mason-Dixon-Linie überquert hatte, brachte er die ganze Welt mit: U-Bahn-Marken, Wolkenkratzer, Schulen, die aufs College vorbereiteten, Smokings, Fremdsprachen. Doch wenn er wieder fortging, bestand die Welt wieder nur aus Monroeville, und Monroeville war für Nelle vor allem ihre Familie: die fürsorgliche Liebe ihres Vaters und die zerstreuten Zärtlichkeiten ihrer Mutter; das wachsame, ermutigende Auge ihrer ältesten Schwester Alice, die sie seit einem lang zurückliegenden Besuch im Zoo von Montgomery »Bär« nannte; die beschützende Gegenwart von Ed, der beim Militär eine Pilotenausbildung machte; und die Bewunderung ihrer Schwester Louise, die Weezie genannt wurde und nach Eufaula ans andere Ende des Bundesstaats zog, um eine Familie zu gründen, als Nelle, von ihrer Familie Dody genannt, gerade erst ein Teenager wurde.

Als Nelle Harper Lee in der Highschool schließlich wieder eine Freundin fand, war es keine Klassenkameradin, sondern eine Lehrerin, Gladys Watson Burkett, die ihre Brille um den Hals und ihre Leidenschaft für Literatur auf der Zunge trug. »Sie gehört zu den wenigen mir bekannten

Lehrern, die ihr Unterrichtsfach leidenschaftlich lieben«, sagte Nelle. »Alles, was ich über die englische Sprache weiß, habe ich von ihr gelernt.« Burkett wohnte den Lees gegenüber und interessierte sich so sehr für Nelle, dass die beiden bis zu Burketts Tod eng befreundet blieben. »Sie ist meine engste Freundin in Monroeville und das schon ein Leben lang«, sagte Lee einmal und verriet damit nicht nur ihren Appetit auf geistigen Austausch, sondern auch die tiefe Entfremdung einer klugen jungen Frau von ihrer Heimatstadt.

Als es Zeit wurde, aufs College zu gehen, blieb Capote ihm fern. Er wollte Schriftsteller werden und sah nicht ein, warum er studieren sollte, wie man schrieb, statt sich einfach in die Arbeit zu stürzen. Nelle war zwei Jahre jünger als er, und als sie vor der gleichen Entscheidung stand, wohnte er bereits in der Park Avenue und arbeitete als Laufbursche für *The New Yorker*. In einen Umhang gehüllt lief er mit Bleistiften in der Hand wie eine Ballerina durch die Korridore der West Forty-Fourth Street 28, und als Harold Ross, der Chefredakteur, ihn zum ersten Mal sah, fragte er: »Was ist das denn?«

Die Antwort darauf lautete bald: ein fest angestellter Journalist. Nelle wollte ebenfalls Schriftstellerin werden, doch ihre Eltern waren im selben Maße präsent, wie seine Eltern abwesend waren, und erwarteten von allen ihren Kindern, insbesondere von den Mädchen, dass sie eine Ausbildung absolvierten. Das Ergebnis war, dass Lee Monroeville 1944 verließ, um aufs Huntingdon College zu gehen.

Huntingdon war ein kleines, von der methodistischen Kirche geleitetes Frauencollege mit einem schönen Campus, ganz in der Nähe des Ortes, wo F. Scott und Zelda Fitzgerald während ihrer Zeit in Montgomery gewohnt hatten. Alice war auf dieses College gegangen und hatte es sehr gemocht, doch Nelle fand es klein und stickig: fünfhundert Mädchen auf einem dreiundzwanzig Hektar großen Campus, die sich jeden Tag frühmorgens zum Kirchgang versammeln mussten. Nelle trat der Chi-Delta-Phi-Literatur-Ehrengesellschaft und dem Glee Club bei, gewöhnte sich aber nie an das Studentenleben. Es war genau wie in der Grundschule: Was die Gleichaltrigen mochten, mochte Nelle nicht und umgekehrt. Sie trug weder Hüte noch Make-up, und sie tanzte auch nicht und ging nicht mit Jungen aus. Sie rauchte ununterbrochen, blieb nächtelang auf und las die Viktorianer, sie fluchte wie die Jungen, vor denen die Mütter ihrer Klassenkameradinnen ihre Töchter warnten.

Einzig auf den Seiten der Campus-Veröffentlichungen fühlte sich Nelle Lee heimisch. Während ihres Huntingdon-Jahrs rezensierte sie Bertita Hardings *Lost Waltz* (Die Romanschriftstellerin, nörgelte sie, gehe zu behutsam mit den Habsburgern um) und Norman Cousins *Good Inheritance* [dtsch. *Auch euer ist dies Erbe*: Die Grundlagen der amerikanischen Demokratie](dessen akademische Prosa »nach all dem ›realistischen‹ Tagesgeschreibsel eine Art Befreiung ist«). Außerdem veröffentlichte sie ihre beiden ersten belletristischen Arbeiten in *The Prelude*, der Literaturzeitschrift der Studenten. *Nightmare* handelt von einem jungen Mädchen, das einen Lynchmord durch eine Zaunritze beobachtet; *A Wink at Justice* spielt in einem Gerichtssaal und handelt von einem Richter, der acht afroamerikanische Angeklagte, die des Glücksspiels beschuldigt werden, in einer Reihe aufstellt und dann ihre Hände überprüft, um festzustellen, wessen Hände rau waren und dadurch bewiesen, dass sie stattdessen gearbeitet hatten. Obwohl die Erzählungen eindeutig Jugendwerke sind, geben sie doch einen Vor-

geschmack auf das kommende Festmahl: Auf die Lynchmob-
gesinnung, die so viele Bewohner in Maycomb einholen
sollte, und auf den Gerichtssaal als Moralitätenspiel.

Nelle, die in Huntingdon nie richtig glücklich war, wechselte nach einem Jahr an die University of Alabama. Zu jener
Zeit gab es auf dem Campus von Tuscaloosa mehr als siebentausend Studenten und Studentinnen, und es gefiel ihr
dort von Anfang an besser, weil sie sich die Zeit freier ein-
teilen konnte: Der Gottesdienstbesuch war nicht obligato-
risch, sodass sie so lange aufbleiben konnte, wie sie wollte –
sie kam mit drei oder vier Stunden Schlaf aus und hielt sich
mit Zigaretten, Süßigkeiten und heißen Duschen wach. Ihre
Vorstellung vom Paradies sei, erklärte sie der Studentenzeitung, »ein Ort, an dem fleißige Jurastudenten und Schriftsteller sich nach dem Tod einfinden und wo sie für immer
ohne Benzedrin wach bleiben können«.

Lee wollte der Chi-Omega-Schwesternschaft beitreten,
doch deren Mitglieder fanden sie genauso irritierend wie
zuvor die Frauen am Huntingdon College; vor ihr war kein
angehendes Mitglied je so kühn gewesen, die Aussprache
ihrer künftigen Mitschwestern während einer Initiation zu
korrigieren, und die meisten von ihnen toupierten sich lieber die Haare, als ihre Professoren zu foppen. Kurz darauf
verließ Lee das Verbindungshaus und zog in ein normales
Studentenwohnheim. Wo sie ihre Zahnbürste aufbewahrte,
tat jedoch nicht viel zur Sache, weil sie praktisch im Union
Building wohnte, in dem alle studentischen Publikationen
untergebracht waren.

Für jemanden wie Nelle war es ein Heiligtum, der erste
Ort außerhalb ihres Zuhauses, wo keiner sich bemüßigt
fühlte, Kommentare abzugeben, wenn sie den ganzen Tag
über die Schreibmaschine gebeugt dasaß, oder sie schief

ansah, wenn sie Childe Roland zitierte oder lange Passagen von Swinburne wortwörtlich wiedergab. Im Union Building hatte sie auch einen ihrer engsten Freunde kennengelernt – wieder keinen Kommilitonen, sondern einen Professor namens James McMillan. Jim war Direktor der neu gegründeten University of Alabama Press, die ihr Büro ebenfalls im Union Building hatte, und wenn er morgens zur Arbeit kam und Kaffee machte, kam Nelle oft nach einer durchwachten Nacht den Flur entlanggestolpert und holte sich eine Tasse ab. Dann sprachen sie über Geschichte, Botanik, Literatur und Linguistik, darüber, woran sie schrieb oder was er gerade edierte, bis sie schließlich in ihr Studentenwohnheim ging und ein paar Stunden schlief.

Am Anfang ihres Studiums hatte Nelle versucht, für die Zeitung zu arbeiten, sah aber, dass dies ohne einen Vater, dem die Zeitung gehörte, nicht so leicht war. Doch war sie in der Lage, sofort für die humoristische Zeitschrift *Rammer-Jammer* zu schreiben und stand bereits am Ende ihres ersten Semesters im Impressum; ein Jahr später, im Herbst 1946, wurde sie dort Chefredakteurin, eine Position, die einerseits ihr Talent unter Beweis stellte, andererseits den Zeitgeist, denn die vier Jahre, in denen Männer während des Zweiten Weltkriegs ins Ausland geschickt wurden, hatten für Frauen im Collegejournalismus – wie in allen anderen Berufen – Möglichkeiten eröffnet. Nelle schmiss nicht nur den Laden, sondern schrieb auch für die meisten Ausgaben Artikel: unter anderem eine Campus-Version von *Romeo und Julia*, ein simuliertes Provinzblatt namens *The Jackassonian Democrat*, das dem *Monroe Journal* ihres Vaters nicht unähnlich war, und eine *Esquire*-Verulkung, die sie »Ein paar Schriftsteller unserer Zeit« nannte, und die alles anführte, was ein Autor angeblich brauchte, um Erfolg zu haben: einen sadistischen Vater, eine alkoholkranke Mutter, »eine Art Seele«, und vor allen Dingen musste er in einer Stadt im Süden geboren sein. In diesem Beitrag hatte ihr Freund Truman Capote einen Kurzauftritt, bei dem er sich durch eine Schmährede über sein gerade entstehendes Meisterwerk lispelt: »Honey, ich thtecke fest. Mein Roman handelt von einem thenthiblen Jungen im Alter von thwölf Jahren bis thum Erwachthenenalter.« Ihr bester Artikel war jedoch »Jetzt kommt die Zeit für alle guten Männer«, ein Einakter über die Boswell-Gesetzesnovellierung, mit der 1946 tatsächlich versucht wurde, die Schwarzen aus Alabama daran zu hindern, sich für die Wahlen zu registrieren. In Nelles Parodie hat Honorable Jacob F.-B. MacGillacuddy, der Vorsitzende des Bürgerkomitees zur Ausrottung der Schwarzen Pest, einen Bildungstest entworfen, der so schwer ist, dass er ihn selbst nicht besteht und beim Obersten Gerichtshof eine Ausnahmeregelung beantragen muss.

Die Beiträge, die Nelle für *Rammer-Jammer* verfasste, waren meistens albern, angeberisch und unausgegoren (was durchaus zu einer Studienanfängerin passte), doch sie waren nicht schlecht, und es waren so viele, dass sie sich eine Kolumne in der Studentenzeitung *The Crimson-White* angeln konnte. Wer Nelle Lees Schärfe nicht bereits aus den Seminaren kannte, lernte sie in ihrem »Beißenden Kommentar« kennen, in dem alle schonungslos kritisiert wurden, vom Universitätssicherheitsbeamten bis zum höchsten Verwaltungsbeamten. In einer ihrer Kolumnen gerbte sie den spießigen Bibliotheksangestellten das Fell, die sich erst weigerten, einem Freund von ihr ein Exemplar von *Ulysses* auszuhändigen, und ihn dann mit einer Ausgabe ohne das Penelope-Kapitel abspeisten.

Während Nelle Zigarettenkippen und Schreibmaschinenfarb-
bänder anhäufte, hatte sich ihre Schwester Alice, die wieder
zu Hause bei ihren Eltern lebte, einen eigenen Schreibtisch
in der Kanzlei Barnett, Bugg & Lee verdient. Wie A. C. war
sie Juristin geworden und hatte ein Händchen für Steuerrecht entwickelt, zum Teil beflügelt von der Siegessteuer, die
nach dem Krieg eingeführt worden war, woraufhin alle,
selbst diejenigen, die nicht viel verdienten, bei der Steuererklärung Hilfe benötigten. Gemeinsam mit ihrem Vater und
ihrer Schwester hatte Nelle jahrelang Gerichtsverhandlungen im Monroe County Courthouse beigewohnt. Ins Kino
zu gehen kostete einen Dime, doch Gerichtsverhandlungen
waren kostenlos. Über sich den Schimmer der Walzblech-
decke und unter sich den des Eukalyptusholzbodens lauschte
Nelle Gerichtsverhandlungen jeglicher Couleur: vom Mum-
pitz bis zum Mord.

Noch bevor Nelle alt genug war, um ein Gesetzesbuch zu
lesen, hatte ihr Vater immer wieder davon geredet, seine
Kanzlei in »A. C. Lee und Töchter, Rechtsanwälte« umzube-
nennen. Ungeachtet der Frage, ob dieser Traum sie je locken
konnte, war Nelle immer erpicht, ihrem Vater zu gefallen,
und nach einem Collegejahr in Alabama beantragte sie die
vorzeitige Zulassung zum Jurastudium. 1947 studierte sie
offiziell Jura und verlor noch mehr Schlaf an Verträge und
zivilrechtliche Delikte. Später sagte sie immer, sie habe sich
nur für Jura eingeschrieben, um die juristische Bibliothek
benutzen zu dürfen, doch ihrer Familie erklärte sie damals,
ein Jurastudium werde ihr die Disziplin beibringen, die sie
als Schriftstellerin brauche, und sie werde das Denken lernen, wenn sie sich eingehend mit den Gesetzen befasse.

Im Sommer darauf hatte Nelle Lee Alabama in Gedanken
bereits verlassen. Sie hatte ihre Teilnahme am internationa-

len Studentenaustausch mit der Oxford University zugesagt und fuhr am 16. Juni 1948 mit der *Queen Elizabeth* nach Southampton, genau zu der Zeit, als der Reverend Willie Maxwell nach seinem Militärdienst nach Hause zurückkehrte. Sie verbrachte den Sommer am Lady Margaret Hall College, las ausgiebig in der britischen Literatur und reiste im Land umher, das für jemanden, der in den endlosen Weiten des tiefen Südens geboren und aufgewachsen war, winzig und kurios wirkte. Wie viele Südstaatler betrachtete Nelle das Vereinigte Königreich als Wiege der Zivilisation, und sie befasste sich zwanghaft mit seiner Geschichte, bis in die Niederungen obskurer Whigs und unbedeutender anglikanischer Bischöfe. Sie mochte das englische Landleben so sehr, dass sie, als ihre Lehrveranstaltungen vorbei waren, mit einem geliehenen Fahrrad allein umherradelte und in Jugendherbergen übernachtete. Als ihre Nachbarn in Monroeville von ihren Abenteuern hörten, waren sie beunruhigt, doch die Lees hatten längst mit Nelles Eigentümlichkeiten Frieden geschlossen und freuten sich auf die nächste Folge von »Ein Wildfang im Ausland«, in der unter anderem eine Radtour nach London geschildert wurde, bei der Lee beim Teetrinken zufällig Winston Churchill begegnete. Die Begegnung war auf alle Fälle denkwürdig, doch wenn es darum ging, andere Menschen zu treffen, beschämte ihr Freund Truman Capote sie wie eh und je. Auch Capote war in jenem Sommer in Europa, doch anstatt literarische Superstars zu studieren, freundete er sich mit ihnen an: in England speiste er mit Noël Coward, Somerset Maugham und Evelyn Waugh, dann hastete er nach Paris, um Gertrude Steins Partnerin Alice B. Toklas zu treffen und angeblich mit Albert Camus zu schlafen. Seine Reiseroute war beneidenswert oder zumindest glamourös. Lee war immer noch Studentin, doch Capote war dabei, eine internationale Berühmtheit zu werden. In der ersten Augustwoche fuhr er mit Tennessee Williams auf der *Queen Mary* nach Hause und verkehrte an Bord mit Clark Gable und Spencer Tracy. Lee nahm dasselbe Dampfschiff zwei Wochen später und begegnete niemandem außer ein paar Studenten, die wie sie das Austauschprogramm absolviert hatten.

Nelle kam am letzten Augusttag in New York an. Sie nahm den Crescent Limited nach Alabama, wo Verfassungsrecht und Zivilprozessordnung auf sie warteten. Während sie dafür bezahlte, Vorlesungen hören zu dürfen und sich über Examen Gedanken zu machen, bezahlten die Leute Capote für jedes Wort, das er schrieb. Er war ein Pfau, der durch die Welt stolzierte; sie war eine Taube, die auf der Stange auf und ab ging. Was auch immer sie sich zuvor über das Jurastudium eingeredet hatte – dass es ihr Disziplin beibringe oder den Traum ihres Vaters erfülle –, reichte nicht mehr aus. Nur sechs Wochen vor dem Juraexamen brach Nelle Lee ihr Studium ab. Es lag für sie plötzlich auf der Hand, dass ein Schriftsteller jemand ist, der schreibt, und darüber hinaus, dass jeder seine Eltern früher oder später enttäuscht: Da war es besser, befand sie, mit beidem sofort anzufangen.

17

Das Geschenk

Im Alter von dreiundzwanzig Jahren zog Nelle Lee nach Manhattan. Bei ihrer Ankunft war Truman Capote von New York bereits so gelangweilt, dass er wieder eine seiner sagenhaften Bildungsreisen angetreten hatte. In jenem Sommer war er in Marokko und konnte Lee nicht willkommen heißen. Daher ging er auf das britische Postamt in Tanger und schrieb einem Freund, er möge sich um sie kümmern. Michael Brown war zwei Jahre zuvor von Mexia, Texas, nach New York gezogen, um als Texter Karriere zu machen, und er fand, dass der Ehrenkodex vertriebener Südstaatler ihn dazu verpflichte, die junge Frau zu treffen, die einst neben Capote in ihrer winzigen Stadt in Alabama gewohnt hatte.

»Nelle und ich wurden sofort Freunde«, sagte Brown. Sie kamen nicht nur beide aus den Südstaaten, sondern hatten noch mehr Gemeinsamkeiten: Auch er war nach dem Tod seiner Mutter größtenteils von einer sehr viel älteren Schwester großgezogen worden; auch er vergötterte seinen Vater, einen Arzt, der seine Familie unterstützt hatte und geholfen hatte, ihn aufs College und auf die Hochschule zu schicken. Weil er seine Kleinstadtidentität unbedingt loswerden wollte, änderte er als Erstes seinen Namen – genau wie Nelle später. Sein Geburtsname lautete Marion Martin Brown, und als er nach dem Zweiten Weltkrieg – nachdem er wie Nelles Bruder bei der U. S. Army Air Forces gedient hatte – nach New York kam, stellte er sich überall als Michael vor.

Brown schrieb Songs auf Buchumschläge und Papiertücher, während er sein Geld als Schreibkraft verdiente, und Nelle fand ebenfalls bald einen Job. Im Frühjahr 1949 wurde sie stellvertretende Chefredakteurin einer Fachzeitschrift namens *The School Executive*, die monatlich von der American School Publishing Corporation herausgegeben wurde. Für drei Dollar jährlich konnten die Leser der *School Executive* sich über Trends der Pädagogik, neue Lehrbücher und Lehrmittel, Kommentare über Bildungspolitik sowie über das Schulwesen im ganzen Land auf dem Laufenden halten. Doch die Arbeit für die Zeitschrift nahm die Gehirnregionen in Anspruch, die Nelle am dringendsten für ihr eigenes Schreiben brauchte, und deshalb gab sie die Stelle nach nur sechs Monaten wieder auf. Sie nahm einen Job als Ticketverkäuferin an, erst bei Sabena Belgian Airlines und dann bei der British Overseas Airways Corporation. Flugreisen waren damals teuer und aufregend (zu ihrer Freude hatte sie einmal einen Telefonanruf von Sir Laurence Olivier erhalten, der einen Heimflug nach London brauchte), und Nelle dachte, die Stelle begleiche nicht nur ihre Rechnungen, sondern verhelfe ihr auch, wie Olivier, zu einem Ticket zurück nach England. Es zeigte sich jedoch, dass sie die Angestelltenvergünstigungen nur benutzte, um nach Alabama zurückzukehren, den Ort, den sie hatte hinter sich lassen wollen. Genau wie der Job bei der *School Executive* war die Arbeit im Ticketbüro nah und doch fern von dem Leben, das sie führen wollte.

Etwa um dieselbe Zeit zog Lee in eine Wohnung in der

Second Avenue 1540 in Yorkville an der Upper East Side. Die Wohnung war ein paar Straßen vom East River entfernt und gefühlsmäßig eine Million Meilen von Monroeville: weit genug, um Tennisschuhe und Blue Jeans zu tragen, ohne angestarrt zu werden und das nicht abgelegte Juraexamen zu vergessen, und weit genug, um den Versuch zu unternehmen, etwas aus Worten zu machen. Wenn sie nicht für eine Fluglinie arbeitete, schrieb sie kurze Episoden und Skizzen wie zu Collegezeiten – und wenn sie nicht schrieb, schwelgte sie mit anderen Südstaatlern in Erinnerungen, unter anderem mit Freunden von der Alabama University wie John Forney, der nach New York gezogen war, um für eine Werbeagentur zu arbeiten, und dann Produzent von Joe DiMaggio's regionaler Fernsehshow wurde.

Capote, der immer noch im Ausland war und an einem Roman arbeitete, gehörte nicht zu diesen Südstaatlern. Sein erster Roman, den Nelle im *Rammer-Jammer* parodiert hatte, war im Januar 1948 unter dem Titel *Andere Stimmen, andere Räume* erschienen. Es war ein Schauerroman, der in Louisiana und Mississippi spielte, und Capote veröffentlichte kurz darauf eine Sammlung von Kurzgeschichten. Jetzt arbeitete er an einem neuen Roman, der in Monroeville spielte und von den Misses Faulk handelte, bei denen er aufgewachsen war. Obwohl die *Grasharfe* voller Blaseneschen, Baumwollballen, Brombeerwein, Schwammspinnern, Wassersuchtarzneien und Katzenwelsen aus dem Monroe County ist, schrieb Capote dieses Buch zu großen Teilen auf der Insel Ischia bei Neapel, in Marokko mit Blick auf die Straße von Gibraltar und im Schatten des Ätna auf Sizilien. Er lebte mit seinem Partner Jack Dunphy und einem ständig wachsenden Gefolge von Tieren zusammen – zwei Papageien, einer Siamkatze und einem kleinen grünen Frosch, den sie für zahm hielten – und beide waren nur noch selten in New York.

Capote schrieb hauptberuflich, und seine Erzählungen schienen mühelos aus seinem Kopf auf die Seiten von Zeitschriften und in die Regale der Buchhandlungen zu gelangen. Nelle hingegen war damit beschäftigt, ihren Lebensunterhalt zu verdienen, um für die Kosten aufkommen zu können, die selbst das genügsamste Leben in New York City mit sich brachte, einer Stadt, von der sie sich immer mehr ablenken ließ. Wie viele Bücherwürmer aus der Provinz war sie für eine echte Landpomeranze zu belesen, kam jedoch trotz ihrer Zeit in Montgomery und Tuscaloosa zu sehr vom Lande, um nicht von Manhattan fasziniert zu sein. Sie hatte genügend Lektüre – und Kinos und Museen – für mehrere Leben. Die Stadt überwältigte und entzückte sie. In ein und demselben Brief aus jenen Jahren schrieb sie, sie habe sich in die Met verliebt, auch wenn es dort »chaotisch« sei; sie habe eine sechsbändige Geschichte des Judentums gelesen, weil sie »nur etwas über die Juden herausfinden wollte«; und einen Dokumentarfilm über den Mount Everest gesehen, den sie »grandios« fand. Weniger eindrucksvoll fand sie eine Verfilmung von *Der Untergang des Hauses Usher*, die sie mit ihrem eigenen Off-Kommentar verbesserte, was einen Lachanfall bei einem Freund und eine Rüge vom Kinobetreiber provozierte.

Nach fast zwei Jahren in New York wurde Nelle zurück nach Monroeville gerissen. Ihre Mutter war krank geworden, und diesmal war es keine Allergie und kein Nervenleiden. Da ihr dortiger Arzt nicht herausfinden konnte, woran sie litt, schickte er Frances Lee zu Untersuchungen nach Selma, wo ihr Mann sie auf dem Weg zu einer Tagung der Methodistischen Kirche absetzte. Als A. C. zurückkehrte, hatte man bei Frances Leber- und Lungenkrebs diagnostiziert und ihr gesagt, sie habe nur noch wenige Monate zu leben.

Nelle war fortgezogen, doch ihre drei Geschwister waren immer noch alle in Alabama. Alice wohnte noch zu Hause und arbeitete als Anwältin in der Familienkanzlei. Edwin, ein angesehener Pilot, der sowohl die europäischen als auch die pazifischen Kriegsschauplätze des Zweiten Weltkriegs überlebt hatte, hatte in Monroeville eine Familie gegründet, war jedoch zu Beginn des Koreakriegs wieder zum aktiven Dienst einberufen worden und in Montgomery am Maxwell Luftwaffenstützpunkt stationiert. Louise wohnte mit ihrem Mann und ihren beiden Kindern im Barbour County. Alle drei konnten ihre Mutter leicht mit dem Auto erreichen, doch Nelle war tausend Meilen entfernt.

Nelle wurde am Freitagabend telefonisch benachrichtigt, doch ihr Vater sagte, sie solle noch keine Reisevorbereitungen treffen und lieber warten, bis sie mehr wüssten. Während Nelle am Samstagmorgen in New York neben dem Telefon wartete, trafen sich die übrigen Lees im Vaughan Memorial Hospital in Selma, einem hoch aufragenden Gebäude mit hohen Säulen an der Vorderseite, nicht weit vom Alabama River. Sie blieben mehrere Stunden bei Frances und gingen schließlich zum Abendessen. In ihrer Abwesenheit hatte Frances einen Herzanfall. Als die Familie ins Krankenhaus zurückkam, war sie bewusstlos, und am selben Abend, nur einen Tag nach der Diagnose, war sie tot.

Nelle war noch nie so dankbar für ihre Arbeitsstelle gewesen wie am Samstag, dem 2. Juni 1951, als die Fluglinie sie rechtzeitig zur Beerdigung nach Hause flog. Sie schaffte es rechtzeitig zum Trauergottesdienst und Begräbnis und erlebte, wie ihre Mutter als Erste der Lees ins Familiengrab hinabgelassen wurde. Nelle war fünfundzwanzig Jahre alt und litt ungeheuer unter dem Verlust. Jahre später, als die ganze Welt sie für eine Vatertochter hielt, erklärte Nelles ältere Schwester Louise, dass Nelle ebenso sehr an ihrer Mutter hing: »Daddy ist praktisch veranlagt; Mutter war unpraktisch.« Ihre Mutter war eine Art Künstlerin, die sich – freiwillig oder unfreiwillig – den Erwartungen an die Weiblichkeit einer Südstaatlerin widersetzte und ihren Töchtern erlaubte, sie selbst zu sein. A. C. hatte zwar dafür gesorgt, dass Nelle »einen Fuß auf der Erde« behielt, doch Frances war, wie Louise behauptete, diejenige, die sie zu »einer Träumerin« gemacht hatte.

Mit dem Verlust ihrer Mutter begann für Nelle eine schwierige Zeit. Sie war nach New York zurückgekehrt und hatte gerade wieder in ihren Alltagsrhythmus zurückgefunden – tagsüber arbeitete sie bei der Fluglinie und nachts schrieb sie –, als wieder ein Telefonanruf aus Alabama kam, der noch furchtbarer war als der erste. Am 12. Juli, nur sechs Wochen nach dem Tod ihrer Mutter, hatte ihr geliebter Bruder eine zerebrale Aneurysmaruptur und wurde in der Kaserne des Luftwaffenstützpunkts in Montgomery tot aufgefunden. Wieder flog Nelle unter Schock stehend und in tiefer Trauer von New York nach Hause. Der Verlust ihrer Mutter war schrecklich gewesen; der Verlust ihres erst dreißigjährigen Bruders war unfassbar und unerträglich. Er war der Einzige von ihren Geschwistern, mit dem sie aufgewachsen war, er war derjenige gewesen, der ihr Geschichten vorgelesen und sich die Geschichten angehört hatte, die sie schrieb, er war derjenige, der mit ihr im Baumhaus gespielt und tagtäglich beim Frühstück, Mittagessen und Abendessen mit ihr am Tisch gesessen hatte. Ihr Leben lang hatte sie ihn nicht Edwin oder Ed genannt, sondern immer nur Bruder: der einzige, den sie je haben würde. Kaum hatte sie ihn verloren, verlor sie auch das Zuhause, das sie mit ihm geteilt hatte: A. C. verkaufte das Haus an der South Alabama Avenue und zog mit Alice in ein kleineres Haus ein paar Straßen weiter, so als habe er es nicht ertragen, dort zu wohnen, wo sie einst als Familie zusammengelebt hatten.

Ausgelaugt von diesen Verlusten kehrte Nelle nach New York zurück und versuchte einmal mehr, sich in die Arbeit zu stürzen. Sie wollte schon einmal über ihre Kindheit schreiben und mit Worten eine Lebensweise bewahren, die, wie sie fand, davonglitt; ihr Wunsch, sich zu erinnern, bekam jetzt eine neue, leidenschaftliche Dringlichkeit. Doch anscheinend war ihr, wie immer zu jener Zeit, ihr ältester Freund zuvorgekommen. Capote war im August aus Europa zurückgekehrt und veröffentlichte im Oktober *Die Grasharfe*, den Roman über seine Jahre in Monroeville, an dem er dauernd gearbeitet hatte. Nelle erlebte, wie ihre gemeinsamen Verandageschichten und Gartenspiele die Welt bezauberten, und sehnte sich danach, ein ähnliches Buch über ihren Bruder und ihre gemeinsame Kindheit in der Kleinstadt zu kreieren.

Stattdessen mühte sie sich ab, überhaupt etwas zu schreiben. Sie hatte nie einen Kurs in Kreativem Schreiben belegt, und obwohl sie für so viele Uni-Publikationen geschrieben hatte, hatte sie noch nie etwas produziert, was länger als ein paar Seiten war. Eine einzige Seite Prosa zu verfassen, mit der sie zufrieden war, konnte einen ganzen Tag in Anspruch nehmen. »Ich bin keine Schriftstellerin, sondern eher eine Umschreiberin«, sagte Lee und erklärte, dass sie alles, was sie schrieb, mindestens drei Mal umschrieb. »Die Liebe zur Sprache, die Schönheit eines englischen Satzes«, behauptete sie, lasse sich »durch nichts ersetzen«, ebenso wenig wie »das unweigerliche Ringen darum.«

Fünf Jahre vergingen, während sie rang, verschwanden im Auf und Ab von Perfektionismus und Verzweiflung, und nichts kam dabei heraus außer den Gehaltsabrechnungen von Jobs, die ihr nicht gefielen. Lee lebte immer noch sparsam, mittlerweile in der York Avenue 1539, im dritten Stock eines Mietshauses, wo es weder heißes Wasser noch einen Herd gab, auf dem sie sich Wasser hätte heiß machen können. Schlimmer fand sie jedoch, dass sie keinen Schreibtisch hatte, weswegen sie sich einen bastelte, indem sie eine ausrangierte Tür aus dem Keller holte und sie auf ein paar Apfelkisten legte.

Wenn sie nicht schrieb, malte sie, ein Ventil für ein visuelles Verlangen, dem sie zuletzt in der Highschool nachgekommen war, wo sie sich mit Fotografie befasst und gelernt hatte, in einer Dunkelkammer Fotos zu entwickeln. Es war leichter, einen Pinsel über Papier zu führen als einen Stift, und Lees Gefühlsstürme legten sich, wenn sie beschauliche Bilder auf die Leinwand bannte und dabei Edward Hoppers kahle Zimmer und düstere Landschaftsbilder imitierte. Bear brachte sie eine Meereslandschaft aus dieser Zeit mit; eine leere, ausdrucksvolle Bank unter einem Fenster ging an Weezie.

Während Lee von Erdnussbutterbroten lebte, wurden ihre Freunde nicht nur berühmt – beispielsweise Capote –, sondern gründeten auch Familien, wie Michael Brown, der sich nach eigener Aussage vom »düstersten Typen bei Charles Addams« zum »lachenden Jungen von Tin Pan Alley« verwandelte, als er sich in die einzige amerikanische Ballerina des Pariser Balletts verliebte. Joy Williams trug Michaels Phi-Beta-Kappa-Schlüssel um den Hals, als sei es der Hope-Diamant. Als Michael beruflich Fuß fasste, kauften die Browns ein Stadthaus und bekamen Kinder.

Ein Leben lang suchte Nelle die Gesellschaft von verheirateten Paaren und Familien, erfreute ihre Neffen mit spontanen Darbietungen der komischen Opern von Gilbert and Sullivan und versteckte sich mit den Kindern, wenn sie öden Erwachsenenzusammenkünften entkommen wollte. Das Stadthausleben ihres Freundes sprach sie bei Weitem mehr an als Capotes Bohemienleben: Er hatte zuerst in der Park Avenue in Manhattan gewohnt, lebte aber lieber in einem Haus in der Middagh Street in Brooklyn, in dem abwechselnd W. H. Auden, Richard Wright, Benjamin Britten, Gypsy Rose Lee, Carson McCullers und ein Schimpanse wohnten. Als der Eigentümer in ein anderes Haus ganz in der Nähe in die Willow Street zog und ähnlich unkonventionelle Typen zu rekrutieren begann, nahm sich das literarische Wunderkind, Sohn eines Kirmesrekommandeurs, ein Kellerzimmer, und nannte fortan Brooklyn Heights sein Zuhause. Nelle konnte bis ans Ende ihrer Straße hinuntergehen und nach Süden zu Capotes Stadtbezirk auf der anderen Seite des East River blicken, doch alles war wieder genau wie in Alabama: Cliquen, zu denen sie nicht gehörte, Partys, auf die sie keine Lust hatte, endlose Ablenkung von ihrem Schreiben. Wie viele, die sich ihr Exil selbst gewählt hatten, saß sie zwischen den Stühlen – wenn sie in New York war, wollte sie über Alabama schreiben, und wenn sie zu Hause in Alabama war, wollte sie in New York sein.

Sie fuhr öfter zurück nach Hause, als sie je gedacht hätte. Ihr Vater litt an Arthritis und brauchte mehr Unterstützung, als Alice ihm geben konnte. Nachdem er einen Herzinfarkt gehabt hatte, ging Nelle zurück nach Monroeville, um zu helfen. Kortisonspritzen gegen die Schmerzen hatten innere Blutungen ausgelöst, und ein Magengeschwür verursachte Beschwerden beim Essen; mit Babynahrung aus Gläsern genas er nach und nach. Zu erleben, wie sehr ihr Vater gealtert war und wie sehr er sich, alternd, zurückentwickelt hatte, versetzte Nelle im Sommer 1956 einen Schock. »Ich habe Dinge für ihn getan, von denen ich nie gedacht hätte, dass ich sie für irgendjemanden würde tun müssen, nicht einmal für die Babys der Browns«, schrieb sie an einen Freund. Ihr Vater, der, als sie klein war, weise wie Salomon war, wirkte plötzlich so uralt wie Abraham. »Ich ertappte mich dabei, dass ich sein schönes, altes Gesicht betrachtete«, schrieb sie einmal, als sie mit ihm am Küchentisch saß, »und plötzlich überkam mich Panik, wohl ein Echo der Angst und Verzweiflung, die ich empfand, als er fast tot war.«

Doch obwohl sie ihren Vater abgöttisch liebte, fand sie es zu Hause anstrengend. Sie begann die Briefe, die sie aus Monroeville schrieb, mit »Francesca da Rimini« zu unterschreiben, nach der jungen Italienerin, deren Gefangenschaft in der Hölle Dante vor Mitleid fast in Ohnmacht fallen lässt, und mit »Der Gefangene von Zenda«, nach dem Helden des Romans aus dem 19. Jahrhunderts, der am Vorabend seiner Krönung betäubt und inhaftiert wird, damit er den Thron nicht besteigen kann. Es war nicht nur die sich verschlechternde Gesundheit ihres Vaters, die sie belastete. Auch die Gesellschaft mit Gleichaltrigen gefiel ihr als Dreißigjähriger ebenso wenig wie damals, als sie zehn war: »Eine Stunde lang bei Leuten zu sitzen, mit denen man zur Schule gegangen ist, und ihnen zuzuhören, ist eine Qual – tagein und tagaus denselben Gesprächen zu folgen, übertrifft jede chinesische Foltermethode.« Darüber hinaus gestand sie: »Ich kann hier einfach nicht arbeiten.« »Das ist keine gute Ausrede – ein Genie überwindet alle Hindernisse usw.«, erklärte sie in jenem Sommer selbstironisch wie immer, doch hatte sie auch das immer dringender werdende Verlangen, wieder an ihrem improvisierten Schreibtisch in ihrer Behelfswohnung zu sitzen und etwas zustande zu bringen.

In gewisser Hinsicht hatte Nelle jedoch auch in Alabama etwas zustande gebracht. Ihre Stadtfreunde waren von ihren ellenlangen Briefen aus Monroeville entzückt, und als sie im Herbst nach New York zurückkam, verlangte Michael Brown, sie solle sich an einen Literaturagenten wenden oder zumindest an die Agentin, die er zufällig kannte. »Annie Laurie Williams, Inc.« war eigentlich eine Theater- und Filmagentur, deren Namensgeberin Annie Laurie Williams Bühnen- und Filmrechte verkaufte, während ihr Ehemann Maurice Crain nebenan als Literaturagent arbeitete. Crain und Williams, die sich im Texas Club in New York kennengelernt hatten, bevorzugten Geschichten aus dem Süden und Erzähler aus dem Süden, und Brown dachte, sie würden vielleicht Mitleid mit einer ambitionierten Schriftstellerin aus Alabama haben, deren Akzent immer noch so ausgeprägt war, dass sie behauptete, sich vor Konsonanten zu fürchten.

Am 27. November 1956 erschien Nelle bei der Agentur. Das Büro befand sich an der East Forty-First Street in der Innenstadt, einen halben Block von der New York Public Library mit den vor den Gebäude wachenden prächtigen Steinlöwen Patience und Fortitude – der Geduld und der inneren Stärke. Da Nelle nichts davon im Überfluss besaß, musste sie drei Mal ums Karree gehen, bis sie den Mut hatte hineinzugehen, und war dann zu schüchtern, um viel zu sagen. Sie brachte nur heraus, dass sie eine Freundin von Truman Capote sei, und gab Annie Laurie Williams fünf Erzählungen: *The Land of Sweet Forever, A Roomful of Kibble, This is Show Business, The Viewers and the Viewed* und *Snow-on-the-Mountain.* Keine dieser Erzählungen hat überlebt, doch für Maurice Crain – dessen Kriegsgefangenschaft im Stalag 17 eine Düsterkeit bei ihm hinterlassen hatte, über die sich die anderen Mitarbeiter der Agentur liebevoll lustig machten, indem sie ihn »Altes Holzgesicht« nannten – hatten diese Geschichten etwas, was ihn aus seiner angestammten Rolle fallen und aus seinem Büro rennen und überall lauthals verkünden ließ, was er gerade gelesen hatte.

Crain war vor allem von *Snow-on-the-Mountain* beeindruckt, einer Erzählung über eine krebskranke Frau und ihre hoch geschätzten Kamelien, doch als er Lee schließlich kennenlernte, schlug er vor, sie solle nicht mehr an kurzen Sachen herumbasteln, sondern es mit etwas Längerem probieren. Ein Roman verkaufe sich leichter als Kurzgeschichten, erklärte er ihr. »Warum schreiben Sie nicht über die Menschen, die Sie so gut kennen«, ermutigte Crain sie.

Es war die erste Dezemberwoche, und Lee war noch nie so voller Hoffnung gewesen und noch nie so verzweifelt. Sie hatte sieben Jahre gebraucht, um diese Erzählungen zu schreiben, und jetzt wollte Crain, dass sie einen ganzen Roman schrieb. Sie wusste nicht, wie sie das anstellen sollte, und hatte neben ihrer Arbeit für die Fluggesellschaft kaum Zeit dazu. Sie erzählte den Browns von dem Treffen und nahm sich vor, sie an Weihnachten zu besuchen, da sie in der Adventszeit immer Heimweh bekam und über die Feiertage diesmal nicht nach Alabama fahren würde.

Heiligabend verbrachte sie bei den Browns in deren Stadthaus, und als einer der beiden Jungen sie früh morgens weckte, wie kleine Jungen das an Weihnachten gewöhnlich tun, ging sie mit ihm nach unten. Von einer Familie umringt zu sein, gefiel ihr, auch wenn es nicht ihre eigene Familie war, und in einem richtigen Haus zu sein, gefiel ihr ebenso, auch wenn es nicht ihr eigenes Haus war. Die Jungen packten ihre Spielzeugraketen aus, während Nelle der Familientradition Ehre machte und das schönste Geschenk überreichte, das sie für so wenig Geld wie möglich für ihre anglophilen Freunde finden konnte: ein Porträt des Reverends Sydney Smith, eines obskuren englischen Geistlichen, und die gesammelten Werke von Margot Asquith, einer Gräfin und etwas weniger obskuren englischen Schriftstellerin. Als Nelle schließlich an der Reihe war, ihr Geschenk in Empfang zu nehmen, deuteten die Browns auf einen Umschlag, der zwischen Lametta und anderem Schmuck am Weihnachtsbaum hing. Darin war ein Scheck von beträchtlicher Höhe, der auf Lee ausgestellt war, außerdem ein Zettelchen, auf dem stand: »Du kannst dir ein Jahr freinehmen und schreiben, was du möchtest.«

Es war das schockierendste Weihnachtsgeschenk, das Lee je in ihrem Leben bekommen hatte, und, wie sich herausstellen sollte, eines der folgenschwersten in der amerikanischen Literaturgeschichte. Die Browns waren nicht reich, hatten jedoch in jenem Jahr gut verdient und dachten, Nelle könnte etwas Wunderbares schreiben, wenn sie sich auf ihren Roman ebenso konzentrieren würde wie bisher auf den Verkauf von Flugtickets. Damit hatten sie das alte Modell des Mäzenatentums nach Manhattan importiert – das einer Künstlerin zu arbeiten erlaubte, ohne sich Sorgen darüber machen zu müssen, woher ihre nächste Mahlzeit kam oder wie lange sie noch Strom haben würde. »Sie hatten Geld gespart und fanden, es sei höchste Zeit, etwas für mich zu tun«, erklärte Nelle Jahre später in einem Essay über deren Großzügigkeit, den sie für das *McCall's Magazine* schrieb. »Sie wollten mir auf die beste denkbare Weise zeigen, dass sie an mich glaubten. Ob ich je eine Zeile verkaufen würde, war irrelevant. Sie wollten mir die bestmögliche Chance geben, mein Handwerk zu lernen, frei von den Störmanövern eines Brotjobs.«

Nelle gab ihren Brotjob sofort auf und machte sich ans Schreiben. An eine Freundin zu Hause schrieb sie, sie habe drei Paar Bermudashorts hervorgeholt, die sie das ganze Jahr tragen wolle, weil sie sich vorstelle, fortan so hart zu arbeiten, dass sie die Wohnung nicht mehr verlassen werde. Den Browns »ist es egal, ob ich mit meinem Schreiben etwas verdiene«, sagte sie, »sie wollen mich unbedingt dazu kriegen, dass ich meine Begabung ernst nehme«. Das war durchaus in ihrem Sinne, und sie brachte ihre Freude und Dankbarkeit darüber zum Ausdruck. Doch für jemanden, dessen größter Wunsch gerade in Erfüllung gegangen war, klang sie seltsam düster. Ernsthaft zu schreiben, erklärte Lee, »wird natürlich alles zerstören, was liebenswert an mir ist, wird mir aber zu einer Art Karriere verhelfen«. »Ich habe das schreckliche Gefühl«, fuhr sie fort, »dass ich damit bald eine gemachte Frau bin.«

Sie hatte recht. Das Vertrauen, das ihre Freunde in sie hatten, gab ihr so viel Rückhalt, dass sie in ein paar Wochen mehr Seiten schaffte als zuvor in einem ganzen Jahr. Bei ihrem nächsten Treffen mit Crain im Januar hatte sie eine neue Erzählung für ihn geschrieben, *The Cat's Meow*, die er, wie sie meinte, in einer Zeitschrift unterbringen konnte. Noch vielversprechender und beinahe sagenhaft war jedoch, dass sie bereits die ersten fünfzig Seiten eines Romans verfasst hatte. Der Titel bezog sich auf eine berühmte Stelle bei Jesaja, in der der Fall Babylons prophezeit wird, *Gehe hin, stelle einen Wächter* erzählte jedoch die Geschichte von einer Kleinstadt im Süden und von einem Anwalt namens Atticus. Erzählt wurde sie von seiner sechsundzwanzigjährigen Tochter Jean Louise Finch, die Scout genannt wurde, und der

Roman begann mit ihrer Zugfahrt von New York nach Hause, wo sie auf ihren alternden Vater und sämtliche weiße Nachbarn trifft, die allesamt in Aufruhr sind, weil die Regierung per Gerichtsentscheid verfügt hatte, dass die Segregation in den Schulen aufgehoben werden solle.

Crain war begeistert und wollte unbedingt mehr lesen. Die Montagstreffen mit ihm wurden für die junge Autorin zur Dauereinrichtung. Bereits eine Woche später brachte sie ihm weitere fünfzig Seiten, und in der Woche darauf noch einmal fünfzig Seiten. In der ersten Februarwoche ließ sie den Termin ausfallen, kam jedoch am darauf folgenden Montag mit den Seiten 153 bis 206 wieder, schaffte fast vierzig Seiten in der Woche danach und übergab ihm am 27. Februar 1957 die letzten achtundvierzig Seiten des soeben fertiggestellten Manuskripts.

Es war unglaublich. Sieben Jahre lang hatte sie fast nichts geschrieben und dann in zwei Monaten einen ganzen Roman. Am letzten Februartag, einen Tag, nachdem sie die letzten Seiten abgegeben hatte, schickte Crain den Roman an G. P. Putnam's Sons, doch ein paar Wochen später wurde er von einem der Lektoren abgelehnt. Im April versuchte Crain es bei Harper & Brothers, der Verlag widersprach jedoch einen Monat später der Behauptung in seinem Begleitbrief »Miss Lees Roman« habe »vielen Bewohnern des nördlichen Landesteils über die Einstellung der Südstaatler und deren Gründe für den Kampf um die Segregation die Augen geöffnet«. An dem Tag, als das Buch abgelehnt wurde, schickte Crain das Manuskript an J. B. Lippincott.

Während *Gehe hin, stelle einen Wächter* immer noch einen Verlag suchte, zog Lee ihre Kurzgeschichten *Snow-on-the-Mountain* und *The Cat's Meow* zurück und arbeitete sie bis Ende Mai in die über 111 Seiten eines anderen Romans ein, den sie *The Long Good-Bye* nannte. Dieser zweite Roman war, wie Crain fand, besser als der erste, und er ermutigte sie, daran weiterzuarbeiten. Als sie das Manuskript Mitte Juni fertiggestellt hatte, schickte er es ebenfalls an Lippincott. Es ging darin um, wie Crain sich in seinem Begleitbrief ausdrückte, den »Kindheitskram« von Scout Finch, was »ganz reizend« sei, und, wie er fand, »sich als Erstling besser eigne als das Buch, das Sie bereits haben«. Lippincott war derselben Meinung, lehnte *Gehe hin, stelle einen Wächter* ab, zeigte aber Interesse an dem neuen Buch.

Crain vereinbarte für Lee sofort einen Termin im Lektorat, doch stellte sich heraus, dass, wie so oft im Verlagswesen, »Interesse« ein freundliches Wort für ein kompliziertes Gefühl war. Lee ging zwar mit mehr Selbstvertrauen zu Lippincott als zuvor zu ihrer Literaturagentur, jedoch nur, weil sie nicht wusste, wie wenig die meisten Lektoren dort von ihrem Manuskript hielten. Aber die einzige weibliche Lektorin des Hauses, Therese von Hohoff Torrey, war von den Romanfiguren entzückt und später auch von deren Schöpferin, die sie im Juni kennenlernte. Tay Hohoff, wie sie genannt wurde, trug Nadelstreifenanzüge und einen strengen Haarknoten. Vom Zigarettenrauchen war ihre Stimme rau wie Schmirgelpapier, und ihr graues Haar verriet, wie lange sie schon im Verlagsgewerbe arbeitete. Sie war in Brooklyn geboren und aufgewachsen, hatte mit anderen Autoren aus dem Süden gearbeitet, unter denen auch Zora Neale Hurston war, deren Romane und anthropologische Studien über Volkstum und Voodoo zwei Jahrzehnte zuvor bei Lippincott erschienen waren.

Hohoff war, wie sie Lee sagte, nicht bereit, den Roman sofort zu kaufen, doch sie war fasziniert und unterbreitete Lee ein paar Änderungsvorschläge. Lee war eingeschüchtert, stimmte jeder Anmerkung zu und verließ, zu allem Ja und Amen sagend, den Verlag. Im Juli schickte sie ein paar Überarbeitungen, beklagte sich jedoch bei Maurice Crain und den Browns darüber, dass es sehr schwierig sei, *The Long Good-Bye* und *Gehe hin, stelle einen Wächter* in einem Roman zu vereinen. Crain hatte eine elegante, wenn auch vertrackte Idee: Statt zu versuchen, aus zwei Büchern ein Buch zu machen, solle sie einfach über Scouts Kindheit schreiben. Im August kam sie gut voran, und im Oktober war die neue Version fertig. Hohoff, die beeindruckt war, dass die ambitionierte Autorin ihren Vorschlägen folgte, las das neue Manuskript und stellte fest, dass »der Funke einer echten Schriftstellerin aus jeder Zeile blitzte«. Sie sah jedoch auch die Schwachstellen im Aufbau mit den »lose baumelnden Fabelfäden« und dass es sich »eher um eine Reihe von Anekdoten als um einen durchdachten Roman handelte«. Trotzdem gefielen ihr die Figuren, und letztendlich waren es diese vier – Scout, Dill, Jem und Atticus –, mit denen sich das Buch verkaufte.

Hohoff bot Lee eintausend Dollar für das Manuskript, das nun *Atticus* hieß – was für den Verlag nicht viel war, für die Autorin jedoch ein Vermögen. Am Ende des Monats hatte Lippincott ihr ein Viertel davon ausbezahlt; die nächste Rate bekomme sie, sobald sie eine Version abliefere, die der Verlag akzeptabel finde, erklärte Hohoff. Lee konnte ihr Glück nicht fassen und noch weniger ihr neues Leben. Seit die Browns zu ihr gesagt hatten, sie solle ihren Brotjob kündigen, waren nur zehn Monate vergangen, und sie hatte das Buch, dass sie dank ihrer Unterstützung hatte schreiben können, bereits verkauft. Ihre Mäzene jedoch fanden all dies ganz normal: »Sie war mit jeder Faser ihrer Seele Schriftstellerin«, sagte Michael Brown später über dieses erstaunliche

Jahr. »Es wäre auch ohne uns so gekommen – wir haben es nur ein wenig beschleunigt.«

Alles in allem brauchte Tay Hohoff weitere zwei Jahre, um Lee von den formalen, politischen und ästhetischen Änderungen zu überzeugen, die notwendig waren, um aus *Gehe hin, stelle einen Wächter* und *The Long Good-Bye* das Buch zu machen, das am Ende *Wer die Nachtigall stört* heißen sollte. »Wir diskutierten manchmal stundenlang. Manchmal gab sie nach und übernahm meine Denkweise, manchmal war es umgekehrt und ich gab nach, und manchmal ergab sich aus der Diskussion etwas völlig Neues.«

Am kompliziertesten war die Erzählperspektive. Die Protagonistin der Geschichte war immer Scout, doch was sie über sich und die Gemeinschaft wusste, in der sie lebte, änderte sich von einer Version zur anderen beträchtlich. In der ersten Fassung kehrte Jean Louise als Erwachsene nach Monroeville zurück und verlor ihre Unschuld, als sie ihre Kindheitswelt plötzlich mit erwachsenen Augen sah. Doch Hohoff hatte richtig erkannt, dass die Kinderszenen das Beste an *Gehe hin, stelle einen Wächter* und *The Long Good-Bye* waren, und sie fand, Scout als Kind eigne sich am besten als Erzählerin. Lee, die ihren ersten Roman in der dritten Person geschrieben hatte, schrieb ihren zweiten Roman in der ersten Person und entschied sich schließlich in *Wer die Nachtigall stört* für die Stereostimme einer Icherzählerin, die als Kind und Erwachsene spricht.

Diese Entscheidung zog weitere Entscheidungen nach sich, die nicht immer schnell oder leicht getroffen wurden, die jedoch notwendig waren. Zwar blieb der Romanschauplatz immer derselbe – immer handelte es sich um eine Stadt auf rotem Erdboden im Alabama Black Belt, für die Monroeville Modell gestanden hatte, und selbst in *Gehe hin, stelle einen Wächter* denkt Jean Louise nur an New York – doch der zeitliche Rahmen schrumpfte immer mehr, bis von den ursprünglich zweieinhalb Jahrzehnten im Leben der Jean Louise Finch nur noch drei Jahre ihrer Kindheit übrig blieben, vom Sommer 1933 bis zum Herbst 1935.

Dadurch, dass sie die Handlung nicht bis in die 1950er-Jahre verlängerte, ersparte sich Lee zwei Schwierigkeiten: Erstens musste sie keine Liebesgeschichte schreiben – eine Erleichterung, da die Beziehung zwischen Jean Louise und Henry Clinton in *Gehe hin, stelle einen Wächter* anmutete, als sei sie von jemandem verfasst worden, der noch nie eine echte Beziehung erlebt hatte, was, soweit man weiß, der Wahrheit entspricht. Zweitens bedeutete es, dass Lees Leser es mit einem Buch zu tun haben würden, das zwanzig Jahre früher spielte, sodass die Bürgerrechtsbewegung brav am Rande blieb, statt mit den Figuren des Romans zu kollidieren.

Dies wiederum ermöglichte die allerwichtigste Veränderung: Anders als *Gehe hin, stelle einen Wächter* gab es in *Wer die Nachtigall stört* sowohl einen Helden als auch eine Heldin. In der ersten Fassung fährt Jean Louise nach Hause zu ihrem Vater, den sie immer als human und egalitär vergöttert hatte, und ist entsetzt, feststellen zu müssen, dass er dem White Citizens Council angehört und ein Gegner der NAACP ist. Indem Lee den Blickwinkel auf die jüngere Scout beschränkt, konnte sie Atticus als moralisches Musterbeispiel beibehalten, als Anwalt, der einen unschuldigen Schwarzen gegen einen rassistischen Mob verteidigt. Für seine Tochter war Atticus ein Mann, der seiner Zeit voraus war, doch in *Gehe hin, stelle einen Wächter* holt ihn die Zeit nicht nur ein, sondern überholt ihn. In *Wer die Nachtigall stört* bleibt er für immer ein Held.

Tay Hohoff hat Lee ganz eindeutig geholfen, ein besseres Buch zu schreiben, doch Maurice Crain hatte recht damit, dass ihr erster Roman trotz großer Schwachstellen durch die Analyse des Südstaatenrassismus den Lesern die Augen öffnete. Hohoff mag es schwierig gefunden haben, sich Fürsprecher der Segregation vorzustellen, die den Ku-Klux-Klan verabscheuten, doch Lee wusste, dass es im Süden nur so von ihnen wimmelte. Sie hatte zahllose Männer wie Atticus im *Wächter* gekannt, die einen Schwarzen vor Gericht verteidigten und ihn dann daran hinderten, zur Wahlurne zu gehen, ganz zu schweigen vom Nachbartisch oder Barhocker in einem Lokal. Die Mehrheit der Weißen in Alabama hätte sich tatsächlich nie einem Lynchmob angeschlossen, stellte sich jedoch lautstark gegen die Aufhebung der Segregation in den Schulen und anderswo. Aber Lees Bemühungen, diesen komplizierten Sachverhalt zu vermitteln, hatten aus dem *Wächter* ein Lehrstück über »wissende Tochter« und »unwissenden Vater« gemacht, und die Romanfiguren ertrugen die politische Überfrachtung nicht.

Hohoff wollte Lees Roman von Scheinheiligkeit befreien und machte geltend, dass eine beschönigende Handlung bessere Aussichten hatte, Leser zu erreichen, als eine moralisierende. Als Quäkerin, deren Großonkel von einem Lynchmob ermordet worden war, die damals gerade an einer Biografie über John Lovejoy Elliott schrieb und Aktivistin der Ethischen Bewegung war, wollte Hohoff, dass Lee eine Erlösungsgeschichte der Toleranz schrieb. Und was sie wollte, bekam sie normalerweise auch: Es war kein Zufall, dass Hohoff in ganz New York als »der Quäker-Hitler« bekannt war. Es sei leichter, erklärte Hohoff, die Handlung um eine Person wie Bob Ewell aufzubauen, einen armen, unfähigen Weißen, an dessen Niederträchtigkeit keiner zweifelte, als naive und selbstgerechte Leser vom Rassismus respektabler Leute wie Atticus überzeugen zu wollen. Hohoff bestand darauf, dass im Gerichtssaal von Maycomb besser ein kämpferischer Prozess ausgefochten werden solle als eine rassistische Kundgebung, und dass es das Beste sei, die Leser dazu zu bekehren, sich gegen rassistische Diskriminierung zu engagieren, während ein Kind seine Unschuld verliert, als die Leser mit der desillusionierten Stimme einer erwachsenen Tochter zu verurteilen.

Während der zwei Jahre, in denen Lee mit ihrer Lektorin die Seiten durchging, fuhr sie zwischen New York und dem tiefen Süden hin und her, da der Gesundheitszustand ihres Vaters sich verschlechterte. Das machte ihr das Arbeiten schwer, bedeutete aber auch, dass sie sich mehr mit ihrem Quellenmaterial auseinandersetzte, sowohl mit der Stadt, aus der sie stammte, als auch mit den Menschen, die dort aufgewachsen waren. Sie und ihre Schwester Alice sahen abwechselnd nach ihrem Vater: Alice arbeitete tagsüber in der Kanzlei und löste Nell abends ab. »Sie ging dann nach Hause und kümmerte sich um Daddy, und ich kam hierher, um zu schreiben«, sagte sie und meinte die Kanzlei Barnett, Bugg & Lee, die direkt am Platz des Gerichtsgebäudes lag, in einem Monroeville, das sie in Maycomb verwandelte, während alle anderen ringsum schliefen. Zu diesem Zeitpunkt hatte sie sich Scouts Perspektive bereits so sehr zu eigen gemacht, dass sie sie kaum mehr ablegen konnte. »Eines Nachts saß ich hier und schrieb das letzte Kapitel, in dem der Alte die Kinder jagt«, sagte Lee später, »da bekam ich solche Angst, dass ich nach Hause rannte.«

Im November 1959 hatte sie endlich alles zu Papier gebracht: Jems gebrochenen Arm, Calpurnias Kirchengemeinde, die gemeine Mrs Dubose mit der Pistole unter dem

Schultertuch, Tante Alexandra und Onkel Jack, Atticus und seine Taschenuhr, den winzigen Merlin von nebenan, Tom und Helen Robinson, die baufällige Veranda des Radley-Hauses, die Eiche mit dem Astloch voller Geheimnisse, die Galerie des Gerichtsgebäudes, und Scout, die Ave-Maria-Heldin. Am Zehnten jenes Monats ließ Lee sich ihren, wie sie glaubte, letzten Scheck von Lippincott geben und war gespannt, was ihre Leser von Maycomb halten würden.

18

Eine Tiefe ruft die andere

Harper Lee war nicht Capotes erste Wahl. Ursprünglich hatte er seinen Freund Andrew Lyndon mitnehmen wollen, einen anderen jungen Schriftsteller aus dem Süden, doch als dieser absagte, wandte sich Capote an Lee. Wegen eines Artikels müsse er in einen Teil des Landes fahren, den er kaum kenne, erklärte er, und wolle einen »Rechercheassistenten«, jemanden, der ihm helfe, Interviews zu führen und Material zu sammeln und deshalb mit ihm nach Kansas reise.

Am 15. November 1959 wurden in Holcomb, einer kleinen Gemeinde im Südwesten des Bundesstaates, ein Farmer namens Herb Clutter, seine Frau Bonnie, ihre sechzehnjährige Tochter Nancy und ihr fünfzehnjähriger Sohn Kenyon ermordet in ihrem Haus aufgefunden. Die Clutters waren eine wohlhabende, angesehene Familie, und die Nachricht von ihrer Ermordung war so schockierend, dass sie bis in die *New York Times* vordrang, wenn auch nur in Kurzform. Capote hatte den kleinen Artikel gelesen und beschlossen, im *New Yorker* ausführlicher darüber zu schreiben: nicht nur eine Schilderung des Verbrechens oder ein Porträt der Opfer, sondern eine Kurzbiografie der gesamten Stadt.

»Er sagte, es werde eine enorm komplizierte Sache«, erinnerte sich Lee später, und der Zufall wollte es, dass sie gerade viel Zeit hatte. Der Mord an den Clutters geschah fünf Tage, nachdem sie *Wer die Nachtigall stört* abgeliefert hatte, und sie hatte keine Ahnung, was sie als Nächstes tun sollte. Es sollte sich zeigen, dass nach der Abgabe und dem Verkauf eines Manuskripts viel Zeit vergeht, bis das Buch in den Buchhandlungen ausliegt: genau wie bei einer Schwangerschaft, nur mit dem Unterschied, dass man *weitere* neun Monate warten muss, wenn man denkt, man habe es hinter sich. Für Lee hatte dieses lange In-der-Luft-Hängen gerade erst begonnen und sie wollte nicht wieder bei der Fluggesellschaft arbeiten, hatte aber nicht viele Wahlmöglichkeiten. Capotes Angebot, seine »Rechercheassistentin« zu werden, würde ihr eine Beschäftigung geben, und ihm bei einem Artikel für den *New Yorker* zu helfen, würde es einfacher für sie machen, dort ihrerseits etwas unterzubringen. »Sie hatte daran gedacht, ein Sachbuch zu schreiben«, sagte er, »und wollte meine Reportagetechniken lernen.«

Capote schien in seiner selbstherrlichen Art vergessen zu haben, dass seine Freundin die Tochter eines Zeitungsbesitzers und -herausgebers war und bereits allerhand über Journalismus wusste. Obwohl ihr Aufenthalt in Kansas sich später als eine Art Probelauf für ihre Zeit in Alexander City erweisen sollte, war er für Capote keine Lehrzeit, sondern für beide eher eine Rückkehr in die Kindheit: Sie wurden einmal mehr Komplizen, wenn auch diesmal sehr viel buchstäblicher. Später sagte sie mit den Worten aus einem Psalm: »Eine Tiefe ruft die andere. Dieses Verbrechen faszinierte ihn, und mich faszinieren Verbrechen ebenfalls – ja, ich wollte unbedingt mitkommen.« Sie legten ein Honorar fest – neunhundert Dollar, also fast so viel, wie sie für ihren

Roman bekommen hatte, plus Spesen – und stiegen zusammen am Grand Central Terminal in einen Zug, dessen sternenübersäte Abteildecke eine Miniaturausgabe des Sternenhimmels war, den sie schon bald über den Great Planes sehen würden.

Von Manhattan, wo sie aufbrachen, bis nach Manhattan in Kansas war es ein weiter Weg. Als sie dort mit dem Nachtzug ankamen, waren es immer noch vierhundert Meilen mit dem Auto nach Garden City, der nächstgrößeren Stadt bei Holcomb, dem 270-Seelen-Dorf, wo die Clutters ermordet worden waren. Unterwegs hatten sie viel Zeit zum Reden, Pläneschmieden und um in Erinnerungen zu schwelgen. Lee fand, wie sie sagte, Verbrechen schon lange faszinierend, ganz gleich, ob sie real waren oder nicht. Sie war mit der Zeitschrift *True Detective Mysteries* aufgewachsen, deren Hefte sich bei ihr stapelten, hatte Sherlock Holmes mit der Muttermilch eingesogen und las immer noch gerne Mordgeschichten. Außerdem hatte sie in der Galerie des Monroe-County-Gerichtsgebäudes gesessen und die Prozesse miterlebt. Im Gegensatz zu Capote hatte sie zudem Strafrecht studiert.

Capote wiederum hatte eine Mörderin einst aus nächster Nähe erlebt. Während eines seiner Sommeraufenthalte in Monroeville war ein sechzehnjähriges Mädchen bei seinen Verwandten zu Besuch und freundete sich mit Capote an, was die zehnjährige Nelle sehr ärgerte. (»Ich war eifersüchtig«, sagte sie später, »weil Truman so viel Zeit mit Martha verbrachte – der exotischen Älteren.«) Das Mädchen überredete Capote schließlich, mit ihr wegzulaufen, in eine Stadt, die ein paar Meilen weit entfernt war. Die Eskapade dauerte nicht lange: Capote wurde nach Hause gezerrt, und das Mädchen wurde zu ihren Eltern zurückgeschickt. Dreizehn Jahre später beging Martha Beck eine Reihe von Morden, gemeinsam mit einem Mann, den sie durch ein Zeitungsinserat kennengelernt hatte, einem ehemaligen Häftling und bekennenden Voodoo-Anhänger: Die beiden wurden als »Lonely Heart-Killers« berühmt.

Als Lee und Capote nach Garden City kamen, der Stadt, in der sie vorübergehend wohnen würden, sieben Meilen flussabwärts von Holcomb, wo es keine Hotels gab, waren sie bereit, die Rollen zu übernehmen, die Capotes Partner Jack ihnen vor der Abreise im Scherz zugeteilt hatte: Perry Mason und seine Sekretärin Della Street. Sie kamen ein paar Wochen nach den Morden in einer Gegend an, in der die Leute so sehr in Angst lebten, dass sie nachts das Licht anließen. »Zuerst war es, als seien wir auf einem anderen Planeten«, schrieb Lee, »einem riesigen Gelände, dem die Geschöpfe, die auf ihm entlanggingen, gleichgültig waren, eine misstrauische Bevölkerung, der alle Fremden verdächtig waren.«

Im Warren Hotel bezogen sie zwei Zimmer nebeneinander. Ob der beschränkten Einkaufsmöglichkeiten an Orten, die nicht New York waren, hatte Capote in weiser Voraussicht eine ganze Truhe mit Lebensmitteln mitgebracht. Er war von Anfang an vor Kansas auf der Hut, und Kansas vor ihm: Die meisten Bewohner von Garden City hatten keine Ahnung, was sie mit der Orchidee machen sollten, die sich in ihre Weizenfelder eingenistet hatte. Zuerst wollte keiner mit ihm reden. Er hatte eine seltsame Stimme, kleidete sich abstoßend und hatte, soweit die Leute aus Finney County wussten, Verbindungen zu den Mördern. Ein Freund hatte Capote gewarnt – dem der Eindruck, den er machte, durchaus bewusst und gleichzeitig egal war: Die Holcomber, hatte er gesagt, hätten möglicherweise wenig Verständnis für einen

»kleinen Gnom in einer karierten Weste, der herumrannte und fragte, wer wen ermordet hatte«.

Dennoch hatte Capote nicht geahnt, dass er auf so heftigen Widerstand stoßen würde. Er hatte damit gerechnet, in ein paar Tagen mit den Interviews fertig zu sein, und hatte auch nicht mehr Verpflegung dabei. Er und Lee hatten geplant, jeden Morgen aufzubrechen, ihre Reportage zu machen und sich abends im Hotel zusammenzusetzen und ihre Notizen zu bearbeiten. Lee hatte vor, ihre zu tippen, Capote wollte seine mit der Hand schreiben, und dann würden sie alles gemeinsam durchgehen und korrigieren, genau wie damals, als sie zusammen Geschichten über die South Alabama Avenue geschrieben hatten. Capote sagte gerne, dass er ein menschliches Tonband sei (widerlegte dies aber, indem er abwechselnd behauptete, er habe ein Erinnerungsvermögen von 95, 97 und 99 Prozent), Lee jedoch war beinahe eine menschliche Videokamera: Sie hatte ein ausgezeichnetes Ohr für Dialoge, aber auch ein Auge für Szenen und Schauplätze. Lee achtete darauf, was jemand trug oder wie jemand seine Hände hielt oder was im Hintergrund im Fernsehen lief, und sie war diejenige, die Schaubilder zeichnete, Listen machte, Reiserouten verfolgte und Chronologien aus verschiedenen Quellen rekonstruierte.

Am Dienstag, den 15. Dezember, kamen sie in der Stadt an und begannen gleich am nächsten Tag mit ihrem Rundgang. Zuerst gingen sie zum Finney-County-Gerichtsgebäude und versuchten, den Ermittlungsbeamten Alvin Dewey vom Kansas Bureau of Investigation (KBI) zu interviewen, der nichts davon hielt und sich weigerte. Andere Reporter verfolgten die Geschichte schon seit drei Wochen und viele von ihnen waren aus der Gegend. Für Dewey und fast alle in Garden City klang *The New Yorker* nach irgendeinem Regionalblatt, und der Mann, der behauptete, für den *New Yorker* zu schreiben, hätte genauso gut für den *New Martian* schreiben können – den *Neuen Marsmenschen*. Dewey sagte zu Capote, er solle zur Pressekonferenz kommen und seine Akkreditierung mitbringen.

Dies führte zu einer Art Krise. Ganz gleich wie gut seine »Reportagetechniken« sein mochten, so war er doch nach Kansas gefahren, ohne nachweisen zu können, dass er Journalist war, und Polizeibeamte waren kaum geneigt, ihm zu glauben. Der Fall, den sie bearbeiteten, war heikel, und sie wollten weder die Ermittlung noch die Privatsphäre der beiden überlebenden Clutter-Töchter gefährden. Sie waren beide Anfang zwanzig und wohnten nicht mehr zu Hause, als der Rest der Familie ermordet wurde. Capote führte ein paar Telefonate und konnte jemanden von Random House – höchstwahrscheinlich den Verleger und Cheflektor Bennett Cerf – dazu bringen, sich für ihn beim Federal Bureau of Investigation einzusetzen. Das Telefonat kam pünktlich, doch zu Capotes Pech überprüfte das FBI die Akten, schlug im *Who's Who in America* nach und kam zu dem Ergebnis, dass er nicht ausreichend »legitimiert« sei und sie daher nicht bei der dortigen Außenstelle vermitteln konnten.

Als Capote Dewey direkt auf sein Anliegen ansprach, hatte er ebenfalls kein Glück, und daher taten er und Lee, was sie ohne direkten Zugriff tun konnten: Sie sammelten Exzerpte aus den Lokalzeitungen sowie Touristenbroschüren über die Stadt und belauschten die Einheimischen in den Cafés und auf den Postämtern. Lee machte sich daran, alles über den Schauplatz von Capotes Artikel in Erfahrung zu bringen, von der Agrargeschichte über die sozioreligiösen Traditionen bis zum berühmtesten Quacksalber – einem John Romulus Brinkley, der Männern als eine Art Viagra des frühen 20. Jahrhunderts Ziegendrüsen transplantierte und dessen Frau Bertrand Russell heftig dafür angegriffen hatte, dass er für freie Liebe warb, während sie und ihr Mann versuchten, diese zu verkaufen.

Doch der Hintergrund war das eine, die Tragödie selbst etwas ganz anderes. Als Lee und Capote versuchten, sich ein paar vielversprechenden Quellen zu nähern, darunter auch Nachbarn der Clutters und Verwandte der beiden Teenagertöchter, die die Leichen gefunden hatten, wurden sie schroff abgewiesen oder ignoriert. Selbst unter den besten Umständen sind die Schibboleths eines winzigen Ortes wie Holcomb schwer zu entziffern, und in einer Zeit äußerster Furcht und großen Kummers schirmten sie sich noch dazu mit aller Kraft gegen Außenstehende ab. Doch für die besorgten Einheimischen war Lee alles, was Capote nicht war: warmherzig, einfühlsam und vertrauenerweckend genug, um ihr die eigenen Geschichten zu offenbaren. »Eine ganz fantastische Dame. Ich mochte sie sehr«, sagte Harold Nye über Lee, einer der KBI-Beamten, der im Fall Clutter ermittelte, doch was Capote anbelangte, gestand er: »Ich hatte keinen sehr guten Eindruck von diesem kleinen Scheißer.«

Dieser Eindruck war sicher davon beeinflusst, dass Capote ein rosa Negligé trug, als Nye und drei andere Polizeibeamte ins Warren Hotel kamen, um sich vorzustellen. Doch weder die Damenwäsche noch die Lesbenbar in Kansas City, in die der Autor Nye und seine Frau später mitnahm, konnten verhindern, dass das Paar Lee ins Herz schloss. Entscheidend war, dass Agent Dewey, der Hauptermittler in dem Fall, bald ebenso empfand. »Während Capote die Leute vor den Kopf stieß, dämpfte Lee diesen Stoß ab«, sagte Dewey. »Sie hatte etwas Bodenständiges, ein freundliches Lächeln und eine Gabe, das Richtige zu sagen.« Dolores Hope, eine Redakteurin der Lokalzeitung und die Frau von Clifford Hope, dem Familienanwalt der Clutters, erklärte: »Nell hat Truman sozusagen gemanagt, indem sie auf ihn aufpasste und ihn bemutterte. Sie brach das Eis für ihn.«

Die Stadt, die ihren Schock und ihren Kummer nicht mit Fremden hatte teilen wollen, war nun bezaubert von der vernünftigen Dame aus dem Süden und neugierig auf ihren ungewöhnlichen Freund und hieß die beiden Ortsfremden in ihren Wohnzimmern willkommen. Und nicht nur dort: Lee und Capote erhielten schon bald die Erlaubnis, das Haus der Clutters zu besichtigen, obwohl der Tatort noch nicht freigegeben war. Sie gingen die Treppe hinauf in die Kinderschlafzimmer, wo die Mutter und eine Tochter gefunden worden waren, und von dort in den Keller hinunter, wo Vater und Sohn getötet worden waren. Das gesamte Blut hatten vier Freunde von Herb Clutter am Tag nach den Morden mit Schrubbern, Scheuerbürsten, Putzlumpen und Eimern aufgewischt, doch wo die Leichen gelegen hatten, waren noch Flecken zu sehen, und das Haus wirkte wie eine Gruft.

Capote und Lee fuhren die fünfzehn Minuten zurück in die Stadt und zogen sich ins Warren Hotel zurück, um zu arbeiten. An jenem Abend machte sich Capote drei Seiten Notizen, Lee neun, samt aller Einzelheiten über die vierzehn Zimmer des Clutter-Hauses. Sie notierte die Höhe der Küchenschränke und die Titel der Bücher, die Farbe der Wände und die Muster des Linoleums, das Kaliber von jedem Gewehr im Schrank, die Signatur auf gerahmten Bildern, die Tatsache, dass es einen Pingpongtisch gab, aber keine Pingpongbälle. Sie zeichnete Pläne vom ersten Stock, vom zweiten Stock und vom Keller, außerdem eine Karte des Grundstücks samt Gartengestaltung.

Lee fing unweigerlich an, über die Familie, die dort gelebt hatte, Schlüsse zu ziehen. Die Clutters waren in vielerlei Hinsicht wie die Lees, und sie verstand intuitiv manches, was Capote entging. Sie hatte die liturgischen Jahresabläufe der Methodistischen Kirche miterlebt und hatte wie die Kinder der Clutters Vereinsbücher für ihren 4-H Club fabriziert. Noch bemerkenswerter war, dass sie in einer ganz ähnlichen Familie großgeworden war: ein Vater, der ein Selfmademan war und dessen hervorragender Ruf weit über die Grenzen des Countys hinausging, eine geplagte Mutter, deren psychische Verfassung sie zur Behandlung in fernen Städten trieb und dann rätselhafterweise wieder ans Haus fesselte, weiterhin Kinder mit großen Altersabständen – zwei von ihnen waren bereits aus dem Haus, die dritte eine ängstliche Streberin, deren Tagebuch zeigte, wie sehr sie sich bemühte, ihrem Vater zu gefallen und ihre Mutter zu beruhigen, und der vierte ein Einzelgänger, der in den Büchern neben seinem Bett Trost fand.

Für Capote waren sie eine Geschichte, für Lee eine Familie. Sie schuf bereits ein psychologisches Porträt der Opfer, und ihre Gabe, sie sich als Menschen vorzustellen, brachte sie denjenigen in der Stadt näher, die sie gekannt hatten. In der dritten Dezemberwoche riefen die Hopes im Warren Hotel an und luden Lee und ihren Freund zum Weihnachtsabendessen ein, weil sie sich Sorgen machten, dass sie sonst ganz allein wären. Die Schriftsteller hatten sich ihrerseits Sorgen gemacht, dass sie die ganze Woche nichts bewerkstelligen würden, doch obwohl das Gericht und alles andere über die Feiertage geschlossen war, öffneten sich endlich die Menschen.

Nachdem die Hopes das seltsame Paar aus Alabama willkommen geheißen hatten, wollten auch alle anderen sie kennenlernen, einschließlich der Deweys. Capote und Lee hatten dem Ermittlungsbeamten Dewey den Spitznamen »der Scharfe« gegeben, weil er alles Wissenswerte über die Ermittlung streng bewachte (und vielleicht auch, weil er attraktiv war, wie Nelle in einem Brief an ihre Agentur mit schulmädchenhaften Herzen festhielt). Doch seine Frau Marie, die aus New Orleans stammte, war bereit, ihre Süd-staatengastfreundschaft selbst Journalisten aus einer Groß-stadt angedeihen zu lassen, und lud die Schriftsteller zum Dinner ein. Bei Avocadosalat, gebratenem Bauernsteak, Shrimps, Sauternes und einem Cajungericht aus Reis, wei-ßen Bohnen und Speck lernten sie die Familie kennen, zu der zwei kleine Söhne gehörten und eine riesige getigerte Katze namens Courthouse Pete. Was Mrs Dewey ihnen kre-denzte, war jedoch beileibe nicht der Hauptgang. Während Capote und Lee bei den Deweys übernachteten, erhielt Agent Dewey einen Telefonanruf: Die Männer, die die Clut-ters ermordet hatten, waren tausend Meilen entfernt in Las Vegas verhaftet worden.

Die Bewohner von Finney County atmeten erleichtert auf: Endlich konnten sie das Licht ausmachen, wenn sie zu Bett gingen, endlich konnten sie die siebeneinhalb Zenti-meter langen Nägel aus den Fensterrahmen ziehen. Für Capote jedoch wurde es schwieriger. Er hatte ursprünglich nicht vorgehabt, bis zum Schluss der Ermittlungen zu blei-ben, und hatte an seinem ersten Tag in der Stadt ungerührt verkündet, es sei ihm völlig egal, ob die Morde je aufgeklärt würden. Er und Lee hatten bereits Dutzende von Leuten interviewt, und er hatte Unmengen von Notizen, die er in New York durcharbeiten wollte – für den von ihm geplanten Artikel mehr als genug Material. Jetzt, da die Verdächtigen verhaftet worden waren, musste Capote, wie ihm bewusst war, auch über sie schreiben, was bedeutete, dass er und Lee noch eine Weile in Kansas bleiben mussten.

Anfang Januar warteten die beiden Schriftsteller in Eiseskälte vor dem Gerichtsgebäude von Finney County, sie mit tauben Füßen und er mit roten Ohren, als Perry Smith und Dick Hickock in Handschellen aus den Polizeiwagen stiegen. Außerdem sahen sie sich am nächsten Morgen an, wie die beiden Männer wegen Mordes angeklagt wurden: Hickock klang wie ein Cowboy, als er auf seine Voranhörung verzichtete, Smith mehr wie ein Geistlicher. Am Montag darauf bezahlte Capote jedem der Mörder fünfzig Dollar für ein Interview, zu dem Lee mitkam. Perry Smith, Sohn einer Cherokee und eines Iren, setzte sich erst, als Lee sich gesetzt hatte, und sagte danach fast gar nichts, außer, dass er sich das mit dem Interview überlegen würde. Dick Hickock dagegen, ein blonder tätowierter Mechaniker, geboren und aufgewachsen im Osten von Kansas, zeigte sich von Anfang an kooperativ: Er redete Lee mit »Ma'am« an, beantwortete jede Frage der beiden und hätte noch den ganzen Tag weitergeredet, wenn Agent Dewey ihn nicht in seine Zelle zurückgebracht hätte.

Eine Woche später kamen die beiden Männer wieder in Deweys Büro, um ein weiteres Interview zu geben und weitere fünfzig Doller zu verdienen. Diesmal war Smith entgegenkommender und Hickock war noch geschwätziger als beim ersten Mal. Beide erzählten, warum sie sich die Clutters ausgesucht hatten (weil fälschlicherweise verbreitet wurde, Herb Clutter besitze einen mit Bargeld gefüllten Tresor) und wohin sie fuhren, als sie auf der Flucht waren (eine komplizierte Reiseroute durch verschiedene Bundesstaaten bis nach Mexiko). Lee sah bereits, dass Capote sich zu Perry Smith hingezogen fühlte, zum Teil weil sie sich physisch ähnelten, doch vor allem weil sie emotional dasselbe erfahren hatten. Beide hatten die Größe und Gestalt eines Holzapfels und beide waren von derselben Art Baum gefallen: Ihre Väter waren abwesend, und ihre Mütter waren Alkoholikerinnen. Lee sah sehr klar, dass das Zünglein an Capotes Waage als Autor sich bereits von einer Elegie zu einer Apologie verschob: Den Opfern würde die Vielschichtigkeit in der Darstellung vorenthalten bleiben, weil er sie für seine neuen Protagonisten brauchte, die Männer, die getötet hatten.

Weil Capote die Angeklagten interviewt hatte, wusste er viel über die Gründe für die Morde, und Lee hatte für ihn Auszüge der Vernehmungskopien von Dewey erbettelt, die Aufschluss über das Wann und Wo und Wie gaben. Alles in allem glaubte Capote, genug Material zu haben, um mit der Niederschrift eines »nicht fiktionalen Romans« beginnen zu können – dem Versuch, mit Schreibtechniken des Romans eine wahre Geschichte zu erzählen, und gemeinsam mit Lee verließ er Kansas am nächsten Tag. Sie schlugen im Luxuszug über die Stränge, übernachteten in Chicago und waren am 18. Januar 1960 wieder in New York. Am Grand Central Station trennten sie sich, Nelle fuhr in den nördlichen Teil der Stadt und Capote nach Brooklyn. Am Ende der Woche hatte er die Redakteure des *New Yorker* bereits überredet, aus seinem Kansas-Artikel eine mehrteilige Serie zu machen, und bei Random House hatte er einen Autorenvertrag für ein Buch unterschrieben.

Kurz darauf zog Nelle um. Sie blieb in Yorkville, zog aber in eine bessere Wohnung ein paar Blocks weiter südlich, in die 403 East Seventy-Seventh Street, wo sie eine Heizung und heißes Wasser hatte. Während Capote seinen neuesten

Buchvertrag feierte, musste Nelle ihr Debüt buchstäblich mit i-Tüpfelchen und fehlenden T-Strichen versehen: Als sie nach Hause kam, war die Druckfahne der *Nachtigall* zu revidieren. Doch sie hatte noch etwas anderes zu erledigen: Sie hatte selbst einen Auftrag im Fall Clutters übernommen, teils um Geld zu verdienen – den Vorschuss für ihr Buch hatte sie längst ausgegeben, und sie wusste nicht, ob sie je Tantiemen dafür bekommen würde –, teils um Capote einen Gefallen zu tun, da ihnen beiden klar war, dass er sich das Wohlwollen aller in Kansas sichern musste. Bevor Alvin Dewey Ermittler beim KBI wurde, hatte er für das FBI gearbeitet, und Lee hatte sich bereit erklärt, ein Porträt über ihn für eine absolute Nischenzeitschrift zu schreiben: *The Grapevine*, der Rundbrief der Gesellschaft für ehemalige FBI-Agenten.

Der Stil des *Grapevine* schwankt zwischen Ehemaligennotizen und Obduktionsbericht, und das gilt auch für Lees Porträt von Dewey. Ihr Beitrag stand eingequetscht zwischen den fotografierten Häuptern pensionierter oder verstorbener Agenten und Konferenz- und Veranstaltungsankündigungen und klang absichtlich oder durch ein Redigieren mit dem Holzhammer genau wie alles andere im *Grapevine*. Der Beitrag war in keiner Weise bemerkenswert, er war ohne Verfasserangabe und wurde per Post als Mimeografie an ehemalige FBI-Agenten verschickt. Es war jedoch ihr erster Kurzartikel seit Collegezeiten.

Den *Grapevine*, ein Klatschblatt für diejenige Organisation, die am wenigsten zu Klatsch neigt, kennen im Grunde nur FBI-Insider, und Lees Artikel erschien in der Märzausgabe von 1960, ohne viel Aufhebens zu machen. Selbst wenn die Verfasserin genannt worden wäre, hätte damals niemand etwas mit ihrem Namen anzufangen gewusst, das Porträt erfüllte jedoch seinen Zweck und hielt Capotes Verbindung zu den Deweys aufrecht, ebenso wie die von Lee. Als die Farm der Familie Clutter später im Jahr verkauft wurde und der Mordprozess gegen Hickock und Smith stattfand, fuhr Capote mit Lee zurück nach Kansas. Diesmal nahmen sie den Fotografen Richard Avedon mit, der mit Modeaufnahmen und Porträts von Berühmtheiten bekannt geworden war.

Obwohl Lee nicht auf den Bildern vorkam, die später im Magazin *Life* erschienen, ist sie in Avedons Kontaktabzügen von dieser Reise zu sehen und war wie bei ihrem vorigen Aufenthalt jeden Tag als Berichterstatterin zugegen. Weil sie ihr ganzes Leben in unmittelbarer Nähe von Gerichtsgebäuden verbracht hatte und beinahe ein vollständiges Jurastudium vorweisen konnte, war sie diesmal sogar noch unentbehrlicher. Als Smith und Hickock am 22. März zum Prozess kamen, waren Capote und Lee beide im Gerichtssaal, doch nur sie machte sich Notizen über die Geschworenen – die beide Männer sieben Tage später nach weniger als einer Stunde gemeinsamer Beratung schuldig sprachen und zum Tode verurteilten. »Warum sie die Menschen, die sie zum Tode verurteilt haben, nie anblicken, werde ich nie verstehen«, notierte Lee über die Geschworenen, ein Anklang an eine Äußerung von Scout in *Wer die Nachtigall stört*. Einige Tage später bestimmte der Richter den 13. Mai 1960 als Tag der Hinrichtung.

Es war, auf die schrecklichste und buchstäblichste Weise, eine Deadline. Capote schrieb dieses Buch ebenso wie er sein voriges geschrieben hatte: am Mittelmeer, weit weg von den gesellschaftlichen Versuchungen und beruflichen Verpflichtungen New Yorks. Lee tat ihr Möglichstes, um ihrem Freund zu helfen, bereitete ihr gesamtes Material, das sie seit ihrer Zeit in Kansas besaß, für ihn auf und übergab ihm vor seiner Abreise über 150 getippte Seiten, die sie in zehn Abschnitte unterteilt hatte: einen über die Stadt, einen über die Landschaft, einen über das Verbrechen, je einen über jedes der vier Opfer, einen für die beiden überlebenden Töchter, einen über ihre Interviews und einen über den Prozess. Sie schrieb auch eine Widmung, mit der sie ihr Werk »Dem Autor von *The Fire and the Flame* und *The Small Person Who So Manfully Endured Him*« zueignete – ein zärtlicher Gruß an ein paar von Capotes Jugendwerken und ein Dank für die drei Jahrzehnte der Zusammenarbeit vor ihren Fahrten nach Kansas.

Diese Notizen dienten als Muster für ihre eigenen Verbrechensaufzeichnungen in Alexander City fast zwanzig Jahre später. Ganz oben auf jede Seite schrieb Lee über die Interviewüberschrift, aus der der Inhalt hervorging, das Datum des Interviews oder das Datum in der Zeitleiste der Clutter-Ermittlungen, auf das es sich bezog, sowie mit wem sie wann gesprochen hatten. Sie fügte auch möglichst überall kleine Szenen hinzu, sodass sich Capote immer, wenn er sich den Notizen zuwandte, sofort ins Wohnzimmer oder Esszimmer oder in das Gerichtsgebäude zurückversetzt fühlte, in dem das Interview stattgefunden hatte, ganz gleich, wie viel Zeit seitdem vergangen war. Sie tat ihm auch den Gefallen, alle Stimmen, die sie gehört hatten, miteinander ins Gespräch zu bringen und dabei in separaten Abschnitten anzuführen, was jede ihrer zahlreichen Quellen über Mrs Clutter, Mr Clutter, Kenyon und Nancy gesagt hatte, und dabei Fragen und Theorien über die Verbrechen hinzuzufügen.

Auf diese Weise hielt Lee über fünfzig Personen auf einer Seite fest, samt derer, die sie interviewt hatte, Capote jedoch nicht: Freunde der Clutter-Kinder, Nachbarn der Familie Clutter, den Leichenbeschauer des Countys, Ermittler des KBI, Detektive, Geistliche, den Richter, den Sheriff, die Geschworenen, den Tratsch aus dem Café und die Grübler im Postamt. Ihre Notizen waren voller Quellen, die nur über den Fall Clutter gesprochen hatten, weil sie mit ihr sprechen konnten. Nancy Clutters Freund Bobby Rupp, derjenige, der die Familie vor ihrer Ermordung zuletzt gesehen hatte, sagte, wenn nur Capote die Interviews geführt hätte, »wäre er wahrscheinlich aus dem Zimmer gegangen«.

Bei Lees umfangreichen Notizen handelt es sich um keine bloße Mitschrift, sondern um Aufzeichnungen einer genauen Beobachterin, eines scharfen, juristisch geschulten Verstandes und einer tragikomischen Chronistin amerikanischer Geschichte. Sie notierte für Capote, wie hoch hinauf Mrs Clutters Socken reichten und wie lang Nancy Clutters Spiegel war – und sie hatte sich sogar das nicht vorhandene Spiegelbild gemerkt und wie viel davon das Mädchen gesehen haben konnte, bevor sie morgens zur Schule ging. Sie fasste die gerichtlichen Zeugenaussagen zusammen, erklärte Rechtsstrategien und bot psychologische Porträts der Geschworenen an. Und sie beschenkte Capote mit Notizen über Dinge, die nichts mit den Morden zu tun hatten, aber sehr viel mit dem Ort, an dem diese stattgefunden hatten – über Katzen, Bräuche, Scharlatane und Jahreszeiten. Im Gegensatz zu vielen Feldnotizen waren ihre fast ein Buch, das nur darauf wartete, geschrieben zu werden.

Doch die Geschworenen sind nicht die Einzigen, die Mühe haben, die Verdammten direkt anzublicken. Es sollte Jahre dauern, bis Hickock und Smith alle rechtlichen Möglichkeiten ausgeschöpft hatten und schließlich am Galgen landeten, und Capote brauchte fast ebenso lange, um herauszufinden, wie er ohne mit der Wimper zu zucken über den Fall Clutter schreiben konnte. Als beide Männer am Ende tot waren, schrieb er *Kaltblütig* schließlich zu Ende, und es wurde, genau wie er gehofft hatte, ein Bestseller. Doch bis dahin sollten noch fünf Jahre ins Land gehen, und Harper Lee veröffentlichte zuvor selbst einen Bestseller.

19

Tod und Steuern

Es mag viele Gründe dafür geben, warum Schriftsteller aufhören zu schreiben – Sucht, Angst, Depression, giftige Kritiken, Ablenkungen durch Techtelmechtel, die Geburt eines Kindes, fehlende Ideen, überwältigende Zweifel –, von denen der unwahrscheinlichste die Steuer sein dürfte. Doch Harper Lee behauptet, das Finanzamt habe sie bereits vom Arbeiten abgehalten, bevor *Wer die Nachtigall stört* überhaupt in die Buchhandlungen kam.

Diese ungewöhnliche Behauptung war zuerst von Dolores Hope festgehalten worden, der Zeitungskolumnistin, die Lee in Kansas kennengelernt hatte. Als Autorin von »Mütterlicherseits«, einem fast täglich erscheinenden Beitrag des *Garden City Telegram*, schrieb Hope über beinahe alles, von Kochbüchern über Diäten bis zu einem geplanten »Hüfthaltertag«, und nachdem sie 1959 Capote und Lee kennengelernt hatte, kamen die beiden regelmäßig in ihrer Kolumne vor. Als die beiden Schriftsteller im Jahr darauf vom Mordprozess Hickock und Smith zurückkamen, schrieb Hope über Lees bald erscheinenden Roman. Die Abgabefrist für die Steuererklärung würde in zwei Wochen enden, und Hope verriet, dass *Wer die Nachtigall stört* zwar erst im Juli erscheine, dass aber die Literary Guild und Reader's Digest bereits die Nachdruckrechte erworben hätten. Hope schrieb, dies bedeute normalerweise, »den Jackpot in großem Stil zu knacken«, nicht jedoch für Lee, die nun nicht mehr freiberuflich arbeiten könne, da »sie es sich nicht mehr leisten kann, noch mehr Geld zu verdienen«. Statt für ihr Buch gelobt zu werden, schrieb Hope, »bitte Lee nur um eine einzige Anerkennung – dass eine zukünftige Rakete mit ihrem Namen versehen werde. Weil sie nämlich schätze, eine solche zu finanzieren.« Dies war zwar maßlos übertrieben, doch es stimmt, dass die Reichen damals auf aggressive Weise besteuert wurden: Amerikas Nachkriegsreichtum speiste sich zum Teil aus Steuersätzen, die bei 90 Prozent liegen konnten. Laut Hope beschwerte sich Lee, dass »die Regierung mindestens 70 Prozent ihres Einkommens erhalte«.

Es war geradezu köstlich: Die arme, mittellose Harper Lee, die ohne warmes Wasser und an einem improvisierten Schreibtisch geschrieben hatte, die zu Fuß gegangen war, um das Busfahrgeld zu sparen, die ihre Agentur um weitere Vorschüsse angebettelt hatte, die für Truman Capote und Jack Dunphy die Wohnung gehütet hatte, um Miete zu sparen, die von Erdnussbutter und bei Freunden gemopstem Essen gelebt hatte – dieselbe Harper Lee war plötzlich so reich, dass sie nicht mehr arbeiten konnte. Außer ihrer Agentur, ihrer Lektorin und ihrer Schwester Alice, deren Sachkenntnisse in Steuerrecht plötzlich sehr gelegen kamen, wussten nur ganz wenige, *wie* reich sie genau war. Doch wenn Lee in jenem Jahr mit einem Steuersatz von 70 Prozent rechnete, musste sie bereits nach heutigen Maßstäben um die 700.000 Dollar verdient haben – was selbst heute für eine Schriftstellerin ein riesiger Betrag ist und für Lee das Siebenhundertfache ihres Vorschusses war.

Und all dies noch vor Erscheinen des Buchs. *Wer die Nachtigall stört* kam am 11. Juli 1960 heraus. Der Roman stand sofort auf der Bestsellerliste und rückte dann, als eine glänzende Rezension nach der anderen erschien, weiter nach oben. Im Dezember stand er in allen Überblicken zum Jahresende und auf allen Ranglisten. Im Januar 1961 wurden die Filmrechte verkauft und kurz darauf erfuhr die Öffentlichkeit, dass Horton Foote das Drehbuch schreiben würde und Gregory Peck Atticus Finch spielen sollte. Verlage in Frankreich, Deutschland, Italien, Spanien, Holland, Dänemark, Norwegen, Schweden, Finnland und der Tschechoslowakei kauften die Auslandsrechte. Im Mai gewann das Buch den Pulitzer-Preis. Ein Jahr nach der Veröffentlichung hatte sich *Wer die Nachtigall stört* bereits eine halbe Million Mal verkauft. Der Film lief am Weihnachtstag 1962 an, wurde kurz darauf für acht Oscars nominiert und gewann drei davon im April 1963. Die Lobeshymnen ebbten nicht ab, der Verkauf ließ nicht nach, die Tantiemen flossen und die Steuern wuchsen ins Unendliche.

Alice konnte ihrer Schwester noch so viele Ratschläge über Finanzplanung erteilen, doch niemand konnte Harper Lee beibringen, dem Kaiser mit Freuden zu geben, was des Kaisers ist. Als der hochgeschätzte Professor Hudson Strode, der Lee an der University of Alabama Shakespeare nahegebracht hatte, ihr schrieb, dass er ihren Roman sehr schätze und sie fragen wolle, ob Mr Atticus Finch nicht Mr A. C. Lee sei, schrieb sie ihm zurück: »Ja, Atticus war mein Vater. Er bringt mir jetzt bei, vergnügt Steuern zu bezahlen, jedoch mit mäßigem Erfolg!« Als ein Reporter Lee bei ihrer Besichtigungstour der Kulissen für die Verfilmung begleitete, beschwerte sie sich so ausgiebig, dass er am Schluss seines Artikels schrieb: »Der Erfolg hat Harper Lee nicht verdorben, doch er hat ihr Leben verändert. Sie kann niemanden richtig davon überzeugen, dass das Buch sie nicht über Nacht zur Millionärin gemacht hat. Tatsache ist, dass Steuergesetze für scharfsinnige Filmstars und Ölmagnaten großartig sein können, für Autoren jedoch die Hölle bedeuten.« Lees Agentur befand sich in der ungewöhnlichen Lage, sich bei ihrer Kundin dafür entschuldigen zu müssen, dass so viele Schecks eintrafen: »Wir können nichts dagegen tun, und wir wissen, dass Sie alle Hebel in Bewegung setzen, um etwas von dem Geld zu behalten. Der Gedanke, dass so viel davon an Einkommenssteuer versickert, schmerzt uns sehr.« Über fünf Jahrzehnte später gratulierte Lee mit weit über achtzig Jahren der berühmten Alabama-Historikerin Virginia Van der Veer Hamilton zu ihrem Erinnerungsbuch *Teddy's Child: Growing Up in the Anxious Southern Gentry Between the Great Wars* und warnte sie davor, über drei Millionen Exemplare zu verkaufen: »Wenn Sie mehr verkaufen, wird das Finanzamt Sie jagen!«

Es war, wie Dolores Hope festgestellt hatte, ein Problem, von dem die meisten Autoren nur träumen konnten. Innerhalb weniger Jahre wurde *Wer die Nachtigall stört* pro Jahr eine Million Mal verkauft. Lee erhielt alle Tantiemen – inklusive der Übersetzungen und Sonderausgaben – und außerdem einen Teil der saftigen Filmerlöse, weil Annie Laurie Williams Sonderkonditionen ausgehandelt hatte, bei denen Lee anfangs wenig Bargeld bekam und dafür einen höheren Prozentsatz der zeitlich unbegrenzten Filmtantiemen. Nur selten hat sich eine Doppelwette so üppig bezahlt gemacht. Der Film wurde zu einem amerikanischen Klassiker, und das Buch hat seit seinem Annus mirabilis nie an Beliebtheit eingebüßt – bis heute wurde es an die vierzig Millionen Mal verkauft.

Je besser es dem Roman ging, desto schlechter schien es seiner Autorin zu gehen. Lee ärgerte sich über die Steuern, die Reklame jedoch hasste sie regelrecht. In dem Sommer, als ihr Buch erschien, schrieb sie an einen Freund, sie sei »in New York gewesen, wo ich berühmt wurde; in Connecticut, wohin die Berühmten gehen, um sich ans Berühmtsein zu gewöhnen; und in East Hampton, wo die Berühmten hingehen, wenn sie sich ans Berühmtsein gewöhnt haben.« Lee jedoch gewöhnte sich nie daran. In *Newsweek* erschien ein Porträt von ihr, das auf einem im Algonquin Hotel mit ihr geführten Interview beruhte, wo sie sich in Bezug auf ihre Berühmtheit dumm stellte. *Life* brachte nach einem langen, unangenehmen Fototermin in Monroeville eine ganze Doppelseite, auf der Lee auf ihrem alten Schulhof Kickball spielt, auf der Galerie des Monroe-County-Gerichtsgebäudes posiert, so tut, als schreibe sie in der Barnett, Bugg & Lee Kanzlei Schreibmaschine, als richte sie ein paar Worte an die Klasse ihrer Lieblingslehrerin Gladys Watson Burkett, spiele auf dem Golfplatz mit ein paar Freunden Golf, sitze mit ihrem Vater und ihrer Schwester auf der vorderen Veranda und spähe durch die Fenster eines Hauses, das als Modell für Boo Radleys Zuhause gedient hatte.

Alle Buchhandlungen wollten, dass Lee kam und ihr Buch signierte, und alle Klassenkameraden, alle Lehrer, Nachbarn, Bedienungen, Bibliothekare, Limonadenverkäufer und Golfcaddies, die ihr je begegnet waren, hielten ihr den Roman hin und baten sie um ein Autogramm. Außerdem wollten alle in ihrer Geschichte vorkommen: In hartnäckiger Verzerrung der Tatsachen, die bis ans Ende ihres Lebens anhalten sollte, wurde eine kurze Interaktion mit einem Mitglied der Familie Lee zu einem heroischen Abenteuer, und fast Fremde gaben sich plötzlich als enge Vertraute aus.

Für diese Harper-Lee-Industrie hatte Lee selbst nicht das Geringste übrig. Zwar gab sie immer weniger Interviews und lehnte immer mehr Veranstaltungen ab, doch erhielt sie weiterhin Post. Die meisten Briefe waren schmeichelhaft, doch sie wurde auch wüst angeklagt, als Südstaatlerin das Land ihrer Vorfahren verraten zu haben oder als Weiße ihren eigenen Leuten in den Rücken zu fallen. Jeden Tag kamen Dutzende von Briefen, und Lee stellte fest, dass sie alle beantworten wollte, weniger aus Wertschätzung als aus Pflichtgefühl. Vor allem ihre jungen Bewunderer verdienten, wie sie fand, eine Antwort. Allein die Zeilen, die Harper Lee Kindern schrieb, die ihren Roman gelesen hatten, füllen ganze Bibliotheken.

Dies hatte zur Folge, dass Lee in dem Jahr nach Erscheinen der *Nachtigall* vor allem Briefe schrieb und nur ganz wenig anderes: Für *McCall's* einen Essay über ihre Freunde, die Browns, und ihr Geschenk, das wie die Gabe der drei Könige aus dem Morgenland war. Dann das groteske Knusperbrotrezept für *The Artists' and Writers' Cookbook*, das wie ihre Beiträge aus *Rammer-Jammer*-Tagen klang. »Als Erstes sollten Sie ein Schwein fangen«, hieß es zu Beginn, und es folgte der Rat für angehende Köche, dieses dann »zum nächsten Schlachthaus zu transportieren« und das, was zurückkommt, mit Maismehl, Backpulver, Eiern und Milch zu braten und zu backen. Was Sie am Ende aus dem Ofen holen, warnte sie, wird sie 250 Dollar kosten: »Manche Historiker sagen, die Konföderierten Staaten von Amerika seien allein durch dieses Rezept zu Fall gekommen.«

In der *Vogue* vom 15. April 1961 erschien der zweiseitige Artikel »Liebe – mit anderen Worten«, den Lees Agent Maurice Crain in seinen Unterlagen passenderweise in »Das Nelle-Harper-Evangelium« umbenannte. Was wie ein Essay über die Liebe wirkte, war in Wirklichkeit ein ansprechender Wirrwarr aus zahlreichen Texten und Autoren, die sich in Harpers Kopf drängten: Cervantes, Shakespeare, Der erste Brief des Paulus an die Korinther und Lytton Stracheys Biografie von Queen Victoria. Doch auch ansonsten war der Artikel autobiografisch aufschlussreich. Er enthielt eine Vignette über einen sechzehnjährigen Enkel, der seinem sterbenden Großvater heimlich Hamburger ins Krankenhaus bringt. Der Junge war ein Neffe von ihr, und der Mann im Krankenhaus war Lees Vater, dessen Gesundheit sich wieder verschlechtert hatte.

Lee lebte immer noch abwechselnd in New York und in Alabama. Im Herbst 1960 fuhr sie nach Hause: erst zu ihrem Vater und ihrer Schwester in Monroeville, dann zu ihrer anderen Schwester in Eufaula. Beide Male wurde sie wie eine verlorene Tochter gefeiert. Ihre An- und Abreisen waren jedes Mal eine Schlagzeile wert, und leider waren Fotos unerlässlich. Meist behagte ihr weder die Aufnahmeprozedur noch das Resultat, auch weil sie nicht mehr das schmächtige Mädchen aus Kindertagen war. Da sie fand, dass sie mehr wog, als sie wollte, begann sie mit ihrer periodischen »Abnehmerei« – strengen Diäten, die sie über ein Jahrzehnt beibehielt.

Ihre New Yorker Freunde, die mitverfolgt hatten, wie Lee sich seit ihrer School-Executive-Zeit abmühte, Schriftstellerin zu werden, freuten sich sehr für sie. Marcia Van Meter, Chi Omega Schwester und Gesangsvereinsmitglied aus Massachusetts, war eine von ihnen. Sie hatte die Wohnung neben Lee gemietet und wohnte jetzt neben ihr in einer neuen Wohnung in der East Eighty-Second Street. Als sie eines Abends im Keller gemeinsam Wäsche wuschen, retteten sie ein Kätzchen mit überzähligen Zehen. Sie brachten es sofort zum Tierarzt, pflegten es gesund und brachten es in einem Abercrombie-Korb zu Tay Hohoff, die ihm den Namen Shadrach gab, es als Dauerbewohner in ihr Heim aufnahm und ihm eine erstklassige Liegenschaft in ihren Memoiren *Cats and Other People* verschaffte.

Marcia Van Meter arbeitete eine Zeit lang als Lektorin beim College Board und dann als Redakteurin beim *New Yorker*. Sie ging mit Lee auf Reisen, zu Baseballspielen in der Stadt, und beide halfen einander in beruflichen Dingen. Das Telegramm, das Annie Laurie Williams und Maurice Crain Lee zum ersten Geburtstag der *Nachtigall* schickten, hatte »zu Händen von Van Meter« als Adressatin: »Liebe Nelle – MORGEN IST MEIN ERSTER GEBURTSTAG UND MEINE AGENTUR FINDET, DASS BALD EIN ZWEITES BUCH ENTSTEHEN SOLLTE, DAMIT ICH GESELLSCHAFT HABE. OB ES WOHL MÖGLICH WÄRE, DASS SIE DAMIT BEGINNEN KÖNNTEN, BEVOR ICH ZWEI WERDE?«

Lee versuchte dies bereits verzweifelt, doch die Arbeit an einem zweiten Roman erwies sich als schwierig. Sie brauchte Ruhe, und selbst unter günstigen Umständen brauchte sie einen ganzen Tag, um eine Figur durch ein Zimmer gehen zu lassen – sie hatte zu wenig Zeit und wurde zu oft unterbrochen. Bereits im August 1960 hatte sie über die »Flaute beim zweiten Roman« geklagt, und im September des nächsten Jahres sagte sie zu einer Freundin: »Ich hätte so klug sein müssen, es wie J. D. Salinger zu machen«, der gewarnt hatte, dass man sonst »den Rest seines Lebens damit zubringen kann, mit Leuten Cocktails zu trinken und zu Mittag und zu Abend zu essen, die einen UNBEDINGT kennenlernen wollen«.

Eine Atempause verschaffte ihr eine alte Farm in

Connecticut, die ihrer Agentur gehörte. Immer, wenn sie sich ein Auto leihen konnte oder jemand aus der Agentur sie mitnahm, fuhr sie auf die Farm und blieb manchmal wochenlang dort. Doch ihrem Vater ging es gesundheitlich immer schlechter, und als er Ende 1961 einen Herzinfarkt hatte, eilte sie sofort zu ihm und pflegte ihn zwei Monate lang. Zur selben Zeit wurde ihr Roman verfilmt, und im November kam der künstlerische Leiter ins Monroe County, um sich einen Eindruck zu verschaffen. Lee zeigte ihm die Mandelbäume und die Kohlfelder, die Hütten, in denen schwarze Familien lebten, Nobelbauten, die man für das Zuhause der Finchs hätte halten können, und das Gerichtsgebäude, das schon bald zum berühmtesten in ganz Amerika wurde. Im Januar kam Gregory Peck angereist, und sie zeigte auch ihm das echte Maycomb.

Die verrückten Liebesbriefe verfolgten sie nach Hause, besonders, als ihren Fans klar wurde, dass in Alabama jeder frankierte Umschlag, auf dem der Familienname Lee stand, bei ihr ankam. Truman Capote, der blass vor Neid war und sich grün ärgerte – grüner als sämtliche Kiefern im ganzen Bundesstaat –, merkte sich dennoch den Tribut, den der Erfolg dem Wunder von Monroeville abverlangte. Einem gemeinsamen Freund vertraute er an, »Lee habe ihm vor Kurzem geschrieben, sie gehe ein paar Wochen nach Alabama, um sich gründlich auszuruhen: Die Arme, anscheinend hat sie eine Art glücklichen Nervenzusammenbruch«; den Deweys schrieb er: »Die Ärmste – sie ist fast wahnsinnig: sagt, seit sie 62 Briefe pro Tag erhalten habe, versuche sie nicht mehr, ihre ›Fanpost‹ zu beantworten. Ich wünschte, sie könnte sich entspannen und das Ganze mehr genießen.«

Als Lee Mitte Februar endlich nach New York zurückkehrte, versuchte sie, sich wieder an die Arbeit zu machen, doch kaum hatte sie sich wieder eingewöhnt, erlitt ihr Vater erneut einen Herzinfarkt, und zwar am 12. April 1962. Harper Lee war fünfunddreißig Jahre alt, und seit dem Tod ihrer Mutter und ihres Bruders waren zehn Jahre vergangen, ein Jahrzehnt, in dem sie die Bürde der schlechten Gesundheit ihres Vaters tragen musste. Jahrelang hatte sie sich Sorgen gemacht, wenn er vor Erschöpfung nicht in die Kanzlei gehen konnte, und sie hatte sich vor dem Tag gefürchtet, an dem seine Arthritis ihn daran hindern würde, auf seiner berühmten Taschenuhr nachzusehen, wie viel Uhr es war, oder sein vertrautes Taschenmesser immer wieder umzudrehen. Sie war so oft nach Monroeville gefahren, um Alice und Louise bei der Pflege ihres Vaters zu helfen, dass sie, als der Anruf kam, den elfhundert Meilen langen Weg, den sie zurücklegen musste, um an sein Bett zu gelangen, genau vor Augen hatte. Diesmal jedoch gab es keine Rückkehr aus dem Krankenhaus, keine lange, langsame Genesung, während der er vorsichtig wieder zu gehen begann, den Stock in der einen Hand und die Tochter oder Enkelin als Stütze an seiner Seite. Harper Lees Vater starb drei Tage später in den frühen Morgenstunden des Palmsonntags.

Als A. C. Lee starb, war er zweiundachtzig Jahre alt. Die Enttäuschung darüber, dass seine jüngste Tochter nicht Anwältin geworden war, hatte er längst überwunden, und als die *Nachtigall* erschien, verwandelten sich seine Befürchtungen bezüglich ihrer Berufswahl in reinen Stolz. »So etwas hätte ich mir nie träumen lassen«, erklärte er dem *Monroe Journal.* »Wir waren ein wenig überrascht, denn es ist ja wirklich eine Seltenheit, wenn so etwas einem Mädchen vom Land passiert, das nach New York zieht.« Er hatte Nelle

Lesen beigebracht und ihr ein Leben lang Bücher geschenkt, hatte aber nie gedacht, dass sie eines der beliebtesten Bücher der Welt schreiben würde oder dass er Vorbild eines Romanhelden werden würde. Kurz vor seinem Tod hatte A. C. angefangen, auf den Namen Atticus zu antworten, und wenn man ihn bat, den Roman seiner Tochter zu signieren, unterschrieb er auch mit diesem Namen; in dem Jahr, als er starb, trug Gregory Peck bei der Verleihung des Oscars für den besten Schauspieler A. C.s Taschenuhr bei sich.

Wer die Nachtigall stört war zwar nicht die Biografie von Nelle Lees Vater, doch Nelle hatte ein paar wesentliche Charakterzüge von ihm festgehalten und die Leser genau zu dem Zeitpunkt an seinen Tugenden teilhaben lassen, als sie am dringendsten daran glauben wollten, dass es im Süden noch edle Weiße gab, die selbst in schlechten Zeiten gute Menschen blieben. In jenem Herbst spendete Nelle der Monroeville's First Methodist Church Geld für die Kirchenrenovierung und für einen Anbau – zum Gedenken an ihre Eltern und ihren Bruder, deren Beerdigungsfeiern dort stattgefunden hatten. Das eigentliche Denkmal für ihre Familie war jedoch immer ihr schriftstellerisches Werk, und als sie in die Stadt zurückkehrte, versuchte sie wieder regelmäßig zu schreiben.

Sie versuchte es in Connecticut, im Old Stone House ihrer Agentur; sie versuchte es auf Fire Island, wo die Browns ein Sommerhaus in Saltaire hatten; sie versuchte es in West Brattleboro in Vermont, wo ihre Freundin Lucile Sullivan, die für Annie Laurie Williams arbeitete, erst ein Sommerhaus und dann eine Wohnung besaß. Doch ihr Kummer folgte ihr überallhin, ebenso wie die Forderung, Reklame für »den Vogel« zu machen, wie sie ihren Roman immer häufiger nannte, so als sei er lebendig und existiere unabhängig von ihr. Darüber hinaus setzte ihr Verlag sie unter Druck. Obwohl andere Lippincott-Lektoren Hohoff als »Hofhund« in Erinnerung hatten, der seine berühmteste Autorin wild beschützte, war niemand der Meinung, dass es gut sei, wenn Lee mehrere Jahre kein neues Buch veröffentlichte.

Capote war mit seinem Buch mittlerweile ebenfalls im Hintertreffen, jedoch nicht, weil ihm das Schreiben schwerfiel. Wegen unzähliger Verzögerungen und Berufungen waren Perry Smith und Dick Hickock immer noch am Leben. Er hatte die beiden im Jahr zuvor mit Lee im Gefängnis besucht, kurz nachdem Gregory Peck zu Besuch gekommen war, um sich Monroeville anzusehen. Capote fand, er könne das Ende erst schreiben, wenn über das Schicksal der beiden entschieden sei. Die erste Fassung des Buchs, dem er bereits den Titel *Kaltblütig* gegeben hatte, war fast fertig, und im April 1963 reisten er und Lee zum letzten Mal nach Kansas. Capote hatte einen neuen Jaguar gekauft, den er seinen Fabergé auf Rädern nannte. Damit holte er sie aus Monroeville ab, wo sie sich seit den Ferien aufhielt. Er war acht Jahre lang nicht mehr dort gewesen, und seine Verwandten gaben eine Party für ihn und Lee, zu der vierzig Freunde kamen, um die beiden Schriftsteller in ihrer Heimatstadt zu feiern.

Von den Eltern der beiden lebte nur noch Capotes Vater. Lees Eltern waren tot und Capotes Mutter war an einer Überdosis Seconal und Scotch gestorben. Durch seinen Aufenthalt im Monroe County nostalgisch gestimmt, fuhr Capote auf gewundenen Pfaden nach Garden City und machte zuerst in Shreveport, Louisiana, halt, um seinen Vater zu besuchen, den er seit der fast zehn Jahre zurückliegenden Beerdigung seiner Mutter nicht mehr gesehen hatte. Während sich fast alle Journalisten im Land nach Alabama aufgemacht hatten, um über die dortige Bürgerrechtsbewegung zu berichten, fuhren Lee und Capote von Alabama in Richtung Westen nach Kansas und kamen an dem Tag nach Garden City, als Martin Luther King jr. seinen »Brief aus dem Birminghamer Gefängnis« schrieb. Sie blieben eine Woche, die Capote vor allem mit der Überprüfung seiner Quellen zubrachte. Dann begaben sie sich auf die lange Heimreise und machten in Colorado Springs Station, wo sie Lees siebenunddreißigsten Geburtstag im Broadmoor Resort feierten.

Seit die beiden zum ersten Mal nach Kansas gekommen waren, waren über drei Jahre vergangen. Capote hatte sein Buch fast beendet, und sein Lektor betrachtete es bereits als Meisterwerk. Doch Lees einziger neuer literarischer Beitrag war abgelehnt worden: Die Erzählung *Dress Rehearsal* hatte sie auf Ansuchen des *Esquire* geschrieben, der sie dann jedoch ablehnte, weil sie zu schulmeisterlich sei und zudem den Südstaatenrassismus zu kompliziert schildere. Genau wie *Gehe hin, stelle einen Wächter* handele diese Erzählung, erklärte Lee, von »ein paar Weißen, die Anhänger der Segregation sind & den Ku-Klux-Klan trotzdem zutiefst verabscheuen«. Der Redakteur des *Esquire* schien diese Vorgabe von vornherein als »Ding der Unmöglichkeit« zu betrachten, was Lee wiederum lächerlich fand: »So gesehen sind neun Zehntel des Südens ein Ding der Unmöglichkeit.«

Sie hatte recht – nicht nur in Hinblick auf den Süden. Der Menschenschlag, den sie in ihrer Erzählung schilderte, war nicht nur vorstellbar, man begegnete ihm sogar fortwährend. Eine Gallup-Umfrage von 1961 ergab, dass nicht einmal einer von vier Amerikanern den Versuch der Freedom Riders guthieß, die Segregation in den Bussen aufzuheben, obwohl der Oberste Gerichtshof bereits erklärt hatte, dass sie in den Überlandbussen zwischen den Bundesstaaten verfassungswidrig sei. Unter der überwältigenden Mehrheit, die ihnen ablehnend gegenüberstand, waren viele, die nicht zwischen einem Klavern und einem Kleagle unterscheiden konnten oder überhaupt etwas über den Klan wussten, dessen Machenschaften jedoch keineswegs billigten – selbst Lee gehörte zu dieser Mehrheit. Als man sie auf einer Pressekonferenz in Chicago zu den Freedom Riders befragte, sagte sie: »Ich glaube nicht, dass es viel bringt, wenn man Fahrten mit Überlandbussen unternimmt und die Gesetze der Bundesstaaten zur Schau stellt. Abgesehen davon, dass es Aufmerksamkeit erregt und zu Gewalt führt.« (Und dies obwohl der Fotograf und der Reporter, die nach Monroeville gekommen waren, um Lee zu porträtieren, von einem Mob in Montgomery verprügelt worden waren, als sie versuchten, über einen der Freedom Rides zu berichten.)

Wer die Nachtigall stört war als Fanfare für die Bürgerrechte gelesen worden, doch Lees Ansichten waren weitaus komplizierter, und deshalb wollte kein Verlag sie drucken. Sie pochte darauf, dass ihr Roman mehr sei als die Summe seiner gegen Diskriminierung gerichteten Teile. »Das Thema meines Buchs ist universal«, behauptete sie beharrlich. »Es ist kein Roman über *Race*, sondern porträtiert einen Aspekt der zivilisierten Welt – der nicht auf die Kultur der Südstaaten beschränkt ist.« Obwohl *Wer die Nachtigall stört* tief im Alabama Black Belt verwurzelt ist, nannte Lee das Buch »einen Roman über das menschliche Gewissen, der allgemeine Gültigkeit hat, da das, was geschildert wird, jedem widerfahren könnte – überall auf der Welt, wo Menschen zusammenleben«.

Lee, die in ihrem Roman der Debatte über die Integration ausgewichen war, indem sie ihn in den 1930er-Jahren ansiedelte, schwieg sich nun ebenso merkwürdig zu den Bürgerrechten aus. Obwohl ihre Stimme zu den gewichtigsten im Land gehört hätte, lieh sie sie nicht der Bewegung, auch nicht, als diese mit Bussen durch Alabama fuhr, auf Alabamas Straßen demonstrierte und Afroamerikaner in ländlichen Gegenden, die genau wie Monroe County waren, als Wähler registrierte. In einem persönlichen Brief schrieb sie im Scherz, sie sei Mitglied der NAACP, stellte sich aber nie offiziell hinter diese Organisation. Zwar war sie an dem Tag im White House, als der Senat seine lange Verschleppungstaktik gegen das Civil Rights Act beendete, jedoch nur, um mit Lyndon Johnson den Highschool-Absolventen zu gratulieren, die zu Presidential Scholars ernannt worden waren – über das historisch bedeutsame Gesetz äußerte sie sich vor der Presse weder zu diesem Zeitpunkt noch hinterher. Jahre später schrieb sie Morris Dees, der Mitbegründerin des Southern Poverty Law Center, als Widmung in ihr Exemplar von *Wer die Nachtigall stört*, sie werde »als diejenige in Erinnerung bleiben, die redete, als rechtschaffene Männer schwiegen, und handelte, als rechtschaffene Männer untätig blieben«. Doch Lee selbst äußerte sich nicht, sondern überließ das Wort ihrem Roman.

Zugegebenermaßen überließ Lee ihrem Roman in fast allem das Wort. Als das Buch 1964 vier Jahre alt wurde und Lee siebenunddreißig war, trat sie ein Schweigen an, das fünfzig Jahre lang währte. Ihr letztes längeres Interview gab sie einem Kritiker namens Roy Newquist, der in seiner Radiosendung *Counterpoint* auch mit Jessica Mitford, Ian Fleming, John Fowles, Doris Lessing, Lillian Ross und zahlreichen anderen Schriftstellern gesprochen hatte. Newquist traf sich mit Lee im Plaza Hotel, schaltete sein Tonband an und stellte ihr eine Stunde lang Fragen über ihre Kindheit, ihre Ausbildung, ihr literarisches Handwerk, ihre Disziplin, ihr Leben in New York und ihre schriftstellerischen Ambitionen.

»Ich schreibe schon, seitdem ich Wörter bilden kann«, erklärte ihm Lee. Sie sagte ihm auch, ihr Beruf sei eine Art Spezialität der Region, wie Maisgrütze oder Blattkohl. Die Südstaaten, behauptete sie, brächten »von Natur aus mehr Schriftsteller hervor als, sagen wir, die 82. Straße in New York«. Doch obwohl sie schon immer Schriftstellerin gewesen sei, sei sie in keiner Weise auf die Lawine von Lobeshymnen vorbereitet gewesen, die ihrem Roman begegnet war; es sei wie »ein Schlag auf den Kopf gewesen«, der sie in einen Zustand »vollkommener Benommenheit« versetzt habe. Dieses Gefühl habe in krassem Gegensatz zu dem Zustand gestanden, den sie als unabdingbar für das Schreiben betrachte. Gute Schriftsteller behandelten das Schreiben »fast wie das Priestertum im Mittelalter« und sonderten sich ab, um ihre Sache gut zu machen. »Ein Schriftsteller schreibt nicht, um mit anderen zu kommunizieren«, sagte Lee, »sondern um besser mit sich selbst zu kommunizieren.«

Während der wenigen Jahre, in denen sie Publicity-Wünschen nachkam, war Newquist der beste Gesprächspartner, und sie musste feststellen, dass sie mehr als je zuvor über die Anforderungen und Schwierigkeiten des Schreibens sprach. »Manchmal habe ich Angst, dass es mir zu gut gefällt«, behauptete sie, »weil ich gar nicht mehr aufhören will, wenn ich einmal in die Arbeit hineingefunden habe. Die Folge davon ist, dass ich das Haus oder wo immer ich sonst gerade bin, tagelang nicht mehr verlasse. Nach draußen gehe ich höchstens, um Zeitungen und etwas zu essen zu kaufen.« Schreiben, führte Lee aus, sei für den Schriftsteller eine nie-

mals endende Selbsterforschung, »mit der er nicht unbedingt seinen Dämon exorziert, aber zumindest seine göttliche Unzufriedenheit«.

Harper Lees eigene Selbsterforschung hatte sich damals
in eine vierjährige Wanderschaft durch die Wildnis verwandelt, und als sie das Interview gab, war allen klar, dass sie
sich vollständig zurückgezogen hatte. Es stimmt zwar, dass
sie immerzu auf ihrer Schreibmaschine herumhämmerte,
doch kam dabei nichts heraus. Ein Jahr zuvor hatte ihre
Schwester sie im Sommer besucht und damit die halbjähr-
lich stattfindenden gemeinsamen Reiseabenteuer eingelei-
tet, die sie in immer neue Teile des Landes führten. In diesem Jahr fuhren sie nach Neuengland und weiter nach
Quebec, und Lee konnte ihre literarische Familie – Annie
Laurie Williams und Maurice Crain – endlich ihrer eigenen
Familie vorstellen. Sie ahnte jedoch nicht, dass sich diese
beiden Welten nicht zufällig begegneten, sondern dass eine
Absicht dahintersteckte: Beide Familien machten sich Sorgen um sie. Alice kümmerte sich immer noch um Lees
Verträge und Tantiemen – Grund genug, mit Williams und
Crain in Kontakt zu bleiben –, doch handelten ihre Briefe
immer weniger von Unterschriften und Bilanzen und
immer mehr von Strategien, wie mit der leidenden Künstlerin umzugehen sei. Gemeinsam kümmerten sie sich um
deren Reisen und versuchten sicherzustellen, dass sie einen
Platz zum Schreiben hatte und jemanden, der darauf achtete, dass sie auch tatsächlich schrieb. Man trieb sie zwischen Connecticut und New York hin und her, sowie zwischen New York und Alabama. Man brachte sie immer
öfter dazu, die öffentlichen Auftritte, um die sie gebeten
wurde, abzusagen. Doch anscheinend half keine dieser
Maßnahmen. Crain und Williams waren so besorgt, dass

sie Lee empfahlen, den Winter nicht mehr allein zu verbringen.

Als Lee im Januar 1965 in Monroeville Ferien machte, verbrannte sie sich beim Braten eines Huhns. Das Fett hatte Feuer gefangen, und als sie den Brand löschen wollte, verbrannte sie sich die rechte Hand. Sie musste wochenlang einen Verband tragen und ging, als sie wieder in New York war, zu einem Facharzt für plastische Chirurgie, der ihr sagte, die Hand müsse operiert werden. Leid jeglicher Couleur kann sich auf die seltsamste Weise manifestieren, und mehrere ihrer Freunde fragten sich, ob Harper Lees Unfähigkeit zu schreiben in dieser Verletzung nicht direkt zum Ausdruck kam. Der Unfall war so schlimm, dass Lee ihre Harfe weggeben musste. Doch am Ende war sie wieder in der Lage, einen Stift zu halten.

Truman Capote erwähnte Lees Verwundung in einem Brief an Perry Smith und Dick Hickock. Ihr eigener Briefwechsel mit ihnen war fast eingeschlafen, und als sie von ihnen gebeten wurde, am 15. April zu ihrer Exekution zu kommen – dem dritten Todestag ihres Vaters –, ignorierte sie ihr Telegramm und sagte telefonisch ab, als Capote sie im Old Stone House antraf. In jenem Herbst reiste sie mit ihrer Highschool-Lehrerin Gladys Watson Burkett nach England, so als versuchte sie, ihren früheren, freieren Jahren erneut einen Besuch abzustatten. Die beiden gingen am 7. Oktober an Bord der *Queen Elizabeth* und besichtigten einen Monat lang die Häuser aller berühmten englischen Schriftsteller, die sie gelesen hatten.

In Lees Abwesenheit schrieb Annie Laurie Williams einen Brief an Alice, in dem sie über ihre gemeinsame Schutzbefohlene sprach. Lee war vor ihrer Abreise nach Übersee den Großteil des Sommers bei den Browns auf Fire Island gewesen und danach im Old Stone House in Connecticut, doch hatte sie immer noch nichts geschrieben. »Ich sagte ihr, ich fände es besser so, weil es ihr zweites Buch sei«, schrieb Williams an Lees Schwester. »Es muss nicht unbedingt den Zeitplan des Verlags erfüllen.« Sie schlug Lee vor, sich Zeit zu nehmen und bis zu ihrer Rückkehr nach Alabama nicht mehr an das Buch zu denken. »Aber sie ist Schriftstellerin«, fügte Williams emphatisch hinzu, als wolle sie sich davon ebenso überzeugen wie alle anderen, »und ihr nächstes Buch wird genauso erfolgreich werden und etwas von der besonderen Qualität ihres Erstlingswerks haben. Ich schreibe Ihnen all das, weil Sie wissen sollen, dass sie deprimiert war, weil sie kein fertiges Manuskript vorzuweisen hatte, als sie von Fire Island zurückkam.«

Harper Lee schreibe an ihrem zweiten Roman – bekam die ganze Welt von Lees Agentur, ihrem Verlag und ihren Schwestern gesagt. Gelegentlich tauchte die Schriftstellerin jedoch aus der Versenkung auf und sagte düstere Dinge über ihr Vorankommen. Bei einem ihrer seltenen öffentlichen Auftritte am Sweet Briar College in Virginia, auf das sie sich nur eingelassen hatte, weil einer ihrer ehemaligen Geschichtsprofessoren zum Rektor des Colleges ernannt worden war, erklärte sie den Studierenden: »Um ernsthaft zu schreiben, braucht man eiserne Disziplin. Man muss sich an den Schreibtisch setzen und schreiben, egal ob man glaubt, dass man das Zeug dazu hat oder nicht. Jeden Tag. Allein. Ohne Unterbrechung. Anders als die meisten glauben, hat das Schreiben nichts Glamouröses. Es ist in Wirklichkeit meistens eine seelische Katastrophe.« Sie sagte dies im Oktober 1966, nur zweieinhalb Jahre nachdem sie Newquist erklärt hatte, sie könne nicht aufhören zu schreiben, weil es ihr so gut gefalle.

Kummer, Gram, Leid: In dieser Stimmlage tiefen Verlustes sprach Harper Lee jetzt über ihre Arbeit, wenn sie überhaupt darüber redete. Als Capote sie in jenem November zu seinem berühmten Schwarzweißball einlud, ging sie nicht hin. Sie willigte ein, Präsident Johnsons Nationalem Kunstrat beizuwohnen und ging zu den Sitzungen nach Tarrytown in New York, sprach jedoch selten vor der Gruppe. Sie fuhr immer noch nach Vermont und Connecticut, um zu schreiben, doch auch diese Besuche wurden weniger. Maurice Crain war an Lungenkrebs erkrankt, und die Sorgen, die Lee in ihren Zwanzigern und Dreißigern gequält hatten, kehrten zurück und verbanden sich mit dem Schmerz, den ihr das Schreiben bereitete.

Crain hatte als Kriegsgefangener der Deutschen im Zweiten Weltkrieg unsagbare Schrecken durchlitten, würde das hier jedoch nicht überleben. Ein Jahr vor seinem Tod fuhr Lee ihn zum letzten Mal nach Hause nach Texas, wo er noch einmal mit seiner Familie auf deren Farm in Canyon zusammenkam, bevor er so krank wurde, dass er nicht mehr aufstehen konnte. Er verlor erst den Appetit und dann alle Kraft. Am Ende brauchte er dauernde Pflege. Crain, der Lee inzwischen so nahe stand, dass es hieß, er sei in sie verliebt, war froh, dass sie ihn tagsüber umsorgte, während Annie Laurie Williams sich um die Agentur kümmerte. Es war zwar nicht dasselbe Bett, doch die tägliche Routine war Lee vertraut: Sie kümmerte sich um Crain auf dieselbe Weise, wie sie sich um ihren Vater gekümmert hatte, und versuchte, dem Tod die Tür zu versperren, in der Hoffnung, er fände so keinen Weg ins Zimmer. Doch das tat er. Crain starb am 23. April 1970, acht Jahre und wenige Tage nach dem Tod von A. C. Lee.

Im nächsten Jahr krümmte sich Annie Laurie Williams

vor Arthritis, erholte sich von einem Rippenbruch, trauerte immer noch um ihren Mann und schloss die Agentur, in der die junge Nelle Lee fünfzehn Jahre zuvor ein Bündel Kurzgeschichten abgegeben hatte. Wie für so viele veränderte sich das New York, das Harper Lee gekannt hatte, Haus um Haus, Freund um Freund. Sie lebte nun schon zweiundzwanzig Jahre dort, fast so lang wie in Alabama vor ihrem Umzug in die Stadt, in der sie ihr Leben als Schriftstellerin begann. In jenem Sommer wurde sie überfallen und ausgeraubt und vertraute später einem Freund an, sie habe vor, fortan weniger oft nach Manhattan zu kommen. »Ich bin es leid, mit Drogenabhängigen zu streiten, und ich bin zu alt, um mir vorzumachen, NY sei der Nabel der Welt«, witzelte sie und erklärte dann desolat: »Harper Lee blüht und gedeiht, jedoch auf Kosten von Nelle.«

Alle, die sie kannten, hatten dies seit einer Weile bemerkt. Lee kämpfte nicht nur mit ihrem zweiten Roman, sondern mit allem. Eine Weile lang hatte ihre Schwester Alice die unwahrscheinliche Geschichte erzählt, dass man Lee ein Manuskript aus der Wohnung in Manhattan gestohlen habe, als sie fort war. Doch bald redete selbst Alice nicht mehr über das Schreiben ihrer Schwester, und irgendwann fragte niemand mehr danach, außer der Presse, die hartnäckig blieb. Es gab nur noch wenige Menschen auf der Welt, mit denen Lee über das Schreiben sprechen konnte, und bald sollte sie einen der wichtigsten davon verlieren. Im Januar 1974 starb die inzwischen pensionierte Tay Hohoff plötzlich im Schlaf. Als ihre Tochter und ihr Schwiegersohn am Morgen danach in ihre Wohnung kamen, mussten sie Shadrach retten, das Kätzchen mit der überzähligen Zehe, das Lee und Marcia Van Meter im Keller gefunden hatten und das jetzt eine betagte Katze mit überzähligen Zehen war.

Aus der Zeit des Rückzugs war für Harper Lee eine Zeit des Verlusts und der Verlorenheit geworden. Indem sie für ihren Roman die Weltwirtschaftskrise als Zeit der Handlung wählte, hatte sie ein Buch veröffentlicht, das einem zwei Jahrzehnte älter vorkam; und seine Autorin erschien nun genauso anachronistisch. Die meisten New Yorker hatten vergessen, dass sie dort wohnte oder dass sie überhaupt noch lebte. Freunde, die im selben Haus wohnten, erinnerten sich jedoch an sie, und wenn jemand spät nachts laut an die Tür schlug, wussten sie, dass sie es war, weil sie es nicht zum ersten Mal tat, wenn sie betrunken und verzweifelt war. Zu diesen Freunden gehörten George Malko, ein Schriftsteller, der das Nachrichtenmetier von seinem Mentor Studs Terkel und dessen Frau, einer Grafikdesignerin, gelernt hatte. Sie hatten Lee kennengelernt, als sie ins selbe Gebäude zogen, und wie viele andere waren sie abwechselnd von ihrem bemerkenswerten Esprit bezaubert und traurig über ihre persönlichen Sorgen, die ihre Begabung behinderten.

»Damals trank sie«, sagte George Malko später. »Es steht mir nicht zu, mir Gedanken über ihre Dämonen zu machen, aber man weiß, dass sie existierten und dass sie brutal waren.« Martinis am Morgen waren ihr nicht unvertraut, doch eines Abends kam sie zu den Malkos und wollte Wodka. George log und sagte, er hätte keinen, woraufhin sie ihm ihren Fall darlegte: »Ich habe soeben ein dreihundertseitiges Manuskript in den Müllverbrenner geworfen.« Diese Impulsivität, die in guten Zeiten zu ihrem Temperament gehörte, gewann die Oberhand, wenn sie zu viel trank, wie Freunde bezeugten, die ihre wütenden Telefonanrufe abwiesen. Truman Capote, der von denselben und anderen

Dämonen heimgesucht wurde, vertraute einem Reporter einmal an, dass seine Freundin »trinkt und dann jemandem die Leviten liest – darauf läuft es hinaus. Sie ist eine echte Persönlichkeit. Die Leute haben wirklich Angst vor ihr.«

Zu dieser Zeit hatten Capote und Lee kaum noch Kontakt, doch 1976 rief er sie eines Tages urplötzlich an. Die Zeitschrift *People* brachte ein Porträt von ihm, und zwar nicht zum Jubiläum von *Kaltblütig*, sondern aus Anlass seines neuen Projekts – einer Art Enthüllungsbuch, nur dass Capote darin nicht seine, sondern die Geheimnisse anderer Menschen enthüllte. Er hatte den Vertrag dafür zehn Jahre zuvor unterschrieben und danach immer wieder neu ausgehandelt, war aber genau wie seine Freundin nicht fähig gewesen, das Buch zu Ende zu schreiben. Er gab ihm den Titel *Erhörte Gebete*, eine Formulierung, die Lee wiedererkannt haben musste, weil sie der heiligen Teresa von Avila zugeschrieben wird: »Über erhörte Gebete werden mehr Tränen vergossen als über nicht erhörte.«

Nach mehreren Telefongesprächen konnte Capote Lee schließlich überreden, sich mit ihm interviewen zu lassen und den Fotografen Harry Benson in der Nähe von Capotes Wohnung am UN Plaza zu treffen. Die ehemaligen Baumhausfreunde gingen auf der Second Avenue spazieren und unterhielten sich in einer Sprache, die, wie Benson sich entsann, fast eine Privatsprache unter Geschwistern war, sanft und liebevoll. Zwischen den beiden war mittlerweile viel passiert, unter anderem hatte es reichlich Neid, Wut und Missfallen gegeben, doch an jenem Tag war all das wie weggeblasen: Ergraut und langsamer geworden, spazierten sie gemeinsam durch New York, als sei es der altvertraute Platz vor dem Gerichtsgebäude im Monroe County. Lee war in diesem Jahr fünfzig geworden und Capote zweiundfünfzig, doch beide konnten sie ihre Kindheit heraufbeschwören, als hätte die Zeit stillgestanden. Ein Vorschullehrer habe mit einem Lineal auf Capotes Hand geschlagen, weil er zu gut las, erzählte Lee dem Reporter – es war ein kleiner Vorfall, an den sie sich erinnerte, der jedoch Bände über das Leben genialer Außenseiter in einer Kleinstadt im Süden sprach. Im selben Interview erklärte Lee mit sinnträchtiger Rätselhaftigkeit: »Eine gemeinsame Seelenqual verbindet uns.«

Geteilte und sonstige Seelenqual hatte Lees Leben über fünfzehn Jahre lang eingeschränkt und verdüstert. Ihre Lektorin war tot, ihr Agent war tot, und ein Jahr nach dem *People*-Interview starb auch Annie Laurie Williams. Im Mai 1977 waren bis auf die Autorin alle tot, die geholfen hatten, *Wer die Nachtigall stört* auf die Welt zu bringen. Falls Lee seitdem an ernsthaften Schreibprojekten gearbeitet hatte, waren sie entweder aus ihrer Wohnung gestohlen oder vollständig verbrannt worden oder hatten nicht viel hergegeben.

Doch Lee war noch nicht fertig. Vielleicht war es das unerwartet nette Wiedersehen mit Capote, das die Kindheitsfreude des Schreibens, mit dem sie nie wieder aufhören wollten, neu aufleben ließ, oder aber die künstlerische Rivalität zwischen ihnen, die den Wunsch in ihr weckte, das in Kansas Erreichte noch zu verbessern. Vielleicht war es auch nur eine seltsame Geschichte, die sie zufällig in jenem Juli hörte. Kurz nach der Begegnung mit ihrem Freund Capote war Nelle von Ned McDavid, einem anderen Freund aus Alabama, zu einer Party in sein Restaurant an der Upper West Side eingeladen worden, das The Library hieß – Bücher dienten dort der Dekoration und nur die Drinks wurden herumgereicht. Entgegen ihrer Gewohnheit ließ sie sich dort blicken und kippte Gin Tonics mit dreihundert anderen Leuten aus der Heimat, die alle in der Stadt waren, um Jimmy Carter für die Präsidentschaft zu nominieren. Es war der Parteitag der Demokraten im Jahr 1976, und McDavid gab die Party am Abend vor Beginn des offiziellen Teils; seit Crimson-Tide-Tagen in Alabama war er mit Lee befreundet und hatte sie überredet zu kommen. Gouverneur George Wallace erschien nicht, doch schmetterte alle zwanzig Minuten die 1924 aufgenommene Stimme des ehemaligen Gouverneurs »Plain Bill« Brandon aus den Restaurantlautsprechern, der einen anderen Präsidentschaftskandidaten aus Alabama nominierte: »Allabhammah gibt Oscuh Dubyee Undahwood 24 Stimmen.« Und fast genauso oft erklärte ein Delegierter aus Alexander City allen, die hören konnten: »Kennedy hat die Religionsbarriere durchbrochen und Carter tut dasselbe mit der Südstaatenbarriere.«

Für Big Tom war es der erste Parteitag seit dem Albtraum in Chicago, und seine Wege kreuzten sich dort mit denen von Nelle Harper Lee. Als im Jahr darauf in New York während des schlimmsten Stromausfalls in der Geschichte der Stadt Gewalttaten begangen wurden, schrieb er ihr eine Zusammenfassung des seltsamen Lebens und schockierenden Todes des Reverends Willie Maxwell. Ungeachtet dessen, was Lee von Radney hielt, verstand sie sofort, dass dieser Fall für ein True-Crime-Buch wie geschaffen war. Um es zu schreiben, fuhr sie nach Hause nach Alabama.

20

Gerüchte, Hirngespinste, Träume, Mutmaßungen und glatte Lügen

Es begann mit einem Knall. Der erste Mord in Amerika wurde nach Ansicht seiner europäischen Bewohner 1630 von John Billington begangen, der mit seiner Flinte auf seinen Nachbarn feuerte. Billington war zehn Jahre zuvor mit der *Mayflower* in Plymouth Plantation gelandet und ärgerte sich zunehmend über die anderen Bewohner, unter denen John Newcomen war, das unglückselige Ziel seines Flintenschusses. Bis zu diesem Zeitpunkt waren Unmengen von Menschen in Nord-, Mittel- und Südamerika durch Gewalt umgekommen, doch kein Siedler hatte sich die Mühe gemacht, den Tod von Ureinwohnern zu dokumentieren, während die Bewohner von Plymouth das Ableben von Newcomen, dem in die Schulter geschossen worden war und der wenige Tage später an Wundbrand starb, in allen Einzelheiten schilderten. Billington wurde verurteilt und aufgehängt und erwarb damit die zweifelhafte Ehre, als erster Mörder der Neuen Welt verzeichnet zu werden.

Seit in Amerika gemordet wurde, gab es Schriftsteller, die über diese Morde zu schreiben versuchten. Die ersten Mordberichte stammten im Allgemeinen von Beteiligten: Die Angeklagten schrieben Geständnisbriefe, mit denen sie um Vergebung baten, Polizisten schrieben selbstherrliche Briefe ihrer tollkühnen Taten, Verwandte schrieben Enthüllungsberichte und Pfarrer, die am Galgen predigten, veröffentlichten ihre Exekutionspredigten. Gerichtsreporter, die damals noch unbezahlt waren, stoppelten sich ein Gehalt zusammen, indem sie ihre Prozessmitschriften drucken ließen und sie direkt an das Publikum verteilten. Mord verkaufte sich immer, das wussten sie, und die ersten amerikanischen Verkäufer fanden, dass Flugschriften dafür ideal waren. Ihr Druck war billig, sie konnten überall vertrieben und zwischen ein paar Pennys und einem Vierteldollar verkauft werden. Diese Flugschriften hatten normalerweise anzügliche Titel und gruselige Titelbilder, benutzten Fettdruck und bedienten sich gewagter Äußerungen über schurkische Schurken, grauenhafte Morde, teuflische Dämonen und Jahrhundertverbrechen. Konkurrierende Drucker produzierten eigene Versionen von Gerichtsverfahren, die das Publikum faszinierten – zu einem einzigen Prozess wurden oft über ein Dutzend Flugschriften veröffentlicht. Als der Reverend Ephraim Avery 1833 wegen Mordes an einem Fabrikarbeiter in Tiverton, Rhode Island, vor Gericht gestellt wurde, erschien diese Geschichte in einundzwanzig verschiedenen Flugschriften. Die Leser konnten zwischen einer Kurzfassung, einer vollständigen Fassung, einer authentischen Fassung, Details der Verführung und des Mordes, einem Bericht über das Verhör des Angeklagten, einem Prozessbericht, einer Erklärung, einem Faksimile der Briefe, die dem Opfer gehörten, einer Prozesskritik und einer Rechtfertigung des Prozessausgangs wählen. Als Avery erst vor einem Strafgericht und dann vor einem Kirchengericht freigesprochen wurde, hatte er das Bedürfnis, etwas Eigenes zu veröffentlichen – eine entlastende Flugschrift mit dem Titel *Der korrekte, vollständige und unparteiische Prozessbericht des Rev. Ephraim K. Avery.*

Diese Flugschriften sind die Ahnen dessen, was wir jetzt als True Crime bezeichnen, waren jedoch nicht die Erfindung amerikanischer Siedler. Prozessbeschreibungen sind so alt wie die *Orestie*, in der Aischylos die Ermordung von Agamemnon und Klytämnestra schildert, und so berühmt wie die Evangelien, die in der Verfolgung, Verurteilung und Hinrichtung Jesu gipfeln – in England hatten sich Prozessflugschriften längst durchgesetzt. Doch in den Kolonien, die als Experimente einer moralischen Lebensführung gegründet worden waren und in denen eine eigentümliche Mischung aus Menschen lebte, die vor religiöser Verfolgung oder dem Gefängnis geflohen waren, florierten diese Flugschriften. Das Verbrechen traf in Amerika auf eine bereitwillige Zuhörerschaft und eine Rechtsgemeinschaft in statu nascendi, die erpicht darauf war, von Verfahrensmitschriften zu lernen, die damals im Fallrecht herangezogen werden konnten. Auch die gerade entstehende Nationalliteratur nahm zur Kenntnis, wie wörtliche Mitschriften zu Geschichten umgearbeitet werden konnten, und lernte mit jedem Prozess besser, wie man die Öffentlichkeit für sich gewann, während man einem Verbrechen von der Tat bis zur Entlastung oder Hinrichtung folgte.

Als Druckerpressen aus Übersee ins ganze Land gelangten, nahmen die Prozessflugschriften in Amerika stark zu und verschwanden erst, als Zeitungen die Oberhand gewannen und die Prozesse zeitnah mitverfolgten, statt hinterher ein Resümee zu liefern. Sofort formte sich ein Kanon amerikanischer Kriminalgeschichten, zu dem neben gesetzlosen Cowboys und legendären Bankräubern stark politisierte Mörder gehörten, oder vermeintliche Mörder wie Bartolomeo Vanzetti und Nicola Sacco, die Anarchisten, die angeklagt wurden, 1920 bei einem Raubüberfall auf eine Schuhfabrik zwei Menschen getötet zu haben, ebenso stark psychologisierte Mörder wie die Studenten Nathan Leopold und Richard Loeb, die einen Vierzehnjährigen töteten, um zu beweisen, dass sie ihm wie Nietzsches *Übermensch* intellektuell überlegen waren und über dem Gesetz standen. Die Journalisten berichteten so fieberhaft über diese und andere Mordprozesse, dass sie zu einer perversen Form der Unterhaltung wurden und innerhalb kürzester Zeit ein äußerst lukratives Verlagsgeschäft schufen.

Als Lee und Capote sich mit ihren Notizbüchern und ohne Presseausweise nach Kansas begaben, war True Crime seit über dreihundert Jahren in Amerika ein beliebtes Genre. Doch erst *Kaltblütig* verlieh dem Schreiben über Verbrechen Ansehen. In den 1930er-Jahren hatte ein Gerichtsreporter und ehemaliger Bibliothekar namens Edmund Pearson ein paar Mordgeschichten für den *New Yorker* geschrieben, ebenso der Komiker und Gelegenheitsjournalist James Thurber. Doch True Crime wurde von den Kritikern und Gelehrten erst ernst genommen, als Capotes Fortsetzungsartikel über die Clutter-Morde in vier Ausgaben derselben Zeitschrift erschien.

Davor war nicht Mord das Hindernis gewesen – wie der Heiratsplot war der Mordplot seit Langem ein Favorit anspruchsvoller Literatur (*Verbrechen und Strafe* beispielsweise, und natürlich *Macbeth*), und dem Film noir zugehörige Filme wie *Laura* (1944) und *Boulevard der Dämmerung*

(1950) hatten jeweils einen Oscar bekommen. Doch die Journalisten vor Capote legten Mordgeschichten immer nur spaltenweise vor und überließen es den Romanschriftstellern, Dramatikern und Drehbuchautoren, Gewalt in Krimis, Detektivgeschichten, Spionagethriller und Gerichtsdramen zu verwandeln.

»Der Journalismus ist dasjenige literarische Mittel, das am meisten unterschätzt wird und am wenigsten erforscht ist«, erklärte Capote und nahm sich vor, der Marco Polo seines Berufsstands zu werden. In der Tradition von John Hersey, Joseph Mitchell und Lillian Ross griff er für seine Reportagen auf literarische Erzähltechniken zurück, schilderte Schauplätze, statt nur Orts- und Zeitangaben zu liefern, erschuf Figuren, die über Zitate und rein äußerliche Beschreibungen hinausgingen, und spürte Stimmungen und Themen auf, die aus der Geschichte mehr machten als die Summe ihrer Teile. Obwohl er das Werk, das dabei herauskam, als »nicht fiktionalen Roman« bezeichnete, beharrte er trotz des eindeutig fraglichen, von ihm verwendeten Begriffs »Roman« darauf, dass jede Zeile von *Kaltblütig* reine Tatsachen darstelle.

Schon das allein war faktisch falsch. Doch Capotes panoptischer Bericht dessen, was in Holcomb geschah – sein Porträt der Stadt, des Verbrechens, der Opfer, der Mörder, der Überlebenden und des Systems, das aller Schicksal entschied –, veränderte die Art und Weise, wie Schriftsteller über Verbrechen schrieben und wie Leser über Verbrechen lasen. Was man lange in den Werken von Wilkie Collins, Edgar Allan Poe, Arthur Conan Doyle, Agatha Christie und Theodore Dreiser bewundert hatte, wurde jetzt auch von nicht fiktionalen Verbrechensberichten erwartet: Irreführung, Symbolik, Spannung und psychologische Schilderungen, die zuvor allein zur Domäne der Romanschriftsteller gehörten.

Nicht allen gefiel diese Darstellung von Verbrechen in Romanform, und nicht alle waren von Capotes Erklärung überzeugt, dass es in seinem Buch ausschließlich um Tatsachen gehe. Einen Monat nach der Veröffentlichung berichtete ein Journalist in der *Kansas City Times* erneut über den Fall und entdeckte dabei eine Reihe von Widersprüchen, von der Tatsache, dass Bobby Rupp kein Basketballstar war, bis hin zu der Summe, die für Nancy Clutters Pferd bezahlt worden war. Einen Monat später sah sich der Journalist Phillip Tompkins die Sache noch einmal für den *Esquire* an und stellte noch schwerwiegendere Dinge fest: *In Cold Fact* erschien im Juni 1966 und bezweifelte Capotes Unterstellung, die Morde seien nicht geplant gewesen, sowie die Ansicht, beide hätten die Tat bereut. Tompkins brachte in Erfahrung, dass niemand, der bei der Hinrichtung dabei war, die Entschuldigung bestätigen konnte, die Smith, wie Capote behauptete, am Galgen gesprochen hatte. Als Grund führte er an, dass selbst eine oberflächliche Lektüre der Prozessakte – vor allem der Geständnisse – völlig andere Mörder zum Vorschein bringe als diejenigen, die Capote in *Kaltblütig* zu Papier gebracht habe.

Auch andere Quellen, die näher am Originalfall waren, stellten die moralische Integrität von Capotes Buch infrage. Agent Harold Nye, einer der führenden Ermittlungsbeamten des KBI, wies nicht nur auf verschiedene Fehler im Buch hin, sondern erhob auch gegen die Darstellung seines Gesprächs mit Hickocks Familie Einspruch – das in Wirklichkeit nicht nachts stattgefunden hatte, nicht mit beiden Elternteilen und nicht nur von Nye geführt worden war, sondern von drei Ermittlungsbeamten, die im Gegensatz zu Capotes Behauptung der Mutter des Verdächtigen allesamt wahrheitsgemäß von den Verbrechen berichtet hatten, die ihrem Sohn zur Last gelegt wurden. Am entscheidendsten war jedoch möglicherweise die Reaktion der beiden überlebenden Töchter Clutter, die danach fast alle Interviews ablehnten und einmal sagten: »Truman Capote hat uns auch um so etwas gebeten, als er einen Artikel für den *New Yorker* schreiben wollte, der, wie er sich ausdrückte, ihrer Familie Ehre machen solle«, habe dann aber sein Versprechen nicht gehalten und ihnen seinen Text vor der Veröffentlichung nicht vorgelegt. Er habe, so die Schwestern, einen »Sensationsroman geschrieben, der von Nutzen für ihn war und unsere Familie völlig falsch darstellte«.

Capote hatte mit der Veröffentlichung von *Kaltblütig* gewartet, bis Hickock und Smith hingerichtet worden waren, sodass die beiden Hauptfiguren zumindest nichts korrigieren und keine Einwände erheben konnten. Doch Harper Lee war gesund und munter, sie hatte Capote auf vier Recherche- und Interviewreisen begleitet und war bei fast allen Gesprächen, die er führte, zugegen, auch bei den Interviews mit den Mördern. Damit war sie diejenige, die am besten sehen konnte, wie aus den Tatsachen, die sie in Kansas gesammelt hatten, das Fleisch und die Knochen von *Kaltblütig* wurden – und auch, was ihr Freund alles erfunden hatte, damit die Gelenke hielten. Obwohl er in der Öffentlichkeit darauf pochte, dass sein Roman »hundertprozentig« wahr sei, machte er privat kein Geheimnis daraus. »Wissen Sie noch, dass Sie mir gesagt haben, Sie hätten das erste Mal von Hickock und Smith gehört, als Alvin eines Abends nach Hause gekommen sei und Ihnen die ›Fahndungsfotos‹ gezeigt habe, diejenigen mit den Maßen auf der Rückseite?«, hatte er Marie Dewey in einem Brief gefragt, den er ihr und

ihrem Mann aus Palamós, Spanien, im August 1961 geschickt hatte. »Diese kleine Episode würde ich gerne verwenden. Können Sie sich noch an weitere Einzelheiten erinnern (nicht, dass ich etwas dagegen habe, welche zu
erfinden, Sie werden sehen!)?«

Harper Lee jedoch hatte sehr viel dagegen. Capote hatte jede
Menge erfunden, weitaus mehr als das, was die *Kansas City
Times*, der *Esquire* und andere entdeckt hatten: Unter anderem die Behauptung, Perry Smith habe in seiner Zelle geweint, was von Capotes angeblicher Quelle vehement be-
stritten wurde, sowie die höchst ärgerliche, völlig erfundene
Szene mit Agent Dewey und Susan Kidwell auf dem Friedhof, die Capote für den Schluss seines Buchs verwendete. Lee
brachte ihre Einwände gegen diese und andere Verfälschun-
gen nie öffentlich zur Sprache, doch klagte sie in Briefen an
Sandy Campbell, die für den *New Yorker* die Fakten in
Capotes Beitrag überprüft hatte, und an Campbells Partner
Donald Windham: »Dass Truman sich schon lange nicht
mehr um Fakten scherte, hat bewirkt, dass ich die Hoffnung
auf ›Tatsachenberichte‹ gründlich aufgegeben habe.«
   Dass das Zerwürfnis über die Bedeutung von Tatsachen-
berichten sein Gegenstück im Zerwürfnis zwischen Capote
und Lee fand, überrascht kaum. Seit Jahren wurde vermutet,
dass die Freundschaft der beiden durch seinen in den Himmel wachsenden Neid zerstört wurde – auf den Erfolg, den
sie mit *Wer die Nachtigall stört* hatte –, auf den Pulitzer-Preis,
die Oscars, die scheinbar unzähligen verkauften Exemplare.
Doch reisten sie 1962 und 1963 erneut gemeinsam nach Kansas, nachdem der Roman und der Film üppige Anerkennung
bekommen hatten, und 1966 schrieb sie für die *Book-of-the-
Month Club News* ein glänzendes Porträt über ihn, um für

Kaltblütig Werbung zu machen. »Mehr als fünf Jahre lang«, schrieb Lee in diesem Beitrag, »gab Capote sein Bestes für Kansas – vollständige Identifikation, totales Engagement.« In der Öffentlichkeit unterdrückte sie ihre Einwände gegen sein Werk ebenso wie ihre Vorbehalte gegen seine selbstzerstörerischen Gewohnheiten, die ihr zunehmend missfielen. Dennoch distanzierte sich Capote von ihr. Nach Erscheinen seines Buchs sahen sie sich immer seltener, obwohl er nur zwei Meilen südlich von ihr wohnte. Später vertraute sie Windham und Campbell an: »Truman hat mich erst aus seinem Leben gestrichen, als *Kaltblütig* erschienen war. Ich erfuhr nie, warum, und mein einziger Trost war die Entdeckung, dass er ein paar anderen dasselbe angetan hatte, lauter treuen alten Freunden. Wir waren jedoch schon unser ganzes Leben befreundet, und ich hatte gedacht, wir seien unzertrennlich.«

Was Capote mit *Kaltblütig* gemacht hatte, fand Lee höchst bedenklich, und es schadete ihrer Freundschaft, wurde aber auch zu einer Herausforderung für sie: Würde sie imstande sein, den altmodischen, sittenstrengen Journalismus zu betreiben, den sie bewunderte, und würde dieser denselben Erfolg haben wie die faktenverdrehenden Berichte ihrer Zeitgenossen? Immerhin gehörte Capote zu einer Schriftstellerbewegung, die versuchte, Sachtexte zu schreiben, die sich wie Literatur lasen, eine Bewegung, zu der auch Norman Mailer, Gay Talese und Joan Didion zählten. Die Artikel, die sie schrieben, hatten ihr Fundament in der Reportage, über dem sich jedoch oft weitere Stockwerke erhoben, bestehend aus psychologischen Vermutungen, soziologischen Erkundungen oder politischen Manifesten. Weite Teile des Dialogs waren bei manchen dieser Autoren vollständig oder größtenteils frei erfunden, und die

Erzählperspektive hielt sich manchmal unglaublich nah an das Figurenbewusstsein. Doch den meisten Lesern gefiel das sehr gut. Ohne abwegig zu wirken, konnte Tom Wolfe 1973 als Mitherausgeber der Anthologie *The New Journalism* schreiben, dass Sachtexte den Roman in den Hintergrund gedrängt hätten und »heutzutage die wichtigste Literatur seien, die in Amerika entstehe«. Doch Lee identifizierte sich nie mit den Neuen Journalisten. Im Union Building der University of Alabama, wo sie sich als Studentin so oft bis spät in die Nacht und früh am Morgen aufgehalten hatte, wurden die Sachbücher getrennt von den Romanen durch eine Reihe von Aktenschränken aufbewahrt, und Lee behielt diese Aufteilung sowohl gedanklich als auch in ihrer Arbeit stets bei.

Dieses Engagement bestimmte nicht nur ihren Stil, sondern auch ihr Thema. Mit *Kaltblütig* hatte Capote ein außergewöhnliches Verbrechen gewählt. »Die Clutters waren von allen Menschen auf Erden diejenigen, bei denen man am wenigsten erwartet hätte, dass sie ermordet würden«, zitierte er einen Ermittlungsbeamten. Das stimmte und traf auch für die Opfer der beliebtesten True-Crime-Werke zu, die später veröffentlicht wurden; abgesehen von den Berichten über häusliche Gewalt waren nur wenige Morde, die in diesen Büchern geschildert wurden, für die Gewaltverbrechen in diesem Land typisch. Die Opfer in den Büchern waren normalerweise wohlhabend und weiß, während Mordopfer statistisch eher unter sozial Schwachen und unter Farbigen anzutreffen sind; die Mörder waren oft berechnende oder gestörte Außenseiter, wohingegen die meisten Mordopfer von jemandem getötet werden, den sie kennen. Besonders Capote hatte sich quasi auf die Suche nach einer Horrorgeschichte mitten im weißen Amerika gemacht:

der Ermordung einer ganzen Familie aus der Mittelschicht durch völlig Fremde.

Lee dagegen fand einen Fall, bei dem die einzigen weißen Figuren die Anwälte und die Polizisten waren. Um die Opfer, die Mörder und die Überlebenden porträtieren zu können, musste sie über das Leben und den Tod von Schwarzen schreiben, über schwarze Familien und schwarze Gemeinden – selbst heute noch ein ungewöhnlicher Schritt für das Genre, und für sie eine Herausforderung, weil die schwarzen Figuren in *Wer die Nachtigall stört* zwar wesentlich für die Handlung sind, jedoch viel weniger komplex dargestellt sind als ihre weißen Gegenspieler. Aber sie hatte bereits vorgeführt, dass sie in der Lage war, Verbrechen zu schildern, die den Lesern ihre eigenen Vorurteile und diejenigen der Strafjustiz vor Augen führten, und sie wollte dies sogar weitertreiben, doch Tay Hohoff riet ihr davon ab. *Wer die Nachtigall stört* zeigt zwei parallele Geschichten über Gewalt: In der einen stirbt Tom Robinson, ein Schwarzer, weil er fälschlich wegen Vergewaltigung angeklagt wird; in der anderen bleibt Arthur »Boo« Radley, einem Weißen, sogar eine Anklage wegen Mordes erspart, obwohl der Sheriff weiß, dass er den Mord begangen hat. Die erste Geschichte zeigt die Macht des Mobs, einem verzerrten Blick von Gerechtigkeit Geltung zu verschaffen, die zweite Geschichte zeigt das Vorrecht der Gesetzesvollstreckung, persönliche Vorlieben walten zu lassen, und beide dramatisieren, wie die Vorurteile der Gesellschaft sich in der Strafjustiz spiegeln. Obwohl Atticus Finch überredet werden muss, seinem Sohn Jem und seinem Nachbarn Boo Radley einen Prozess wegen Mordes an Bob Ewell zu ersparen, braucht Sheriff Tate nur wenige Seiten, um ihn von der Zweckdienlichkeit der Selbstjustiz zu überzeugen: »Ein schwarzer Bursche hat wegen nichts und wieder nichts sterben müssen, und der Mann, der daran schuld ist, ist tot. Lassen Sie diesmal die Toten die Toten begraben, Mr Finch. Lassen Sie die Toten die Toten begraben.«

Im Fall Maxwell gab es ebenfalls jemanden, der Selbstjustiz verübt hatte, er war jedoch schwarz und wurde nicht nur privat, sondern auch in der Öffentlichkeit als Held gepriesen. Dadurch wurde die politische Einstellung ihres neuen Buchs weniger annehmbar als diejenige von *Wer die Nachtigall stört*, und auch die Fabel war weitaus komplizierter: Ein angeblicher Serienmörder, der ebenfalls Opfer von Gewalt wird; ein weißer Anwalt, der einen Kreuzzug führt und ebenfalls vom Tod der Schwarzen profitiert; Verbrechen, die wie Mord aussahen, aber meist als Betrug vor Gericht gebracht wurden; Weiße und Schwarze, die in Provinzstädtchen der Südstaaten fast Seite an Seite lebten, zwischen denen jedoch Welten lagen. Doch weil die Geschichte, die Lee gefunden hatte, Wirklichkeit war und keine Erfindung, konnte kein Lektor zu ihr sagen, sie sei unglaubhaft, oder darauf bestehen, sie für die Leser zu vereinfachen.

Als Lee etwas über den Reverend Willie Maxwell erfuhr, wusste sie bereits ein wenig über Alexander City. Im Sommer vor den Schüssen im Beerdigungsinstitut hatte ihre Nichte – Mary McCall, genannt Molly, eines der Kinder ihres verstorbenen Bruders – einen Einheimischen geheiratet, der John Robert Chapman jr. hieß und Bobby genannt wurde. Doch nicht nur wegen ihrer Verwandten in der Stadt fühlte sich Lee in Alex City zu Hause, als sie zum Prozess von Robert Burns kam. Alles, bis hin zur drückenden Hitze in diesem Herbst, war ihr vertraut; als Kind hatte sie Eis von einem Eisblock abgekratzt, der eigens dazu auf der Treppe des Monroe-County-Gerichtsgebäudes lag, und es geräuschvoll verzehrt, damit ihr beim Zuhören im Gerichtssaal nicht heiß war. Wie von allen Kindern hatte man von ihr erwartet, sich unauffällig zu verhalten, und das tat sie nun auch in Alex City. Sie saß nicht mit den Presseleuten in der reservierten Reihe neben dem Tisch der Anklage, und sie hielt sich zurück, um beobachten zu können, ohne selbst beobachtet zu werden.

Wenn man wie Lee auf Fakten aus ist, dann sind Prozesse ein hervorragender Fundort. Reporter lieben Prozesse, schreibt Calvin Tillin in *Killings*, einer Anthologie von True-Crime-Geschichten aus dem ganzen Land, weil »sie das Verfahren fasziniert, bei dem jemandem eine Frage gestellt wird, die er tatsächlich beantworten muss. Er kann nicht sagen, dass er zu dieser Frage lieber keinen Kommentar abgibt. Er kann keine Anekdote über ein anderes Thema erzählen. Er muss die Frage beantworten – unter Eid, dass er die Wahrheit sagt.« Lee wusste, dass diese Gerichtsverhandlung wahrscheinlich eine großartige Faktenfundgrube sein würde, ganz gleich, was im Lauf von Bundesstaat Alabama vs. Robert Lewis Burns geschehen würde. Als man ihr mitteilte, dass Tonbandaufnahmen im Gerichtssaal verboten waren, stellte sie sich der Gerichtsreporterin Mary Ann Karr vor, und fragte, ob sie eine Kopie der Prozessmitschrift von ihr kaufen könne.

Karr war wegen der Liebe von Ohio nach Alabama gezogen. Ihr Mann stammte aus der Gegend, konnte aber keine Arbeit finden und war nach Youngstown gezogen, um tagsüber in einer Stahlfabrik und abends in einem Eissalon zu arbeiten. Karr hatte ihn dort entdeckt, er hatte ihr gefallen und sie hatte ihr Glas Wasser umgestoßen. Als er an ihren Tisch kam, um aufzuwischen, verabredete sie sich mit ihm. Am Ende heirateten sie und zogen ins Tallapoosa County, wo Karr, die auf eine Privatschule und aufs College gegangen war, erfuhr, dass ihre Schwiegereltern nicht einfach arm waren; sie waren so arm, dass sie weder Elektrizität noch fließendes Wasser hatten und den Außenabort hinterm Haus benutzten. Ihre eigene Mutter hatte Angst, dass Mary Ann »gestorben und zur Hölle gefahren war«, doch Karr fand Gefallen an Alabama und vergötterte ihren Ehemann. Noch Jahre später waren sie so hingerissen voneinander, dass sie so oft wie möglich zusammen zu Mittag aßen, weshalb Karr, als sich Harper Lee ihr vorstellte, sie zu sich nach Hause in die Lafayette Street mitnahm.

»Sie sah aus, als nagte sie am Hungertuch – so ärmlich war sie gekleidet«, erinnerte sich Karr. Die Gerichtsreporterin stellte fest, dass Lee ihren Reichtum auch ansonsten nicht hervorkehrte. Sie war »wirklich der netteste Mensch, dem ich je im Leben begegnet bin«, sagte Karr, »realistisch und bescheiden«. Karrs Mann machte Bologna-Sandwiches, und die drei setzten sich und sprachen über den Prozess und die Anwälte. Karr hatte bereits fünf Jahre als Gerichtsreporterin gearbeitet und war Richter Avary im Fünften Gerichtsbezirk überallhin gefolgt, um über Strafprozesse zu berichten sowie über alles andere auf seinem Terminplan. Sie konnte Lee also hervorragend mit Geschichten über den Richter, die Geschworenen und fast alle anderen am Burns-Prozess Beteiligten ergötzen.

Sie war auch bereit, Lee eine Abschrift zu geben, wenn der Prozess vorbei war, wies sie jedoch darauf hin, dass es eine Weile dauern würde. Karr stenografierte die Gerichtsverhandlungen – in der von John Robert Gregg vor fast hundert Jahren erfundenen besonderen Kurzschrift, die eher einem EKG als dem Englischen ähnelt – und schrieb sie danach nur dann mit der Schreibmaschine, wenn ein Fall in die Berufung ging. Es war ein langsames Verfahren, und der Burns-Prozess zog sich bereits in die Länge, doch Lee war damit einverstanden, Karr angemessen zu bezahlen und so lange wie nötig zu warten.

Weil Harper Lee nirgendwo hingehen musste, hatte sie es nicht eilig. Als sie sich für den Reverend zu interessieren begann, bat sie ihre Nichte Molly, ihr für ein paar Monate eine Hütte am Lake Martin zu mieten. Es war eine der an die sechshundert Hütten, die Ben Russell, der Gründer der Russell Mills, auf dem Land am See gebaut hatte, das er von der Alabama Power bekommen hatte, nachdem er einen Damm aufgegeben hatte, den er seinerseits an den Buzzard Roost Shoals nördlich der Cherokee Bluffs hatte bauen wollen. Russell vermietete die Blockhütten an Angestellte und Freunde, unter denen Sara und Joseph Robinson waren, die eine Eisengießerei in der Stadt besaßen. Mrs Sara, wie ihre Schüler sie nannten, war Lehrerin in Alexander City, und die Vorstellung, die Schriftstellerin Harper Lee als Gast zu beherbergen, gefiel ihr sehr; die Schriftstellerin wiederum hatte noch nie eine Englischlehrerin kennengelernt, die sie nicht gemocht hatte.

Die Hütte der Robinsons lag an der Nordseite des Sees und bot einen freien Blick auf die River Bridge zwischen Alexander City und Dadeville. Sie war rustikal und bestand zu gleichen Teilen aus Kiefernholz, Blech und Fliegengittern, ähnlich derjenigen von Hank Williams in der Nähe der Kowaliga Bridge, in die er fünfundzwanzig Jahre zuvor zur Ausnüchterung an den Lake Martin gezogen war. Für beide Künstler versprach dieser abgelegene idyllische Ort mit seinen klaren Nächten am stillen Wasser Ruhe und Abstinenz, auch wenn Lee nicht immer allein war. Schon zu Beginn ihres Aufenthalts nahm sie eine streunende schwarze Katze auf, die sie Reverend nannte; später kam ihre Freundin Marcia Van Meter aus der Stadt, weil sie sehen wollte, wie das Buch gedieh, und begegnete der Hauptfigur in Gestalt einer Katze.

Irgendwann tauschte Lee ihre Hütte am See gegen ein Zimmer im Horseshoe Bend Motel, und zwar nicht nur, weil dies der schönste Ort in der Stadt war (die Geschworenen hatten sich dorthin zurückgezogen), sondern auch, weil es Bobby Chapman gehörte, dem Mann ihrer Nichte. Das 1958 gebaute Motel hatte fünfzig Zimmer und lag nur ein paar Meilen von dem Schlachtfeld entfernt, nach dem es benannt worden war, direkt an der Ecke zum Highway 22, der von Rockford nach Alexander City und New Site zum Highway 280 führt, der wiederum von Birmingham entlang der Grenze zu Georgia verläuft. Wegen seiner Lage war das Hotel bei Reisenden beliebt, die nach Atlanta fuhren oder von dort kamen, und bei Touristen, die sich kein Blockhaus leisten konnten, aber dennoch im Lake Martin schwimmen, auf ihm Boot fahren und angeln wollten. 1967 kauften Chapmans Eltern es den vorigen Eigentümern ab, und als Bobby drei Jahre später an der University of Alabama Examen gemacht hatte, kehrte er dorthin zurück, um das Hotel zu übernehmen.

Das Horseshoe Bend Motel war ein sechseckiger Bau, mit einem Bürobungalow und fünf Bungalows mit Zimmern, die um einen Swimmingpool lagen. Aus dem Restaurant machte Bobby irgendwann einen kleinen Lebensmittelladen, in dem die Tagesschichtarbeiter der Russell Mills vor der Arbeit Kaffee und Brötchen kaufen konnten, und eröffnete eine Gaststube namens Stable Club, in die dieselben Arbeiter am Ende des Tages zurückkehren konnten, um sich zu amüsieren – wofür einerseits Bobbys Ausschankerlaubnis sorgte, ein Novum, denn im Tallapoosa County war Alkohol seit 1968 verboten, andererseits die Theatertruppen vor Ort und aus der Umgebung, die dort auftraten. »Der Stable Club wurde zu einer Art ›Prosit‹ vor Ort«, sagte Chapman später. »Von heute aus betrachtet würde ich wahrscheinlich sagen, wir hatten unseren Norm und unseren Cliff und vielleicht auch einen Sam und ein, zwei Carlas.[6]« Für Lee war der Stable Club weitaus besser als das Café im Warren Hotel in Kansas – nicht zuletzt, weil sie dort nicht nur Kaffee bestellen konnte wie im Finney County.

Doch in anderer Hinsicht unterschied sich Lees erste Zeit in Alex City nicht sehr von der Zeit, die sie mit Capote in Garden City verbracht hatte. Viele Einheimische waren anfangs misstrauisch und sagten gar nichts über ihren berüchtigten Nachbarn, und wie viele weiße Reporter, die der Geschichte des Voodoo-Predigers hinterherliefen, stieß Lee auf großen Widerstand. »Wenn der Reverend noch am Leben wäre«, sagte eine Freundin der zweiten Mrs Maxwell, »würde keiner mit Ihnen sprechen.« Selbst drei Monate nach seinem Tod konnte er immer noch Angst und Schrecken verbreiten; es gab immer mehr Geschichten über seine posthumen Kräfte, und viele befürchteten, er werde aus dem Jenseits Rache nehmen. »In der Stadt erzählt man sich, er sei bereits zurückgekehrt«, hatte Curtis Jones, eine Verwandte von Shirley Ann Ellington, erklärt. »Die Leute sagen, man hätte ihn in der Stadt am Steuer eines Wagens gesehen.« Es hieß auch, der Reverend Willie Maxwell habe bei einer Wahl seine Stimme abgegeben, obwohl er bereits

---

6 Figuren aus der amerikanischen Sitcom *Cheers* – d. h. ›Prosit‹ [Anm. d. Übers.]

tot war, und dass nachts ein geheimnisvolles Licht über seinem Grab scheine.

Lee hatte noch ein Problem, das sich ihr in Kansas nicht gestellt hatte, das jedoch in Alex City unweigerlich von dem Moment an auftrat, als allen klar wurde, wer sie war. Die Autorin von *Wer die Nachtigall stört* war nicht nur in Alabama eine Berühmtheit: Es war allgemein bekannt, dass sie reich war und gute Verbindungen zu Hollywood hatte. Fast alle, mit denen sie zu reden versuchte, fragten sie, wie viel sie für das, was sie zu erzählen hatten, zu zahlen gewillt sei und wer sie in der Hollywoodverfilmung spielen würde. Lee, die gedacht hatte, die größte Herausforderung für ihr Journalistenethos bestünde in der unverbrüchlichen Treue zu den Fakten, sah stattdessen, dass sie Leute abwehren musste, die ihr die eigene Großmutter verkaufen oder sich selbst an den Meistbietenden verkaufen wollten. Sie beklagte sich darüber, dass sogar die Nachbarn des Reverends dachten, sie könnten ihre Geschichten ans Fernsehen verkaufen. Das galt auch für ein paar der Hauptfiguren dieser Saga. Einer hatte versucht, eine Gebühr für Robert Burns' Mitarbeit auszuhandeln, und der Leichenbestatter Fred Hutchinson sagte Lee, er könne ihr ein Interview mit der Witwe des Reverends verschaffen, zu einem entsprechenden Preis. Als Lee jedoch allen klargemacht hatte, dass sie keine Interviews kaufen oder für irgendetwas bezahlen würde – abgesehen von offiziellen Dokumentenabschriften wie Gerichtsprotokollen und Totenscheinen –, gaben die Leute nach und begannen zu reden.

Was sie erzählten, war natürlich nicht immer glaubwürdig. Auch wenn der Reverend aus einem ganz anderen Grund berühmt war, muss die Art der Geschichten, die man sich über ihn erzählte, Lee daran erinnert haben, wie die

Leute ihre Geschichten über sie als Autorin ausschmückten, seitdem *Wer die Nachtigall stört* erschienen war: Sie gesellten sich an Orten dazu, an denen sie nie gewesen waren, taten tiefgründige Wahrheiten kund, die sie aus flüchtigen Interaktionen bezogen, und erfanden einfach Informationen, wenn sie sie brauchten oder ihnen der Sinn danach stand. Binnen Kurzem bestand das Problem nicht mehr darin, dass es ihr an Material fehlte: Die Bedienungshilfe, die ihr für ein Trinkgeld von fünfzig Cent das Abendessen ins Horseshoe Bend Motel brachte, sah, dass die Papierstapel auf ihrem Schreibtisch immer höher wurden. Das Problem war, wie sie später sagte, dass »die Gerüchte, Hirngespinste, Träume, Mutmaßungen und glatten Lügen, die sie gesammelt hatte, für ein Buch von der Länge des Alten Testaments gereicht hätten« – alles, was Harper Lee aus ihrem Buch zu verbannen gehofft hatte.

21

Wiederkehr bis zum Jüngsten Tag

Trotz gegenteiliger Gerüchte stand Reverend Willie Maxwell, als Harper Lee ankam, nicht zur Verfügung und wollte nicht einmal den einfallsreichsten Reportern ein Interview geben. Es gab jedoch noch jemanden, den sie befragen wollte, und der nur allzu bereit war, mit ihr zu sprechen: Keiner fand Lee entzückender als der Charmeur Tom Radney, der während ihres monatelangen Aufenthalts am Lake Martin oft auf einen Drink zu ihr ins Horseshoe Bend Motel kam, über den Prozess sprach, ihr Interviewpartner vorschlug und nachsah, wie sie vorankam.

Alle verstanden sich gut mit Big Tom, und Lee war mit diesem Typus vertraut. Auch wenn er etwas jünger war als sie selbst, hatte er viel mit ihrem Vater gemeinsam: Beide waren sie Bauernanwälte, die im Parlament des Bundesstaats saßen; beide waren Laienführer der Methodistischen Kirche; beide gehörten der Freimaurerloge und der Handelskammer an; beide waren stadtbekannt und bei den meisten beliebt. Politisch waren sie jedoch wie Feuer und Wasser: Tom verteidigte in vielen Leserbriefen im *Alexander City Outlook* die Bundesregierung, die A. C. in seinen Leitartikeln über die Rechte der Bundesstaaten für *The Monroe Journal* geschrieben hatte. Und während man Mr Lee höchstens auf dem Golfplatz ohne Hut und Jackett antraf, war Big Tom jemand, der es gerne leger mochte.

Was Big Tom anbelangte, so fand er Harper Lee anfangs »schüchtern, zurückhaltend und gesetzt«, doch nachdem er gesehen hatte, wie sie mit ihren Quellen umging, fand er, dass sie »gern lächelte und schnell Freundschaften schloss«. Beide gingen sehr gerne auf Reisen: Als sie gerade ins Ausland nach Oxford aufgebrochen war, hatte Big Tom nach seinem Militärdienst ein Schiff nach Europa genommen und war erst nach Frankreich und England gereist, und dann nach Russland, um, wie er sich ausdrückte, »die kommunistische Bedrohung« zu betrachten. Zudem liebten beide die Politik. Lee vertrat Ansichten, die zwischen Libertarismus und Griesgrämigkeit lagen, doch hörte sie Radneys JFK-Cocktailpartygeschichte und gab diejenige über JFKs Präsidentenautokolonne zum Besten, auf die sie bei den Vereinten Nationen einst stundenlang gewartet hatte. Was Radney an Wissen über die Corn Laws fehlte, konnte sie für ihn und sich selbst beschaffen, und beide verehrten Thomas Jefferson, Jefferson Davis und Robert E. Lee wie Heilige.

Big Tom war außer sich vor Freude, dass die berühmteste Autorin Alabamas sich für einen seiner Fälle interessierte, und er tat alles dafür, dass das Buch, in dem er vorkommen würde, auch geschrieben wurde. Er warf alle seine Akten über den Reverend Maxwell in eine riesenhafte Lederaktentasche – die eher ein Koffer war – und sagte Lee, sie könne die Unterlagen behalten, bis ihr Buch fertig sei. Alles in allem umfasste dieses Material Hunderte von Seiten, inklusive Versicherungsdokumenten, mit denen sie eine eigene Agentur hätte eröffnen können: Dutzende von Anträgen, Formularen, Policen, Gebührentabellen und Darlegungen rechtlicher Sachverhalte, ganz zu schweigen von einem längeren Berufungsverfahren.

Es war eine Goldmine, die für Lee mehr wert war als alles, was ein Jahrhundert zuvor aus Devil's Backbone oder Hog Mountain herausgeholt worden war, als Tallapoosa County seinen Wie-gewonnen-so-zerronnen-Goldrausch erlebte. Zu Lees Freude hatte Radney Kopien von so gut wie allen den Reverend betreffenden Dokumenten gehamstert, die auf seinen Schreibtisch gelangt waren oder seine Unterschrift erfordert hatten, darunter Briefe, Anklageschriften, Zeugenlisten, Geschworenenlisten und andere Dokumente, die mit den Strafprozessen zu tun hatten, bis hin zu der Zeit, als Bezirksstaatsanwalt Aaron damit gescheitert war, den Reverend in der Strafsache State of Alabama vs. Willie J. Maxwell wegen Mordes zu verurteilen. Radney hatte sogar eine Kopie des handgeschriebenen Zettels, den der Obmann der Geschworenen dem Richter beim ersten Mordprozess ausgehändigt hatte – »Wir, die Geschworenen, befinden, dass der Angeklagte Willie M. Maxwell nicht schuldig ist« – sowie eine Kopie des perversen Gegenstücks mit dem Freispruch für Robert Burns sechs Jahre später.

Obwohl Big Tom auf Freisprüche spezialisiert war, behauptete er vor Lee, wie zuvor vor allen Journalisten, die ihn danach gefragt hatten, dass er nach dem Mord an Shirley Ann Ellington keinen weiteren Freispruch für den Reverend zu erwirken versucht hätte. Er machte geltend, dass Maxwell ein paar Tage vor seinem Tod in den Zoo gekommen sei und wissen wollte, ob er, Radney, ihn verteidigen würde. Big Tom hatte dies abgelehnt. Daraufhin sei der Reverend so wütend geworden, dass er einer Reporterin auf dem Parkplatz gedroht habe, sie umzufahren, wenn sie nicht aus dem Weg gehe. Lee, die genau wusste, dass Radney den

Reverend zehn Jahre lang, angefangen von der Landüberschreibung im Jahr 1967, immer wieder vertreten hatte, hatte guten Grund, seine Behauptung zu bezweifeln. Sie hatte Maxwells Haus gesehen und erfuhr gerade, was für ein lukrativer Mandant der Reverend Maxwell gewesen war; außerdem unterminierte Big Toms Geschichte seine langjährige Behauptung und sein bewundernswertes Beharren darauf, dass jeder Mandant ungeachtet seiner Schuld einen Anwalt verdiene.

Lee war nicht ganz überzeugt von dem, was Tom ihr erzählt hatte, und fand die Beweggründe fragwürdig, aus denen er so edel wirken wollte. »Anscheinend sah er sich als Mischung aus Atticus Finch und Robert Redford«, sagte sie später. Man könnte aber auch sagen, dass Big Tom damit bereits an dem Tag angefangen hatte, als Lee den Telefonhörer vor ihm abhob, Gregory Peck anrief und mit ihm Scherze über die Rolle machte, die er in der Verfilmung des Buchs spielen würde, an dem sie gerade arbeitete; vielleicht, neckte sie ihn, würde man ihm die Rolle eines Baptistenpredigers geben. Es war nicht abwegig, dass Radney dachte, Peck würde lieber den Verteidiger spielen, der einen Freispruch für einen Mord erwirkte, den dreihundert Leute mit eigenen Augen gesehen hatten, als Reprise der Rolle, die ihm einen Oscar eingebracht hatte. Selbst wenn die Chance dafür gering war, konnte Radney deswegen erpicht darauf gewesen sein, in dem Film mitzuwirken, und auch wenn Lees Buch kein Kinohit würde, so würde es mit Sicherheit ein Bestseller.

Doch Big Tom wurde nicht nur von Eigennutz angespornt. Selbst ohne Ermunterung oder Anreiz konnte er jedem gegenüber großzügig und gesellig sein, und als Lee Interesse an seinem Leben zeigte, ließ er sie mit Freuden daran teilhaben. Er nahm sie auf die Farm seiner Familie mit – eine Parzelle, die ursprünglich zum »Quartier« gehört hatte und das er, kurz nachdem der Reverend sein Mandant geworden war, zurückgekauft hatte. Dort in Daviston hatte Radney eine Blockhütte gebaut, einen Swimmingpool und eine rote Scheune mit einer Weide, auf die er Pferde, Hühner, Ziegen, Schafe und für kurze Zeit auch einen Emu weiden ließ. Wie die Lees hatten die Radneys in Destin, Florida, ein Haus am Meer, doch Big Tom verbrachte seine freie Zeit lieber auf der Farm. Das »Quartier« kam dem Land seiner Vorfahren am nächsten und war nicht weit entfernt vom Haus seiner Kindheit in Wadley und von der Kirche, in die seine Familie ging. Jeder, den er dorthin mitnahm, darunter auch Lee, bekam unweigerlich die Zeile zu hören, die er in allen seinen Wahlkampfreden immer wieder verwendet hatte: »Vergessen Sie nie, woher Sie kommen.«

Da es sich um eine ihrer Gemeinsamkeiten handelte, verstand sie das natürlich sehr gut. Beide waren sie Südstaatler, die ungern eine Gegend verließen, die sie gerne losgeworden wäre: eine unverheiratete, unkonventionelle Literatin und ein schriller Progressiver. Sie hätte in Manhattan bleiben können; er hätte fast überall nördlich der Mason-Dixon-Linie erneut politische Karriere machen können. Doch Harper Lee kehrte immer wieder in ihre Geburtsstadt zurück, und Big Tom ging nie richtig fort; beide empfanden dem Süden gegenüber tiefe Loyalität, auch wenn er sie enttäuschte oder ablehnte.

Der Süden hätte auch gut auf den Reverend Maxwell verzichten können, doch im Gegensatz zu den beiden hatte dieser kaum Gelegenheit fortzugehen, selbst wenn er das gewollt hätte. Während der Great Migration zogen sechs Millionen Afroamerikaner nach Norden und Westen, doch viele weitere Millionen blieben im Süden. Einer von ihnen war Maxwell, der in einer der vielen Provinzstädte wohnte, an denen die Bürgerrechtsbewegung vorbeigegangen war. Was Harper Lee instinktiv über Tom Radneys Süden wusste, hätte sie über Willie Maxwells Süden nur durch geduldige Recherche und fortwährende Gespräche in Erfahrung bringen können, wie sie kaum ein weißer Amerikaner je führt oder geführt hat.

Sie suchte ein paar solcher Gespräche, doch die mit Big Tom waren einfacher. Sie lernte seine ganze Familie kennen: Madolyn konnte zwar nicht wie ihr Mann Stunden mit ihr im Stable Club verbringen, freute sich aber, dass Alabamas berühmteste Autorin ihre Kinder kennenlernen wollte – Ellen, die schon vierzehn war; Fran, die zwölf war; die zehnjährige Hollis und den sechsjährigen Thomas. In den Jahren, seit Big Tom die Politik aufgegeben hatte, war Little Tom so groß geworden, dass er nicht mehr als schlichtes Schlagmal dienen konnte, wenn die Familie in der Einfahrt Kickball spielte. Er war jetzt groß genug, um in dem Feuerwehrtretwagen herumzufahren, den Radney für seine Kinder gekauft hatte, als keiner von ihnen etwas bei der Tombola gewonnen hatte, die das Alexander City Fire Department veranstaltet hatte. Die Mädchen waren mittlerweile alt genug, um zu wissen, wer Lee war, und als die eine zu Lee sagte: »Das Einzige, was ich von Ihnen gelesen habe, ist *Wer die Nachtigall stört*«, amüsierten sich alle über Lees Erwiderung: »Das geht jedem so.«

Wie Big Tom mochte Madolyn Lee sehr. Sie erinnerte sich daran, »dass sie sich einfach zurücklehnte und dem Gespräch folgte«, wenn Lee und Radney über Fallrecht oder die Creek-Kriege sprachen oder was sie sonst aus den Tiefen ihrer Gelehrsamkeit ausgruben. Wie fast alle, die Harper Lee begegneten, merkte auch Madolyn, dass Lee »sich nicht das Geringste aus ihrem Aussehen machte.« Während die meisten Frauen damals darauf achten mussten, was sie sich in den Mund steckten und was aus ihrem Mund herauskam, rauchte und trank Lee so viel wie ein Mann und hatte, wie Madolyn sagte, »verschiedene Schimpfwörter, die sie in jedem Gespräch verwendete«.

Im Gegensatz zu den drei Mrs Maxwells, die alle Pfarrersfrauen gewesen waren, und zu Mrs Radney, die die Frau eines Politikers war, war Lee die Ehefrau von keinem. Sie definierte sich genau wie diese Männer durch ihre Arbeit und hatte die Freiheit, die ganze Zeit zu lesen und zu schreiben. Keiner konnte ihr vorschreiben, was für Berichte sie verfassen sollte, was sonst bestimmt geschehen wäre: Bei echten Verbrechen gab es lauter weibliche Opfer und gelegentlich eine Mörderin, jedoch fast nie eine Frau, die darüber schrieb. Lee konnte, wenn sie wollte, einen ganzen Tag lang nachdenken oder sechs Stunden mit Sergeant William Gray und seiner Frau verbringen und Fotos von Tatorten durchsehen, die er zu Hause gehortet hatte, um dann die ganze Nacht zu übertragen, was sie sich zu seinen Erinnerungen an den Tod der zweiten Mrs Maxwell notiert hatte. Sie genoss nicht annähernd dieselbe Anonymität wie in Manhattan, wo täglich Hunderttausende von Menschen an ihrer Wohnung vorbeikamen, ohne zu merken, dass dort die ganze Nacht Licht brannte oder dass sie das Haus erst am späten Nachmittag verließ. Doch anders als in Monroeville hatte Lee in Alex City einigermaßen Ruhe. Weil ihre Blockhütte weit weg war und die Zimmer im Horseshoe Bend private Eingänge hatten, kam und ging sie, wann sie wollte. Sie fuhr ihre Reifen völlig ab, als sie von einem kleinen Dorf zum nächsten fuhr und die Seiten- und Nebenstraßen der drei Countys rings um den Lake Martin erforschte und mit jedem redete, der irgendetwas über den Reverend Willie Maxwell wusste.

Dabei spürte sie die Verfasserangabe auf, die sie am meisten interessiert hatte, als sie die frühen Artikel über den Fall Maxwell im *Alexander City Outlook* und im *Montgomery Advertiser* durchging. Am Tag, als der Reverend erschossen wurde, war nur einer von den Reportern zugegen, die über den Fall berichtet hatten. Lee rief in der Redaktion des *Outlook* an, bekam den Herausgeber Alvin Benn ans Telefon, erklärte, wer sie sei, und fragte, ob sie mit Jim Earnhardt, einem seiner Reporter, sprechen könne. Leider sei dies momentan nicht möglich, teilte er ihr mit, weil Earnhardt nicht im Haus sei und Benns Motto befolge: In einer Nachrichtenredaktion findet man keine Nachrichten.

Als Earnhardt wieder an seinem Schreibtisch saß und einen Zettel auf seiner Schreibmaschine fand, auf dem stand, Harper Lee habe angerufen, hielt er dies für einen Jux. Doch dann rief er sie zurück, und sie war tatsächlich am Apparat und wollte mit ihm über seine Artikel sprechen. Als begeisterter Leser von Romanen, Geschichten und allem, was er darüber hinaus in die Hände bekam, war Jim beglückt darüber, mit ihr sprechen zu können, und die beiden verstanden sich sofort prächtig. Kurz darauf lernten sie einander persönlich kennen, und genau wie Big Tom gab Jim Lee am Ende alles, was er über den Reverend hatte – in seinem Fall ein von seiner Mutter angefertigtes Album, in dem sie alle Artikel über den Fall gesammelt hatte. Auf dem roten Einband mit Goldrand stand nichts geschrieben, doch das Album enthielt sämtliche von Plastikhüllen geschützte Artikel, die Jim über Shirley Ann Ellington, den Reverend und

Burns geschrieben hatte, sowie Zeitungsausschnitte aus anderen Zeitungen, die seine Mutter aufgehoben hatte.

Nachdem Lee dann bei Earnhardts Eltern zum Abendessen gewesen war, schickte sie ihnen einen Brief, in dem sie ihnen ihre hohe Meinung über ihren Sohn kundtat. Sie war so alt wie Jims Vater und etwas älter als seine Mutter, fand jedoch Gefallen an dem bärtigen zweiundzwanzigjährigen Reporter mit Brille, was leicht zu verstehen war: Jim konnte den Aufstieg der Russells in Alex City mit derselben Leichtigkeit rekonstruieren, mit der er über Faulkner sprach, den Lee nie kennengelernt hatte, und über Steinbeck, den sie kannte, weil sie beide denselben Literaturagenten hatten. Womit er in den Annalen des Ruhms nicht aufzuwarten imstande war, das konnte er in den Annalen von Alabamas Geheimnissen wettmachen: Wie Alice Lee konnte er alle siebenundsechzig Countys des Bundesstaates herunterrattern, ebenso wie ihren jeweiligen Verwaltungssitz. Seit seinem zwölften Lebensjahr hatte er Reporter werden wollen und hatte ein ebenso strenges Berufsethos entwickelt wie Lee: Ohne ein Stichwort von ihr schimpfte er über »Sachtextromane« und andere »pseudo-journalistische Praktiken«.

Am allerwichtigsten war vielleicht, dass Earnhardt ein untrügliches Gespür für Diskretion hatte, eine Eigenschaft, die Harper Lee in einer Freundschaft am meisten schätzte. Er berichtete nicht im *Outlook* über ihr Kommen und Gehen, steckte nie die Nase in das, was sie schrieb oder nicht schrieb, und beantwortete alle Fragen über den Maxwell-Prozess, solange sie nichts mit ihrer Person zu tun hatten. Im Frühjahr darauf begannen Lee und Earnhardt eine Korrespondenz, die Jahrzehnte lang währte und zu der auch ein halbes Dutzend Besuche in Manhattan gehörten. Wenn Jim in die Großstadt kam, sorgte sich Lee wie eine Mutter, er könne überfallen und ausgeraubt werden, stellte ihn dem Mann vor, der den Zeitungsstand vor Ort führte, ging mit ihm auf einen Drink zu Marcia Van Meter und brachte ihn, wie es sich für einen richtigen Schriftsteller gehörte, im Alonquin unter. Im Teheran aßen sie persisch und im Lieblingsrestaurant von Bürgermeister Koch chinesisch; sie führte ihn sogar ins Sardi aus, wo sie mit Maurice Crain zu speisen pflegte, und ging mit ihm zu Jackson Hole Burgers, wo sie sich – ganz Tochter der Weltwirtschaftskrise – das, was sie nicht mehr essen konnte, für »Tante Lily« einpacken ließ, die ältere Frau, die im selben Stockwerk wie Lee wohnte.

Earnhardt hörte genauso gern Musik wie Lee, und wenn er sie besuchen kam, gingen sie ins Konzert. Während eines Mozartklavierkonzerts mit Alicia de Larrocha erlebte Jim, wie Lee »einen jungen Mann neben uns höflich korrigierte, der seine Hand im falschen Takt zur Musik bewegte«. Auch lasen beide natürlich gern Bücher, was jedes Mal, wenn er kam, längere Aufenthalte in Buchhandlungen bedeutete. Lee brachte ihn zu Strand, aber auch zu Bryn Mawr, eine ihrer Lieblingsbuchhandlungen, in der sie einst eine seltene Ausgabe von Whitmans *Leaves of Grass* in der Gartenabteilung gefunden hatte und wo er eine Erstausgabe von Eudora Weltys *Delta Wedding* fand. Ihre literarischen Abenteuer nahmen auch andere Formen an: So pilgerten sie beispielsweise zum Woodlawn Cemetery in der Bronx und statteten Herman Melville einen Besuch ab. Als Jim vom *Outlook* zum *Montgomery Advertiser* gewechselt war, schrieb er eine Kolumne über das Friedhofsabenteuer auf die einzige Art, die Lee rückhaltlos billigte: Er wahrte die Anonymität so sehr (»Meine Freundin, die aus Alabama stammt und lange in New York lebte«), dass Lee, die den Zeitungsartikel von ihrer Schwester Alice geschickt bekam, schrieb: »So etwas lese ich gerne von dir: wenn nur die Autorin, ihre Schwester und der Verfasser identifizierbar sind.«

Earnhardt war bei seinen Artikeln so verlässlich wie in seinen Freundschaften, und Lee stellte bald fest, dass er zu den ganz wenigen gehörte, die Erinnerungen niemals erfanden und sie sehr genau nahmen. Er entsann sich für sie präzise an alles, was er über den Reverend wusste, und wenn er etwas nicht wusste, sagte er ihr ohne Umschweife, sie müsse sich anderswo umhören. Dies erwies sich als ungewöhnliche Qualität. Wie so oft in Alabama bekam man in Alex City ein langes Epos zu hören, wenn man eine Frage stellte, mit allen erzählerischen Freiheiten, die das Wort impliziert, oder man bekam gar keine Antwort. Lee hatte sich darauf festgelegt, ein Buch zu schreiben, das auf Fakten basierte, doch im Fall des Reverends Maxwell waren Fakten schwer in Erfahrung zu bringen und noch schwerer zu überprüfen. Viele, mit denen sie sprach, kannten die Einzelheiten letztendlich nicht, manche hatten sie bereits vergessen, andere hatten Grund zu lügen.

Noch schlimmer war, dass manche der entscheidendsten Fakten nie geklärt worden waren: Von allen Todesfällen, die mit dem Reverend Willie Maxwell in Verbindung gebracht wurden, waren nur zwei zu Mordfällen erklärt worden, die jedoch zu keiner Verurteilung geführt hatten. Viele Leute hatten Theorien darüber, was der Reverend getan hatte – am Ende auch Lee – doch mangels Exhumierungen oder auch mangels moderner Toxikologie war es einfach nicht möglich, mit Sicherheit zu sagen, wie sich die anderen vier Todesfälle ereignet hatten. Dennoch wappnete sich Lee mit so vielen Autopsieberichten, Totenscheinen und Interviews mit den Sachverständigen, die sie ausgestellt hatten, dass sie im Scherz sagte, sie stecke »bis über die Ohren in Beerdigungen«.

Doch sie steckte auch bis über den Kopf in anderem Papierkram. Aus den Bezirksgerichten von Dadeville und Rockford hatte sie sich Heiratsurkunden und den Wehrpass des Reverends beschafft. Als sie feststellte, dass die Maxwells für die Russell Mills gearbeitet hatten, fand sie jemanden, der die Mitarbeiterdaten des Reverends und seiner Frau abschrieb. Im Willow Point Country Club, in dem die Radneys Mitglieder waren, trank sie sogar Cocktails mit Ben Russell, Benjamin Russells Enkel. Und eines Tages erhielt sie eine Kopie der »Legitimierungserklärung«, die der Reverend für die Tochter beantragt hatte, die ihm 1969 geboren wurde.

Lee hatte deshalb ein paar heikle Fragen parat, als sie die Verwandten der ersten Mrs Maxwell interviewte. Am 16. Januar 1978 ging sie zu Mary Lous Schwester Lena Martin, die ihr sofort sagte, wie wenig sie vom Reverend Maxwell halte und was für große Sorgen sie und ihr Mann sich um Mary Lou gemacht hätten. Maxwell sei »gemein zu ihr« gewesen, sagte Martin, und »habe sie nicht gut behandelt«. Beide hatten das Gefühl, dass er gefährlich sei, und zwar so gefährlich, dass Essex Martin sich für Lee genau daran erinnern konnte, was er gesagt hatte, nachdem der Reverend Lena per Telefon erklärt hatte, Mary Lou habe einen Unfall gehabt: »Sie hatte keinen Unfall; er hat sie umgebracht.«

Die Martins beharrten darauf, dass der Reverend Maxwell auch seinen Bruder umgebracht habe. In der Nacht, als J. C. starb, sagten sie zu Lee, habe er mit dem Reverend im Auto gesessen und sei dann am Cottage Grove Cemetery ausgestiegen, nicht weit von der Stelle, an der sein Leichnam später gefunden wurde. Sie waren sich ihrer Sache so sicher, dass Lee die Beweisstücke von John Columbus Maxwells Tod noch einmal hervorholte, unter denen auch zwei Versicherungsdokumente waren. Das eine war ein Antrag für eine

Fünftausend-Dollar-Police auf John Columbus Maxwell bei der Crown Life Insurance Company of Illinois vom 15. März 1971, die als Begünstigten Willie J. Maxwell nannte und die Adresse des Reverends verwendete. Das zweite war die »Mitteilung vom Ableben des Versicherten« dieser Police, auf der stand, dass John C. Maxwell am 6. Februar 1972 »an einer Krankheit« gestorben sei, mit der Bitte, den Scheck an dieselbe Adresse zu senden. Wenn man die beiden Formulare nebeneinanderhielt, sah man, dass die Handschrift dieselbe war: Reverend Willie Maxwell hatte die Police auf seinen Bruder ausgestellt und nicht einmal ein Jahr später die Auszahlung angefordert. Dieselbe Unterschrift fand sich auch auf vier weiteren Policen, die Maxwell alle auf seinen Bruder ausgestellt hatte.

Weil immer klar war, wer der Mörder war, sollte Lees Buch nie ein Krimi werden. Doch während die Frage nach dem Wie rätselhaft blieb, war das Warum plötzlich klar geworden. Reverend Maxwell sei eine »schwer fassbare« Persönlichkeit, schrieb sie einmal an Rheta Grimsley Johnson, eine Journalistin, die Lees Familie seit der Zeit kannte, da sie für *The Monroe Journal* arbeitete, und die hoffte, Lee über das Buch interviewen zu können, an dem diese gerade schrieb. Lee lehnte das Interview von ihrem Motelzimmer in Alex City ab und zeichnete auf die Rückseite des Briefumschlags ein Hufeisen – als selbst gebastelte Absenderadresse. »Er mag nicht an das geglaubt haben, was er predigte, und er hat vielleicht auch nicht an Voodoo geglaubt«, schrieb sie über den Reverend, »doch er glaubte zutiefst und unwiderruflich an Versicherungen.«

Das Ausmaß der Versicherungsbeteiligungen des Reverends warf völlig neue Fragen auf, unter anderem, wie viel er genau mit den Policen verdient hatte und was genau er mit dem Geld gemacht hatte. Bezirksstaatsanwalt Tom Young hatte einst behauptet, Maxwell »habe immer seine Schulden bezahlt und immer Kredite zu hervorragenden Konditionen bekommen«, und meinte, dass seine Nachbarn ihm dies übel genommen hätten: »Vielleicht redeten manche deshalb über ihn. Dieses County ist arm, wissen Sie.«

Doch Young täuschte sich. Im Januar 1978 war der Nachlass des Reverends gerichtlich bestätigt worden und achtzehn Forderungen waren bereits geltend gemacht worden, die sich insgesamt auf fast fünfundsechzigtausend Dollar beliefen, angefangen von einer Rechnung der Hardy Electric Company über dreizehn Dollar bis hin zu den fünfundvierzigtausend Dollar, die er der Bank von Dadeville schuldete. Er hatte offene Rechnungen in Reifengeschäften und Dorfläden und weitere für Benzin, Lebensmittel und Schmuck. Als der Reverend starb, hatte er viele Schulden, was bedeutete, dass er bereits Schulden hatte, als Shirley Ann Ellington ermordet wurde und auch als seine erste Frau tot aufgefunden wurde.

Dies deutete auf ein klares Motivmuster hin, doch waren Maxwells Finanzen immer noch verwirrend. Lee fand heraus, dass die Auszahlungen seiner Versicherungspolicen seine Schulden überstiegen, und es war nicht ersichtlich, was er mit all dem Geld gemacht hatte, ganz zu schweigen davon, warum er jahrelang so hart einer seriösen Arbeit nachgegangen war: Bei den Russell Mills, im Steinbruch, in der Holzfabrik und auf der Kanzel. Wie vor ihr die Polizeibeamten konzentrierte sich Lee bald auf die »Freundinnen«, für die der Reverend stadtberühmt war – offenbar kostspielige Affären.

Big Tom wusste nicht besonders viel über Maxwells Finanzen, interessierte sich jedoch auch mehr dafür, über seinen neuen als über seinen alten Mandanten zu sprechen, da er erst vor Kurzem die Gunst einer Gemeinde wiedererlangt hatte, die ihn noch wenige Monate zuvor als Advokaten des Teufels betrachtet hatte. Man hatte ihm nicht nur im Gerichtssaal zum Urteil im Burns-Prozess gratuliert, sondern gratulierte ihm nun in der ganzen Stadt. Am 20. Januar 1978 wurde Radney von der Handelskammer offiziell zum Mann des Jahres ernannt. Im *Outlook* lobte ein Leitartikel diese Entscheidung: »Mr Radney gibt immer sein Bestes, egal ob er sich im Gerichtssaal befindet oder im Parlament oder in der Politik. Er hat unendlich viel erreicht, und seine Bemühungen haben sich für seine Gemeinde und für die ganze Gegend mehr als ausgezahlt.«

Zwei Tage nach dieser Feier ging Harper Lee wieder zu Mary Ann Karr, der Gerichtsreporterin, und stellte ihr für die Prozessmitschrift in Sachen *State of Alabama vs. Robert Lewis Burns* einen Scheck über eintausend Dollar aus. Die fast fünfhundert Seiten waren mit doppeltem Zeilenabstand getippt worden, damit genügend Platz für Anmerkungen war. Außerdem konnte sie endlich mit Burns selbst sprechen, weil er jetzt aus dem Bryce Hospital entlassen worden war und bereits wieder arbeitete. Er war mehr als gewillt, über die Erschießung des Reverends zu reden.

Lee fand schnell heraus, dass Burns völlig anders war als Hickock oder Smith, und dass es etwas ganz anderes war, einen Mörder in seinem Wohnzimmer zu interviewen und nicht im Gefängnis. Burns war gut aussehend und höflich, seine Frau liebte ihn abgöttisch und seine Pflegetochter – diejenige, die behindert war und Shirley Ann Ellington nahegestanden hatte – hing während ihres Gesprächs an seinen Beinen, genau wie in den Pausen seiner Gerichtsverhandlung. In den beiden Interviews mit Lee wiederholte

Burns oft, was er über den Reverend und seine Voodoo-Praktiken gehört hatte, und fügte ein paar Details hinzu: dass er anscheinend Wäscheklammern an den Ohren getragen habe und dass man offenbar mit seltsamen Worten etikettierte Flaschen bei ihm entdeckt habe, als das Haus nach seinem Tod ausgeräumt wurde. Burns sagte Lee, er sei sicher, dass der Reverend alle fünf Familienmitglieder ermordet habe und dass er Dorcas Andersons Ehemann irgendein Gift eingeflößt habe. Lee habe aufmerksam zugehört, erinnerte er sich, und eine Menge Fragen gestellt und ein paar Dinge mit ihm geteilt, die sie bereits erfahren hatte. »Sie kannte sich genau aus«, erklärte Burns, und sie sagte zu ihm: »Sie würden sich wundern, auf wen dieser Mann alles Lebensversicherungen abgeschlossen hatte.«

Die Versicherungen waren alle sehr real, die Voodoo-Gerüchte waren jedoch schwer zu beweisen. Doch weil Lee in Monroe County mit demselben Aberglauben aufgewachsen war und ihn teilweise in *Wer die Nachtigall stört* verarbeitet hatte, war sie trotzdem an den Behauptungen interessiert und an der Kultur, die sie hervorgebracht hatte. »Ich vergaß, dass es keine Galgenmännchen gab«, sagte Scout über die Seifenfiguren, die Boo Radley nach ihrem und Jems Bild geschnitzt hatte, »kreischte auf und ließ die Püppchen fallen.« Lee legte Wert darauf, die Dinge herauszufinden, die sie noch nicht aus eigener Erfahrung kannte, und wandte sich in New York an eine Buchhandlung für Okkultes, deren Katalog sie bestellte, um zu sehen, was sie über Zauberei lernen konnte. Die älteste Buchhandlung dieser Art, die es im Land gab, war der Samuel Weiser Bookstore. Sie war 1926 in der Book Row eröffnet worden und war, als Lee sich an sie wandte, an den Broadway umgezogen. Die Buchhandlung hatte einen eigenen Verlag gegründet und hatte einen

Lagerbestand von über einhunderttausend Büchern zu ver-
zeichnen – Bücher wie *Afrikanische Folklore, Weisheit des
Landlebens, Geheimnisse des Aberglaubens* bis zu *Okkultes
Amerika, Geister und Geisterwelten*, oder *Vampire, Zombies
und Monstermenschen.*

Lee las sich durch ein ganzes Regal der von ihr bestellten
Voodoo-Bücher und lernte, was ihr eigenes Leben sie bereits
gelehrt hatte: dass Voodoo ein umfangreiches, ernsthaftes
Glaubenssystem war, das auf der ganzen Welt Anhänger
hatte. Soweit sie wusste, war der Reverend Willie Maxwell
jedoch keiner von ihnen. Auch wenn Lee gerne mit Tom
Radney zusammen war, so trug ihre Begutachtung der Gerüchte, die über den Reverend kursierten, eher dazu bei,
Tom Young beizupflichten, der »das ganze Voodoo-Zeug«
als etwas abtat, was »auf natürlichem Aberglauben gründe,
auf Spekulationen, Mutmaßungen und rücksichtslosem
Tratsch beruht«. Sie fand keinen Beweis dafür, dass Maxwell
an Voodoo glaubte, geschweige denn, dass er ein Geschworenengericht verhexen oder sich in eine schwarze Katze verwandeln konnte. Auch deutete nichts darauf hin, dass er je
in New Orleans gewesen war, und noch viel weniger, dass er
bei den Seven Sisters in die Lehre gegangen war.

Die Witwe des Reverends war diejenige, die den ganzen
Voodoo-Hokuspokus lautstark bestritt – sie, die immer auf
die Unschuld ihres Mannes pochte. Als Lee sich ein Interview mit der dritten Mrs Maxwell gesichert hatte, erfuhr sie
am eigenen Leibe, was die Ermittler, die an den früheren
Fällen gearbeitet hatten, ihr über die Eigenart der Witwe
gesagt hatten, die darin bestand, dass sie frühere Aussagen
leugnete und behauptete, sie nie geäußert zu haben. Lee
selbst sagte: »Ich war enttäuscht über ihre fehlende Aufrichtigkeit.«

Doch Lee fand selbst heraus, was die Witwe ihr nicht sagen wollte. Nach der Ermordung des Reverends hatte Ophelia Maxwell, wie Lee erfuhr, gegen die Gerber Life Insurance Company geklagt und fünfzehntausend Dollar verlangt. Die Police war nicht auf ihren verstorbenen Mann ausgestellt, sondern auf Shirley Ann Ellington. Gerber verweigerte die Zahlung mit der Begründung, die Police sei ungültig – einerseits, weil seit ihrer Ausstellung noch keine zwei Jahre vergangen waren und das Mädchen keines natürlichen Todes gestorben sei, doch auch, weil Shirleys Unterschrift auf dem Antrag gefälscht worden sei.

Auf Gerbers Antwort hin ließ Ophelia Maxwell die Klage fallen, doch der Akt der Gerichtsklage war dem Bühnenmanuskript ihres Mannes entnommen und warf Fragen darüber auf, was für Policen die Maxwells sonst noch auf Shirley abgeschlossen hatten. Noch beunruhigender war die Frage, ob Ophelia möglicherweise diejenige war, die die Rolle übernommen hatte, die der Reverend ursprünglich dem Mann aus Eclectic angeboten hatte. Ophelias Aussage über den Tag, an dem ihre Stieftochter gestorben war, war schon immer seltsam vage gewesen; sie hatte nie hinreichend erklären können, warum ihr Mann noch so spät nach Bauholz Ausschau gehalten hatte oder warum beide so lange gewartet hatten, bis sie Shirley suchen gingen, nachdem sie angeblich im elterlichen Wagen ohne Führerschein davongefahren war.

Dies allein hätte genügt, um bei Lee ein Stirnrunzeln hervorzurufen, doch hatte sie auch in Erfahrung gebracht, was die meisten am Lake Martin vergessen hatten: dass Ophelia Maxwell verdächtigt worden war, am Tod der zweiten Frau des Reverends beteiligt gewesen zu sein. Als sie die Verbrechen rekonstruierte, wie sie es früher mit Capote oft getan hatte, wurde klar, dass der Reverend die Leichen an die Orte transportieren musste, an denen sie gefunden wurden. Die Zeugenaussage des Mannes aus Eclectic untermauerte den weitverbreiteten Glauben, dass Maxwell einen Helfer gehabt hatte; die Frage war immer, wer es gewesen war. Manche dachten, es sei Fred Hutchinson, da er bereits in einer Versicherungssache wegen Mordes angeklagt worden war und man es für unwahrscheinlich hielt, dass zwei geistesverwandte Kriminelle in derselben Kleinstadt unabhängig voneinander agierten. Doch Lee verdächtigte höchstwahrscheinlich Ophelia Maxwell.

»Ich glaube fest, dass Reverend Maxwell mindestens fünf Menschen getötet hat«, schrieb sie einmal in einer Zusammenfassung des Falls, »dass sein Motiv Habgier war, dass er bei zwei Morden einen Komplizen hatte und bei einem einen Gehilfen.« Da sie im Strafrecht versiert war und – ganz gleich ob sie Briefe schrieb oder einen Artikelvorspann – ihre Worte immer mit Bedacht wählte, achtete sie auf die Unterscheidung zwischen einem Komplizen, der bei einem Mord präsent ist, und einem Gehilfen, der davor oder danach hilft. Einen Schriftsteller aus Auburn, der sich für den Fall interessierte, provozierte sie mit den Worten, der Komplize sei nicht nur am Leben, sondern lebe in einem Umkreis von 150 Meilen.

Zusätzlich zu den Schwierigkeiten der Recherche musste Lee jetzt obendrein noch mit einem lebendigen Komplizen fertig werden. Es war fast wie die ersten Wochen in Kansas, bevor die Mörder der Clutters gefunden worden waren und Jack Dunphy Capote solche Todesangst einjagte, dass er Lee bat, eine Waffe bei sich zu tragen. Das tat sie weder damals noch heute, sagte aber zu mehreren Leuten, von denen sie Informationen bezog, sie sei über Drohungen besorgt, die ihr und ihrer Familie in Alex City galten, sowie ihrer älteren

Schwester in Eufaula. Sie erwähnte nicht, ob das bedeutete, dass der Komplize des Reverends ihnen etwas antun wollte oder ob jemand anders, der in den Fall verstrickt war, ihr Angst einjagen wollte, damit sie ihr Projekt aufgab.

Zwar hatte Lee jetzt Angst vor den Personen, über die sie schrieb, doch zum ersten Mal seit Langem hatte sie keine Angst vor dem Schreiben selbst. Unerklärliche Rätsel hatten sie immer fasziniert, und dieses, so düster es war, bekämpfte ihre eigene Düsternis. Es hatte sich herumgesprochen, dass sie sich durch den Fall Maxwell grub, und sie nahm immer mehr Verabredungen und Einladungen an. Sie ging zu denjenigen, von denen sie sich etwas Neues über den Reverend versprach, und im Frühsommer 1978 kam sie einer Einladung der *Outlook*-Redaktion zu einer Cocktailparty nach. Al Benn war inzwischen Herausgeber einer Zeitung in LaFayette geworden, und Bill Hatcher, ein hungriger junger Redakteur aus Cleveland, Tennessee, war sein Nachfolger geworden. Hatch, wie er genannt wurde, hatte an einem kleinen Wesleyan College studiert, dann bei einer Zeitung in seinem Heimatbundesstaat gearbeitet und war danach nach Alabama gegangen, um das *Auburn Bulletin* zu leiten. Zwar fühlte er sich als Schwuler in Alex City nicht zu Hause, in einer Nachrichtenredaktion jedoch schon, und obwohl er nur halb so alt war wie Lee, war er fast genauso geistreich. Der neue Chefredakteur stellte noch andere Leute ein, unter anderem Patty Cribb, die zum Herausgeber des »Outlook on Living«-Teils wurde. Im Gegensatz zu Hatch war Cribb eine Einheimische; sie hatte an der Benjamin Russell High-school ihren Abschluss gemacht und war nach dem Studium am College und an der Hochschule in Florida nach Alex City zurückgekehrt. Ihre Mutter organisierte die Cocktailparty und lud Richter C. J. Coley ein, eine Lokaleminenz, die eine Mischung aus Plinius dem Älteren und Thukydides war.

Clinton Jackson Coley wurde 1902 in Alex City geboren und hatte zusammen mit der Stadt an Größe und Gestalt zugenommen. Er war angeblich Bankier und Nachlassrichter, doch für Lee war er der beste Historiker des Countys und einer der besten im ganzen Bundesstaat. Fast ohne Hilfe hatte Richter Coley den amerikanischen Kongress überredet, aus der Horseshoe Bend einen Militärnationalpark zu machen, und den U. S. Postal Service, die in Alabama geborene Helen Keller mit einer Briefmarke zu ehren. Der Partyraum seines Hauses war voller Schnickschnack aus sämtlichen Geschichtsepochen Alabamas, und Richter Coley zählte zu der Sorte Mensch, die auf Anhieb sagen konnten, wie viele Familien ihre Post aus dem Nixburger Postamt abholten, als Mrs Crawford dort Postmeisterin war, und einen dann sofort fragten, ob man die Geschichte von dem Jungen aus der Gegend gehört habe, der mit John Wilkes Booth eine Messerstecherei gehabt hatte, bevor dieser Alabama verließ und sich auf den Weg des Verderbens begab, der Abraham Lincolns Pfad kreuzte. Er hatte Aktenordner voller Zeitungsausschnitte über Lokalgeschichte und Regale mit Monografien, Memoiren und Amateurahnenforschung und besaß außerdem alle Broschüren, Gedichte, Artikel und Volksbücher, die je über die Schlacht an der Horseshoe Bend geschrieben worden waren. Seine Großmutter lag auf dem Friedhof am Highway 9 begraben, nicht weit von der Stelle, an der Shirley Ann Ellingtons Leiche gefunden worden war, und man konnte sicher sein, dass er erzählen würde, wie am Tag ihrer großartigen, grellen Beerdigung ein Gewitter am sonnigen Himmel aufzog und Blitze in die Silberschaufel des Totengräbers schlugen und sie zersplitterte – ein Hinweis des Himmels auf Verschwendungssucht, so beteuerte er. Das Gespräch mit Richter Coley, scherzte Lee, habe sie davor bewahrt, auf der Cocktailparty fünf Pfund zuzunehmen.

In ihrem Dankesbrief an die Cribbs vom Juni 1978 schrieb Lee: »Die Leute aus Alex City sind einfach unschlagbar« und fügte dann warnend hinzu: »Wenn ich mit diesem Buch baden gehe, wird sich meine Enttäuschung in Grenzen halten«, denn sie habe ja jetzt so viele neue Freunde in der Stadt. Ein wenig zuversichtlicher erklärte sie jedoch auch, dass sie sich freue, sie auf ihrer nächsten Rechercheise im Herbst wiederzusehen. »Es war kein Abschied«, sagte Lee, »denn ich werde bis zum Jüngsten Tag wiederkommen.«

22

Horseshoe Bend

Nichts schreibt sich von selbst. Wenn man die Welt sich selbst überlässt, wird sie sich nie in Wörter verwandeln, und ganz gleich wie viele Seiten an Notizen, Interviews und Dokumente bei einer Recherchereise entstehen, am wichtigsten ist immer die leere Seite am Anfang. In *The Journalist and the Murderer* nennt Janet Malcolm den Raum zwischen journalistischer Recherche und dem Schreiben einen »Abgrund«. Es ist ein schrecklicher Ort, an dem man schrecklich leicht hängen bleibt. Alle sagten Harper Lee, die von ihr gefundene Geschichte sei dafür prädestiniert, ein Bestseller zu werden. Doch niemand konnte ihr sagen, wie man sie am besten schrieb.

Als Lee aus Alabama nach New York zurückkehrte, wohnte sie wieder in der 433 East Eighty-Second Street, wo sie bereits über zehn Jahre gelebt hatte. Falls ein Gebäude einem Menschen ähneln kann, dann ähnelte dieses Haus Lee: schlicht und unauffällig lag es mitten in der Stadt, jedoch erstaunlich weit weg von allem geschäftigen Treiben, und von außen gab es nichts preis. Fast niemand wusste, dass eine der berühmtesten Schriftstellerinnen Amerikas hier wohnte, gut sichtbar versteckt, denn auf dem Klingelbrett

stand nur »Lee-H«. Eine Weile lang teilte sie sich das Erd-
geschoss mit zwei Musikern, die alle Daryl und John nannten, die jedoch bald unter ihren Nachnamen berühmt wurden: Hall & Oates, und die nicht ahnten, dass ihre
Nachbarin Romanschriftstellerin war, und schon gar nicht,
dass es sich um Harper Lee handelte.

Andere Mieter hatten mit den Jahren erfahren, wer Lee
war, wussten ihr Meisterwerk aber auch nicht zu würdigen
und bis auf ein paar Fragen über ihre Reisen in den Norden
oder in den Süden mischten sie sich nicht in ihr Privatleben
ein. Im obersten Stockwerk wohnten die Malkos, mit denen
sie darüber staunte, dass der Hausverwalter rauchte, während er seinen Sauerstoffbehälter in der Hand hielt, und mit
denen sie auch Vermutungen über alle anderen Nachbarn
anstellte; unter ihnen im dritten Stock wohnten die Bent-
leys, Sonya und Frank, deren Kinder Lee abgöttisch liebten,
unter ihnen ein Sohn, der Lees Patenkind wurde. Im zweiten Stock lebten Vivian Weaver und Elaine Adam, die für
das Council on Foreign Relations gearbeitet hatten und
danach als Lektoren und Schreibkräfte für Freunde, unter
anderem für den Schriftsteller Patrick Dennis, dessen
Roman *Auntie Mame* ihnen gewidmet war. »V. V. and Mme.
A.«, wie sie sich nannten, verwandelten ihre Wohnung gern
in einen Salon und plauderten mit derselben Leichtigkeit,
mit der sie Cocktails zubereiteten. Lee war keine Einsiedle-
rin, doch sie verkehrte mit anderen in deren Räumlichkei-
ten oder traf sie in Museen und Restaurants irgendwo in
der Stadt. Sie schützte ihre Innenräume genauso sorgfältig
wie ihr Innenleben, und viele ihrer engsten Freunde kannten sie jahrzehntelang, ohne ihre Wohnung je betreten zu
haben.

Abgesehen von ihrer privaten Bodleian Library, die sie

dort hineinzuquetschen vermochte, war ihre Wohnung für eine vermögende Frau spartanisch.

Nach einem nächtlichen Albtraum, bei dem ihr träumte, sie sei auf die Straße gesetzt worden, fertigte sie eine Bestandsliste ihrer Habseligkeiten an und gab sie ihren Freunden Earl und Sylvia Shorris, die gegenüber in derselben Straße wohnten. Sollte dieser Traum je Wirklichkeit werden, erklärte sie warnend, würden folgende Gegenstände auf den Bürgersteig geschleppt werden: »ein ramponiertes Bett, ein Stuhl & ein Tisch, an die 3000 Bücher sowie die beiden letzten Schreibmaschinen auf Erden – von denen eine kaputt ist«. In diesem Fall, bat sie die beiden, »rettet die Schreibmaschine«. Die Bücher waren ihre eigentlichen Gefährten, und sie sammelte sie seit Kindertagen. Die Gedichte von Blake, Wordsworth und Thomas Hardy, zeitgenössische, von ihr bewunderte amerikanische Schriftsteller – darunter Mary McCarthy, John Updike, Peter De Vries, John Cheever und Flannery O'Connor – außerdem Geschichtsbücher, Krimis, Gesetzesbücher und ihre fünf Lieblingsromane: Samuel Butlers *Der Weg allen Fleisches*, Henry Fieldings *Tom Jones*, Prousts *Auf der Suche nach der verlorenen Zeit*, Richard Hughes *Orkan über Jamaika* und Mark Twains *Huckleberry Finn*.

Als Lee ihr Gepäck aus Alabama samt der riesigen Lederaktentasche ausgepackt hatte, die sie von Tom Radney bekommen hatte, umgab sie ein wahrer Berg von Maxwelliana. Neben den offiziellen Dokumenten und Unterlagen gab es Flugschriften, Programme und Informationsbroschüren über Alexander City und Umgebung, Fotokopien aus einem Geschichtsbuch über Alabama sowie ihre Notizen und Tonbandkassetten mit den Interviews, die sie unter anderem mit den Nachbarn des Reverends und seinen Arbeitgebern geführt hatte; mit Robert Burns; dem Reverend E. B. Burpo jr., der die Beerdigungspredigt für Shirley gehalten hatte und im Burns-Prozess als Zeuge ausgesagt hatte; mit Al Benn; Mary Lou Maxwells Schwester Lena Martin; Mary Ann Karr; Sergeant Gray; Richter Jim Avary und natürlich mit den Radneys.

Bei der ersten Lektüre von *Kaltblütig* musste Lee deutlich gesehen haben, wie das Material, bei dessen Beschaffung sie in Kansas geholfen hatte, verarbeitet worden war. Doch der umgekehrte Prozess – die eigenen Notizen zu sichten und in ihnen das Buch zu erkennen – war etwas ganz anderes. Erst einmal musste sie herausfinden, wie sie ihr Material anordnen sollte. Für Capote hatte sie alles säuberlich in zehn winzige Sektionen aufgeteilt, doch wie der Fall Maxwell mit seinen vielen Teilen am besten eingefasst werden sollte, war ihr ganz und gar nicht klar. Der Rahmen war einfach, doch die Verbrechen, die Opfer und die Gerichtsverhandlungen waren schwer zu entwirren. Am einfachsten ist es, eine Geschichte chronologisch zu erzählen, doch da die polizeilichen Ermittlungen, die Strafprozesse und die Zivilverfahren manchmal gleichzeitig stattfanden, verlief die Zeitleiste des Maxwell-Prozesses kreuz und quer wie bei einem Fadenspiel.

Noch schlimmer war, dass sie eine Hauptfigur brauchte, die im Mittelpunkt stand, ohne dass klar ersichtlich war, wer das sein sollte. Natürlich war da Reverend Maxwell, es war jedoch unmöglich, einen Helden aus ihm zu machen – außerdem war ein Großteil seines Lebens, sowohl vor als auch nach der Anklage wegen Mordes, kaum dokumentiert und ihr fremd. Dann war da Robert Burns, dessen Schüsse im Beerdigungsinstitut zwar eine Sensation gewesen waren, der aber ansonsten nicht viel zu dem Drama beigetragen hatte und die meiste Zeit nicht einmal in der Stadt gewesen war.

Außerdem jede Menge Anwälte – genau genommen zu viele, weil sich die Todesfälle über sieben Jahre, zwei Countys und eine Handvoll Polizisten erstreckten –, doch es gab keinen Agent Dewey, der den Fall heroisch aufklärte und die Mörder in Handschellen in den Gerichtssaal schleppte; eigentlich wurde keiner der Fälle offiziell aufgeklärt. Der Kriminalarzt war interessant, doch auch sein Kriminalteam hatte keinen der Fälle aufgeklärt, sodass er ebenfalls nicht als heroisch betrachtet werden konnte – nicht einmal das wachsende öffentliche Interesse an Forensik hätte gerechtfertigt, dass er und sein Team zum Mittelpunkt der Geschichte wurden.

Dann gab es die diversen Ankläger und Verteidiger. Lee hatte, seitdem sie schreiben konnte, über Anwälte geschrieben, und auch wenn die Bezirksstaatsanwälte nicht infrage kamen, weil kein einziger von ihnen in allen Fällen mitgewirkt hatte, wollte sie einen sehr guten Verteidiger und wählte daher Tom Radney, der zudem den Reverend zehn Jahre lang vertreten hatte und danach seinen Mörder, sodass er die Geschichte mühelos von Anfang bis Ende darlegen konnte. Außerdem war er eine komplizierte Hauptfigur, der Typus einer moralisch vielschichtigen Figur, die zu vermeiden Tay Hohoff ihr immer nahegelegt hatte. Radney hatte an den Versicherungsprozessen sehr viel verdient, was im ganzen Tallapoosa County Missfallen erregt hatte, und er war derjenige, der dafür gesorgt hatte, dass der Reverend nie ins Gefängnis kam, worüber das Coosa County erzürnt war, doch Robert Burns' Freispruch hatte sein Ansehen am Lake Martin wiederhergestellt.

Radneys juristischem Talent entsprach sein politischer Ehrgeiz, und wenn sich Lee für ihn entschied, konnte sie über die Rolle schreiben, die die Hautfarbe im politischen

Mechanismus von Alabama und im Rechtssystem von Amerika spielte. Die Schwierigkeit bestand darin, dass der Fall Maxwell kein ausgesprochen ideales Gleichnis über *Race* und Gerechtigkeit war; sie wusste ganz genau, dass die Geschichte eines schwarzen Serienmörders nicht gerade das war, was die Leser von der Autorin von *Wer die Nachtigall stört* erwarteten. Zwar kann man sich zu Recht fragen, ob die Ermittlungen anders ausgefallen wären, wenn ein Opfer des Reverends weiß gewesen wäre, ist auch zu berücksichtigen, dass die Gesetzeshüter in den Südstaaten sehr schnell bereit waren, Afroamerikaner für Verbrechen jeglicher Art zu verurteilen. Außerdem konnte man den Polizisten am Lake Martin im Fall Reverend Willie Maxwell keine Fahrlässigkeit vorwerfen: Sie hatten sich voll und ganz für seine Verurteilung eingesetzt und jegliche Quelle benutzt, die ihnen zur Verfügung stand, und waren trotzdem immer wieder gescheitert.

Tom Radney war zwar kein perfekter Protagonist, doch war er wie Agent Dewey in Kansas als Protagonist außerordentlich praktisch. Er war einer der wenigen in Alex City, die Lee anriefen und fragten, wie ihr Buch gedeihe, und die anboten, alles zu tun, damit sie es zu Ende schreibe: Er könne seine Erinnerungen mit ihr teilen, Informationen ausfindig machen, Kontakte für sie herstellen und ihr überall zu Diensten sein, wo es nötig sei. Lee fand, dass Big Tom großzügig mit seiner Zeit war, jedoch kein sehr verlässlicher Erzähler, wenn es um den Fall Maxwell oder sein eigenes Leben ging. Ursache dafür war oft Unachtsamkeit, wie sie jedem manchmal unterläuft, der sich falsch an Dinge erinnert, die Jahre zurückliegen. »Sein Faktengedächtnis hat mich bestürzt«, beklagte sich Lee später über Big Tom.

Doch Lee machte mehr zu schaffen, was er sich selbst

einredete als das, was er anderen erzählte. »Was in seiner Psyche vor sich ging, faszinierte mich klinisch«, erklärte sie. Lee verstand sofort, dass er, ungeachtet seiner Qualitäten als Anwalt, immer zuallererst sich selbst vertrat, unabhängig davon, wer sein Mandant war. Sie hatte mit genug Menschen in und um Alexander City gesprochen und wusste, dass man seinen Charme nicht überall schätzte. Ein paar Jahre später drückte sie es sehr klar und deutlich aus: »Wenn man Präzision will, muss man alles, was er sagt, überprüfen; wenn man einen Helden will, muss man einen erfinden.«

Lee wünschte sich Präzision, doch als sie zu schreiben begann, stellte sie fest, dass die Faktenlage dünn war. Erstens war es schwer, das Leben eines Mannes zu rekonstruieren, dessen Vater Sharecropper war. Geschichte ist nicht, was geschah, sondern was niedergeschrieben wird, und die diversen Quellen, die in den Archiven liegen, übersehen das Leben armer schwarzer Südstaatler. Lee konnte im *Alexander City Outlook* Tom Radneys gesamte Laufbahn zurückverfolgen, einschließlich der Erfolge und Verdienste seiner Familie, doch wenn sie etwas über den Reverend Maxwell zu finden versuchte, fand sie nur seine Verbrechen. Das stimmte mit der Behandlung überein, die man dem Leben der Schwarzen in den Südstaaten und anderswo angedeihen ließ – sie wurden nicht nur als Verbrecher hingestellt, sondern ihre Verbrechen wurden auch vernachlässigt, selbst von der Zeitung, die ihrem Vater gehörte: Die Lees kamen dort oft vor, während die N****nachrichten in einer einzigen Spalte abgehandelt wurden. Natürlich gab es schwarze Zeitungen, die Maxwell jedoch auch erst erwähnten, als er tot war; die Reporter von *The Afro-American* und *Jet* hatten erst über den Fall berichtet, nachdem der Reverend erschossen worden war. Ein Schriftsteller, der das Leben des Reverends Willie Maxwell aufschreiben wollte, war meist auf Gespräche mit Zeitzeugen angewiesen, sodass die Erzähler sich vielleicht falsch erinnerten, die Geschichte manipulierten oder einem Außenseiter vollständig vorenthalten konnten. Außerdem gab es Dinge, die Lee aus keiner mündlichen Erzählung, sondern nur aus einem Geständnis des Reverends hätte erfahren können.

Tag für Tag setzte sich Lee hin und versuchte, aus diesen gähnenden Löchern ein Buch zu machen. Einst hatte sie von einem säkularen Kloster für Schriftsteller geträumt, die alle mit Unterstützung der Regierung bei Brot und Wasser eingesperrt würden. Sie selbst folgte einer weniger drakonischen Disziplin: Sie schlief lange, begann mittags zu schreiben, machte eine Abendessenspause und schrieb dann bis spät in die Nacht weiter. Meist schrieb sie erst mit der Hand und tippte dann am Ende des Tages ab, was sie geschrieben hatte, und »trennte die Spreu vom Weizen«, wie sie dazu sagte, und zwar auf der Olivetti-Schreibmaschine, die sie sich endlich gekauft hatte, als Ersatz für ihre treue alte Royal. »Ich arbeite sehr langsam«, gab Lee zu. »Nach einem Achtstundentag blieb mir etwa eine Manuskriptseite, die ich nicht wegwarf.« Doch sie hatte keine großen Bedürfnisse, »Papier, einen Stift und meine Ruhe«, scherzte sie und ergänzte die Liste später nur geringfügig: »Eine große Kanne Kaffee hilft mir, ist aber nicht unbedingt nötig.«

Lee behauptete auch gern, andere Menschen seien nicht unerlässlich. »Man ist ganz und gar auf sich selbst zurückgeworfen und völlig allein«, hatte sie einst in Bezug auf das Schreiben gesagt, *Wer die Nachtigall stört* war jedoch in Wirklichkeit unter den ausführlichen Lektoratsdirektiven von Tay Hohoff entstanden. »Wenn Lippincott nicht so pingelig und gewissenhaft gewesen wäre«, schrieb Maurice Crain einst, »wäre das Buch nicht annähernd so gut geworden.« Doch Crain und Hohoff waren beide tot, und Lee war ohne die literarischen Begleiter und Helfer, die ihr einst den Weg vom Manuskript zur Veröffentlichung gewiesen hatten. Als sie sich daranmachte, ihr True-Crime-Buch zu Papier zu bringen, hatte sie ihre Literaturagentur überlebt (Crain und Williams hatten die meisten ihrer Kunden an McIntosh & Otis weitergegeben, eine Firma, die ein Freund von Annie Laurie gegründet hatte) und ihren Verlag ebenfalls (Lippincott war von Harper & Row aufgekauft worden, aus dem später HarperCollins wurde).

Lee schätzte es, für sich zu sein, doch die Geselligkeit journalistischer Arbeit war besser für sie, nicht zuletzt, weil sie ihrem Hang zur Depression entgegenwirkte. Doch wieder saß sie allein vor ihrer Schreibmaschine und hatte nichts anderes zu tun, als zu schreiben. Ihre Aufgabenliste bestand Tag für Tag aus nur einem einzigen Eintrag: ein Buch zu schreiben. Selbst an Tagen, an denen sie etwas zu Papier gebracht hatte, konnte sie den Eintrag nicht abhaken. Aus der Geschichte des Reverends das Buch zu machen, das sie jetzt *The Reverend* nannte, erwies sich als schwieriger als gedacht, und der Optimismus »zurückzukehren«, dem sie Ausdruck verliehen hatte, als sie aus Alexander City fortging, wich langsam dem Pessimismus des »Jüngsten Tages«.

Unter den vielen bereits geschriebenen Büchern, die Lee in ihrer Wohnung Gesellschaft leisteten, war auch Daniel Defoes *Robinson Crusoe*, ein Buch, das sie, wie sie sich ausdrückte, zigmal gelesen hatte. Crusoe war achtundzwanzig Jahre lang schiffbrüchig, und Lee muss sich mit ihm identifiziert haben. Ebenso viele Jahre waren vergangen, seitdem sie nach New York gezogen war, wo sie, gestrandet auf ihrer

Insel, die ihr manchmal wie eine Insel der Verzweiflung vorgekommen sein musste, von Einsamkeit umgeben war und mit einem Buch kämpfte, das anscheinend nicht geschrieben werden wollte. Wie Crusoes Vater hatte ihr Vater gewollt, dass sie zu Hause blieb, doch stattdessen hatte sie sich auf ein Abenteuer begeben. Jetzt war sie allein in ihrer Wohnung und machte pro Tag eine Kerbe.

Lee konnte vor ihrer Familie nicht verbergen, was sie vor der Welt lange verborgen hatte. Ihre Schwestern passten wie immer auf sie auf, und nach drei Jahren Arbeit an ihrem neuen Buch nahm sie die Einladung der mittleren an, Louise Conner, genannt Weezie, die in Eufaula lebte, hundert Meilen von Alexander City entfernt, nicht weit von der Grenze zu Georgia. Sie war vierundsechzig und lebte im Barbour County, seit Nelle zehn war. Weil General Sherman seinen Marsch zum Meer östlich von Eufaula begann, befindet sich dort immer noch der größte historische Distrikt des Bundesstaates, voller Neugotik und Klassizismus, sowie sämtlicher anderer Architekturstile, die eine Wiederbelebung wert sind. Seit der Zeit ihrer Gründung lag die Stadt an den Ufern des Chattahoochee-Flusses, doch vierzig Jahre nachdem der Martin-Damm den Tallapoosa gebändigt hatte, baute das U. S. Army Corps of Engineers bei Eufaula einen Damm und schuf das Walter F. George Reservoir, und ein Jahr später wurde dort ein Wildreservat errichtet, zum Schutz der Störche, Falken, Weißkopfseeadler und Alligatoren, die durch das Wasserkraftprojekt vertrieben worden waren. Mit seinem Reservat, dem Wasserspeicher und all seinen historischen Bauten war Eufaula laut Harper Lee »die schönste Stadt im Bundesstaat«.

Louise, die Lee schon oft in ihrem Haus in der Country

Club Road empfangen hatte, war es gewohnt, »die Schwester der Autorin« zu sein, und hatte sich längst damit versöhnt, dass sie ihre Kindheit mit der ganzen Welt teilte. Kurz nach dem Erscheinen von *Wer die Nachtigall stört* hatte sie ein paar Interviews gegeben und einigen Freunden anvertraut, wie erschrocken sie über Lees plötzliche Berühmtheit sei. »Meine kleine Schwester, von der wir immer dachten, sie bräuchte ihr ganzes Leben Unterstützung, könnte uns allesamt auf der Stelle aufkaufen«, schrieb Louise an eine Freundin und fragte sich, ob Nelle Arbeit ablehnte, um eine höhere Steuerkategorie zu vermeiden, und ob sie fortan eine geheime Telefonnummer brauchen würde, um sich die Reporter und ihre zahllosen Fans vom Leib zu halten.

Doch als Nelle 1981 zu Besuch kam, lebte Louise bereits seit Jahrzehnten ein Leben, wie ihre kleine Schwester es nie führen würde. Ihr Mann, mit dem sie über vierzig Jahre verheiratet war, war zwei Jahre zuvor gestorben und hatte Louise und zwei wohlgeratene Kinder hinterlassen. Beide Söhne wurden Professoren: Herschel H. Conner III, der nach seinem Vater benannt worden war und Hank genannt wurde, lehrte am Fachbereich Journalismus der University of Florida Nachrichtentechnik; Edwin Lee Conner, der nach seinem Onkel hieß, war bereits Fellow an der Vanderbilt University und sollte Englische Literatur an der Kentucky State University lehren. Louise hatte etwas fertiggebracht, was keine ihrer Schwestern geschafft hatte: Sie hatte eine Familie gegründet. Die Folge war, dass sie daran gewöhnt war, als Zuchtmeisterin aufzutreten, und daher nicht nur bei Kreuzworträtseln helfen und von ihrer Familie erzählen konnte, sondern auch in der Lage war, Ordnung in den Schreiballtag ihrer kleinen Schwester zu bringen.

Im Januar desselben Jahres schrieb Lee einen Brief an

Gregory Peck und seine Frau Veronique, in dem sie ihnen zu ihrem fünfundzwanzigsten Hochzeitstag gratulierte und ihnen mitteilte, wie sie mit der Arbeit vorankam. »Louise wacht wie ein Zerberus über meine Privatsphäre«, fügte sie ihren Glückwünschen hinzu, »und lässt mich vor dem späten Nachmittag nicht mal zum Angeln hinaus, sondern sperrt mich wie Collettes Ehemann in einem Winkel des Hauses ein.« Lee bekam zu essen, wurde beherbergt und zum Schreiben angehalten, was ihr guttat, ebenso wie mit Peck zu sprechen, ihrem alten Mitarbeiter.

Derlei Gespräche führte sie nicht oft. Abgesehen von Capote scheute Lee andere Schriftsteller, obwohl sich viele Gelegenheiten boten, sich mit ihnen anzufreunden. Die Distanz, die sie zu literarischen Kreisen hielt, war schon beinahe zum Lachen. Als Nachkriegsschriftstellerin aus den Südstaaten ging man davon aus, dass sie eng mit Carson McCullers befreundet war und unter ihrem Einfluss stand, doch Lee kannte sie kaum und McCullers ärgerte sich über sie, weil Lee »in meinem Literaturreservat wilderte«; mit Flannery O'Connor, der sie nie begegnet ist und die *Wer die Nachtigall stört* zum »Buch eines Kindes« schmälerte; und mit Eudora Welty, die Lee bewunderte, von der sie jedoch, wie sie später erfuhr, als Eintagsfliege betrachtet wurde. Selbst mit den Schriftstellern, die Lee ertrug, wie beispielsweise den Südstaatenromancier und Biografen Reynolds Price und den Lektor und Schriftsteller Starling Lawrence, sprach sie selten über ihre Arbeit. Wie fast alle ihre Freundschaften – sie hatte viele und ganz verschiedene Freunde, angefangen vom Professor von gegenüber bis hin zur Sprechstundenhilfe ihres Arztes – basierten sie auf der Übereinkunft, dass ihr Schreiben nie thematisiert würde und dass sie nie danach fragen würden. Sehr viele Menschen kannten

Harper Lee jahrelang, ohne je über »den Vogel« oder »das Buch« zu sprechen, und fast keiner von ihnen fragte sie je, was sie seitdem geschrieben hatte.

Doch in ihrem Brief in jener ersten Woche des Jahres 1981 dankte sie Gregory Peck für seine »Bereitwilligkeit zu reden« und schrieb: »Seltsamerweise haben Leute, die nicht im selben Metier sind wie wir (den schönen Künsten, schnief, schnaub) keine Vorstellung davon, wie unglaublich einsam man dabei sein kann.« Um Peck ein Gefühl dafür zu geben, wie es für sie gewesen war, die vergangenen drei Jahre an ihrem Buch *The Reverend* zu schreiben, zitierte sie die Journalistin Gene Fowler: »Schreiben ist leicht: Man muss nur dasitzen und das weiße Blatt Papier anstarren, bis sich auf der Stirn Blutstropfen bilden.« Seit den fieberhaften Monaten, in denen sie die *Nachtigall* zu Papier gebracht hatte, war ihr das Schreiben nie leichtgefallen; dass ihr dies gelungen war, war zwar ein Triumph, machte ihr Leben aber auch schwieriger. Bei ihrem ersten Roman, schrieb sie an Peck, habe »keiner sich darum gekümmert, wann ich daran schrieb; jetzt kommt es mir so vor, als säße mir jemand im Nacken, doch ich kann das Ding erst loslassen, wenn es eine gewisse Exzellenz hat«. Ihre neue Nachtigall begann einem Albatros zu ähneln, der umso schwerer auf ihr lastete, je mehr Leute von ihrem Schreiben wussten: »Mein Agent will Blut & Obduktionen, mein Verleger will einen zweiten Bestseller, und ich will ein ruhiges Gewissen, das heißt, das Gefühl, dass ich den Leser nicht betrogen habe.«

Lee war angewidert von dem Gedanken, etwas Reißerisches oder Schund zu schreiben, ungeachtet der Tatsache, dass True-Crime-Bücher normalerweise gewalttätig waren und Bestseller Schmöker. Auch wenn bei manchem Mord im Maxwell-Prozess faszinierend wenig Blut floss, so sah sich doch jeder Schriftsteller, der über diese Geschichte schrieb, gezwungen, eine entsetzliche Szene an den Anfang und ans Ende zu stellen: eine zu Tode geprügelte Frau oder einen Mann, dem man ins Gesicht geschossen hatte. Lee wollte den Toten gegenüber nicht respektlos sein, indem sie ihren Tod schäbig darstellte, gleichzeitig wollte sie weder ihre Leser enttäuschen noch ihren Verleger. In ihrem ersten Roman hatte sie jegliche Gewalt so indirekt dargestellt, dass das Buch als kindgerecht erachtet wurde, und dennoch, was an ein Wunder grenzt, von der Kritik bejubelt wurde und sich besser verkaufte als jedes andere Buch. Keine dieser beiden Großtaten, weder die literarische Anerkennung noch die enorme Verkäuflichkeit, würde sich leicht wiederholen lassen, geschweige denn beide zusammen, und auch wenn man witzelte, dass Harper & Row sogar Lees Einkaufsliste verlegen würden, wollte sie kein Buch veröffentlichen, das ihrem ersten Roman nicht das Wasser reichen konnte. Wäre es nur darum gegangen, das nächste Buch herauszubringen, hätte sie dem Verlag ja einfach *Gehe hin, stelle einen Wächter* aushändigen können, das im Familiensafe der Monroe County Bank lag.

Doch sie wollte lieber etwas Neues schreiben, egal wie schwierig es sein würde. Die Schwierigkeiten betrafen nicht nur das Schreiben selbst, die Unklarheiten des Falls und die Erwartungen an ein neues Buch von Harper Lee. Zwei Monate später schrieb sie Gregory Peck einen weiteren Brief, diesmal aus Monroeville, und vertraute ihm an, was *The Reverend* ihr noch für Bedenken bereite: »Natürlich werde ich vermutlich verklagt und verliere den Verstand, während ich an diesem Buch arbeite, und werde meine Seele verkaufen müssen, um meinen Leib zu bewahren, doch über all das mache ich mir erst Sorgen, wenn es so weit ist!«

Von allen Bedenken, die Lee wegen ihres neuen Buchs hegte, waren dies die seltsamsten. Capote hatte Angst vor einem Prozess gehabt, als ein Rivale behauptete, Hickock und Smith hätten ihm ihre Biografien versprochen, und während er *Kaltblütig* schrieb, machte ihm diese Angst zu schaffen, doch die Sache verlief im Sande. (Capote wurde jedoch von Gore Vidal wegen Verleumdung verklagt, weil er behauptet hatte, sein Schriftstellerkollege sei nach mehreren Fauxpas wegen Trunkenheit aus dem Weißen Haus der Kennedys geworfen worden, doch das war ein Eigentor, und die beiden einigten sich außergerichtlich.) Lee hatte man nach Erscheinen der *Nachtigall* ebenfalls mit einer Gerichtsklage gedroht. Obwohl sie sich gerne darüber beklagte, dass sich alle aus Monroe County in ihrem Roman wiedererkannten, gab es eine Familie, die sich tatsächlich darin wiedererkannte – die Boulwares aus der South Alabama Avenue – und die deswegen fast vor Gericht gegangen wäre.

In Monroeville erzählte man sich ungefähr Folgendes: Die Boulwares hatten einen kleinen Sohn, der mit zwei älteren Jungen in einen Drugstore eingebrochen war. Die beiden Teenager wurden in ein Erziehungsheim geschickt, Mr Boulware erwirkte jedoch vom Sheriff das Sorgerecht für seinen Sohn zurück und sperrte ihn dann zu Hause ein. Wie Boo Radley sah man Sonny Boulware manchmal hinter den Fensterläden hervorblicken, und als er älter wurde, soll er nachts in der Stadt herumgeschlichen sein. Die Boulwares hatten eine ältere Tochter, die nach dem Erscheinen von *Wer die Nachtigall stört* zu einem Anwalt gegangen war, weil sie Lee für die Darstellung ihrer Familie verklagen wollte. Lippincott schrieb eilig einen sorgsam formulierten Leitartikel, in dem erklärt wurde, dass der Roman ein fiktives Werk sei und jede Ähnlichkeit mit lebenden Personen »ein Zufall«

sei, doch nach dieser Hysterie hatte Lee ihren Vater gebeten, sich in der Öffentlichkeit nicht mehr Atticus zu nennen.

Es war also nicht abwegig, dass Lee die Möglichkeit in Betracht zog, verklagt zu werden. Doch sie wusste aus eigener Erfahrung, dass Verlage umstrittene Projekte vor der Veröffentlichung Juristen zur Begutachtung vorlegten und dann einen Teil der Haftung übernahmen. Außerdem schienen fast alle, die mit dem Maxwell-Prozess zu tun hatten, ganz begeistert davon zu sein, in Lees Buch vorzukommen. Vielleicht hatte sie Angst, die Radneys könnten sie verklagen, wenn sie sich nicht richtig dargestellt fühlten, doch Big Tom war ihr größter Dynamo: Er rief immer noch ein-, zweimal pro Jahr an, um sich zu erkundigen, wie sie mit dem Buch vorankam, er besuchte sie in New York, um über das Buch zu sprechen, und wenn sich jemand danach erkundigte, wie sie mit *The Reverend* vorankomme, gab er seiner Hoffnung Ausdruck, dass sie das Buch bald veröffentlichen werde.

Möglicherweise dachte Lee auch, jemand von Maxwells Familie werde sie verklagen, da ein paar Familienmitglieder nach der Ermordung des Reverends der Presse mit einer Klage gedroht hatten. Doch sie hatte Ophelia Maxwell interviewt und wusste genau, was sich, wie die Witwe behauptet hatte, abgespielt hatte – und wie es sich ihrer Behauptung nach auf keinen Fall abgespielt hatte –, immer mit dem erforderlichen Vorbehalt »angeblich« oder »anscheinend« versehen. Was Robert Burns betraf, so war er freigesprochen worden und hatte außerdem nie geleugnet, dass er den Reverend erschossen hatte. Außerdem hatte er in beiden Interviews, die Lee mit ihm geführt hatte, kooperiert und hatte wie Radney immer gehofft, sie werde seine Geschichte erzählen.

Ganz gleich, was Lee erschreckt hatte, sie griff auf eine bekannte Methode zurück, um mit dieser und anderen Unbilden umgehen zu können: dem Faktenmangel, der fehlenden idealen Hauptfigur, ihrer mangelnden Vertrautheit mit dem Leben der Afroamerikaner, einer gewissen unbehaglichen, moralischen Uneindeutigkeit hinsichtlich schwarzer Kriminalität in einer Gesellschaft mit rassistischem Strafrecht und ein damit einhergehendes Unbehagen über die eigene Freude an den selbstsüchtigen Ammenmärchen der Südstaatengentry, ihre generellen Schwierigkeiten, überhaupt zu schreiben: Ihre Reaktion auf all dies war, dass sie trank. Die Tochter von einem der überzeugtesten Abstinenzler im Monroe County, deren ältere Schwester nicht einmal Koffein zu sich nahm, war zu einer Frau geworden, die nie Nein zu Scotch oder Wodka sagte, ebenso wenig wie zu anderen Drinks, wenn es keinen Scotch oder Wodka gab. Wenn Lee zu viel getrunken hatte, schnaubte sie auf Galadiners gern verächtlich in Anwesenheit von Fremden, und auf Partys, die zu verlassen man sie gebeten hatte, kehrte sie zurück, um einen letzten Drink zu erbetteln. Lees Freunde verstanden, dass der Alkohol die Macht hatte, ihren brillanten Jekyll in einen unberechenbaren Hyde zu verwandeln, und ein paar von ihnen – Truman Capote, Tom Radney und sträflicherweise auch einer ihrer Pfarrer in Monroeville – hatten, indem sie Presseleuten versehentlich von Lees Alkoholproblem erzählt hatten, eine Sünde begangen, die selbst in der Church of Harper Lee als schwerwiegend erachtet wurde. Vor allem Radney hatte offiziell und zu freimütig erklärt, warum *The Reverend* immer noch nicht erschienen war: »Ich glaube, sie führt einen Kampf zwischen dem Buch und der Scotchflasche, und der Scotch gewinnt den Kampf.«

Alkohol war für Lee ein ähnliches Tabuthema wie *Wer die Nachtigall stört* oder ihr Schreiben insgesamt: Wer es von ihren engen Freunden anschnitt, lief Gefahr, exkommuniziert zu werden oder ihr zumindest nicht mehr zu begegnen. Von Isabelle Holland, einer New Yorker Freundin, hatte Lee sich entfernt, als diese zu einer begeisterten Verfechterin der Anonymen Alkoholiker wurde. Hollands Mutter gehörte zur letzten von sieben Generationen, die in Tennessee gelebt hatten; sie schickte ihren Sohn dort aufs Internat, ihre Tochter jedoch auf eines in der Alten Welt. Belle, wie sie genannt wurde, hatte sich erhofft, in England eine Henry-James-Heldin zu werden, fand jedoch stattdessen keine Freunde und ging zurück nach Amerika. Sie zog nach New York und leitete die Presseabteilung für Lippincott. Holland war für *Wer die Nachtigall stört* zuständig und schrieb selbst viele Romane. Ihr eigenes schriftstellerisches Schaffen hatte sich verbessert, seitdem sie dem Alkohol entsagte, und als sie versuchte, Lee dies ebenfalls schmackhaft zu machen, begann ihre Freundschaft darunter zu leiden.

In Alex City hatte Lee einen weiteren Verfechter der Anonymen Alkoholiker kennengelernt: Richter C. J. Coley, der einst sternhagelvolle Sohn strenger presbyterianischer Eltern, hatte dem Bundesstaat Alabama nicht nur in Form von Parks und Postwertzeichen zur Ehre gereicht, sondern hatte seiner Heimatstadt auch die AA beschert und ein Treffen einberufen, zu dem so viele Prominente kamen, dass die Stadt an Prestige gewann. »Alles, was sich in meinem Leben gelohnt hat«, erklärte der Richter nach vierzigjähriger Nüchternheit, »lässt sich auf die Entscheidung zurückführen, der Flasche adieu zu sagen.« Lee blickte jedoch vorerst weiterhin tief ins Glas.

Auch wenn Coley und Lee beim Trinken getrennte Wege gingen, galt ihre gemeinsame Liebe der Horseshoe Bend. Um für den amerikanischen Kongress die Argumente zum Schutz des historischen Schlachtfelds aufstellen zu können, hatte sich Coley auf die Creek-Kriege spezialisiert; immer wenn Lee in Alexander City war, dachte sie an diese Schlacht, und zwar nicht nur, weil das Motel, in dem sie wohnte, danach benannt worden war. Als sie *The Reverend* schrieb, nahm sie sich das Werk ihres Lieblingshistorikers Albert James Pickett wieder vor, der ausgiebig über die Creek geschrieben hatte. Pickett war 1810 geboren worden und verdiente seinen Lebensunterhalt mit dem Schreiben von Zeitungsessays, wodurch er mit der Zeit zum Historiker wurde. Siebzehn Jahre lang sammelte er das Material für ein Buch, das sein Meisterwerk wurde: *History of Alabama, and Incidentally of Georgia and Mississippi, from the Earliest Period.*

Picketts 1851 erschienenes Buch wurde mehrmals neu aufgelegt. Als es vergriffen war, war dies für Berufs- und Hobbyhistoriker gleichermaßen ein schwerer Verlust, besonders für das Haus Lee, in dem A. C. das Buch so hoch achtete wie die Heilige Schrift. Pickett war ein Pionier dessen, was wir heute »Oral History« nennen, und weil die Ereignisse, über die er schrieb, kaum vergangen waren, konnte er viele Menschen interviewen, die all dies miterlebt hatten, unter anderem Veteranen und Witwen auf beiden Seiten der Creek-Kriege.

Lee vergötterte Picketts *History of Alabama* und sprach in einem ihrer sehr seltenen öffentlichen Vorträge über ihn – teils, weil sie das Buch sowieso gerade las, und teils, um sich aus einer ärgerlichen Situation zu retten. Im Februar 1983 schrieb sie Jim Earnhardt, um ein Gerücht zu bestätigen, das ihm zu Ohren gekommen war: Ja, es stimme, sie stehe auf der Veranstaltungsliste von Eufaula; und nein, sie freue sich nicht darüber. Lee erklärte ihm, man habe ihr die Pistole auf die Brust gesetzt und von ihr verlangt, auf dem Alabama History and Heritage Festival einen Vortrag zu halten. Alles hatte mit einem Brief ihrer Schwester Louise begonnen, die gebeten worden war, dem Planungskomitee beizutreten, da »Eufaula vor kulturellem & historischem Erbe überquelle«. Als sich das Planungskomitee zum ersten Mal traf, wurde den akademischen Veranstaltern klar, dass »Weezie Harper Lees Schwester war, woraufhin der Teufel los war«.

Die meisten Regeln, die Lee ihrer Familie und ihren Freunden auferlegt hatte, waren ungeschrieben; niemand konnte genau sagen, woher sie wussten, dass sie die *Nachtigall* nicht erwähnen durften oder Lee nicht fragen durften, woran sie arbeitete. Doch in ihrem Brief an Earnhardt machte Lee ein paar dieser Regeln deutlich und erklärte, warum die Menschen in ihrem Umfeld sie meistens befolgten. Über ihre älteste Schwester schrieb sie: »Alice brauchte ihre ganze Verhandlungskraft, um mich dazu zu bringen, mit Weezie zu *sprechen*, als ich ihren Brief bekommen hatte. Ich fühlte mich von meiner eigenen Schwester verraten.« Ganz offensichtlich handelte es sich um echte Wut, nicht um theatralisches Getue. An Weihnachten wurde ihr jedoch klargemacht, was für ein Druck auf ihre Schwester ausgeübt worden war, und sie erklärte sich bereit, den Vortrag zu halten. »Ich stellte meine Bedingungen klar, die aus lauter NEINS bestanden: keine Podiumsrede am Abend, keine Interviews, keine übermäßige Werbung, keine große Herausstellung des Namens.« Einer ihrer Neffen, Louises Sohn Hank, war dabei, als sie ihre Forderungen aufstellte, und als er sah, wie geknickt die Veranstalter waren, dass sie sich nicht einmal zu *Wer die Nachtigall stört* bekannte, hatte er eingewilligt, aus dem Roman seiner Tante vorzulesen. Sie flehte Jim an, für sie zu beten, und sagte schmollend: »Wenn ich nicht das Gefühl hätte, meiner Schwester aus der Patsche helfen zu müssen, würde ich die Finger davon lassen.«

Dennoch wäre keiner, der Lees Vortrag in jenem Frühjahr gehört hatte, auf die Idee gekommen, dass sie völlig bestürzt und voller Verachtung war. Die berühmte Autorin wirkte höchstens nervös, nicht verärgert. Der Titel ihres Vortrags war »Romance and High Adventure«, und sie hielt damit, was sie versprach. Nachdem sie über die amerikanische Angewohnheit gespottet hatte, die Vergangenheit wegzuwerfen, indem man sie entweder ausradiert oder romantisiert, kam sie auf ihren Lieblingshistoriker zu sprechen. »Es ist mir ein großes Vergnügen«, sagte sie, auch wenn dies sicher nicht stimmte, »meine Generation (die das Buch gelesen hat) daran zu erinnern, sie möge den Jüngeren erklären, dass Picketts *History of Alabama* zwar unschlagbar ist, jedoch gespickt mit Fantastereien und großen Abenteuern, die selbst John Jakes aufhorchen lassen würden.«

Jakes, ein höchst beliebter Verfasser kommerzieller Geschichtsromane, sei im Vergleich zu Pickett und seinem Geschichtsbuch ein Nichts, behauptete Lee. Stilistisch sei er »irgendwo zwischen Macauly und Bulwer-Lytton anzusiedeln«, und seine Figuren seien besser als jede Fernsehsendung. Genau wie Pickett sein Buch, so bevölkerte Lee das Little Theatre der Eufaula Highschool mit den Geistern von Alabamas Geschichte: mit Hernando de Soto, der sich 1540 zum ersten Mal einen Weg durch das Dickicht des Staates geschlagen hatte und das Land durchquerte, aus dem später Lake Martin wurde; die britischen Brüder John und Charles Wesley, die sich durch den Süden predigten; die Frau aus der Wildnis, die behauptete, die Schwägerin des russischen

Zaren zu sein; James Adair, der dreißig Jahre bei den Creek lebte und dann mit der Behauptung hervortrat, sie seien Juden; Häuptling Tecumseh, der Shawnee-Krieger, der kurz bevor die New Madrid Fault ein ungeheures Erdbeben auslöste geschworen hatte, die Rechtschaffenheit seiner Widerstandstheologie gegen die Perfidie der Weißen zu beweisen, indem er drohte, die Erde zu erschüttern.

Doch dann hielt Lee inne und stellte fest, dass Picketts Geschichte Alabamas seltsamerweise nur bis zur Souveränität des Bundesstaats reichte. Sein Buch endet 1819 mit dem Anschluss Alabamas an die Nordstaaten, also zu einem Zeitpunkt, als es gerade, wie die meisten Einwohner Alabamas einwenden würden, interessant zu werden begann. Lee hatte jedoch eine These, warum Pickett nicht weitergeschrieben hatte. »Ich glaube nicht, dass er das Zeug dazu hatte«, sagte sie, »über das Schicksal zu schreiben, das die Creek, die Cherokee, die Chickasaw und die Choctaw letztlich ereilte und das bereits zu seinen Lebzeiten eindeutig entschieden war.« Stattdessen beendete er seine Schilderung mit den Gefechten zwischen Andrew Jacksons Armee und den Creek, die, wie Lee sagte, »den Anfang vom Ende bedeuteten, das sich bekanntlich in ein paar grimmen Stunden an der Horseshoe Bend ereignete«. Dann sagte Lee etwas sehr Aufschlussreiches, was von den Zuhörern in der Highschool vielleicht gar nicht wahrgenommen wurde: »Ich glaube, Pickett hat sein Herz an der Horseshoe Bend vergessen.«

Wenn dem so ist, dann ist er nicht der Einzige, der einen wichtigen Teil von sich im Tallapoosa County zurückließ. Auch Lee ließ etwas dort – wenn nicht ihr Herz, dann vielleicht ihren Mut. Zum ersten Mal nach drei Jahrzehnten stand sie kurz davor, ein weiteres Buch fertigzustellen: nicht nur die Idee dafür oder ein Gemunkel, sondern ein Buch, das Hand und Fuß hatte, sich auf Recherche und Interviews stützte, eine Fabel und Figuren hatte und sogar schon zum Teil in Prosa vorlag. Doch sie schrieb immer noch an einem *Wächter*, der sich nicht einfach in eine *Nachtigall* verwandeln ließ. Kein zweiter Maurice Crain und keine zweite Tay Hohoff kamen ihr diesmal zu Hilfe, und ein weiterer Leitstern war im Begriff, sie zu verlassen, sodass sie bald keinerlei Grund mehr haben sollte, überhaupt True-Crime zu schreiben, und ihre ursprüngliche Schreibmotivation fast verlor.

Truman Capote starb am 25. August 1984 in Los Angeles, einen Monat vor seinem sechzigsten Geburtstag. Ein Jahr zuvor wäre er auf dem Heimweg nach Monroeville in Montgomery fast an einer Überdosis gestorben, überlebte aber. Der Leichenbeschauer, der die Obduktion vornahm, bemerkte seine Leberkrankheit, aber auch, dass er Barbiturate, Codein und Valium genommen hatte. Anscheinend war er an einer weiteren Überdosis gestorben, von der sich nicht feststellen ließ, ob sie beabsichtigt war oder nicht. Als Jim Earnhardt davon erfuhr, versuchte er, Lee anzurufen, erreichte sie aber nicht und schickte ihr ein Telegramm. Sie rief ihn ein paar Stunden später zurück, verstummte dann aber mit den Worten »Mein alter Freund …«.

Einen Monat später ging Lee zu einer Gedenkveranstaltung ins Shubert Theatre in New York. Auf dem Programmheft stand »Mit freundlicher Genehmigung von Tiffany & Co.«, und William Styron, Leo Lerman, Joseph Fox und Zoe Caldwell hielten Lobreden auf Capote und lasen aus seinem Werk vor. Der Pianist und Sänger Bobby Short führte zwei Lieder auf, eines davon aus einem Musical, für das Capote den Liedtext geschrieben hatte. Ganz zum Schluss erschallte die berühmte, seltsame Stimme Capotes von einem Tonband auf der Bühne – der Autor las aus *Weihnachtserinne-*

rungen, einer Kurzgeschichte über seine Kindheit in Monroeville. Seine Stimme ließ die Gerichtssaalglocke klingeln, knackte Pecannüsse und verbreitete den Duft von Maismehl und Honig. Besonders für Harper Lee war diese Geschichte nicht nur eine Geschichte: Es war ihr Miteinander, das so unwiederbringlich verloren war wie er selbst.

Als die Veranstaltung vorbei war, bahnten sich die Hunderte von Bewunderern und Literaten einen Weg nach draußen, und Lee schloss sich Alvin und Marie Dewey an, die aus dem fernen Kansas gekommen waren, um mit ihnen zu Sandy Campbell und Donald Windham zu gehen, die zu sich in den Central Park South zum Dinner eingeladen hatten. Auf dieser winzigen Trauerfeier aßen sie Butterhuhn nach einem Rezept von Capote und sprachen über ihren gepeinigten Freund. Capote hatte Antabus probiert, um sich von seinem Alkoholismus zu heilen, und hatte mehrere Entziehungskuren absolviert, doch zwischenzeitlich fand man ihn auf der Bühne der Towson State University zusammenhanglos faseln, im Studio 54 Pillen einwerfen und Kokain schnupfen und in Southhampton mit einem Richter rechten, nachdem er wegen Trunkenheit am Steuer verhaftet worden war. Er hatte sich das Gesicht liften und Haartransplantationen vornehmen lassen, doch keine Schönheitschirurgie konnte den Schaden kaschieren, den er sich selbst zugefügt hatte. Harper Lee, die ihn immer noch in seiner unverwüstlichen Jungenhaftigkeit heraufbeschwören konnte, erkannte genau, was Depressionen und Abhängigkeit einem Menschen und denjenigen, die ihn liebten, antun konnten. Capote, der über zehn Jahre lang über *Erhörte Gebete* gesprochen hatte, hatte dieses Buch nie zu Ende geschrieben. Noch Jahre nach seinem Tod ging das Gerücht, er habe es in einem Schließfach am Busbahnhof versteckt.

Auch über Lees ungeschriebenes Buch gab es Gerüchte, und deshalb nahm drei Jahre nach Capotes Tod ein Writer in Residence der Auburn University Kontakt mit ihr auf und erkundigte sich nach dem Fall Maxwell. Madison Jones war ein Jahr älter als Lee und hatte sieben Romane veröffentlicht. Wie Lee interessierte er sich für Verbrechen, und sein letztes Buch *Season of the Strangler* bestand aus zwölf miteinander verknüpften Geschichten, die sich alle auf eine Serie von Morden in Columbus, Georgia, stützten. Jones hatte in Monroeville angerufen und wollte Lee sprechen, die ihm, als Alice ihr davon erzählte, am 5. Juni 1987 per Brief antwortete.

Jones hatte zu dieser Zeit bereits mit einem Neffen des Reverends gesprochen, der ebenfalls versucht hatte, Harper Lee zu kontaktieren. »Ich weiß, dass sich ein Buch über meinen Onkel, den verstorbenen Rev. Will Maxwell, gut verkauft«, hatte Steve Thomason ihr einen Monat zuvor geschrieben. »Das steht völlig außer Zweifel«, beharrte er, weil »die Leute immer noch über ihn reden, als sei er noch am Leben«. Thomason lud Lee zu sich nach Alexander City ein und fügte hinzu: »Ohne Sie muss ich irgendeinen unbekannten Schriftsteller nehmen oder das Buch selbst schreiben.«

Lee wusste nicht, ob die beiden Männer zusammenarbeiteten, und schrieb daher beiden separat. An »Mr Thomason« schrieb sie drei kurze, ablehnende Sätze: Sie bedankte sich dafür, dass er sich mit ihr in Verbindung gesetzt hatte, und schrieb, sie habe »kein Interesse, Informationen zu kaufen oder mit irgendwem Geschäfte zu machen«, und ließ ihn wissen, dass er mit der Geschichte seines Onkels machen könne, was er wolle. An »Mr Jones« schrieb sie einen längeren, sorgfältigeren Antwortbrief: eine verführerische Zusammenfassung dessen, was sie sich in Alexander City erarbeitet hatte, und eine entmutigende Liste der Schwierigkeiten, auf die sie bei ihrer Arbeit gestoßen war. Nach all den Jahren, die sie auf die Geschichte verwendet hatte, habe sie, schrieb sie Jones, fünf Dinge gelernt:

(1) dass ich wahrscheinlich mehr über die Aktivitäten des Reverends Maxwell weiß als jeder andere Mensch;

(2) dass ich genügend Gerüchte, Hirngespinste, Träume, Mutmaßungen und glatte Lügen gesammelt habe, um ein Buch damit zu füllen, das so umfangreich ist wie das Alte Testament;

(3) dass ich nicht genügend gesicherte Fakten über die Verbrechen habe, um ein ganzes Buch schreiben zu können;

(4) dass mir von Cottage Grove bis Dadeville Geldbeträge für Informationen abverlangt wurden, manchmal von geradezu unglaublichen Informanten;

(5) dass es keine Tonbandkassette gibt, die lang genug ist, um die menschliche Eitelkeit aufzunehmen, und kein Maßband, mit dem sie sich messen ließe.

Seit Lee die Geschichte des Reverends Willie Maxwell zum ersten Mal gehört und letztlich aufgegeben hatte, waren zehn Jahre vergangen. Sie behauptete, dass sich nur noch Legenden finden ließen, und sagte Jones, wenn er wolle, könne er den Fall unter die Lupe nehmen. Für sie selbst sei die Sache erledigt.

23

Der lange Abschied

Am Ende des Porträts, das Harper Lee über Truman Capote verfasste, als *Kaltblütig* erschien, mutmaßt sie, »die Bewohner von Kansas werden den Rest ihres Lebens mit dem verlockenden Spiel zubringen, Truman zu entdecken«. Diese Behauptung war seltsam; Capote liebte Publicity so sehr, dass bereits zu seinen Lebzeiten kaum etwas über seinen Aufenthalt in Kansas oder anderswo unentdeckt geblieben war. Lee dagegen war so schwer zu fassen, dass selbst ihre Geheimnisse geheimnisvoll blieben: Nicht nur, was sie schrieb, sondern auch wie sie schrieb; nicht nur wann sie mit dem Schreiben aufhörte, sondern auch warum.

Nach der Veröffentlichung von *Wer die Nachtigall stört* fragten sich ihre Leser siebzehn Jahre lang, was Lee als Nächstes schreiben würde. Zu der Zeit, als sie am Lake Martin an die Türen klopfte, wussten manche genau, was sie schrieb, fragten sich jedoch, wann das Buch erscheinen würde. Viele kannten den Titel des Buchs. Eine Frau behauptete, sie habe den Einband gesehen. Big Tom hatte mehr als einmal von Lee gehört, das Buch sei auf dem Weg zu ihrem Verleger oder die Fahne sei bereits aus der Druckerei zurück. Ein Freund von ihm erinnerte sich, dass Lee eines

Abends beim Essen gesagt habe, das Buch sei fast fertig, sie habe jedoch Mühe, ein passendes Ende zu finden. Eine New Yorker Freundin von Lee hatte einen Brief von ihr bekommen, in dem stand, sie habe zwei Drittel des Buchs geschrieben und dann aufgegeben. Jemand behauptete, Louise habe das ganze Buch am Küchentisch in Eufaula gelesen und erklärt, es sei besser als *Kaltblütig*. Ein Englischprofessor an der University of Alabama hatte von Lees altem Freund Jim McMillan gehört, sie habe das Buch zu Ende geschrieben, doch ihr Verleger habe es abgelehnt, weil »das Thema zu heikel« sei. McMillans Tochter hatte auch gehört, das Buch sei fertig, liege jedoch in einer abgeschlossenen Truhe und werde erst nach Lees Tod veröffentlicht.

Lee war mit solcher Begeisterung nach Alexander City gekommen und hatte die Geschichte so entschlossen verfolgt, dass es aussah, als würde *The Reverend* binnen Kurzem erscheinen, doch ihr zweites Buch schien sich wie die Wiederkunft Jesu zu verzögern. Lee schrieb jahrelang an *The Reverend*, und manches Jahr unter dem wachsamen Blick eines Zerberus in Gestalt ihrer Schwester in Eufaula. Drei Jahre nach dieser Zeit im Barbour County sagte ihre neue Literaturagentin Julie Fallowfield: »Meines Wissens arbeitet Miss Lee immer.« Neun Jahre später sagte Fallowfield einem anderen Reporter genau dasselbe: »Sie arbeitet immer an etwas.«

Dass Harper Lee immer schrieb, war allen klar, die sie kannten, auch wenn sie erst beim Öffnen ihrer Post daran erinnert wurden. Lees Korrespondenz stellt ein eigenes Archiv dar, nicht nur ihres Lebens und der Orte und manchmal Unorte ihrer Abenteuer, sondern auch ihres geistigen Lebens. In ihren Büchern mag sie sich manchmal abgekämpft haben, doch in ihren Briefen schrieb sie mit dem

Ohr einer Eudora Welty, den Augen von Walker Evans, der Präzision eines John Donne, dem Witz von Dorothy Parker und manchmal mit der Ausführlichkeit einer George Eliot. Sie wechselte Briefe mit Freunden und Familie im ganzen Land, und ihre weltweiten Bewunderer und Studenten waren außer sich vor Freude, wenn sie Antwortbriefe von Lee erhielten.

Diese Briefe enthüllten unter anderem, dass Lee, die gern Wettspiele mit kleinem Einsatz spielte, eine vernichtende Kasinokritikerin war (»Die schlimmste Strafe, die Gott für diese Sünderin ersinnen kann, ist ihren Geist auf ewig ins Trump Taj Mahal in Atlantic City zu verbannen«, schrieb sie 1990 an eine Freundin), außerdem eine kompetente Sportreporterin (ESPN hätte sie allein aufgrund ihres Berichts von 1963 über »die tolle Sache« anstellen müssen, die sich aus den Anschuldigungen gegen Wally Butts und Bear Bryant ergab, ein Georgia-Alabama-Footballspiel manipuliert zu haben), eine engagierte Chronistin von Barballaden aus aller Welt (darunter Thomas Hardys Lieblingsballade *Come Where the Booze is Cheaper* – »Geht dahin, wo das Saufen billiger ist« mit ihrem mitreißenden Aufruf »Geht dahin, wo die Krüge mehr fassen! Geht dahin, wo der Wirt wie ein Hausgötze ist! Geht ins Pub nebenan!«), und eine lustigerweise teilnahmsvolle Mordreporterin (»Ich weiß genau, warum sie es getan hat«, sagte sie 1976 über Lizzie Borden: »Jeder, der lange Unterröcke tragen musste und an einem solchen Tag zum Frühstück Hammelsuppe aß, würde noch vor Sonnenuntergang unweigerlich jemanden umbringen.«). Ihre Briefe waren sogar für ihre Anhänge bekannt, die manchmal in Versen verfasst waren. Einmal schickte sie einer Freundin in New York einen Führer à la Edward Lear, der den Titel trug »Soziologische Aspekte der

Aussprachebesonderheiten bei Menschen aus Alabama, die sich selbst viel vorlesen«. Sie tut erst kund, wie sie zu ihren kurzen »e«s und weichen »c«s kam, und erklärt dann scherzend: »Ich war von Kopf bis Fuß korrekt, bis hin zu Galoschen bei Regen,/ doch warf man mir schiefe Blicke zu – als stünd ich ohne Hose da – als ich wagte, über Dunsany zu reden.« (Als stetige Bewunderin von Shakespeare war sie in jüngeren Jahren einmal entsetzt darüber gewesen, dass sie diesen Ortsnamen aus *Macbeth* einst verstümmelt hatte.) Die Verspaare füllen fast eine ganze Seite und werden mit jeder Zeile witziger, sprechen aber auch von ihren chronischen Anpassungsschwierigkeiten, die ihr manchmal schwer zu schaffen machten: »Denn in dieser Stadt erfuhr sie, dass man die Geistreichen nicht Snobs nennt – /Nicht wie man sich kleidet, sondern wie man betont, trennt Intellektuelle von Banausen!«

Lees Schreibstimme hakt sich fest wie ein Dornbusch; sie zerreißt ihren Gegenstand nicht, sondern klebt sich an ihn. Sowohl ihre ausgedehnte Feldarbeit über das Leben in Monroeville und Manhattan als auch ihre kurzen Abstecher in den Journalismus machen deutlich, dass Harper Lee nicht nur Romane, sondern auch kompetente Sachbücher schreiben konnte. Doch was sie eigentlich schrieb, darüber konnten alle nur Vermutungen anstellen. »Sie schrieb weiter«, erklärte ihre Schwester Alice jahrzehntelang nach *Wer die Nachtigall stört*. »Ich glaube, sie schrieb an kürzeren Texten, die sie in etwas anderes einarbeiten wollte. Sie hat nicht viel darüber geredet.«

Ganz gleich, was Harper Lee schrieb, sie veröffentlichte nichts davon. Doch ein »Wunder« kann nicht gleich als »Eintagsfliege« abgetan werden. Damit solche Formulierungen passen, muss Zeit vergehen, und selbst dann handelt es sich immer noch um eine seltsame Mischkategorie, besonders für eine Romanschriftstellerin. Lee war kein Napoleon oder Mussolini, die früh einen einzigen Roman geschrieben hatten, der dann von anderen Aktivitäten in den Schatten gestellt wurde. Sie war auch nicht wie J. D. Salinger, dessen einziger Roman durch Erzählungen und Novellen ergänzt wurde, oder wie Oscar Wilde, dessen einziger Roman sich in einem Dickicht von Dramen versteckte, oder wie Dorothy Day und Thomas Merton, deren Romane nur weltliche Pausen auf ihren Heiligenprozessionen waren, oder wie Lionel Trilling und Harold Bloom, die man damit entschuldigen konnte, dass sie nur zu praktizieren versuchten, was sie jeweils in einem einzigen Roman predigten, der ihre Literaturkritik begleitete, und sie war nicht einmal wie Emily Brontë und andere literarische Wunderkinder, die vielleicht weitere Romane hervorgebracht hätten, wenn sie nicht so früh gestorben wären.

Nein, Lee ähnelte keinem von ihnen. Sie wurde irgendwann ein für allemal mit Margaret Mitchell und Ralph Ellison in einen Topf geworfen, die beide höchst erfolgreiche Romane veröffentlicht hatten, woraufhin man nichts mehr von ihnen hörte. Ellisons *Der unsichtbare Mann* erschien 1952, und danach schrieb er über vierzig Jahre lang an einem zweiten »symphonischen« Roman, doch als er 1994 starb, hinterließ er nur zweitausend Seiten Notizen. Mitchell wurde durch die Literaturagentin Annie Laurie Williams vertreten. Für ihren ersten und einzigen Roman *Vom Winde verweht* hatte sie den Pulitzer-Preis und den National Book Award erhalten, was Williams und Crain und vielleicht sogar Lee in Angst versetzt haben musste, als sie davon erfuhren. Mitchell starb 1949 bei einem Autounfall, doch war dies dreizehn Jahre nach Erscheinen des Buchs. Sie zumindest konnte mit »dem großen Muffensausen« entschuldigt werden, für das der Zweite Weltkrieg verantwortlich war, und mit ihrem Freiwilligendienst beim Roten Kreuz und darüber hinaus mit ihrer Rippenfellentzündung, ihren Augenproblemen und ihrem Faible für »Bescheidenheit«, ihrem Wort für die Ehrfurcht vor anderen Schriftstellern. Doch während Mitchell Entschuldigungen anbot und Ellison seitenweise Notizen, offerierte Lee so gut wie gar nichts.

Eine Schreibblockade ist ein Symptom, keine Krankheit. Das Wort besagt nur, dass man nicht schreiben kann, es erklärt nicht, warum. Die Störung wurde von den Engländern erfunden oder zumindest von dem Dichter Samuel Taylor Coleridge ausführlich beschrieben, doch eine der vorherrschenden Theorien für Harper Lees Variante war ausgesprochen amerikanisch. Sie wuchs in einer Zeit auf, zu der die amerikanische Literatur völlig versumpft war: William Faulkner behauptete, er könne nur schreiben, wenn er ein Glas Whiskey in der Nähe habe, und Ernest Hemingway erhöhte den Einsatz noch, indem er sagte, er brauche jeden Tag einen Liter davon und trinke auch gern trockenen Martini und süße Mojitos. Lees Bekannter John Steinbeck und ihr Freund Truman Capote waren bekanntermaßen beide exzessive Trinker, und ihre Liebe zu Kaffee stand derjenigen zu Alkohol in nichts nach.

Fraglos trank Lee zu viel und konnte dann unangenehm werden. Nichts jedoch begründet den Glauben, dass ihre Trinkerei die Ursache für ihre Unfähigkeit zu schreiben war, und nicht deren Auswirkung. Ursache und Auswirkung könnten auch symptomatische Begleitumstände derselben zugrunde liegenden Unzufriedenheit gewesen sein – oder auch Symptome für unterschiedliche Unzufriedenheiten. Auch Unzufriedenheit ist jedoch keine hinreichende Erklärung für eine Schreibblockade. Andere Schriftsteller, auch in Lees Bekanntenkreis, hatten getrunken und unter Depressionen und Perfektionismus gelitten und gleichzeitig geschrieben. Keiner dieser mühseligen Kämpfe konnte erklären, warum Lee kein zweites Buch zustande brachte, auch wenn dies mit jedem Kampf schwerer für sie wurde.

Außerdem lässt sich nicht festmachen, wann genau sie endgültig aufgab. Laut Kierkegaard leben wir vorwärts gerichtet, verstehen jedoch rückwärts gerichtet; höchstwahrscheinlich wusste nicht einmal Harper Lee, wann genau sie eines ihrer Bücher aufgab. Sollte ein Tagebuch auftauchen – und man munkelt, Lee habe ein Tagebuch geführt –, dann wird es wahrscheinlich keinen Eintrag enthalten, der festhält, dass sie an einem Dienstagmorgen oder Samstagabend beschloss, ihr zweites Buch aufzugeben. Noch unwahrscheinlicher ist eine ausgiebige Obduktion der emotionalen oder intellektuellen Gründe, die sie zu dem Entschluss brachten oder warum sie ungebrochen daran festhielt. Vielleicht wurde, wie Alice gesagt hatte, das Manuskript aus Nelles Wohnung in Yorkville gestohlen, doch selbst wenn dem so gewesen sein sollte, wäre ein Diebstahl zwar verheerend gewesen, hätte sie aber nicht davon abgehalten, ihren Entwurf zu rekonstruieren. Selbst das Verbrennen der Seiten hätte sie nicht daran gehindert, neue Seiten zu schreiben.

Schließlich gab es eine Zeit, in der Harper Lee vor Ideen nur so sprudelte. 1958, dem Jahr, nachdem Michael und Joy Brown, wie sie sagte, »eine Hypothek auf sie aufgenommen hatten«, schrieb sie ihnen einen Brief, weil sie darauf bestand, ihnen jeden Dollar dieser Weihnachtsgabe samt Zinsen zurückzuzahlen, und skizzierte, wie sie sich ihr Schriftstellerinnenleben in den nächsten fünfzehn Jahren vorstellte:

(1) einen Roman über *Race*

(2) einen viktorianischen Roman

(3) Was Mr Graham Greene einen Unterhaltungsroman nennt

(4) Ich reiße Monroeville in Stücke (1958 Monroeville)

(5) Roman über die Vereinten Nationen

(6) Indien 1910

Bis auf eine blieben diese Ideen unbearbeitet; es ist nicht klar, wie viele davon in Angriff genommen wurden. Doch wie in der Liebe und bei Verlusten gibt es verschiedene Grade der Unvollendetheit. Eine Sache kann mehr oder weniger unfertig sein: Sie kann zu zwei Dritteln fertig sein oder halb fertig, jedoch ebenso gut zwei Jahre lang halb fertig oder zwanzig Jahre lang. Durch eine seltsame Inversion wirkt ein Buch umso unfertiger, je näher es der Fertigstellung ist. Eine Romanidee wie »Was Mr Graham Greene einen Unterhaltungsroman nennt« ist sinnträchtig, und es macht unglaublichen Spaß, sich vorzustellen, was für eine Art Thriller Lee im Sinn hatte – sagen wir *Jagd im Nebel*, doch D. wird nach Alabama geschickt, um Baumwolle einzukaufen, oder *Das Attentat*, wo Raven jedoch nach Tuscaloosa heimkehrt. Selbst wenn Lee dieses Buch je zu schreiben begonnen hätte, würde es weniger unfertig wirken als »Ich reiße Monroeville in Stücke (1958 Monroeville)«, das sie in *Gehe hin, stelle einen Wächter* begonnen und dann aufgegeben hatte.

Deshalb gibt es kein unvollendetes Werk von Lee, das so unvollendet wirkt wie *The Reverend*. Es war ein ehrgeiziges Projekt, das sie im besten Alter begonnen hatte und nicht nur in persönlichen Briefen an Freunde erwähnte, sondern über das sie, was untypisch für sie war, mit Kollegen und

Fremden sprach. Sie verwendete Zeit und Geld für die Recherche und nahm immer wieder längere Ortswechsel vor, um Interviews zu führen. Man konnte deutlich sehen, dass es ihr mit ihrem Vorhaben ernst war, und auch die Ereignisse zeigten deutlich Potenzial, sich in ein Buch verwandeln zu lassen.

Unvollendetheit ist sowohl eine emotionale als auch eine chronologische und ästhetische Kategorie; viele Künstler überarbeiten ihr Werk immer wieder und kehren immer wieder zu ihm zurück, auch wenn die Kritik und die Öffentlichkeit es längst als fertig erachten. Perfektionisten, zu denen Lee sich zählte, weigern sich oft, es gut sein zu lassen, und sie haben Mühe, ihr Werk Lektoren, Literaturagenten und Lesern zu übergeben. »Do / you still hang your words in air, ten years / unfinished« [Hängst du deine Wörter immer noch an die Luft, unvollendet für zehn Jahre], fragte Robert Lowell seine für ihre Genauigkeit berühmte Freundin Elizabeth Bishop einmal in einem Sonett; sie war dafür bekannt, dass sie Gedichte an ihren Badezimmerspiegel und ihre Küchenkorkpinnwand heftete und dabei Platz für einzelne Wörter ließ, die sie noch zu finden hoffte, und sie dann buchstäblich jahrelang dort hängen zu lassen.

Möglicherweise hatte Harper Lee beschlossen, nur für sich selbst oder für die Nachwelt zu schreiben, nicht für ihresgleichen, und dass das Gefühl von Unvollendetheit und Scheitern, das die Öffentlichkeit ihr zuschrieb, sich nicht mit ihrer eigenen Erfahrung deckte. Möglich ist auch, dass sie sich schlicht gar nie mit ihren Gefühlen über das Schreiben oder sonst etwas befasste. »Selbstmitleid ist eine Sünde«, sagte sie bereits 1963, nur drei Jahre nach *Wer die Nachtigall stört,* frustriert zu einem Reporter. »Es ist eine Art Selbstmord bei lebendigem Leibe.«

Sie schonte weder die eigenen Gefühle noch diejenigen der anderen: »Ich ertrage keine Leute, die die Psychiatrie als Ersatz für Langeweile benutzen. Es beunruhigt mich, dass Frauen meiner Generation zu der Überzeugung kommen, sie seien erledigt, und dann zum Psychiater gehen – obwohl sie vielleicht nur etwas mehr Hilfe im Haushalt bräuchten.« Ihre Diagnose dessen, was Frauen in den 1960er-Jahren brauchten, ist eigentümlich und zeigt eine unreife Ansicht über Klassenzugehörigkeit, geistige Gesundheit und Familienleben. Man muss ihr jedoch zugutehalten, dass ihr Kommentar in eine Zeit fiel, als die Psychoanalyse in Amerika der letzte Schrei war und tendenziell für alles und jeden empfohlen wurde, einschließlich für Schriftsteller, die sich mit ihrem zweiten Roman herumschlugen – sodass Lee mit ihrem Kommentar nur ihrem Ärger darüber Luft gemacht haben mag. Dennoch war es ein auffällig teilnahmsloser Kommentar für die Tochter einer Frau, deren geistige Gesundheit angegriffen war, und für jemanden, dessen seelische Stabilität denen, die ihr nahestanden, Sorge bereitete. Zwar hatte die Familie Lee Hausmädchen, die halfen, Hausangestellte waren jedoch aus vielerlei Gründen kein angemessener Ersatz für seelisches Wohlbefinden.

Was Lees Einstellung zum häuslichen Leben angeht, so gibt es in *Wer die Nachtigall stört* keine Kernfamilien, und Lee selbst stand dieser Institution skeptisch gegenüber. Ihr Leben war voller Freunde und Familie, doch falls sie je ein Liebesverhältnis unterhielt, achtete sie penibel darauf, nichts davon an die Öffentlichkeit dringen zu lassen. Als jemand einmal unterstellte, sie und Capote seien ein Paar, scherzte sie, ihre einzige Gemeinsamkeit bestehe darin, dass sie sich beide für Männer interessierten – doch dieses echte oder vorgetäuschte Interesse führte offenbar nie zu etwas, auch nicht mit Maurice Crain. Gleichzeitig leugnete sie vehement Andeutungen, dass sie lesbisch sei, obwohl ihre enge, jahrzehntelange Beziehung zu Marcia Van Meter bei vielen, die ihr nahestanden, diesen Verdacht aufkommen ließ.

Lesbisch zu sein war vielleicht das einzige Gerücht, das Capote ihr ersparte. Ihr Sandkastenfreund behauptete verschiedentlich, sie habe unter anderem eine ruinöse Affäre mit einem Professor der University of Alabama gehabt und wünsche sich eine weitere mit einem verheirateten Mann; für die erste Behauptung gibt es keine Beweise, und die zweite zog Capote später zurück. Dass er selbst berühmt und berüchtigt war, war für Lee selbst nach seinem Tod noch ein Ärgernis. »George Plimptons Günstlinge durchkämmen jede Ecke des Landes«, schrieb Lee 1986, und kurz darauf suchten sie in Monroeville nach ihr. Lee war nicht da, deshalb konnte Plimpton nicht mit ihr sprechen, was ihn jedoch nicht davon abhielt, sie in seinem Buch *Truman Capotes turbulentes Leben: Kolportiert von Freunden, Feinden, Bewunderern und Konkurrenten* unterzubringen.

Als 1988 Gerald Clarkes autorisierte Biografie von Capote erschien, empfahl Lee dem Historiker Caldwell Delaney, sie mit dem Salzstreuer in der Hand zu lesen. Sie verurteilte vor allem »Trumans bösartige Lüge – dass meine Mutter geistesgestört gewesen sei und zweimal versucht hätte, mich umzubringen (zur Belohnung dafür, dass diese sanfte Seele ihn geliebt hatte)«. Sie ärgerte sich auch darüber, dass Clarke suggerierte, Capote sei für seinen Lebenslauf nicht verantwortlich. »Drogen und Alkohol waren nicht die Ursache für seinen Wahnsinn, sondern die Folge davon«, schrieb sie und fuhr dann unlogischerweise oder gefühllos fort, dass ihr Freund trotz seines Wahnsinns Verantwortung für sein Leben hätte übernehmen sollen. »In der westlichen Welt bauen sich die meisten von uns ihr Leben selbst auf«, schrieb Lee anderswo. »Das Leben erschafft uns nicht. Wir erschaffen unsere eigenen Ereignisse. Niemand hat uns gebeten, geboren zu werden, doch solange wir auf Erden sind, sollten wir aus uns das Beste machen.«

Man muss nicht so viel gesündigt haben wie der Reverend Willie Maxwell, damit eine Lücke zwischen Worten und Taten klafft. Paulus hatte den Römern den Dualismus von Körper und Seele gepredigt, und so sehr Harper Lee sich auch über die düsteren protestantischen Dogmata ihrer Nachbarn in Monroeville lustig machte oder Witze darüber machte, dass Gott tauber sei als ihre Schwester Alice, nachdem sie schwerhörig geworden war, so war sie doch in einem Glauben geboren und aufgewachsen, der sie darin bestärkte, dass moralische Vervollkommnung nicht nur möglich sei, sondern das Resultat eigenständiger, persönlicher Entscheidungen sei. Doch brauchte sie sehr lange, bis sie sich überwand, etwas anderes zu wählen. Irgendwann hörte sie mit zwei selbstzerstörerischen Verhaltensweisen auf: mit dem Trinken und mit dem Schreiben. Als sie dem Schriftsteller Madison Jones antwortete und erklärte, er könne den gesamten Fall übernehmen, hatte sie sich von den Erwartungen, darüber zu schreiben, befreit. Nach drei Jahrzehnten wurden ihre Briefe vergnügter – sie waren nicht mehr sorgenvoll und erwähnten den Versuch zu schreiben fast nie mehr.

»Bücher sind erfolgreich, / Und Leben scheitern«, schrieb Elizabeth Barrett Browning, und *Wer die Nachtigall stört* war Lees ganzes Leben lang ein Erfolg. 1993 sagte sie zu ihrer Literaturagentin Julie Fallowfield, dass sie kein Interesse daran habe, eine Einleitung für die Jubiläumsausgabe ihres Romans zu schreiben. »Bitte ersparen Sie der *Nachtigall* eine

Einleitung«, schrieb sie. »Die *Nachtigall* wird zwar dieses Jahr 33, war aber nie vergriffen, und ich lebe noch, wenn auch sehr zurückgezogen. Einleitungen behindern das Lesevergnügen, sie töten die Vorfreude und machen die Neugier zunichte. Das einzig Gute an Einleitungen ist, dass sie die erwartete Dosis hinauszögern. Die *Nachtigall* ist immer noch aussagestark; sie hat es all die Jahre geschafft, ohne Vorwort zu überleben.« HarperCollins druckte Lees Ablehnung als Vorwort der Jubiläumsausgabe, der fünfunddreißigsten Auflage des Romans.

Lee war im selben Jahr, als sie diese Zeilen schrieb, auf einer Feier zu Ehren der Absolventen der University of Alabama – zu denen sie selbst eigentlich nicht gehörte, weil sie die Universität vor dem Examen verlassen hatte. Doch sie hatte dort auch ungefähr zur selben Zeit eine Ehrendoktorwürde entgegengenommen, und es sah so aus, als zeigten beide Auftritte, dass man bereit war, ihr – wenn auch einziges – Meisterwerk anzuerkennen. 1997 nahm sie einen weiteren Ehrendoktorgrad entgegen, diesmal vom Spring Hill College in Mobile, und bald darauf drehte ein Filmemacher mit finanzieller Unterstützung der Universal Studios einen Dokumentarfilm über die Adaptation von Lees Roman. Charles Kiselyak interviewte viele derjenigen, die an der Filmproduktion beteiligt waren, darunter Gregory Peck, den Drehbuchautor Horton Foote und den Regisseur Robert Mulligan. Er verbrachte auch eine Weile im Monroe County, während ihm Harper Lee zur Seite stand, die von seinem Essay beeindruckt war, den er über Hank Williams geschrieben hatte. Sie begleitete sein Team und schlug Interviewpartner vor, unter denen Nachbarn waren, die sie und ihre Familie seit ihrer Kindheit kannten. Lee weigerte sich zwar, vor die Kamera zu treten, man kann sie aber während des

Interviews mit Ida Gaillard aus dem Off lachen hören, einer ihrer Lehrerinnen an der Monroeville Highschool. Der Dokumentarfilm wurde nach ihrem Lieblingsgedicht von William Blake *Fearful Symmetry* genannt, und die Erzählung klingt, als hätte Lee sie geschrieben: »Ruhm war ein Schimpfwort, und Langeweile war etwas für reiche, begriffsstutzige Yankees.«

Eine Interviewpartnerin in dem Dokumentarfilm war eine Englischprofessorin von der University of Alabama, eine Südstaatlerin, die eher scharfer Soße entsprach als süßem Tee. Claudia Durst Johnson hatte einen der wenigen literaturwissenschaftlichen Artikel über *Wer die Nachtigall stört* geschrieben und ihn dann zu einer kritischen Studie mit dem Titel *Threatening Boundaries* erweitert. Claudia verteidigt den Roman dort und anderswo gegen Verspottungen als kindisch oder geistiges Mittelmaß, gegen den Vorwurf, rassistische Epitheta zu verwenden, oder die Anschuldigung, nicht liberal genug zu sein. Nachdem Lees alter Freund Jim McMillan sie überredet hatte, sich mit jemandem, der voller Bewunderung über ihr Werk geschrieben hatte, zumindest ins selbe Zimmer zu setzen, war sie bereit, Claudia zu treffen. Was auch immer Claudia an diesem Tag in Tuscaloosa gesagt hatte, als sie sie zum ersten Mal »interviewte«, es muss ein Alabama-Abrakadabra gewesen sein, denn Lee, die mehrere interessierte Biografen abgewiesen hatte, erklärte Claudia zu ihrem Boswell. Praktisch im selben Atemzug verurteilte Lee das Projekt jedoch, indem sie Claudia das Versprechen abverlangte, erst anzufangen, wenn sich der Staub gelegt hatte – wobei der Staub in diesem Fall zu der Sorte gehört, die mit Asche einhergeht.

Die interessierte Biografin und ihre Interviewpartnerin schrieben einander mehrmals und telefonierten, als Claudia nach Kalifornien gezogen war, doch Lee bestand weiterhin darauf, dass mit der Biografie erst nach ihrem Tod begonnen werden könne, und sie blieb dabei, selbst als ihre Schwester Louise erste Anzeichen von Demenz zeigte. »Ihr Gedächtnis lässt sehr nach«, erklärte Lee in einem Brief an eine Freundin der Familie. Weezie zog schließlich von Eufaula nach Florida, wo sie ihre letzten Jahre in einer Einrichtung für betreutes Wohnen verbrachte, während die Krankheit sie immer weiter von denjenigen entfernte, die sie kannte: An manchen Tagen erkannte sie nicht einmal mehr ihre Schwestern.

Doch Lee fuhr immer noch zwischen Monroeville und New York hin und her, wenn auch nicht mehr so häufig. Sie sah sich Theatervorstellungen im Court Theatre an, Kunstausstellungen im Metropolitan Museum und in der Frick Collection, Baseballspiele der New York Mets im Shea Stadion, sie ging zum Lunch in die Pearl Oyster Bar im West Village und zu Drinks zu Elaine's in der Second Avenue, ein paar Straßen von ihrer Wohnung entfernt. Seit die New York Public Library ihre Kataloge auf EDV umgestellt hatte, ging sie dort nicht mehr hin, sie ging jedoch immer noch regelmäßig in die Society Library in der Nähe ihrer Wohnung, wo sie Bücher las und auslieh. Wenn sie in Monroeville war, blieb sie in Alice' Haus in ihrem Zimmer mit den eingebauten Bücherregalen, kaufte Schreibwaren bei Walmart, holte ihre Post aus dem Postfach, das sie seit Jahrzehnten besaß, und spielte gelegentlich an den Automaten im Wind Creek Casino in Atmore. Ihre Lebensmittel kaufte sie bei Piggly Wiggly, aß im David's Catfish House zu Abend und brachte ihre Wäsche in den Waschsalon, obwohl sie mehrfache Millionärin war. Alice, die damals über neunzig war, arbeitete immer noch als Juristin, und ihre anspruchsvollste Kundin war immer noch Nelle Harper Lee, deren Verträge – Neuauflagen im Inland, ausländische Ausgaben, Filmrechte, Bühnenrechte und sämtliche Anfragen, die mit einem der beliebtesten Romane der Welt zu tun hatten – alle über Barnett, Bugg & Lee liefen.

Am 16. Januar 2003 rief Alabamas Gouverneur Don Siegelman einen offiziellen Tom-Radney-Tag aus. Harper Lee und alle im Bundesstaat konnten in der Zeitung lesen, dass der frühere Senator Howell Heflin, der frühere Kongressabgeordnete Ronnie Flippo und Dutzende von anderen hohen Tieren kommen würden, um dabei zu sein, wenn Mr Democrat die Verkündigung empfing. Big Toms vier Kinder hatten damals schon eigene Familien, und am Ende halfen ihm eine Unmenge Enkel beim Feiern. Als Elder Statesman und Gigant des Gemeinwesens hatte Radney alle Feindseligkeiten überlebt, die er in jüngeren Jahren auf sich gezogen hatte, doch der Yellow Dog versuchte noch genauso eifrig wie früher, den Süden blau zu färben. Er war für eine Regelung eingetreten, die als Radney-Regel berühmt wurde und verhinderte, dass Kandidaten, die den von der Partei nominierten Anwärter während der letzten vier Jahre nicht unterstützt hatten, sich nicht für die Demokraten zur Wahl aufstellen lassen konnten.

In jenem Herbst feierten die siebensiebzigjährige Nelle Harper Lee und ihre Schwester Alice, die zweiundneunzig wurde, mit einem Besuch im Alabama Department of Archives and History. Das Archiv befindet sich in Montgomery, gegenüber vom Kapitol des Bundesstaats, wo Big Tom einst Familienfotos für seinen letzten Wahlkampf machen ließ. Die Lees gingen in das Gebäude und setzten sich an einen Tisch, auf dem man Albert James Picketts Notizen,

Skizzen und Landkarten für sie bereit gelegt hatte. Nelle und Alice blätterten die Schriften des Historikers durch und sahen sich das Quellenmaterial an, das er für sein Buch verwendet hatte, an dem ihnen beiden so viel lag. Dann wandten sie sich dem Band der Gesetzgebungsakte zu, der, wie Alice sich ausdrückte, »Daddys hochgeschätzten Gesetzentwurf« enthielt, ein Gesetz, das von den Countys verlangte, ihre Etats auszugleichen, und betrachteten dann eine handgezeichnete Landkarte von Monroeville aus dem Jahr 1930, auf die Alice aus dem Gedächtnis hinzufügen konnte, wo welches Haus gestanden hatte.

Kurz nachdem ihr Vater das Haus ihrer Kindheit in der South Alabama Avenue in den 1950er-Jahren verkauft hatte und in die West Avenue gezogen war, hatte man dort eine Eisdiele eingerichtet. Ein Stück der Steinmauer, die Nelle von Truman trennte, steht noch, doch das frühere Faulk House auf der anderen Seite ist ein leeres Grundstück. Als die Filmszenenbildner in den 1960er-Jahren für *Wer die Nachtigall stört* nach Schauplätzen suchten, fanden sie Monroeville bereits zu modern für das Maycomb des Romans. Wie andere Kleinstädte in Alabama und ganz Amerika hatte es seine Seele an Fast-Food-Restaurants und Ladenketten verloren, Franchising, das so überhand nahm wie Jahrzehnte zuvor die Kudzupflanze. Das Boulware House auf der anderen Straßenseite war eine Tankstelle; die Eiche mit ihrem Sakramentsschrank war mit Zement ausgefüllt und dann bis auf den Stumpf gefällt worden.

Im Jahr 2003, dem Jahr, da die Lee-Schwestern zu ihrem Geburtstag ins Archiv fuhren, brachte Al Benn, der seine Erinnerungen schrieb, ein paar Kapitel in Alice' Kanzlei, und fragte, ob ihre Schwester nicht eine Empfehlung schreiben könnte. Der Auszug kam ein paar Tage später mit einem

Vermerk von Harper Lee zurück: »Nach vielen Jahren verantwortungsvoller und zuweilen mutiger journalistischer Tätigkeit widmet Al Benn seine Redlichkeit jetzt seinen anschaulichen Lebenserinnerungen.« Doch während Lee die Autobiografie des ehemaligen Herausgebers des *Alexander City Outlooks* lobte, lehnte sie es immer noch ab, ihre eigenen Erinnerungen zu schreiben oder jemand anderen über ihr Leben schreiben zu lassen. Als sie hörte, jemand schreibe an einer nicht autorisierten Biografie, forderte sie ihre Freunde auf, nicht mit dem Autor Charles Shields zu sprechen, dessen 2006 erschienene Biografie *Mockingbird* die erste ihrer Art sein sollte. Die Lee-Schwestern entschieden sich jedoch anders und beschlossen, mit Marja Mills zu sprechen, einer Journalistin des *Chicago Tribune*, die erst ein Porträt über Harper Lee für die Zeitung schrieb und dann ins Nachbarhaus einzog, angeblich um ein Buch über Monroe County zu schreiben. Während dieser Zeit war Lee sehr oft mit Mills zusammen, nicht nur bei deren ersten Aufenthalt in Monroeville, sondern auch in Alice' Haus und auf Abenteuertouren im Black Belt. Als die Erinnerungen unter dem Titel *The Mockingbird Next Door: Life with Harper Lee* herauskamen, wollte Lee nichts mit dem Buch zu tun haben, da sie, wie sie erklärte, nicht vorgehabt habe, an einer Biografie mitzuwirken.

Lee, die es längst gewohnt war, dass man gegen ihren Willen über sie schrieb, war nun auch gegen ihren Willen auf der Bühne und auf der Leinwand erschienen. Mit immer mehr Zuschauern und immer mehr Vorstellungen war auch ihr Widerwille gegen die jährlich in Monroeville stattfindende Theateraufführung ihres Romans gewachsen, und bald musste sie gegen zwei miteinander konkurrierende Filme über die Entstehung von *Kaltblütig* kämpfen, in denen sie jeweils die Hauptfigur war, einmal gespielt von Catherine Keener, das andere Mal von Sandra Bullock. Lee sah beide Filme, lobte Philip Seymour Hoffmans Capote in *Capote* und beklagte sich über die Pumps und Socken, die man ihr in *Kaltes Blut – Auf den Spuren von Truman Capote* verpasst hatte. Als jemand, der über vier Jahrzehnte lang die Öffentlichkeit um jeden Preis gemieden hatte, musste sie das Gefühl haben, die Mauern von Jericho stürzten ringsherum ein – was dazu führte, dass sie sich zum ersten Mal zur Wehr setzte, was sonst nicht ihre Art war.

Im April 2006 schrieb sie einen Leserbrief an den *New Yorker*, in dem sie sich zum Film *Capote* äußerte. Es war das erste Mal, dass ihr Name dort erschien. »Von den vielen Erfindungen des Drehbuchautors ist seine Vorstellung von William Shawns Aktivitäten während der Entstehung von *Kaltblütig* merkwürdig daneben«, beklagte sie sich. In nur sechsundsiebzig Wörtern korrigierte sie zwei Fehler: Erstens habe sie nie mit Shawn telefoniert; zweitens habe Shawn Capote nie nach Kansas begleitet. Lee erklärte nicht, wer sie war oder warum sie es besser wusste als die Filmemacher, doch ihre Signatur (»Harper Lee, Monroeville, Ala.«) sagte alles. Oder auch, wie immer, gar nichts: Während sie die Ungenauigkeiten in der Filmversion korrigierte, bewahrte sie Stillschweigen über die Verstöße, die ihr Freund in seinem Buch begangen hatte.

Doch dann ereilte Lee eine Krise, die schlimmer war als ihre Berühmtheit: Am Samstag, den 17. März 2007, erlitt sie um Mitternacht einen schweren Schlaganfall. Erst am Montag wurde sie von zwei Freunden gefunden, die sie sechzehn Straßen weiter ins Mount Sinai Hospital brachten, wo die Ärzte feststellten, dass sie linksseitig gelähmt war. Ihre ältesten und besten New Yorker Freunde besuchten sie dort, unter anderen Joy Brown, der Brathuhn und Tratsch mitbrachte, zwei Dinge, die Lee am meisten goutierte. Doch anstatt in New York zu bleiben, bis sie gesund war, ließ sie sich nach Birmingham verlegen. In jenem Monat Mai trat Lee wie seit nunmehr sechzig Jahren die Heimreise nach Alabama mit dem Amtrak Crescent an, doch im Unterschied zu früher reiste sie diesmal im Behindertenabteil. Seit sie nach New York umgezogen war, hatte sich die Strecke nicht verändert: zur Abendessenszeit erreichte der Zug die Landeshauptstadt, zum Frühstück Atlanta und zum Lunch am nächsten Tag war Lee wieder in Alabama.

Sie hatte über neun Kilo abgenommen, konnte sich aber nach ein paar Monaten Physiotherapie wieder einigermaßen bewegen. Am 5. November 2007 war Lee so weit genesen, dass sie nach Washington, D. C., reisen und sich erheben konnte, um Präsident George W. Bushs Arm zu ergreifen und von ihm die Freiheitsmedaille überreicht zu bekommen. Es war ihr erster Besuch im Weißen Haus seit der Johnson-Regierung. Sie hatte immer noch einen jungenhaften Haarschnitt, fast wie auf dem Umschlag ihres ersten Buchs, und sie wirkte genauso überrascht über all die Aufmerksamkeit wie vierzig Jahre zuvor.

Es war das letzte Mal, dass Lee verreiste. Als sie nach Alabama zurückkkam, zog sie in eines der sechzehn Zimmer des Meadows of Monroeville, eine einstöckige Einrichtung für betreutes Wohnen an der Highway 21-Umgehungsstraße. Ihre Fanpost erreichte sie auch dort wie zuvor, und eines Tages bekam sie einen Brief von David Brasfield, einem Schriftsteller, der in Alexander City geboren war und in Erfahrung bringen wollte, was Lee über den Fall Maxwell wusste. Sie antwortete ihm am 9. Januar 2009 und erklärte, ihre Recherche habe »einen Berg an Gerüchten und einen Maulwurfhügel an Fakten« zutage gefördert. Brasfield schrieb am Ende einen Trivialroman, für den er sich Lees Titel *The Reverend* lieh und anscheinend auch Lees Person: Eine Figur ist eine Romanschriftstellerin namens Hunter James, die um ein Haar ermordet wird.

Ein paar Monate später, im Juni 2009, beantwortete Alice Lee einen weiteren Brief zu Maxwell. Er stammte von einer Frau namens Sheralyn Belyeu, deren Mann ihr bei der Heilsarmee in Alexander City eine *Encyclopaedia Britannica* gekauft hatte. Neben dem Eintrag zu Harpers Ferry hatte sie eine Karte von Harper Lee gefunden, die auf den 11. Juni 1978 datiert war: Es handelte sich um die Zeilen, mit denen sich Lee bei den Cribbs für die Cocktailparty bedankt hatte, auf der sie kurz vor ihrer Abreise aus der Stadt gewesen war. Belyeu wollte wissen, ob Lee etwas gegen die Veröffentlichung des Briefchens einzuwenden habe. Alice gab ihr die Erlaubnis, die jedoch etwas Tragisches hatte: »Nichts von dem, was Sie getan haben oder zukünftig tun werden, wird Auswirkungen auf Harper Lee haben, da sie nicht vorhat, darüber [zu schreiben]. Sie ist gebrechlich, fast blind und seit einem Schlaganfall linksseitig gelähmt.«

Das Sehvermögen von Alice und ihrer Schwester war stark eingeschränkt. Harper Lees Makuladegeneration hatte sich so verschlimmert, dass sie einen Bogen Schreibpapier kaum noch sehen konnte, und ihre Briefe mit den einst pentateuchischen Plots und der paulinischen Syntax waren jetzt kurz, mit der Hand gekritzelt und bis auf das eine oder andere wenig originelle Zitat bar jeglicher literarischen Anspielung. In den Jahren nach ihrem Schlaganfall, insbesondere nach ihrer Rückkehr nach Monroeville, schrumpften Lees Briefe auf ein paar Zeilen zusammen und waren kaum mehr als Berichte über ihr Seh- und Hörvermögen und ihren Geist, die ihre Dienste immer mehr versagten. Sie wurde so schwerhörig, dass sie nicht mehr telefonieren konnte, und ihr Gedächtnis reichte, heißt es, weit in die Vergangenheit zurück, konnte die Gegenwart aber nicht mehr festhalten.

Als Louise Lee Conner im Oktober 2009 in Gainesville, Florida, starb, konnte keine ihrer Schwestern zur Beerdigung kommen, weil beide selbst zu schwach waren. Fünf Jahre später, im November 2014, starb Alice Lee, die noch bis kurz vor ihrem Tod mit einhundertdrei Jahren als Anwältin tätig war. Die Kanzlei der Familie war damals bereits aus der Monroe County Bank ausgezogen und hatte ihrem Schild den Namen Tonja Carter hinzugefügt, die Lees frühere Literaturagentin verklagt hatte und sich seitdem um Lees Angelegenheiten kümmerte. Carter war diejenige, die drei Monate nach Alice Lees Tod kundtat, wie begeistert ihre Mandantin über die folgende schockierende Neuigkeit sei: Harper Lee würde ihr zweites Buch veröffentlichen.

Diese Nachricht verbreitete sich sofort im ganzen Land, und als sie nach Alexander City gelangt war, dachten alle, das Buch, um das es ging, sei *The Reverend*. Tom Radney war am 7. August 2011 gestorben, und seine Familie hatte gemischte Gefühle bei dem Gedanken, dass Lee ihre Geschichte endlich mit der Welt teilen würde. Ein Jahr vor Lees Schlaganfall hatte Radneys Sohn Tom Harper Lee zufällig in der University of Alabama getroffen. Sein Vater erfuhr von der Begegnung und schrieb Nelle ein Briefchen. »Die Jahre vergehen«, schrieb er, »und ich würde Sie so gerne wiedersehen, bevor der Sensenmann einen von uns beiden holt.«

Lee schrieb ihm zurück: »Es war eine Freude, den jungen Thomas zu sehen – seit wir uns zuletzt gesehen haben, ist er wirklich sehr gewachsen!« Das stimmte in der Tat. Thomas, der jetzt selbst Anwalt war und seine Kanzlei im Zoo hatte, war kaum einen Meter groß, als Lee in Alex City recherchierte, und hatte, als sie ihm den Brief schickte, bereits eigene Kinder. Mit ihren Cousins und Cousinen und Tanten – die wie Thomas alle im Tallapoosa County geblieben waren – konnten sie zwei Footballmannschaften aufstellen, was sie auch taten: Die Familie traf sich jedes Jahr kurz vor Weihnachten zum traditionellen Radney Bowl. Seit Lee in eine Blockhütte am Lake Martin gezogen war und Big Tom für Robert Burns einen Freispruch erwirkt hatte, waren drei Jahrzehnte vergangen. »Unglaublich, dass Sie schon *Enkel* haben, die auf die Highschool gehen«, schrieb sie. »Sie und Madolyn gehen ja sicher schon an Stöcken.«

Lee erwähnte in diesem Brief weder Willie Maxwell noch den Koffer mit Unterlagen, den Radney ihr viele Jahre zuvor gegeben hatte, noch *The Reverend* – nichts von alledem. Ganz gleich, was eine Schriftstellerin ihren Quellen schulden mag, Lee hatte so gut wie gar nichts von sich gegeben, nicht einmal eine Erklärung. Sie hatte den Radneys jedoch einen senfkorngroßen Grund dafür gegeben, den Glauben nicht aufzugeben, dass sie ihre Geschichte schreiben würde. Als die Familie nach Big Toms Tod dessen Sachen durchsah, fand seine älteste Enkelin Madolyn Price – die Tochter seiner ältesten Tochter Ellen – Lees Brief, dem unglaublicherweise ein paar Seiten beilagen, die wie ein Kapitel von *The Reverend* aussahen. Nachdem Lee so viel Zeit darauf verwendet hatte, die Geschichte zu recherchieren und aufzuzeichnen, gehörten diese vier maschinengeschriebenen Seiten seltsamerweise zu einem Roman. Maxwell war immer noch Maxwell, aber aus Big Tom war Jonathan Thomas Larkin IV geworden, ein Anwalt, dem zu Beginn des Kapitels von

Maxwell per Telefon mitgeteilt wird, dass die Polizei ihn beschuldigt, seine Frau ermordet zu haben. In den Szenen danach wird die Geschichte von Larkins Familie skizziert, die von der Küste Irlands auf ein Fleckchen Alabamaerde im Vorgebirge der Appalachen verpflanzt wird – dieselbe Erzähltechnik wie im Eröffnungskapitel von *Wer die Nachtigall stört*, in dem die Familie Finch aus Cornwall in die Creek-Kriege versetzt wird. Der Stammbaum passt nicht ganz zu dem von Big Tom, und so groß er im wirklichen Leben auch gewesen sein mochte, im Kapitel des Buchs spielt er eine noch viel größere Rolle, dazu bestimmt, »ein Anwalt und Politiker zu werden, wie ihn Alabama nie zuvor erlebt hat«. Diese Entdeckung machte Little Madolyn, wie man sie nannte, klar, warum ihr Großvater immer so darauf beharrt hatte, dass Harper Lee über ihn schrieb. Natürlich wollte sie auch wissen, was aus dem Rest des Buchs geworden war.

Little Madolyn schrieb der Autorin in der Hoffnung, zumindest die schwere Lederaktentasche mit den Unterlagen ihres Großvaters zurückzubekommen, die, wie sie von ihrer Großmutter wusste, nie zurückgegeben worden war. Little Madolyn bekam keine direkte Antwort, erfuhr aber schließlich von Tonja Carter, dass die alternde Autorin nicht mehr im Besitz der Unterlagen war und sich nicht mehr an ihren Großvater erinnerte. Das brach den Radneys damals fast das Herz, denn es bedeutete wahrscheinlich, dass die Autorin ihr Erinnerungsvermögen verloren hatte, oder noch schlimmer, dass sie nicht nur alles, was sie über den Fall Maxwell geschrieben hatte, sondern auch ihre gesamten Rechercheaufzeichnungen zerstört hatte. Jetzt jedoch fragten sie sich, ob sie sich vielleicht geirrt hatten und das angekündigte neue Buch *The Reverend* war.

Das war nicht der Fall. Am 3. Februar 2015 erfuhr die

ganze Welt, dass es sich bei dem in Kürze erscheinenden Buch in Wirklichkeit um das Typoskript handelte, das Harper Lee Maurice Crain vor achtundfünfzig Jahren abgeliefert hatte – um das ursprüngliche, unlektorierte Typoskript von *Gehe hin, stelle einen Wächter*. Tonja Carter überbrachte eine Verlautbarung der Autorin, die immer noch in den Meadows logierte und nicht in der Lage war, mit den Presseleuten direkt zu sprechen, des Wortlauts, dass sie, Harper Lee, sich über die Veröffentlichung »furchtbar freue«.

Das »neue« Buch von Harper Lee war, wie sich herausstellte, ihr erstes und ältestes Buch. Die Leute aus Alexander City schlossen Frieden damit, dass sie Lees Version vom Leben und Sterben des Reverends Willie Maxwell wohl niemals zu lesen bekommen würden, und wie immer ebbten die Gerüchte über ihn nach und nach ab. Schließlich lag der Reverend zu diesem Zeitpunkt seit fast vierzig Jahren unter der Erde und sein Anwalt seit fünf Jahren. Sehr bald würde auch die Frau sterben, die versucht hatte, über beide zu schreiben.

Wer will, kann alle drei an einem einzigen Tag besuchen. Im Tod blieben sie wie im Leben in der Nähe ihres Zuhauses, beerdigt in der roten Erde von Alabama. Ein schmiedeeiserner Torbogen und eine Amerika-Flagge kennzeichnen den Peace-and-Goodwill-Friedhof: Das Grab des Reverends befindet sich am äußeren rechten Ende, nicht weit von vielen seiner Verwandten. Ein niedriger Stein liegt darauf, mit einer schlichten Messingplakette, auf der »Willie J. Maxwell« steht. Außer seinem Militärdienst wird nichts erwähnt. Sein Geburts- und sein Todesjahr bilden eine Klammer um ein schlichtes Kreuz.

Vom Ausgang des Friedhofs aus fährt man auf dem

Highway 22 in nordöstliche Richtung bis zu dem Stopp-schild, an dem die Polizisten vor der Beerdigung des Reverends standen. Dann fährt man weiter, bis die Kiefern spärlicher werden und die Häuser dichter, bis zum Highway 280; dort sieht man rechts an der Ampel, was aus dem Horseshoe Bend Motel geworden ist, nämlich ein Days Inn. Fahren Sie über die Kreuzung, an der aus dem Highway 22 die Lee Street wird. Folgen Sie dieser stadteinwärts, bis Sie auf der rechten Seite die zerbröckelnden Überreste der Russell Mills sehen – die Textilindustrie hat sich fast vollständig nach Lateinamerika verlagert. Danach gelangen Sie zum neuen Nebengebäude des Alex-City-Gerichtsgebäudes, das nach Richter C. J. Coley benannt wurde, und dann zum Court Square und zum Zoo. Fahren Sie um die Verkehrsinsel und dann die Jefferson Street entlang, an der das inzwischen abgebrannte House of Hutchinson Funeral Home stand.

Fahren Sie am Circle Drive in westlicher Richtung, bis Sie zum Alexander City Cemetery kommen. Die großen Eingangsportale sind von Sonnenaufgang bis Sonnenuntergang geöffnet, und Sie können sich jederzeit zu der langen grauen Steinplatte aufmachen, die fast so groß ist wie Big Tom. Zum Gedenken an John Tomas Radney, steht auf seinem Grabstein, für seine Verdienste um ein alteingesessenes College für Schwarze in Montgomery »Kuratoriumsvorsitzender Alabama State University«; für seinen Verdienst um die Methodistische Kirche »Treuhänder des Huntingdon College«; als »Captain U. S. Army Judge Advocate General's Corps« für seinen Dienst am Vaterland; als »Alabama Bundesstaatssenator« für seine Verdienste um den Bundesstaat; und ganz oben, unübersehbar, steht »Mr Alabama Democrat«.

Wenn Sie Alexander City verlassen wollen, nehmen Sie die Cherokee Road stadtauswärts bis zum Lake Martin und

fahren auf der Kowaliga-Brücke nördlich vom Martins-
damm über den See. Fahren Sie an der Stadt Eclectic vorbei
Richtung Süden und folgen Sie der Straße, die sich nach
Westen an Wetumpka vorbeischlängelt, wo vor achtzig Millionen Jahren ein Meteor von der Größe dreier Footballfel-
der aus dem Weltraum auf Alabama stürzte und die Landschaft des Bundesstaates für immer veränderte. Danach
kommen Sie an der Stelle vorbei, an der der Tallapoosa River
in den Coosa River mündet und beide gemeinsam zur Küste
weiterfließen. Fahren Sie durch Alabamas Hauptstadt Montgomery und weiter nach Süden, von wo aus alle Straßen in
den Westen nach Monroeville führen. Wenn Sie ein Schild
sehen, auf dem Burnt Corn steht, sind Sie auf dem richtigen
Weg, und wenn Sie die Wassertürme und die Kuppel des
alten Gerichtsgebäudes sehen, das heute Museum ist, in dem
ein Stück der alten Eiche hinter Glas aufbewahrt wird, sind
Sie fast da.

Am 19. Februar 2016 starb Harper Lee frühmorgens im
Alter von neunundachtzig Jahren im Meadows, nur ein paar
Straßen von ihrem Zuhause in der South Alabama Avenue,
wo sie Lesen und Schreiben gelernt hatte. Ihre Beerdigung
fand im engsten Kreis statt, und sie wurde im Familiengrab
auf dem Hillcrest Cemetery begraben, wo sie neben ihrem
Vater, ihrer Mutter und ihrer ältesten Schwester liegt. Halten
Sie Ausschau nach dem Grabstein, auf dem »Lee« geschrieben steht, und nach den vier schlichten Steinen davor. Auf
demjenigen, der ganz links liegt, könnte vieles stehen, doch
wenn man die Pennys wegschiebt, die sich immer dort häu-
fen, sieht man, dass auf dem Grabstein weder »Pulitzerpreis-
trägerin« noch »Autorin von *Wer die Nachtigall stört*« steht.
Nicht einmal »Schriftstellerin« steht dort, nur »Nelle Harper
Lee«.

Nachwort

Als Nelle Harper Lee starb, hatte sie seit Jahren nicht über den Fall Maxwell gesprochen. Obwohl sie Tatsachen überaus schätzte, machte sie es jedem schwer, der über ihr Leben und ihre Arbeit Tatsachen zu sammeln versuchte. *The Reverend* blieb so rätselhaft wie der Mann, dessen Leben dieses Buch inspiriert hatte. In einer seltsamen Übereinstimmung zwischen Autorin und Thema wurden Lee und ihr Buch Gegenstand ebenso vieler »Gerüchte, Hirngespinste, Träume, Mutmaßungen und glatter Lügen« wie einst Maxwell.

Ein Jahr nach Lees Tod kontaktierte ihre Nachlassverwalterin die Familie von Tom Radney. Ellen, seine älteste Tochter, fuhr von Alexander City nach Monroeville, wo ich sie im Monroe-County-Gerichtsgebäude traf. Gemeinsam gingen wir über die Straße zur Anwaltskanzlei der Lees.

In der Kanzlei wartete eine überdimensionale Lederaktentasche auf uns. Sie war dick mit Staub bedeckt und hatte sich seit dem Herbst 1977 in Lees Besitz befunden. Wir öffneten sie und fanden das rote Sammelalbum mit den Zeitungsausschnitten, das Jim Earnhadts Mutter angefertigt hatte, außerdem Ordner mit Prozessakten, eidesstattlichen Aussagen, Briefen, Landkarten vom Lake Martin und Umgebung, Fotokopien von Zeitungsartikeln, der einen oder anderen Broschüre, der Garantie für ein Tonbandgerät und zwei vollständigen Gerichtsmitschriften.

In einem Ordner mit der Aufschrift »Mary«, der fälschlich unter die anderen Unterlagen geraten war, befand sich eine einzelne Seite von Lees maschinenschriftlichen Notizen ihrer Recherche in Alexander City, die genau mit denjenigen übereinstimmte, die sie für Truman Capote in Kansas angefertigt hatte und die im Archiv der New York Public Library liegen. Die Radneys erlaubten mir, das Material durchzusehen, und nahmen es dann wieder an sich, ebenso wie das Kapitel aus *The Reverend*. Die Frage, was aus dem Buch geworden ist, beschäftigt sie weiterhin.

Im Gegensatz zu der Aktenmappe ist Nelle Harper Lees Nachlass unter Verschluss. Ihr literarisches Vermögen bleibt samt allem, was von *The Reverend* überlebt hat, in Gänze unveröffentlicht und unbekannt.

Danksagung

Ich bin mir bewusst, dass die unermüdliche Arbeit eines Literaturagenten und einer Lektorin wesentlich dazu beitrug, dass *Wer die Nachtigall stört* zu einem so innig geliebten Buch wurde, und bin dankbar dafür, meinen Maurice Crain und meine Tay Hohoff gefunden zu haben. Edward Orloff wusste früher als ich, dass ein Buch in mir steckte, und während alle Schriftsteller Literaturagenten verdient haben, die ihnen Mut zusprechen, haben nur wenige das Glück, jemanden zu finden, der so liebevoll und freundlich ist. Andrew Miller wiederum ist der Lektor, von dem jeder Schriftsteller träumt: geduldig, unerschütterlich und enzyklopädisch gebildet – von Kierkegaard bis Amtrak. Viele von seinen Kollegen bei Knopf halfen diesem Buch auf die Welt, darunter Sonny Mehta, Zakiya Harris, Paul Bogaards, Chris Gillespie, Ruth Liebmann, Jessica Purcell, Rachel Fershleiser, Madison Brock, Bette Alexander, Ingrid Sterner, Lisa Montebello, Betty Lew und Nicholas Latimer, der aus Alabama stammt. Ich bin berührt und dankbar dafür, dass ihnen das vorliegende Buch so viel bedeutet hat. Mein tiefer Dank gilt auch Jason Arthur von William Heinemann, der vom ersten Augenblick an, da ich seine Stimme hörte, ganz Gentleman war, mit einem Vertrauen in Nelle, das ansteckend war. Ich kann nur hoffen, dass ich der Erinnerung an seine Freundin Ehre erwiesen habe.

Besonders danken möchte ich den Radneys, die immer an mein Buch geglaubt haben. Sie haben lange auf diese Geschichte warten müssen, und ich bin dankbar, diejenige zu sein, die sie erzählen durfte. Zu meinem großen Bedauern habe ich Big Tom nicht mehr kennengelernt, doch hat er eine der warmherzigsten und gastfreundlichsten Familien hinterlassen, die es in Alabama gibt. Ich danke Ellen sehr, dass sie das Andenken ihres Vaters pflegt, und Little Madolyn, die unermüdlich die Geschichte ihres Großvaters erzählt. Roll Tide[7], für immer!

Jim Earnhardt hat mir mehr über Harper Lee beigebracht als jeder andere, indem er nicht nur seine Erinnerungen mit mir geteilt hat, sondern mir durch seine Persönlichkeit vermittelt hat, worauf Lee bei Freunden Wert legte. Er ist außerdem einer der besten Journalisten in Alabama, für dessen Freundschaft und nie nachlassende Ermutigung ich dankbar bin. Ihm das Album mit den Zeitungsausschnitten zurückzugeben, das er Harper Lee vierzig Jahre zuvor geliehen hatte, war eine der schönsten Erfahrungen bei der Recherche zu diesem Buch. Von Vern Smith, einem anderen Journalisten, habe ich sehr viel über den Fall Maxwell und andere Fälle im Deep South erfahren. Er ist ein Reporter, der für eine Jungreporterin nach vierzig Jahren immer noch auf seine Notizen zurückgreifen kann.

Diversen Bibliothekarinnen, Bibliothekaren und Bibliotheken danke ich in den Anmerkungen, mein besonderer

---

7   Anfeuerungsruf der Alabama Crimson Tide Teams, v. a. Football [Anm. d. Übers.]

Dank gilt jedoch Heather Thomas und ihren Kolleginnen von der Library of Congress, die mir allesamt geholfen haben, sämtliche Artikel zu finden, die je über den Reverend Maxwell, Tom Radney und Harper Lee geschrieben wurden, sowie erstaunliche Mengen Arkana über Alabama. Mein Dank gilt der wandelnden Bibliothek Diane McWhorter, die alles über Alabama weiß und einen bedeutenden Brief aus dem vorliegenden Buch und aus meinem Leben gestrichen hat und beide dadurch so viel reicher und weiser gemacht hat, dass ich mich nie werde revanchieren können.

Besonders danken möchte ich auch Ben Phelan, einem außergewöhnlichen Faktenprüfer, dessen Wissen über Alabama Albert James Pickett beeindruckt hätte und der unermüdlich fragte »How know« – »Woher wissen Sie das?«. Mein Dank geht auch an David Haglund, Sasha Weiss und Nicholas Thomson, ohne die ich nie die ganze Nacht nach Alabama durchgefahren wäre und ohne die es nur halb so viel Spaß gemacht hätte, über meine dortigen Funde zu schreiben; an Becca Laurie, die vielleicht die einzige »Rechercheassistentin« ist, die es mit Nelle Harper Lee aufnehmen kann, und darüber hinaus eine liebe Freundin und geschätzte Projektleiterin; an Philip Gourevitch, der mir den nötigen Anstoß gab und mir mit Larissa MacFarquhar als Vorbild für gründlichen ethischen Journalismus diente; David Grann, ohne dessen Bücher ich mein Buch nicht hätte schreiben können und dessen frühe Begeisterung ausschlaggebend war; und an Elliott Holt, der so viel für mich und dieses Buch getan hat und dessen Verwurzelung in Alabama mich inspiriert hat. Besonders danken möchte ich auch Luppe Luppen für den Monroeville Mardi Gras sowie dem Jackson's Gap Team Amanda Griscom Little und Laura Ruth Venable.

Jamaica Kincaid, Geneva Robertson-Dworet, Scoop and Kate Wasserstein, Francesca Mari und Leslie Jamison haben dieses Buch und mich um einiges besser gemacht. Eine einzige solche Freundschaft ist bereits ein Segen, doch so viele zu haben ist weitaus mehr, als man verdient hat.

Mein tiefer, ewiger Dank gebührt Ed Conner und Hank Conner für ihre Erinnerungen an »Aunt Dody«. Vor allem Ed erweckte sie mit seinem Humor, seiner Intelligenz, Aufrichtigkeit und Freundlichkeit zum Leben; unsere Gespräche haben mir ebenso große Freude gemacht wie die frühen Fotos von Ellenelle. Ebenso dankbar bin ich Laura und David Byres für die Vorbürgerkriegsmaisgrütze, Frühstück in der Tasse und ihre hervorragende Gastfreundschaft.

Meine Eltern Sandy und Bill Cep haben mich bedingungslos geliebt und verdienen mehr Dank, als ich hier zum Ausdruck bringen kann. Sie haben sehr schwer gearbeitet, um ihren Kindern Bildung zu ermöglichen, sodass wir tun konnten, was unseren Vorstellungen entsprach. Sie hätten sicher nie gedacht, dass sie eine Schriftstellerin großziehen würden, doch bin ich mir ebenso sicher, dass keine Schriftstellerin bessere Eltern haben kann. Ich hoffe, sie wissen, dass ich immer stolz darauf gewesen bin, eine ihrer Töchter zu sein.

Meine Schwestern Melinda und Katelin haben meine Liebe zu Wörtern lange ausgehalten, von denen ich oft viel zu viele verwendete. Die eine half mir beim Lesenlernen, die andere war meine erste Zuhörerin. Ihr Lachen, ihre Liebe und ihr Vertrauen haben mein Leben reich und freudvoll gemacht, und der fortwährende von ihnen gewährleistete Nachschub an Notizblöcken, Filzstiften, Druckbleistiften und funktionierendem Internet ist diesem Buch sehr zugutegekommen.

Meiner Partnerin und Komplizin Kathryn Schulz gebührt Dank, dass sie hunderttausend Meilen Wawa- und Waffle-House-Stopps, Was-ist-wenns, Patsy Cline, Hank Williams, Jason Isbell, Taxidermie und mich ausgehalten hat. Ohne sie hätte ich weder dieses Buch noch etwas anderes schreiben können.

ANHANG

Anmerkungen

VORWORT

Die Prozessschilderung beruht auf Nachrichtenbeiträgen lokaler, regionaler und überregionaler Zeitungen, auf der Prozessmitschrift sowie auf Interviews, die ich mit Mary Ann Karr, Robert Burns, Jim Earnhardt, Mary Lynn Blackmon, Alvin Benn, Leewood Avary, Madolyn Radney und James Abbett geführt habe. Mein besonderer Dank gilt den Archiven des *Alexander City Outlook,* dem *Dadeville Record,* der *Coosa Press,* dem *Montgomery Advertiser,* dem *Afro-American,* des *Jet* und dem *Anniston Star.*

1 – ES WERDE EINE FESTE ZWISCHEN DEN WASSERN

Die Geschichte des Lake Martin und der Gemeinden in der Umgebung sowie der Bericht über das ländliche Alabama im frühen 20. Jahrhundert ist den folgenden Darstellungen zu Dank verpflichtet: dem *Heritage of Coosa County;* dem *Heritage of Tallapoosa County;* Schafer: *Lake Martin;* Walls und Oliver: *Alexander City;* Jackson: *Rivers of History;* Richardson: *That's What They All*

Say; Rosengarten: *All God's Dangers*; Agee und Evans: *Preisen will ich die großen Männer*; Rogers, Ward, Atkins, und Flynt: *Alabama* und Hamilton: *Alabama*. Auch aus den folgenden privaten Erinnerungsbüchern habe ich viel erfahren: Ben Russells »The History of Benjamin Russell and Russell Lands Inc.«; Ben Carlton's »Keno-Keyno: Keno Community Then und Yonder«; außerdem aus den Erinnerungen ohne Titel von Inez Warren. Die ersten Jahre des Reverends Maxwell stützen sich auf Zeitungsartikel regionaler Zeitungen, Protokolle der Gerichte vor Ort, seinen Wehrpass, Volkszählungen und Prozessmitschriften. Mein Dank gilt den Mitarbeitern der Adelia M. Russell Library in Alexander City und der Horseshoe Bend Regional Library in Dadeville.

S. 20   »das moralische Äquivalent«: William James: »The Moral Equivalent of War«, *McClure's Magazine*, August 1910, 463–68.

S. 20   »Jeder faulenzende Fluss«: »Montgomery Men Originators of Cherokee Development-Martin«, *Montgomery Advertiser*, 8. November 1925, 3.

S. 22   »Wasserläufe vor der Verschwendung zu bewahren«: *Mt. Vernon-Woodberry Co. v. Alabama Power Co.*, 240 U. S. 30 (1916).

S. 29   »Unsere hiesigen Nordländer«: Langston Hughes: »Nazis and Dixie Nordics«, *Chicago Defender*, 10. März 1945, neu aufgelegt in Hughes: *Langston Hughes and the »Chicago Defender*,« 78–80.

S. 30   »Er war der netteste Gesprächspartner«: Frank Colquitt, interviewt von der Autorin, 3. Feburar 2016.

S. 30   »Der Mann war so sanft«: David M. Alpern und Vern E. Smith: »Seventh Son«, *Newsweek*, 4. Juli 1977, 21.

Die Details zu Mary Lou Maxwells Tod stammen aus Polizeiberichten, Ermittlungsnotizen, ihrem Obduktionsbericht und Totenschein, Gerichtsmitschriften, juristischen Notizen und Zeitungsartikeln. Ich danke Dr. Richard Roper dafür, dass er den Obduktionsbericht mit mir besprochen und seine fachlichen Erinnerungen an den Fall und das forensische Labor mit mir geteilt hat. Meine Darlegungen über die Arbeit des Reverends und über die Geschichte der Arbeit am Lake Martin stützen sich auf Fickle: *Green Gold*; Allison: *Moonshine Memories*; *Heritage of Coosa County*; *Heritage of Tallapoosa County*; Flynt: *Alabama in the Twentieth Century*; auf Artikel in Lokal- und Regionalzeitungen; die Archive der Alabama Forests und die Hilfe von Regina Strickland von der Horseshoe Bend Regional Library, Clara Williams, Alvin Benn, Jim Earnhardt, Patricia Wilkerson, Gladys Shockley, Vern Smith, Jacqueline Bush Giddens, Paul Pruitt jr., Frank Colquitt, Benny Nolen, Clark Sahlie, Sam Duvall und Chris Isaacson von der Alabama Forestry Association, Lonette Berg vom Alabama Baptist Historical Commission, Andrew Childress und Richard Gilreath an der University of Texas, Austin's Briscoe Center for American History und Karen C. Bullard von der Troy Public Library.

S. 35 »Der Reverend hat einen«: Undatierte Zeugenaussage von Dorcas Anderson, die von Charles Adair und Tom Radney befragt wurde.

S. 36 »Ich ging ins«: ibid., 4.

S. 38 »Er war in jeder Hinsicht«: Vern Smith: Telefax Recherchenotizen, »RE: THE REV. WILLIE MAXWELL«, 23. Juni 1977, Newsweek Clipping Archive, 1933–1996,

Subject File CDL 1232, Briscoe Center for American History, University of Texas, Austin.

S. 38   »Wenn wir sauber machten«: ibid.

S. 41   »Ich habe mich um alles gekümmert«: Frank Colquitt, interviewt von der Autorin.

S. 41   »Prediger das Evangeliums«: Beschwerde an den Court of Civil Appeals of Alabama (301 So. 2d 85), 13.

S. 41   »Er konnte ein Gebet«: Vern Smith: Telefax Recherchenotizen.

S. 43   »Sie hat mir oft von den Telefonanrufen erzählt«: Undatierte Zeugenaussage von Dorcas Anderson, 5.

S. 44   »Um besagtes Kind«: Legitimationserklärung, 49:312, Probate Court of Tallapoosa County, Alabama.

S. 44   »Verheiratet war verheiratet«: Lena Martin, interviewt von Nelle Harper Lee, 16. Januar 1978, aus Lee's unveröffentlichten journalistischen Notizen.

S. 47   »Wir bezwecken nicht«: Paul Till: »These Crime Fighters Rarely See the Scene«, *Advertiser-Journal Alabama Sunday Magazine*, 2. Juli 1972, 5.

S. 49   »Freundinnen«: Undatierte Erstgesprächsnotiz aus Tom Radney's Anwaltskanzlei.

S. 50   »Sehr geehrter Herr«: W. M. Maxwell an die Old American Insurance Company, 19. August 1970, Beleg 3 der Verteidigung in der Maxwell-Aussage vom 11. Mai 1973.

3 – IM TODESFALL FÄLLIGE VERSICHERUNGS- LEISTUNGEN

Die Geschichte der Lebensversicherungen, des Versicherungsbetrugs und der rassistischen Vorurteile in der Versicherungsbranche stützt sich auf Sharon Ann Murphy: *Investing in Life*; Balleisen: *Fraud*; McGlamery: »Race Based Underwriting and the Death of Burial Insurance« und Heen: »Ending Jim Crow Life Insurance Rates«. Die Einzelheiten zu Willie »Poison« Maxwell und Fred Hutchinson stammen aus Zeitungsartikeln und Polizeiberichten und von Colleen Hanko und der Polizeidienststelle in Clearwater. Um die Interaktion zwischen dem Reverend Willie Maxwell und den Versicherungsfirmen zu rekonstruieren, habe ich Zeitungsartikel, Gerichtsprotokolle, Polizeiberichte, staatliche Ermittlungsunterlagen und Prozessmitschriften verwendet; außerdem halfen mir Sheree Chapman York, Stanley Lee Chapman, Ray Jenkins, David Story, John Denson, Jimmy Bailey, Ed Raymon, R. Stan Morris, Richard F. Allen, Dennis M. Wright, David Miller, Ashton Holmes Ott, Karen Strickland und Terri Svetich sowie Willie Robinson und die Alexander City Police.

S. 66 »erzählte Anderson dem Gericht«: Ray Jenkins: »Minister Slain After Giving Stepdaughter's Eulogy; He Is Called a Suspect in Her Death and Four Others«, New York Times, 21. Juni 1977, 16.

S. 68 »die Geschworenengerichte im Tallapoosa«: Radney an Robert Richard, 28. Oktober 1971.

4 – SIEBTER SOHN EINES SIEBTEN SOHNES

Die Geschichte des Voodoo stützt sich auf Puckett, *Folk Beliefs of the Southern Negro*; Hurstons »Hoodoo in America«, *Mules and Men* und *Tell My Horse;* Hyatt: *Hoodoo-Conjuration-Witchcraft-Rootwork;* Carmer: *Stars Fell on Alabama;* Raboteau: *Slave Religion;* Haskins: *Voodoo & Hoodoo;* Gates und Tatar: *Annotated African American Folktales;* Davis: *The Serpent and the Rainbow;* Chesnutt: *Conjure Tales and Stories of the Color Line;* Asbury: *French Quarter;* Roberts: *Voodoo and Power;* Davis: *American Voudou;* Pinn: *Varieties of African American Religious Experience;* und Tallant: *Voodoo in New Orleans*. Für die Hilfe im Archiv danke ich Jen Peters und Joe Festa von der Carl Carmer Collection an der Research Library of the Fennimore Art Museum sowie Patricia Tomczak von der Hyatt Folklore Collection der Quincy University. Für die Darstellung des Reverends Willie Maxwell habe ich Totenscheine, Prozessmitschriften, Artikel regionaler und überregionaler Zeitungen, die Memoiren von Alvin Benn und E. Paul Jones sowie Interviews mit Robert Burns, Vern Smith, Alvin Benn und Jim Earnhardt verwendet.

S. 72   »zu sehr an den Voodookult gewöhnt«: Raboteau: *Slave Religion*, 76.

S. 73   »der Dixielandkarte«: Hurston: *Dust Tracks on a Road*, 104.

S. 73   »Niemand weiß genau«: Hurston: *Mules and Men*, 185.

S. 76   »Ich habe Schwierigkeiten«: Carmer: *Stars Fell on Alabama*, 216.

S. 78   »Ich ging nach New Orleans«: J. T. »Funny Papa« Smith: »Seven Sister Blues« (1931).

5 – EINFACH MORDSANGST

Außerdem möchte ich Fred Gray, Nancy Powers, Norwood Kerr und Scotty Kirkland am Alabama Department of Archives and History für ihre Hilfe danken sowie Chad Carr vom Alabama Court of Appeals. Familie Radney bin ich zu Dank verpflichtet, dass ich Tom Radneys Rechtsarchiv benutzen durfte, und der Nachlassverwalterin von Nelle Harper Lee, dass ich Lees Recherchematerial über den Fall Maxwell einsehen durfte.

S. 83 »Er war ein netter Bursche«: Lou Elliott: »Five Tragic Deaths Preceded Minister's Shooting«, Montgomery Advertiser, 19. Juni 1977, 7A.

S. 84 »Man sagt, jemand habe ihm«: Ibid.

S. 85 »weder er noch sonst ein Mitglied«: Undatierte »Vertragsentbindungsvereinbarung« mit der Central Security Life Insurance Company, unterschrieben von Willie J. Maxwell und seinem Zeugen Otis Armour vom Armour Bestattungsinstitut.

S. 87 »Ich hole ein bisschen Fisch«: Independent Life and Accident Insurance Company vs. Willie J. Maxwell (301 So.2d 85), 36.

S. 90 »Die Leute fingen an, ihn zu fürchten«: Vern Smith: Telefax Recherchenotizen.

S. 90 »Man wusste einfach nicht«: Phyllis Wesley: »Minister's Body Attracts Curious«, Montgomery Advertiser, 23. Juni 1977, 2A.

S. 90 »Die meisten hatten einfach eine Mordsangst«: Vern Smith: Telefax Recherchenotizen.

S. 96 »gruselige Abende«: Roth: Patrimony, 109.

S. 97 »Dieser Versicherungsmann klopfte«: Independent Life

and Accident Insurance Company vs. Willie J. Maxwell
(301 So.2d 85), 158.

6 – KEINE AUSNAHME VON DER REGEL

Die Beschreibung der Morde an Shirley Ann Ellington und Reverend Willie Maxwell stützt sich auf Artikel in lokalen, regionalen und überregionalen Zeitungen, Polizei- und Obduktionsberichte, Prozessmitschriften und auf Interviews mit Jim Earnhardt, Vern Smith, Robert Burns, Alvin Benn, James Abbett, David Story, Evelyn Gilley und Dr. Richard Roper. Mein Dank gilt außerdem Ray Jenkins, Elizabeth F. Shores, Kathryn Kaufman, Amanda McDonald, Dave Friedman, David M. Alpern, T. Michael Keza, Phyllis Alesia Perry, Paul Pruitt jr., Alice Halsey vom Alabama Department of Forensic Sciences und von der Alexander City Police.

S. 101 »Ich habe gebetet und viel«: Elliott: »Five Tragic Deaths.«

S. 102 »Er konnte nichts dafür«: Ibid.

S. 104 »›erklärte‹ ihm dann kurz«: Colquitt: interviewt von der Autorin.

S. 106 »was den Tod dieser Person«: Vann V. Pruitt jr.: »Memorandum to File« für das Department of Toxicology and Criminal Investigation, 20. Mai 1976.

S. 106 »Es wird keine Beweise geben«: Lynda Robinson: E-Mail an die Autorin, 2. Februar 2018.

S. 107 »Sie haben die Nummer wahrscheinlich«: Mary Dean Riley Hicks' Aussage gemäß der Ermittlungsakte, zitiert in Jones, *To Kill a Preacher*, Kindle loc. 789.

S. 107 »mich gefragt«: Aaron Burtons Aussage gemäß der Ermittlungsakte zitiert in Jones, *To Kill a Preacher*, Kindle loc. 721.

S. 109 »Reverend Maxwell ist zu mir nach Hause gekommen«: Calvin Edwards' Aussage gemäß der Ermittlungsakte, zitiert in Jones, *To Kill a Preacher*, Kindle loc. 756.

S. 112 »war einfach nicht mehr«: Alvin Benn und Jim Earnhardt: »Death Probe Pushed«, *The Alexander City Outlook*, 15. Juni 1977, 4.

S. 133 »Ich durfte den Wagen nicht«: Ibid.

S. 115 »Wir alle müssen den Weg gehen«: Jim Earnhardt: »Maxwell Gunned Down at Funeral«, *The Alexander City Outlook*, 20. Juli 1977, 1.

S. 115 »Sie hat ganz anders ausgesehen«: Vern Smith: Telefax Recherchenotizen.

S. 116 »Du hast meine Schwester getötet«: Earnhardt: »Maxwell Gunned Down«, 1.

S. 116 »Sie haben meine Kappelle«: Ibid., 4.

S. 117 »Hier wurde geschossen«: James Earnhardt: »The Scene / A Death Mourned … a Life Taken«, *The Alexander City Outlook*, 20. Juni 1977, 1.

S. 117 »Weil es neben mir passierte«: Earnhardt: »Maxwell Gunned Down«, 4.

S. 117 »Ich hatte solche Angst«: Ibid.

7 – WHO'S IN THE STEW?

S. 124 »Rassentrennung jetzt, Rassentrennung in Zukunft«: Frady: *Wallace*, 144.

S. 125 »Wissen Sie, warum ich«: Dieses Gespräch ist erstmals ibid. belegt, wird jedoch im selben Wortlaut von Wallace' Berater Seymore Trammell wiedergegeben. cf. McCabe und Stekler: *George Wallace*.

S. 125 »niederträchtiger Carpetbagger«: Frady: *Wallace*, 133.

S. 128 »mir in der Stichwahl«: Bentley, »Election of Tom Radney and the Transition Era of Southern Politics«, 6.

S. 129 »die N****traten geschlossen an«: Tuskegee News, 5. Mai
1966, 1.

S. 129 »Sie sehen ja«: H. H. O'Daniel: politischer Werbespot,
1966.

S. 130 »WHO'S IN THE STEW«: H. H. O'Daniels politischer
Werbespot.

S. 132 »harte Arbeit, anständige Vertretung«: Tom Radney: »An
Open Letter to the Voters of Elmore, Macon, und Tallapoosa Counties«, *The Alexander City Outlook*, 2. Mai 1966.

8 – ROSEN SIND ROT

Für alles, was mit Tom Radneys früher politischer Karriere zu tun
hat, habe ich mich auf das Archiv des *Southern Courier* gestützt
sowie auf die bereits erwähnten Tageszeitungen. Es ist dem Vanderbilt Television News Archive zu verdanken, dass ich Radneys
Interview mit Dan Rather einsehen konnte, und Laurie Austin
von der John F. Kennedy Library, dass ich seine Korrespondenz
mit den Kennedys lesen konnte. Ich danke der Familie Radney für
die Erlaubnis, Toms gesammelte Zeitungsausschnitte durchzusehen, sowie seine Reden und die Briefe, die er in den Wochen nach
dem Parteitag der Demokraten 1976 erhielt. Madolyn Radney
gebührt besonderer Dank dafür, dass sie ihre Erinnerungen an die
politische Karriere ihres Mannes so offen und großzügig mit mir
geteilt hat.

S. 133 »verbringe er mehr Zeit«: Mary Ellen Gale: »›State's
Pretty Jumbled Up,‹ Radney Tells Auburn People«,
Southern Courier, 11.–12. November 1967, 2.

S. 134   »Es hört sich doof an«: Sean Reilly: »JFK Refocused Lives in the Public Service«, *Anniston Star*, 21. November 1993, 12A.

S. 135   »Edward Kennedy hat große Begeisterung«: Senator Tom Radney: interviewt von Dan Rather, CBS News Special: »Democratic Convention«, 26. August 1968.

S. 136   »Rosen sind rot«: Don F. Wasson: »Threats Move Radney to Give Up Politics«, *Montgomery Advertiser*, 1. September 1968, 1.

S. 137   »Ich hob um drei Uhr morgens«: Carolyn Lewis: »A Threatened Alabaman Bows Out: Supporter of Sen. Ted Kennedy Says He's Harassed«, *Washington Post*, 28. September 1968, E1.

S. 137   »doch ich glaube nicht«: Wasson: »Threats Move Radney to Give Up Politics«, 1.

S. 139   »George Wallace hat hier einen Samen«: Lewis: »Threatened Alabaman Bows Out«, E2.

S. 140   »Nachts holte ich«: Ibid., E1.

S. 140   »Meine Frau und ich haben andächtig«: Wasson: »Threats Move Radney to Give Up Politics«, 1.

S. 141   »Mein einziger Wunsch«: Ibid.

S. 141   »nie wieder für ein öffentliches Amt zu kandidieren«: »Radney Re- emphasizes Decision ›Never Again to Be Candidate‹«, *The Alexander City Outlook*, 5. September 1968, 1.

S. 141   »offen zum Ausdruck gebrachten Standpunkt«: »Freedom from Abuse«, *Birmingham News*, 3. September 1968.

S. 141   »Entscheidung, aus der Politik auszuscheiden«: »Sen. Radney's Decision«, *Alabama Journal*, 2. September 1968, 4.

S. 141   »Eine solche Entscheidung kann«: »The Price of Politics«, *Hammond Daily Star*, 18. September 1968, 1A.

S. 142   »Ich war stolz auf Sie«: Esther Lustig an Radney, 4. September 1968.

S. 142 »ich Ihre Meinung nicht teile«: Margaret J. Vann an Radney, 6. Oktober 1968.

S. 142 »Es gibt viele, die«: Kenneth Noel an Radney, o. J.

S. 142 »Wir hoffen sehr, dass diese schlimme Zeit«: Jay Murphy an Radney, 5. Oktober 1968.

S. 142 »Ich bin N****«: Edward L. Sample an Radney, 4. Oktober 1968.

S. 142 »Die Drohanrufe waren so schlimm«: E. B. Henderson an Radney, 2. Oktober 1968.

S. 143 »da noch ein paar wenige Leute waren«: »The Southern Committee on Political Ethics«, Del Shields's *Night Call*, 30. September 1968.

S. 143 »Na ja, wir wollten«: »Threats Against Radney Taper Off«, *Birmingham Post-Herald*, 12. September 1968.

9 – KAMPF BIS ZUM ENDE

S. 144 »Bis sich die Vernunft«:Tennyson: »Locksley Hall«, in: *Alfred Tennyson's Ausgewählte Dichtungen*, 98.

S. 146 »Ich tat dies nicht«: Steve Taylor: »Radney's Retirement Is a Short-Lived One«, Anniston Star, 28. September 1969, 5.

S. 146 »Ich will meine Umentscheidung«: Don F. Wasson: »Radney to Seek State's 2nd Spot«, *Montgomery Advertiser*, 21. September 1969, 1A–2A.

S. 146 »Diesmal kämpfe ich«: Taylor: »Radney's Retirement«, 5.

S. 147 »Blut, Schweiß und Tränen«: David Marshall: »Our Problem Is Economic, Radney Says«, Birmingham News, März 1970, 1.

S. 148 »Meine Liebe zur Vergangenheit«: Anne Plott: »Sen. Radney Says ›You Have to Pay Bill‹ for Education«, *Anniston Star*, 17. März 1970, 3.

S. 148 »Ich bin stolz auf mein Südstaatenerbe«: Mel Newman: »Radney Hits Those Who Talk of Closing the Public Schools«, Florence Times- Tri Cities Daily, 5. Dezember 1969, 1.

S. 149 »Ganze Busladungen schwarzer Kinder«: Ellen Price: interviewt von der Autorin, 3. Februar 2016.

S. 150 »verloren zu haben«: Tom Radney: »Concession Speech«, 5. Mai 1970.

10 – DAS MAXWELLHAUS

Die Geschichte des Gerichtswesens und der Gerichtsgebäude stützt sich auf *Heritage of Tallapoosa County*; Schafer: *Lake Martin*; Walls und Oliver: *Alexander City*; Rumore: *From Power to Service and Lawyers in a New South City*; Feathers: »Catfights and Coffins«: und Dees: *Season for Justice*. Ich danke Tom Radneys ehemaligen Mandanten und Kollegen für ihre Auskünfte und Berichte, insbesondere Morris Dees, der sich einst in einem denkwürdigen Rechtsstreit gegen Radney behauptete; bedauerlicherweise konnte ich den Fall *Berry vs. Macon County Board of Education* nicht berücksichtigen.

S. 152 »den Bau eines Gerichtsgebäudes«: National Society of the Colonial Dames of America in the State of Alabama, *Early Courthouses of Alabama, Prior to 1860* (Mobile, Ala., 1966), 52.

S. 160 »das Gedächtnis eines homerischen Barden«: Cash: *Mind of the South*, 28.

S. 160 »Geschworene selten einen Menschen«: Darrow, zitiert in Sutherland, Cressey, und Luckenbill, *Principles of Criminology*, 411.

Beim Thema Unzurechnungsfähigkeit als Einrede und ihrer Infragestellung stütze ich mich auf J. R. Rappeport: »The Insanity Plea: Getting Away with Murder?,« *Maryland State Medical Journal* 32, no. 3 (1983); James Gleick: »Getting Away with Murder,« *New Times,* 21. August 1978, 22–28; Mac McClelland: »They'll Be Here till They Die,« *New York Times Magazine,* 1. Oktober 2017 und auf Friedman: *Crime and Punishment in American History.* Mein Dank gilt auch Lauren McGuinn vom Federal Bureau of Investigation sowie Denita Pasley vom Central Alabama Community College.

S. 164 »Vielleicht kommen sie, um zu sehen«: Wesley: »Minister's Body Attracts Curious«, 2A.

S. 166 »Voodoo-Priester auf Beerdigung«: *Baltimore Sun,* 22. Juni 1977, A3.

S. 166 »Tod eines Voodoo-Schamanen«: *Sumter Daily Item,* 22. Juni 1977, 6B.

S. 166 »eine Mordsangst vor ihm«: »Slain Minister: As Mysterious in Death as He Was in Life«, *Gadsden Times,* 24. Juni 1977, 2.

S. 166 »war es, als fiele eine schwere Last«: Vern Smith: Telefax Recherchenotizen.

S. 166 »Es gibt keinen Grund zur Freude«: Alvin Benn: »Will Maxwell«, *The Alexander City Outlook,* 22. Juni 1977, 4.

S. 166 »einen Alptraum«: Alvin Benn: »Mrs Maxwell: ›It's Like I'm Living in a Nightmare‹«, *The The Alexander City Outlook,* 20. Juni 1977, 1.

S. 167 »Ich hasse all diesen Rummel«: »Slain Minister: As Mysterious in Death as He Was in Life«, 2.

S. 168 »*Ganz Ohr war er für ihre Mühen und Sorgen«:* Trauerfeierprogramm des Reverends Willie Maxwell.

S.169 »wir haben nichts zu verbergen«: Jim Earnhardt: »Hundreds Attend Maxwell Funeral«, *The Alexander City Outlook*, 24. Juni 1977, 1.

S.170 »einem Mörder auf der Flucht«: Phillip Rawls: » ... To Help Touch Somebody ...«, *Montgomery Advertiser*, 24. Juni 1977, 1.

S.170 »Der Teufel konnte Moses nicht von Gott«: Ibid.

S.170 »Alles, bloß das nicht«: Elizabeth F. Shores: »Minister Slain at Stepdaughter's Funeral Buried«, *Birmingham Post-Herald*.

S.174 »Radney ist Seide«: Alvin Benn: »Radney vs. Young«, *The Alexander City Outlook*, 28. September 1977, 1.

S.175 »die meisten Prozesse ähneln«: Alvin Benn: »Sometimes Drama Blooms«, *Montgomery Advertiser*, 10. Mai 1981, 5A.

S.176 »Du hast meine Familie lange genug«: *State of Alabama v. Robert Lewis Burns*, 109.

S.176 »Ich musste es tun«: Ibid., 111.

S.177 »Drehtür«: Dieser Ausdruck taucht in den meisten Zeitungsartikeln auf, die über den Fall berichteten, und wurde von Bezirksstaatsanwalt Tom Young während des Prozesses wiederholt, cf. ibid., 12.

12 – TOM VS. TOM

Alle Zitate stammen aus der Prozessmitschrift.

13 – DER MANN AUS ECLECTIC

Alle Zitate stammen aus der Prozessmitschrift.

14 – WORÜBER HOLMES SPRACH

Alle Zitate stammen, falls nicht anders vermerkt, aus der Prozessmitschrift. Ich danke Steve Davis und Dianne Durbin vom Alabama Department of Mental Health für ihre Hilfe bei der Recherche zum Bryce Hospital.

S. 213 »Ein kaltblütiger Mörder ist jetzt«: Phyllis Wesley: »Trial Unfolds Like Film,« *Montgomery Advertiser,* 29. September 1977, 2.

S. 214 »In gewisser Hinsicht«: Gleick: »Getting Away with Murder«, 22–28.

S. 215 »Die erste Anforderung«: Holmes: *Common Law,* 41–42.

15 – AKT DES VERSCHWINDENS

Bei der Darstellung von Nelle Harper Lees Leben habe ich auf frührere Biografien, Reportagen und Forschungsarbeiten zurückgegriffen, vor allem auf Keith: »Afternoon with Harper Lee«; Dannye Romine Powell: »Capote and Friend: More than a Gap in the Hedge?,« *Odessa American,* 4. September 1977, 5D; Drew Jubera: »To Find a Mockingbird: The Search for Harper Lee,« *Dallas Times Herald,* 5. Februar 1984; Kathy Kemp: »Mockingbird Won't Sing,« *Raleigh News and Observer,* 12. November 1997; Hazel Rowley: »Mockingbird Country,« *Australian's Review of Books,* April 1999; Shields: *Mockingbird;* Madden: *Harper Lee;* Mills: *Mockingbird Next Door* und Crespin: *Atticus Finch.* Für Hilfe und Ermutigung in diesem Kapitel sowie im gesamten 3. Teil bin ich außerdem Marja Mills, Drew Jubera, Dannye Romine Powell, Kerry Madden, Jane Kansas, Sue Cohen, Beth Ahearn Fisher, Della Rowley, Peter McIlroy, Allen Mendenhall, Rodney H. W. Cooper, Sharlyn

Carter und Chip Cooper zu Dank verpflichtet sowie anderen, die nicht namentlich genannt werden wollen. Mein Dank gilt auch der verstorbenen Maryon Pittman Allen, die mir so präzise und ausführlich von ihren Gesprächen mit Harper Lee erzählte und ihre gemeinsames Miteinander lebendig werden ließ. Danken möchte ich auch Youlanda Logan von der Jimmy Carter Presidential Library, die das Buch ausfindig machte, das die Widmung enthält.

S. 220 »John … weißt du wo Nelle Lee ist«: Maryon Pittman Allen: interviewt von der Autorin, 19. Februar 2017.

S. 221 »Was in aller Welt«: Ibid.

S. 221 »Es war, als würde sie sich«: Ibid.

S. 222 »Für Rosalynn Carter«: Mit freundlicher Genehmigung der Jimmy Carter Presidential Library.

S. 222 »Eine gemeinsame Seelenqual«: Patricia Burstein: »Tiny Yes, but a Terror? Do Not Be Fooled by Truman Capote in Repose«, *People*, 10. Mai 1976, 16.

16 – EINE ART SEELE

Über das Leben von Harper Lee ist viel Falsches geschrieben worden, und ich habe versucht, nichts davon zu reproduzieren. Sie und ihre Familie waren von fast allen schriftlichen Kindheitsberichten über sie enttäuscht, korrigierten die Irrtümer jedoch nicht, abgesehen von der Darstellung der geistigen Gesundheit in Clarkes *Capote*. Hilfreich waren für mich die Interviews, die Marja Mills und Mary McDonough Murphy mit Alice Lee führten, außerdem Briefe von Louise Conner und ein Interview, das Lee dem *Sunday Ledger-Enquirer Magazine* gab, kurz nachdem *Wer die Nachtigall stört* erschienen war. Ansonsten stütze ich mich vor

allem auf das Archiv des *Monroe Journal* und auf die äußerst hilfreiche, unveröffentlichte mündliche Schilderung von Marie Hubbird, einer Nachbarin der Lees, die Nelle kannte, seitdem diese
sechs Jahre alt war, und dann aus den Augen verlor, als *Wer die
Nachtigall stört* erschien. Ich habe Lees Collegeschriften verwendet
sowie die Erinnerungen derer, die sie während ihrer Collegejahre
kannten, und danke Eric Kidwell von der Houghton Memorial
Library des Huntingdon College und der W. S. Hoole Library der
University of Alabama. In Monroeville und im Monroe County
bin ich so vielen ehemaligen und jetzigen Einwohnern zu Dank
verpflichtet, dass ich sie nicht einzeln anführen kann. Namentlich
danken möchte ich jedoch Susan Ward, Stephanie Rogers, Kathy
McCoy, Marty Pickett, dem Reverend Eddie Marzett, dem Reverend Thomas Lane Butts, der Croft-Familie, Dawn Hare, Tim
McKenzie und Janet Sawyer. Mein Dank geht auch an James Fis-
hwick und Oliver Mahony von der Lady Margaret Hall, die mir
bei der Recherche von Lees Aufenthalt an der University of Oxford
halfen, sowie Tom McCutchon von der Columbia University Rare
Book & Manuscript Library, der mit bei den Annie Laurie Williams Papers half.

S. 224   »Wir müssen besprechen«: Harper Lee an Annie Laurie
         Williams, 4. Juni 1959, Annie Laurie Williams Papers, Rare
         Book & Manuscript Library, Columbia University.

S. 226   »nervöse Störung«: Marja Mills: »A Life Apart: Harper
         Lee, the Complex Woman Behind a ›Delicious Mystery‹«,
         Chicago Tribune, 13. September 2002, 1.

S. 228   »eine Einladung gegeben«: »Misses Faulk and Lee De-
         lightfully Entertain«, *Monroe Journal,* 13. Februar 1930.

S. 229   »Was ist der Grund für diese Verwirrung?«: »League Pro-
         gram for Next Sunday Night«, *Monroe Journal,* 26. Januar
         1939.

S. 230 »Der geheimnisvollste Mann der Welt«: Clarke: *Capote,* 9.

S. 231 »für sich« : Gloria Steinem: »Go Right Ahead and Ask Me Anything (and So She Did): An Interview with Truman Capote«, *McCall's,* November 1967, 150.

S. 232 »Der junge Herr Truman Capote«: *Monroe Journal,* 13. Juni 1935.

S. 232 »Sie gehört zu den wenigen mir bekannten Lehrern«: »The Enduring Power of *To Kill a Mockingbird*«, 47.

S. 233 »Was ist das denn?«: Plimpton: *Truman Capote,* 38.

S. 234 »nach all dem ›realistischen‹ Tagesgeschreibsel«: Nelle Lee: »Idealistic Editor- Author Has Head in Clouds, Feet on Ground«, *Huntress,* 17. Januar 1945, 2.

S. 235 »ein Ort, an dem fleißige Jurastudenten«: Mary Williams: »›Little Nelle‹ Heads Ram, Maps Lee's Strategy«, *Crimson- White,* 8. Oktober 1946, 1.

S. 237 »Honey, ich thtecke fest«: Nelle Lee: »Some Writers of Our Time: A Very Informal Essay«, *Rammer-Jammer* 21, no. 3 (November 1945): 14.

S. 238 »A. C. Lee und Töchter, Rechtsanwälte«: Elizabeth Otts: »Lady Lawyers Prepare Homecoming Costumes«, *Crimson- White,* 26. November 1946, 14.

17 – DAS GESCHENK

Für Harper Lees frühe New Yorker Jahre und die Zeit, als sie *Wer die Nachtigall stört* schrieb, redigierte und veröffentlichte, habe ich Interviews und Briefe von Harper Lee, Maurice Crain und Tay Hohoff verwendet; außerdem Material aus den *Annie Laurie Williams Papers* der Columbia University; Harper Lees autobiografisches »Christmas to Me«; Tay Hohoffs Kommentare in *J. B. Lippincott Company, Author and His Audience* und in *The Literary*

Guild Review; Jubera: »To Find a Mockingbird«; Walter: *Milking the Moon* und spätere Interviews mit Joy und Michael Brown.

Charles Whaley und Petter Buttenheim danke ich für ihre Erinnerungen an *The School Executive* und Heather Thomas für ihre hilfreiche Arbeit zu allem, was Harper Lee im Impressum betrifft. Jonathan Burnham danke ich für die Erlaubnis, das Material in der HarperCollins Collection durchsehen zu dürfen, und Kathleen Shoemaker und Kira Tucker für ihre Hilfe in der Emory University Rose Library. Für ihre Hilfe danken möchte ich auch Jane Kansas, Steve Cuthrell, Louise Sims, Rachel McDavid, Clarissa Atkinson und Justin Caldwell von Sotheby's.

S. 241 »Nelle und ich wurden sofort Freunde«: Brown, zitiert in Murphy: *Hey, Boo.*

S. 244 »chaotisch«: Nelle Lee an P. J. Cuthrell, o. J. (Dieser Brief ist auf Briefpapier von Sabena Airlines geschrieben, für die Cuthrell bis 1954 gemeinsam mit Lee arbeitete.)

S. 246 »Daddy ist praktisch«: Louise Conner, zitiert in Tom Sellers: »WritingGiants from Small Beginnings Grow«, *Sunday Ledger-Enquirer Magazine,* 4. Dezember 1960, 4.

S. 247 »Ich bin keine Schriftstellerin«: Hal Boyle: »Harper Lee Still Prefers Robert E. and Tom Jefferson«, *Alabama Journal,* 15. März 1963, 11.

S. 247 »Die Liebe zur Sprache«: Harper Lee, zitiert in Newquist, *Counterpoint,* 409.

S. 248 »düstersten Typen bei«: Michael Brown: »A Woman's New York«, *Poughkeepsie Journal,* 5. Dezember 1951, 6.

S. 250 »Ich habe Dinge für ihn getan«: Lee an Harold Caufield, 16. Juni 1956, Rose Library, Emory University.

S. 250 »Francesca da Rimini«: Lee an Harold Caufield, datiert »Sunday«, Rose Library.

S. 250 »Der Gefangene von Zenda«: Lee an »Dears,« datiert »Sunday«, Rose Library.

S. 250 »Eine Stunde lang bei Leuten zu sitzen«: Ibid.

S. 251 »The Land of Sweet Forever«: »Lee, Nelle Harper«, Autorendatei, Box 210, Williams Papers.

S. 252 »Altes Holzgesicht«: Nicht unterzeichneter Brief von einer Mitarbeiterin der Annie Laurie Williams Agentur an Harper Lee, 7. Januar 1961, Williams Papers.

S. 252 »Warum schreiben Sie nicht«: Harry Hansen: »Miracle of Manhattan- 1st Novel Sweeps Board«, *Chicago Sunday Tribune Magazine of Books,* 14. Mai 1961, 6.

S. 253 »Du kannst Dir ein Jahr freinehmen«: Harper Lee: »Christmas to Me«, *McCall's,* Dezember 1961, 63.

S. 253 »Sie hatten Geld gespart«: Ibid.

S. 254 »ist es egal, ob ich«: »Alumna Wins Pulitzer Prize for Distinguished Fiction«, University of Alabama *Alumni News,* Mai–Juni 1961, 15.

S. 254 »The Cat's Meow«: »Lee, Nelle Harper«, Autorendatei.

S. 255 »vielen Bewohnern des nördlichen Landesteils«: Crain an Evan Thomas, 10. April 1957, HarperCollins Collection.

S. 256 »Kindheitskram«: Crain an Lynn Carrick, 13. Juni 1957, HarperCollins Collection.

S. 257 »der Funke einer echten Schriftstellerin«: J. B. Lippincott Company: *Author and His Audience,* 28.

S. 257 »lose baumelnden Fabelfäden«: Tay Hohoff: »We Get a New Author«, *Literary Guild Book Club Magazine,* August 1960, 3–4.

S. 257 »eher um eine Reihe von Anekdoten«: J. B. Lippincott Company: *Author and His Audience,* 28.

S. 257 »Sie war mit jeder Faser«: Michael Brown, zitiert in Murphy: *Hey, Boo.*

S. 258 »Wir diskutierten manchmal«: J. B. Lippincott Company: *Author and His Audience,* 29.

S. 260 »der Quäker-Hitler«: Harper Lee an Doris Leapard,
25. August 1990.

S. 261 »Sie ging dann nach Hause«: »The Enduring Power of *To
Kill a Mockingbird*«, 37.

S. 261 »Eines Nachts saß ich hier«: Ibid.

18 – EINE TIEFE RUFT DIE ANDERE

Die Darstellung von Harper Lees Zusammenarbeit mit Truman
Capote stützt sich auf Voss: *Truman Capote and the Legacy of »In
Cold Blood«;* the University of Nebraska College of Journalism and
Mass Communication's *Cold Blood: A Murder, a Book, a Legacy;*
Clarke: *Capote* und auf Plimpton: *Truman Capote.* Auch Ralph
Voss und Glenda Brumbeloe Weathers möchte ich für ihre Unter-
stützung danken; außerdem Rosemary Hope; Paul Dewey; Ron
Nye; Douglas McGrath; Lawrence Grobel; David Ebershoff; Ge-
rald Clarke; Alan Schwartz vom Truman Capote Trust; Carly
Smith von der Finney County Public Library; Laura Graham vom
Kansas Bureau of Investigation; Erin Harris von der Richard
Avedon Foundation und Tal Nadan, Kyle Triplett und Cara Del-
latte vom Brooke Russell Astor Reading Room for Rare Books and
Manuscripts der New York Public Library.

S. 263 »Rechercheassisstenten«: George Plimpton: »The Story
Behind a Nonfiction Novel«, *New York Times Book Review,*
16. Januar 1966, 2.

S. 264 »Er sagte, es werde eine«: »›In Cold Blood‹ ... an American Tragedy«, *Newsweek,* 24. Januar 1966, 60.

S. 264 »Sie hatte daran gedacht«: Powell: »Capote and Friend«, 5D.

S. 264 »Eine Tiefe ruft die andere«: »›In Cold Blood‹ ... an American Tragedy«, 60.

S. 265 »Ich war eifersüchtig«: Mills: *Mockingbird Next Door,* 166.

S. 266 »Zuerst war es, als«: Harper Lee: »Truman Capote«, *Book- of-the-Month Club News,* Januar 1966, 6.

S. 267 »kleinen Gnom in einer karierten Weste«: John Barry Ryan, zitiert in Plimpton: *Truman Capote,* 168.

S. 268 »legitimiert«: »Office Memorandum to Mr DeLoach«, 21. Dezember 1959, Federal-Bureau-of-Investigation-Akte über Truman Capote.

S. 269 »Eine ganz fantastische Dame«: Nye, zitiert in Plimpton: *Truman Capote,* 170.

S. 269 »Während Capote die Leute vor den Kopf stieß«: Dewey, zitiert in Dolores Hope: »The Clutter Case: 25 Years Later KBI Agent Recounts Holcomb Tragedy«, *Garden City Telegram,* 10. November 1984.

S. 270 »Nell hat Truman sozusagen gemanagt«: Ed Pilkington: »In Cold Blood, Half a Century On,« *Guardian,* 15. November 2009.

S. 274 »nicht fiktionalen Romans«: Capote benutzt diese Formulierung häufig, und zwar vor, während und nach der Veröffentlichung von *Kaltblütig;* cf. z. B. Plimpton: »Story Behind a Nonfiction Novel«, 1.

S. 276 »Warum sie die Menschen«: Harper Lee's Notes, Band 7, Box 7, Mappe 11–14, Capote Papers, Manuscripts and Archives Division, New York Public Library.

S. 277 »Dem Autor von The Fire«: Harper Lee's vollständige Widmung lautet: »Diese Aufzeichnungen sind dem Autor

von The Fire and the Flame und The Small Person gewidmet, der ihn so beherzt ertrug.«, Band 7, Box 7, Mappe
11–14, Capote Papers.

S. 278 »wäre er wahrscheinlich«: Voss: *Truman Capote and the
Legacy of »In Cold Blood«,* 195.

19 – TOD UND STEUERN

Meine Darstellung der Erfolgsgeschichte von *Wer die Nachtigall
stört* beruht auf Zeitungsartikeln über Harper Lee, die unter anderem in *The Monroe Journal erschienen sind,* sowie auf Dolores
Hopes ausführlicher fortlaufender Dokumentation von Lee und
Capote im *Garden City Telegram,* der Korrepondenz der Schwes-
tern Lee mit der Agentur, die von Annie Laurie Williams an der
Columbia University archiviert wurde, sowie auf anderen Briefen,
die Harper Lee und Truman Capote einander damals schrieben,
und auf zwei längeren Interviews, die Roy Newquist mit ihr für
seine Radiosendung *Counterpoint* und Don Lee Keith für die
New Delta Review geführt haben. Für ihre Erinnerungen an die
Nelle Harper Lee jener Zeit danke ich George und Elizabeth
Malko, Sonya Bentley Logan, Melissa Bentley, Alec Bentley,
Harry Benson, Bruce Higginson, Harry Mount, Beryl Barr, Jim
O'Hare sowie anderen, die ihr nahestanden, jedoch nicht namentlich genannt werden wollen. Mein Dank geht auch an
Harry Benson, der seine Fotos von Lee und Capote mit mir geteilt hat und mir sagen konnte, wann er sie aufgenommen hatte,
sowie an George M. Barnett für seine Erinnerungen an den Parteitag der Demokraten im Jahr 1976 und an die »Oscar W. Un-
derwood for President«-Party; außerdem habe ich Artikel aus der
The New York Times und dem *Alabama Journal* verwendet. Ich
danke Rachel McDavid für ihre Erinnerungen an ihren Vater und

an ein paar von Lees Kommilitonen an der University of Alabama, mit denen sie befreundet war. Auch Dona Matthews, Dr. Felice Kaufmann, John Carnahan, Irene Burtis, Maisie Crowther, Ken Lopez Bookseller und Jim Baggett von der Birmingham Public Library sei gedankt sowie Margaret Harman von der Lyndon B. Johnson Library, Beth Davis von der Broadmoor Library und Toni Miller von der Pikes Peak Library District, Jay Fielden und Alex Belth vom *Esquire* und Jeanne Walsh von der Brooks Memorial Library.

S. 281 »den Jackpot in großem Stil«: Dolores Hope: »The Distaff Side,« *Garden City Telegram,* 4. April 1960, 4.

S. 282 »Ja, Atticus war mein Vater«: Lee an Strode, 6. März 1961, Hudson Strode Papers, Hoole Library, University of Alabama at Tuscaloosa.

S. 282 »Der Erfolg hat Harper Lee«: Bob Thomas: »No Complaints by Harper Lee on Hollywood«, *Corsicana Daily Sun,* 9. Februar 1962, 6.

S. 283 »Wir können nichts dagegen tun«: Annie Laurie Williams an Alice Lee, 1. September 1964, Williams Papers.

S. 283 »Wenn Sie mehr verkaufen«: Lee an Hamilton, 11. Januar 2009, Datei 816.11.82, Virginia Van der Veer Hamilton Papers, Department of Archives and Manuscripts, Birmingham Public Library.

S. 284 »in New York gewesen, wo ich berühmt wurde«: Lee an John Darden, o. J.

S. 285 »Als erstes sollten Sie«: Harper Lee: »Crackling Bread«, in Barr und Sachs: *Artists' & Writers' Cookbook,* 251–52.

S. 285 »Das Nelle-Harper-Evangelium«: »Lee, Nelle Harper«, Autorendatei.

S. 286 »Abnehmerei«: Alice Lee an Annie Laurie Williams, 9. September 1963, Williams Papers.

S. 287 »Liebe Nelle«: Williams und Crain an Lee, Telegramm vom 12. Juli 1961, Williams Papers.

S. 287 »Flaute beim zweiten Roman«: Lee an Bell, 17. August 1960, MA 5134, Morgan Library & Museum.

S. 287 »Ich hätte so klug sein müssen«: Lee an Bell, 13. September 1961, MA 5134, Morgan Library & Museum.

S. 288 »Lee habe ihm«: Capote an Andrew Lyndon, 6. September 1960, in Capote: *Too Brief a Treat*, 292.

S. 288 »Die Ärmste«: Capote an Alvin und Marie Dewey, 10. Oktober 1960, in Capote: *Too Brief a Treat*, 299.

S. 289 »So etwas hätte ich mir nie träumen lassen«: Vernon Hendrix: »Father of Novelist: Monroeville Attorney's Reactions Varied over Daughter's Book«, *Monroe Journal*, 8. September 1960.

S. 291 »Hofhund«: Edward Burlingame, zitiert in Jonathan Mahler: »Invisible Hand That Nurtured an Author and a Literary Classic«, *New York Times*, 13. Juli 2015, C1.

S. 292 »Dress Rehearsal«: Der Titel wird im Ablehnungsschreiben des *Esquire*-Redakteurs Harald Hayes an Lee erwähnt, cf. 27. Oktober 1961, Williams Papers.

S. 292 »ein paar Weißen«: Lee an Harold Caufield, 21. November 1961, Rose Library.

S. 293 »Ich glaube nicht, dass es«: Bob Ellison: »Three Best-Selling Authors: Conversation«, *Rogue*, Dezember 1963, 23.

S. 293 »Das Thema meines Buches ist universal«: Ramona Allison: »Nelle Harper Lee: A Proud, Tax-Paying Citizen«, *Alabama Journal*, 1. Januar 1962, 13C.

S. 294 »als diejenige in Erinnerung bleiben«: zitiert mit freundlicher Genehmigung von Morris Dees.

S. 295 »Ich schreibe schon«: Newquist: *Counterpoint*, 404, 408, 405, 410.

S. 295 »Manchmal habe ich Angst«: Ibid., 405.

S. 298 »Ich sagte ihr, ich fände es besser«: Williams an Alice Lee, 8. Oktober 1965.

S. 298 »Um ernsthaft zu schreiben«: Karen Schwabenton: »Harper LeeDiscusses the Writer's Attitude and Craft«, *Sweet Briar News*, 28. Oktober 1966.

S. 300 »Ich bin es leid«: Lee an John Darden, 20. Dezember 1972.

S. 301 »Damals trank sie«: George Malko: »Remembering Harper Lee«, *Times Literary Supplement*, 18. Mai 2017.

S. 302 »trinkt und dann jemandem«: Jubera: »To Find a Mockingbird«, 21.

S. 302 »Über erhörte Gebete«: Capote, zitiert in Inge: *Truman Capote*, 301.

S. 304 »Allabhammah gibt Oscuh«: Ray Jenkins: »Alabama Delegation Feasts upon Nostalgia«, *Alabama Journal*, 12. Juli 1976, 1.

S. 304 »Kennedy hat die Religionsbarriere«: Alvin Benn: »Radney Sees Carter Breaking Region Barrier«, *Montgomery Advertiser*, 9. Juli 1976, 9.

20 – GERÜCHTE, HIRNGESPINSTE, TRÄUME, MUTMASSUNGEN UND GLATTE LÜGEN

Der historische Abriss der Verbrechensdarstellungen und der Bericht über den Neuen Journalismus stützen sich auf McDade: *Annals of Murder;* Knox: *Murder;* Wolfe und Johnson: *New Journalism;* Weingarten: *Gang That Wouldn't Write Straight;* Boynton: *New New Journalism* und Priestman: *Cambridge Companion to Crime Fiction.* Die geschilderten Reaktionen auf Capotes »nicht fiktionalen Roman« stützen sich auf Voss: *Truman Capote and the Legacy of »In Cold Blood«;* Phillip K. Tompkins: »In Cold Fact,« *Esquire,* 1. Juni 1966; Harper Lee's Porträt von Truman Capote für den Book-of-the-Month-Club sowie auf ihre Korrespondenz in den Jahren nach Erscheinen dieses Porträts. Ich danke Madolyn Radney, Ellen Price, Robert Burns, Jim Earnhardt, Alvin Benn, Mary Ann Karr, Patricia Cribb, Ann Tate, Rheta Grimsley Johnson, Maryon Pittman Allen, Dr. Brooks Lamberth, Lynda Robinson, Gerald McGill, Ben Russell und Catherine Burns für ihre Erinnerungen an Nelle Harper Lee in Alexander City, außerdem für die Erinnerungen von Ben Burford und Chevy 6 vom Stable Club und Rob »Gabby« Witherington aus Stillwaters. Auch Diane McWhorter, Madison Jones IV, Ralph Voss, Glenda Brumbeloe Weathers und Curtis Smalls von der University of Delaware Library Special Collections und Anne Marie Menta von der Yale University's Beinecke Library gilt mein Dank.

S. 307 »Der korrekte, vollständige und unparteiische«: McDade: *Annals of Murder,* 14.

S. 309 »Der Journalismus ist dasjenige«: Plimpton: »Story Behind a Nonfiction Novel«, 1.

S. 311 »Truman Capote hat uns auch um so etwas«: Patrick Smith: »Sisters, Family: Surviving Clutter Daughters Hope to Preserve Their Parents' Legacy«, *Lawrence Journal-World,* 4. April 2005.

S. 311 »Wissen Sie noch, dass Sie mir«: Capote an Alvin und Marie Dewey, 16. August 1961, in Capote: *Too Brief a Treat,* 326.

S. 312 »Dass Truman sich schon lange nicht mehr«: Lee an Windham und Campbell, 28. September 1984, YCAL MSS 424, Box 11, Beinecke Library, Yale University.

S. 313 »Mehr als fünf Jahre«: Lee: »Truman Capote«, 7.

S. 313 »Truman hat mich erst aus seinem Leben«: Lee an Windham und Campbell, 28. September 1984.

S. 314 »heutzutage die wichtigste Literatur«: Wolfe: Vorwort zu *New Journalism,* von Wolfe und Johnson.

S. 314 »Die Clutters waren von«: Capote: *In Cold Blood,* 85.

S. 315 »Ein schwarzer Bursche hat wegen nichts«: Lee: *Wer die Nachtigall stört,* 437.

S. 317 »sie das Verfahren fasziniert«: Trillin: *Killings,* xv.

S. 318 »gestorben und zur Hölle gefahren«: Mary Ann Karr: interviewt von der Autorin, 13. Februar 2017.

S. 318 »Sie sah aus, als nagte sie«: Ibid.

S. 321 »Der Stable Club wurde«: Alison James: »Local Store to Become Walgreens«, *The Alexander City Outlook,* 1. Dezember 2012.

S. 321 »Wenn der Reverend noch am Leben wäre«: Vern Smith: Telefax Recherchenotizen.

S. 321 »In der Stadt erzählt man sich«: Rheta Grimsley: »At His Own Murder Trial: Many Expected Maxwell«, *Theopelika-Asburn News,* 27. September 1977.

S. 322 »Sie beklagte sich darüber«: Lee an Madison Jones, 5. Juni 1987, Box 12, Mappe 2, Madison Jones Papers, Rose Library.

S. 323 »die Gerüchte, Hirngespinste, Träume«: Ibid.

21 – WIEDERKEHR BIS ZUM JÜNGSTEN TAG

Außer den bereits Genannten möchte ich auch Faye Fox und Sheralyn Belyeu für ihre Hilfe danken. Ich hatte die Möglichkeit, Tom Radneys Unterlagen durchzusehen, sowie zusätzliches Recherchematerial, das Harper Lee über den Fall Maxwell gesammelt hat. Aus beidem habe ich unter Angabe der Quellen zitiert, die in meinen Bericht über Lees Recherchearbeit eingeflossen sind. Mehrere Personen erinnerten sich daran, dass sie ein Aufnahmegerät benutzte, und in ihren Maxwell-Unterlagen befand sich tatsächlich eine Garantie für einen Kassettenrekorder sowie ein Katalog der Buchhandlung Samuel Weiser. Die Archive des *Monroe Journal* und des *The Alexander City Outlook* waren hilfreich, um Tom Radneys und A. C. Lees politische Einstellungen zu kontrastieren; die Schilderung der Great Migration stützt sich auf Isabel Wilkersons *Warmth of Other Suns*. Bei meiner Darstellung von Lees schriftlicher Äußerungen über *Race* bin ich den Kritiken verpflichtet, die sich auf *Gehe hin, stelle einen Wächter* beziehen, unter anderem verfasst von Roxane Gay, Adam Gopnik, Michiko Kakutani, Kiese Laymon, Diane McWhorter, Jesmyn Ward und Isabel Wilkerson. Mein Dank geht auch an Scotty Kirkland, der mir Einsicht in Richter Coleys Archiv am Alabama Department of Archives and History gewährte, und an Evelyn Puckett, die ihre Erinnerungen an ihren Vater mit mir teilte.

S. 325 »schüchtern, zurückhaltend und gesetzt«: Jubera: »To Find a Mockingbird«, 21.

S. 325 »die kommunistische Bedrohung«: »Tom Radney's Personal Background« auf einer Radney Wahlkampfbroschüre, 1966.

S. 212 »Wir, die Geschworenen, befinden«: Zettel mit dem handschriftlichen Urteil im Prozess *State of Alabama vs. Willie J. Maxwell* (Indictment No. 1494, Tallapoosa County Circuit Court, Wintersemester 1971). Aus Nelle Harper Lees Unterlagen.

S. 327 »Anscheinend sah er sich«: Lee an Madison Jones, 5. Juni 1987.

S. 328 »vergessen Sie nie, woher Sie«: Der Satz taucht laut dem Bericht Madolyn Radney in mehreren Reden von Tom Radney auf.

S. 329 »Das einzige, was ich von Ihnen«: Jubera: »To Find a Mockingbird«, 21.

S. 329 »dass sie sich einfach zurücklehnte«: Madolyn Radney: interviewt von der Autorin, 25. Februar 2015.

S. 332 »Sachtextromane«: Jim Earnhardt: *Montgomery Advertiser* »›Literary Journalists'Goes Beyond Reporting the Facts«, 18. November 1984, 4B.

S. 333 »einen jungen Mann neben uns«: Earnhardt: E-Mail an die Autorin, 18. Mai 2017.

S. 333 »Meine Freundin, die aus Alabama stammt«: James Earnhardt: »Dust of Others Stirs Imagination«, *Montgomery Advertiser*, 12. Februar 1983, 1B.

S. 333 »So etwas lese ich gerne«: Harper Lee an Earnhardt, 16. Februar 1983.

S. 334 »bis über die Ohren«: Lee an Rheta Grimsley Johnson, 21. Februar 1978.

S. 335 »gemein zu ihr«: Lena Martin: interviewt von Nelle Harper Lee, 16. Januar 1978, aus Lees unveröffentlichten Recherchenotizen.

S. 335 »Sie hatte keinen Unfall«: Ibid.

S. 336 »an einer Krankheit« gestorben: »Mitteilung vom Ableben« auf Police 529744 bei der Crown Life Insurance Company, Illinois, unterzeichnet von Willie J. Maxwell.

S. 336 »schwer fassbare«: Lee an Johnson, 21. Februar 1978.

S. 337 »habe immer seine Schulden«: Jim Stewart: »›Voodoo Priest‹ Buried, but Whispers Live On«, *Atlanta Constitution*, 24. Juni 1977, 23A.

S. 338 »Mr Radney gibt immer sein Bestes«: »Radney: Good Choice for Man of the Year«, *The Alexander City Outlook*, 23. Januar 1978, 4.

S. 339 »Sie kannte sich genau aus«: Burns: interviewt von der Autorin, 13. Februar 2017.

S. 339 »Ich vergaß, dass es keine Galgenmännchen«: Lee: *Wer die Nachtigall stört*, 100.

S. 340 »das ganze Voodoo-Zeug«: Stewart: »›Voodoo Priest‹ Buried, but Whispers Live On«, 23A.

S. 340 »Ich war enttäuscht«: Lee an Madison Jones, 5. Juni 1987.

S. 342 »Ich glaube fest«: Ibid.

S. 345 »Die Leute aus Alex City«: Lee an Louise und Patricia Cribb, 11. Juni 1978.

S. 345 »Es war kein Abschied«: Brief von Harper Lee an Louise und Patricia Cribb, 11. Juni 1978.

22 – HORSESHOE BEND

Gleich zu Anfang meiner Recherche in die 433 East Eighty-Second Street zu gehen und Harper Lees Namen auf dem Klingelschild anzustarren, war höchst seltsam. Drew Jubera hat darüber geschrieben, wie er das Gebäude erlebte – was mir geholfen hat. Mein Dank geht an Kate Richardson vom Richlyn Marketing, LLC, an John Oates, Dr. Michael Tanner, Bruce Higgison, Beth Forman, Sonya Bentley Logan, Alec Bentley, George und Elizabeth Malko sowie an Sylvia Shorris für ihre Erinnerungen an das Haus, seine Bewohner und das Viertel. Lees Zeit in Eufaula stützt sich auf ihre Korrespondenz aus jener Zeit sowie auf die Erinnerungen von Reverend Marcus Smith, Ann Smith, Jerry Elijah Brown und anderen, die nicht genannt werden wollen. Lees Angst vor einem Prozess stützt sich auf ihre Korrespondenz, Erinnerungen einiger Personen, die nicht namentlich genannt werden wollen, sowie mündliche Berichte von Marie Hubbird. Meine Darstellung von Albert James Pickett beruht einerseits auf seinem Buch, aber auch auf Lees »Romance and High Adventure« und Owens »Albert James Pickett, a Sketch«. Mein Dank gilt auch Ari

Schulman, Patrick Cather, Matthew Robinson vom Horseshoe Bend National Military Park, Betty Uzman vom Mississippi Department of Archives and History, Ashley Young und Sara Seten Berghausen von der David M. Rubenstein Rare Book & Manuscript Library der Duke University, Kristine Krueger von der Margaret Herrick Library of the Academy of Motion Picture Arts and Sciences sowie dem Virginia Center for the Creative Arts.

S. 346 »Abgrund«: Malcolm: *The Journalist and the Murderer,* 69.

S. 348 »ein ramponiertes Bett«: Lee an Earl und Sylvia Shorris, 20. November 1993.

S. 352 »Was in seiner Psyche vor sich ging«: Ibid.

S. 352 »Wenn man Präzision will«: Ibid.

S. 353 »trennte die Spreu vom Weizen«: Joseph Deitch: »Harper Lee: Novelist of the South«, *Christian Science Monitor,* Oktober 1961, 6.

S. 353 »Ich arbeite sehr langsam«: Ramona Allison: »›Mockingbird‹ Author Is Alabama's ›Woman of the Year‹«, *Birmingham Post Herald,* 3. Januar 1962.

S. 353 »Papier, einen Stift und meine Ruhe«: Lee an Leo B. Roberts, 26. Januar 1961, Archives and Information Center, Huntingdon College Library.

S. 353 »Man ist ganz und gar«: Vivian Cannon: »›Mockingbird‹ Author Wants to ›Disappear‹«, *Mobile Register,* 21. März 1963, 1.

S. 353 »Wenn Lippincott nicht so«: Crain an Bonner McMillion, Januar 1962, zitiert in Ari N. Schulman: »The Man Who Helped Make Harper Lee«, *Atlantic,* 15. Juli 2015.

S. 355 »die schönste Stadt im Bundesstaat«: Lee an Gregory und Veronique Peck, 6. Januar 1981, Margaret Herrick Library, Academy of Motion Picture Arts and Sciences.

S. 356 »Meine kleine Schwester«: Louise Conner an Anna Coine Cravey, 22. September 1961, Huntingdon College Library.

S. 357 »Louise wacht wie ein Zerberus«: Lee an Gregory und Veronique Peck, 6. Januar 1981.

S. 357 »in meinem Literaturreservat wilderte«: Carr: *Lonely Hunter*, 433.

S. 357 »Buch eines Kindes«: O'Connor an »A.«, 1. Oktober 1960, in O'Connor: *Habit of Being*, 411.

S. 358 »Bereitwilligkeit zu reden«: Lee an Gregory und Veronique Peck, 6. Januar 1981.

S. 358 »Schreiben ist leicht«: Lee zitiert diese Zeile von Gene Fowler nicht ganz korrekt. Höchstwahrscheinlich hatte sie sie zufällig in ein paar Monate zuvor erschienener Rezension gelesen – cf. Randolph Hogan: »Writers on Writing«, *New York Times Book Review*, 10. August 1980, 35.

S. 358 »keiner sich darum gekümmert«: Lee an Gregory und Veronique Peck, 6. Januar 1981.

S. 359 »Natürlich werde ich vermutlich verklagt«: Lee an Gregory und Veronique Peck, 4. März 1981, Herrick Library.

S. 360 »ein Zufall«: aus Tay Hohoffs Essay für *The Literary Guild Review*, der in verschiedenen Zeitungen als Leitartikel nachgedruckt wurde, unter anderem in The *Eufaula Tribune*, 26. Mai 1960.

S. 362 »Ich glaube, sie führt«: Jubera: »To Find a Mockingbird«, 21.

S. 363 »Alles, was sich in meinem Leben«: Joe Patton: »Judge Coley: Active Life for ›Semi-retired‹ Banker«, *The Alexander City Outlook*, 4. Mai 1978, 3.

S. 365 »Eufaula vor kulturellem & historischem«: Harper Lee an Jim Earnhardt, 18. Februar 1983.

S. 365 »Alice brauchte ihre ganze«: Ibid.

S. 366 »Es ist mir ein großes Vergnügen«: Lee: »Romance and High Adventure«, 15.

S. 366 »irgendwo zwischen Macauly«: Ibid.

S. 367 »Ich glaube nicht, dass er das Zeug dazu«: Ibid., 19.

S. 368 »Mein alter Freund«: Earnhardt: E-Mail an die Autorin, 31. Mai 2017.

S. 370 »Ich weiß, dass sich ein Buch«: Thomason an Lee, 10. Mai 1987, Box 12, Mappe 2, Jones Papers.

S. 370 »kein Interesse, Informationen zu kaufen«: Lee an Thomason, 5. Juni 1987, Box 12, Mappe 2, Jones Papers.

S. 371 »habe sie fünf Dinge gelernt«: Lee an Jones, 5. Juni 1987, Box 12, Mappe 2, Jones Papers.

23 – DER LANGE ABSCHIED

Bei der Beschreibung von Harper Lees späterem schriftstellerischen Werdegang waren die folgenden Werke, Schriften und Artikel sehr hilfreich: Posnock: *Renunciation;* Joan Acocella: »Blocked«, *New Yorker,* 14. Juni 2004; Jamison: *Recovering;* Laing: *Trip to Echo Spring;* Kelly: *Book of Lost Books;* Dick Schlaap: »22 Invisible Mockingbirds«, *San Francisco Examiner,* 24. Mai 1964; Lepore: *Joe Gould's Teeth;* Malcolm: *The Journalist and the Murderer* sowie die Ausstellung *Unfinished [Unvollendetes]* am Met Breuer Museum. Viele Freunde und Bekannte aus Harper Lees späterem Leben haben ihre Zeit, ihre Erinnerungen und Briefe mit mir geteilt. Manche von ihnen wollen nicht namentlich genannt werden, ich möchte jedoch Sylvia Shorris, Sandy Mulligan, Hallie Foote, Cecilia Peck, Charles Kiselyak, Star Lawrence, Robert Weil, Claudia Durst Johnson, Marja Mills, Thomas Lane Butts, Cynthia Lanford, Kevin Howell, George Landegger, Wayne Flynt, Nancy Anderson, Penny Weaver, Fannie Flagg, Hugh Van Dusen, Deborah DiClementi und Mary Higgins Clark für ihre Hilfe danken. Auch William Price, Drew Jubera, Alice Hall Petry, Mary McDonagh Murphy, Caroline Sparks, Michelle Dean und Carolyn Waters von der New York Society Library gilt mein Dank.

S. 372   »die Bewohner von Kansas«: Lee: »Truman Capote«, 7.

S. 373   »das Thema zu heikel«: Allen J. Going an William T. Going, 11. Juli 1987, zitiert in Alice Hall Petry: »Harper Lee, the One-Hit Wonder«, in *On Harper Lee,* 159.

S. 373   »Meines Wissens arbeitet«: Jubera: »To Find a Mockingbird«, 19.

S. 373   »Sie arbeitet immer«: »Harper Lee: Read but Not Heard«, *Washington Post,* 17. August 1990, C2.

S. 374   »die schlimmste Strafe«: Lee an Doris Leapard, 25. August 1990.

S. 374   »die tolle Sache«: Lee an »Dears«, 3. April 1963, Williams Papers.

S. 374   »Come Where the Booze Is Cheaper«: Lee an Sylvia Shorris, 20. Oktober 1993.

S. 374   »Ich weiß genau«: Lee an Mel Yoken, 22. Mai 1976.

S. 374   »Soziologische Aspekte«: Harper Lee: »Some Sociological Aspects of Peculiarities of Pronunciation Found in Persons from Alabama Who Read a Great Deal to Themselves«, mit einem Brief an Harold Caufield, o. J., Rose Library.

S. 375   »Sie schrieb weiter«: Alice Lee: »Harper Lee: My Little Sister«, *Guardian,* 11. Juli 2015.

S. 377   »dem großen Muffensausen« und »Bescheidenheit«: Brown und Wiley: *Margaret Mitchell's »Gone with the Wind«,* 11.

S. 378   »eine Hypothek auf sie«: Lee an Claudia Durst Johnson, o. J.

S. 380   »Do / you still hang your«: Lowell: »For Elizabeth Bishop 4«, in *Collected Poems,* 595.

S. 380 »Selbstmitleid ist eine Sünde«: Boyle: »Harper Lee Still Prefers Robert E. and Tom Jefferson«.

S. 381 »Ich ertrage keine Leute«: Hal Boyle: »In the South We Are Still in the Victorian Age«, *Pensacola News,* 15. März 1963, 4A.

S. 382 »George Plimptons Günstlinge«: Lee an Donald Windham, 3. August 1986, YCAL MSS 424, Box 11, Beinecke Library.

S. 382 »Trumans bösartige Lüge«: Lee an Delaney, 30. Dezember 1988, zitiert in Shields, *Mockingbird,* 270.

S. 382 »In der westlichen Welt«: Boyle: »Harper Lee Still Prefers Robert E. and Tom Jefferson«.

S. 383 »Bücher sind erfolgreich, / Und Leben scheitern«: Browning: *Aurora Leigh,* 243.

S. 383 »Bitte ersparen Sie der *Nachtigall*«: Mary B. W. Tabor: »A ›New Foreword‹ That Isn't«, *New York Times,* 23. August 1995, C11.

S. 385 »Ruhm war ein Schimpfwort«: Kiselyak: *Fearful Symmetry.*

S. 386 »Ihr Gedächtnis lässt sehr nach«: Lee an Gorman Houston, 20. Juni 2003, Alabama Department of Archives.

S. 388 »Daddys hochgeschätzten Gesetzentwurf«: Alice Lee an Familie und Freunde, o. J., Huntingdon College Library.

S. 389 »Nach vielen Jahren verantwortungsvoller«: Alvin Benn: »Memories of Me and Nelle«, *Montgomery Advertiser,* 20. Februar 2016.

S. 390 »Von den vielen Erfindungen«: Harper Lee: »Mr Shawn and Ms. Lee«, *New Yorker,* 10. April 2006, 5.

S. 390 »Am Samstag, den 17. März«: Alice Lee an Jim Earnhardt, 30. Juli 2007.

S. 392 »einen Berg an Gerüchten«: Lee an Brasfield, 9. Januar 2009, zitiert in Varicella: *Reverend.*

S.392 »Nichts von dem, was«: Alice Lee an Sheralyn Belyeu, 22. Juni 2009.

S.393 »Die Jahre vergehen«: Radney an Lee, 2, Februar 2006.

S.393 »Es war eine Freude«: Lee an Radney, 17. Februar 2006.

S.395 »ein Anwalt und Politiker«: »The Reverend«, unveröffentlichtes Manuskript, 3, Familienarchiv der Radneys.

S.396 »furchtbar freue«: mit freundlicher Genehmigung von HarperCollins, mitgeteilt von Tonja Carter, 5. Februar 2015.

Epilog

Ich danke Ellen Price, die mich bat, sie zu Barnett, Bugg, Lee & Carter zu begleiten, sowie Little Madolyn, Anna Lee und Cason, die mir gestatteten, Big Toms Aktentasche als Erste durchzusehen, und die wie immer großzügig und geduldig waren. Besonders dankbar bin ich der Verwalterin von Harper Lees Nachlass, die mir genügend Zeit für die Durchsicht der Aktentasche gab, bevor sie die Tasche zurückgab.

Bibliografie

Außer unzähligen Artikeln aus Tageszeitungen und Magazinen habe ich die folgenden Bücher, Zeitschriftenartikel und Dokumentarfilme verwendet:

Agee, James und Walker Evans: Preisen will ich die großen Männer. Drei Pächterfamilien [Let Us Now Praise Famous Men]. Mit einem Vorw. von Walker Evans und einem Essay von Joachim Sartorius. Aus dem Amerikanischen von Karin Graf, Berlin, Die Andere Bibliothek, 2013.

Allison, Thomas R.: Moonshine Memories. Montgomery, Ala., NewSouth Books, 2014.

Asbury, Herbert: The French Quarter. An Informal History of the New Orleans Underworld. New York, Basic Books, 2008.

Ayers, H. Brandt: In Love with Defeat. The Making of a Southern Liberal. Montgomery, Ala., NewSouth Books, 2013.

Baldwin, James: Das Gesicht der Macht bleibt weiß [The Evidence of Things Not Seen]. Aus dem Amerikanischen von Günter Panske. Mit einem Vorw. von Dagobert Lindlau. Hamburg, Hoffmann und Campe, 1986.

Balleisen, Edward J. Fraud: An American History from Barnum to Madoff. Princeton, N. J., Princeton University Press, 2017.

Barr, Beryl und Barbara Turner Sachs: The Artists' & Writers' Cookbook. Sausalito, Calif., Contact, 1961.

Bartram, William: Travels Through North and South Carolina, Georgia, East and West Florida. Nachdruck der Ausgabe von 1793. Norderstedt, Hansebooks GmbH, 2017.

Benn, Alvin: Reporter: Covering Civil Rights and Wrongs in Dixie. Bloomington, Ind., AuthorHouse, 2006.

Bentley, Charles A. jr.: »The Election of Tom Radney and the Transition Era of Southern Politics«. Unveröffentlichte Seminararbeit, Herbst 1967, Auburn University.

Berendt, John: Mitternacht im Garten der Lüste [Midnight in the Garden of Good and Evil]. Aus dem Amerikanischen von Elke Hosfeld. München, Bertelsmann, 1995.

Bloom, Harold (Hg.): Modern Critical Interpretations. Harper Lee's »To Kill a Mockingbird«. Philadelphia, Chelsea House, 1999.

Boynton, Robert S.: The New New Journalism. Conversations with America's Best Nonfiction Writers on Their Craft. New York, Vintage Books, 2005.

Brown, Ellen F., and John Wiley jr.: Margaret Mitchell's »Gone with the Wind«. A Bestseller's Odyssey from Atlanta to Hollywood. New York, Taylor, 2011.

Browning, Elizabeth Barrett: Aurora Leigh. New York, Oxford University Press, 1998.

Bunch-Lyons, Beverly: »›Ours Is a Business of Loyalty‹. African American Funeral Home Owners in Southern Cities«. Southern Quarterly 53, no. 1 (Herbst 2015), 57–71.

Capote, Truman: Die Grasharfe [The Grassharp]. Aus dem Amerikanischen von Annemarie Seidel und Friedrich Podszus, neu durchgesehen von Birgit Krückels. Berlin, Suhrkamp, 2017.

– Kaltblütig. Wahrheitsgemäßer Bericht über einen mehrfachen Mord und seine Folgen [In Cold Blood. A True Account of a

Multiple Murder and Its Consequences]. Aus dem Amerikanischen von Thomas Mohr. Zürich, Kein & Aber, 2007.

– Andere Stimmen, andere Räume [Other Voices, Other Rooms]. Aus dem Amerikanischen von Heidi Zerning. Zürich, Kein & Aber, 2006.

– Too Brief a Treat. The Letters of Truman Capote. Herausgegeben von Gerald Clarke. New York, Vintage Books, 2005.

Carmer, Carl: Stars Fell on Alabama. Tuscaloosa, University of Alabama Press, 2000.

Carr, Virginia Spencer: The Lonely Hunter. A Biography of Carson McCullers. Athens, University of Georgia Press, 2003.

Cash, W. J.: The Mind of the South. New York, Vintage Books, 1991.

Cason, Clarence: 90° in the Shade. Tuscaloosa, University of Alabama Press, 2001.

Chesnutt, Charles W.: Conjure Tales and Stories of the Color Line. New York, Penguin Books, 1992.

Clarke, Gerald: Truman Capote [Capote]. Eine Biographie. Aus dem Amerikanischen von Brigitte Stein. Zürich, Kein & Aber, 2007.

Crespino, Joseph: Atticus Finch. The Biography. New York, Basic Books, 2018.

Davis, Rod: American Voudou. Journey into a Hidden World. Denton, University of North Texas Press, 1998.

Davis, Wade: Schlange und Regenbogen [The Serpant and the Rainbow]. Die Erforschung der Voodoo-Kultur und ihrer geheimen Drogen. Aus dem Amerikanischen von Christa Broermann und Wolfram Ströle. München, Droemer Knaur, 1988.

Debo, Angie: The Road to Disappearance. A History of the Creek Indians. Norman, University of Oklahoma Press, 1979.

Dees, Morris: A Season for Justice. A Lawyer's Own Story of Victory over America's Hate Groups. With Steve Fiffer. New York, Touchstone, 1991.

Dewey, A. A.: »In Cold Blood Country«. New Letters 43, no. 2 (Winter 1976), 105–12.

Dyer, Geoff: Aus schierer Wut. In D. H. Lawrence' Schatten [Out of Sheer Rage]. Aus dem Englischen von Stephan Kleiner. Köln, DuMont, 2016.

»The Enduring Power of To Kill a Mockingbird«. Life, 26. Juni 2015.

Faust, Drew Gilpin: Republic of Suffering. Death and the American Civil War. New York, Vintage, 2008.

Feathers, Anne Herbert: »Catfights and Coffins. Stories of Alabama Courthouses«. Alabama Review (Juli 2008), 163–89.

Fickle, James: Green Gold: Alabama's Forests and Forest Industries. Tuscaloosa, University of Alabama Press, 2014.

Flynt, Wayne: Alabama in the Twentieth Century. Montgomery, University of Alabama Press, 2006.

– Mockingbird Songs. My Friendship with Harper Lee. New York, Harper Collins, 2017.

Forney, John: Above the Noise of the Crowd. Thirty Years Behind the Alabama Microphone. Huntsville, Ala., Albright, 1986.

Frady, Marshall: Wallace. New York, Random House, 1996.

Friedman, Lawrence M.: Crime and Punishment in American History. New York, Basic Books, 1994.

Gates, Henry Louis, jr. und Maria Tatar (Hg.): The Annotated African American Folktales. New York, Liveright, 2018.

Goodman, James: Stories of Scottsboro. New York, Vintage, 1995.

Gosse, Philip Henry: Letters from Alabama, U. S., Chiefly Relating to Natural History. Mountain Brook, Ala., Overbrook Press, 1983.

Gray, Fred: Bus Ride to Justice. Changing the System by the System: The Life and Works of Fred D. Gray, Preacher, Attorney, Politician. Montgomery, Ala., NewSouth Books, 2002.

Greenhaw, Wayne: Alabama on My Mind. Politics, People, History, and Ghost Stories. Montgomery, Ala., Sycamore Press, 1987.

Grobel, Lawrence: Conversations with Capote. New York, Plume, 1985.

Hamilton, Virginia Van der Veer: Alabama. A History. New York, W. W. Norton, 1977.

Haskins, Jim: Voodoo & Hoodoo. Their Tradition and Craft as Revealed by Actual Practitioners. Lanham, Md., Scarborough House, 1990.

Heen, Mary L.: »Ending Jim Crow Life Insurance Rates«. Northwestern Journal of Law and Social Policy (Herbst 2009), 360–99.

Hemphill, Paul: Lovesick Blues. The Life of Hank Williams. New York, Penguin Books, 2006.

The Heritage of Coosa County, Alabama. Louisville, Ky., Heritage Publishing Consultants, 2000.

The Heritage of Monroe County, Alabama. Louisville, Ky., Heritage Publishing Consultants, 2000.

The Heritage of Tallapoosa County, Alabama. Louisville, Ky., Heritage Publishing Consultants, 2000.

Hohoff, Tay: Cats and Other People. Garden City, N. Y., Doubleday, 1973.

– A Ministry to Man: The Life of John Lovejoy Elliott. New York, Harper & Brothers, 1959.

Holland, James W.: Andrew Jackson and the Creek War. Victory at the Horseshoe. Tuscaloosa, University of Alabama Press, 1968.

Holmes, Oliver Wendell, jr.: The Common Law. Mineola, N. Y., Dover, 1991.

Hughes, Langston: Langston Hughes and the »Chicago Defender«. Essays on Race, Politics, and Culture, 1942–62. Herausgegeben von Christopher C. De Santis. Chicago, University of Illinois Press, 1995.

Hurston, Zora Neale: Ich mag mich, wenn ich lache. Autobiographie [Dust Tracks on a Road]. Aus dem Amerikanischen mit Anmerkungen von Barbara Henninges. Zürich, Ammann, 2000.

– »Hoodoo in America«. Journal of American Folklore no. 174 (Oktober–Dezember 1931), 317–417.

– Mules and Men. New York, Harper Perennial Modern Classics, 2009.

– Tell My Horse. New York, Harper Perennial Modern Classics, 2008.

Hyatt, Harry Middleton: Hoodoo-Conjuration-Witchcraft-Rootwork. Beliefs Accepted by Many Negroes and White Persons, These Being Orally Recorded Among Blacks and Whites. 5 Bde. Hannibal, Mo., Western, 1970.

Inge, M. Thomas (Hg.): Truman Capote. Conversations. Jackson, University of Mississippi Press, 1987.

Jackson, Harvey H. III.: Inside Alabama. A Personal History of My State. Tuscaloosa, University of Alabama Press, 2004.

– Rivers of History. Life on the Coosa, Tallapoosa, Cahaba, and Alabama. Tuscaloosa, University of Alabama Press, 1995.

Jamison, Leslie: Die Klarheit. Alkohol, Rausch und die Geschichten der Genesung [The Recovering]. Aus dem Englischen von Kirsten Riesselmann. Berlin, Hanser Berlin, 2018.

Johnson, Claudia Durst: Reading Harper Lee. Understanding »To Kill a Mockingbird« and »Go Set a Watchman«. Santa Barbara, Calif., Greenwood, 2018.

– »To Kill a Mockingbird«. Threatening Boundaries. New York, Twayne, 1994.

Jones, E. Paul: To Kill a Preacher. New York, Page, 2018.

Kasprzak, Perry: »Don Lee Keith Is Dead. A Student's Acquaintance with a Maverick New Orleans Journalist«. Southern Cultures 12, no. 1 (Frühling 2006), 92–103.

Keith, Don Lee: »An Afternoon with Harper Lee«. Delta Review (Frühling 1966), 40–41, 75, 80–81.

Kelly, Stuart: The Book of Lost Books. An Incomplete History of All the Great Books You'll Never Read. New York, Random House, 2006.

King, Florence: Confessions of a Failed Southern Lady. New York, St. Martin's Press, 1985.

Kiselyak, Charles: Fearful Symmetry. The Making of »To Kill a Mockingbird«. Universal City, Calif., Universal Home Video, 1998.

Knox, Sara L.: Murder. A Tale of Modern American Life. Durham, N.C., Duke University Press, 1998.

Laing, Olivia: The Trip to Echo Spring. On Writers and Drinking. New York, Picador, 2013.

Lee, Harper: Gehe hin, stelle einen Wächter [Go Set a Watchman]. Aus dem Amerikanischen von Klaus Timmermann und Ulrike Wasel. München, DVA, 2015.

– »Romance and High Adventure«. In: Clearings in the Thicket. An Alabama Humanities Reader. Essays and Stories from the 1983 Alabama History and Heritage Festival. Herausgegeben von Jerry Elijah Brown, 13–20. Macon, Ga., Mercer University Press, 1985.

– Wer die Nachtigall stört [To Kill a Mockingbird]. Aus dem Englischen von Claire Malignon. Überarbeitet von Nikolaus Stingl. Reinbek bei Hamburg, Rowohlt, 2020.

Lepore, Jill: Joe Gould's Teeth. New York, Random House, 2016.

J. B. Lippincott Company: The Author and His Audience. With a Chronology of Major Events in the History of J. B. Lippincott Company. Philadelphia, J. B. Lippincott, 1967.

Lloyd Parry, Richard: Ghosts of the Tsunami. Death and Life in

Japan's Disaster Zone. New York, MCD/Farrar, Straus and Giroux, 2017.

Lowell, Robert: Collected Poems. New York, Farrar, Straus and Giroux, 2003.

Madden, Kerry: Harper Lee. New York, Viking, 2009.

Malcolm, Janet: The Journalist and the Murderer. New York, Vintage, 1990.

Martin, Thomas W.: The Story of Horseshoe Bend National Military Park. Birmingham, Ala., Southern University Press at Birmingham Publishing Company, 1959.

McCabe, Daniel und Paul Stekler: George Wallace. Settin' the Woods on Fire. [Alexandria, Va.]: PBS Home Video, 2000.

McDade, Thomas M.: The Annals of Murder. A Bibliography of Books and Pamphlets on American Murders from Colonial Times to 1900. Norman, University of Oklahoma Press, 1961.

McGlamery, J. Gabriel: »Race Based Underwriting and the Death of Burial Insurance«. Connecticut Insurance Law Journal 15, no. 2 (2008–2009), 531–70.

McWhorter, Diane: Carry Me Home. Birmingham, Alabama. The Climactic Battle of the Civil Rights Revolution. New York, Simon & Schuster, 2013.

Meacham, Jon (Hg.): Voices in Our Blood. America's Best on the Civil Rights Movement. New York, Random House, 2003.

Mills, Marja: The Mockingbird Next Door. Life with Harper Lee. New York, Penguin Press, 2014.

Moates, Marianne M.: Truman Capote's Southern Years. Stories from a Monroeville Cousin. Tuscaloosa, University of Alabama Press, 2008.

Monroe County Heritage Museum: Images of America. Monroeville. Charleston, S. C., Arcadia, 1999.

The Monroe Journal Centennial Edition, 1866–1966. Monroeville, Ala., Monroe Journal, 1966.

Murphy, Mary McDonagh: Hey, Boo. Harper Lee and »To Kill a Mockingbird«. First Run Features, 2010.

– Scout, Atticus, and Boo. A Celebration of Fifty Years of »To Kill a Mockingbird«. New York, Harper, 2010.

Murphy, Sharon Ann: Investing in Life. Insurance in Antebellum America. Baltimore, Johns Hopkins University Press, 2010.

Newquist, Roy: Counterpoint. New York, Simon & Schuster, 1964.

O'Connor, Flannery: The Habit of Being. Letters of Flannery O'Connor. Herausgegeben von Sally Fitzgerald. New York, Farrar, Straus and Giroux, 1988.

Opal, J. M.: Avenging the People. Andrew Jackson, the Rule of Law, and the American Nation. Oxford, Oxford University Press, 2017.

Owen, Marie Bankhead: »Albert James Pickett, a Sketch«. Alabama Historical Quarterly 1, no. 1 (Frühling 1930), 113–15.

Petry, Alice Hall (Hg.): On Harper Lee. Essays and Reflections. Knoxville, University of Tennessee Press, 2008.

Pickett, Albert James: History of Alabama and Incidentally of Georgia and Mississippi, from the Earliest Period. Tuscaloosa, Ala., Willo, 1962.

Pinn, Anthony B.: Varieties of African American Religious Experience. Toward a Comparative Black Theology. Minneapolis, Fortress Press, 1998.

Plimpton, George: Truman Capotes turbulentes Leben kolportiert von Freunden, Feinden, Bewunderern und Konkurrenten [Truman Capote: In Which Various Friends, Enemies, Acquaintances, and Detractors Recall His Turbulent Career]. Aus dem Amerikanischen von Yamin von Rauch. Berlin, Rogner & Bernhard, 2014.

Posnock, Ross: Renunciation: Acts of Abandonment by Writers, Philosophers, and Artists. Cambridge, Mass., Harvard University Press, 2016.

Priestman, Martin (Hg.): The Cambridge Companion to Crime Fiction. Cambridge, U. K., Cambridge University Press, 2003.

Puckett, Newbell Niles: Folk Beliefs of the Southern Negro. New York, Negro Universities Press, 1926.

Raboteau, Albert J.: Slave Religion: The »Invisible Institution« in the Antebellum South. New York, Oxford University Press, 1978.

Richardson, Paul: That's Waht They Say. A History of East Alabama, Chambers, Randolph, Tallapoosa, and Lee Counties. Lafayette, Ala., Solo Press, 2011.

Roberts, Kodi A.: Voodoo and Power. The Politics of Religion in New Orleans, 1881–1940. Baton Rouge, Louisiana State University Press, 2015.

Rogers, William Warren, Robert David Ward, Leah Rawl Atkins und Wayne Flynt: Alabama. The History of a Deep South State. Tuscaloosa, University of Alabama Press, 1994.

Rosengarten, Theodore: All God's Dangers. The Life of Nate Shaw. Chicago, University of Chicago Press, 1974.

Roth, Philip: Mein Leben als Sohn [Patrimony]. Eine wahre Geschichte. Aus dem Amerikanischen von Jörg Trobitius. München, Hanser, 1992.

Rumore, Pat Boyd: From Power to Service. The Story of Lawyers in Alabama. Montgomery, Alabama State Bar Association, 2010.

– Lawyers in a New South City. A History of the Legal Profession in Birmingham. Birmingham, Ala., Association Publishing Company, 2000.

Schafer, Elizabeth D.: Lake Martin. Alabama's Crown Jewel. Charleston, S. C., Arcadia, 2003.

Shields, Charles J.: Mockingbird. A Portrait of Harper Lee. New York, St. Martin's Press, 2006.

Sutherland, Edwin H., Donald R. Cressey und David F. Luckenbill: Principles of Criminology. 11. Aufl. Lanham, Md., General Hall, 1992.

Tallant, Robert: Voodoo in New Orleans. Gretna, La., Pelican, 2012.

Tennyson, Alfred: Alfred Tennyson's Ausgewählte Dichtungen, deutsch von Adolf Strodtmann, Hildburghausen, 1870.

Trillin, Calvin: Killings. New York, Ticknor & Fields, 1984.

Varicella, Christamar: The Reverend. Im Selbstverlag, 2012.

Voss, Ralph F.: Truman Capote and the Legacy of »In Cold Blood«. Tuscaloosa, University of Alabama Press, 2011.

Walls, Peggy Jackson und Laura Dykes Oliver: Alexander City. Charleston, S. C., Arcadia, 2011.

Walter, Eugene, as told to Katherine Clark: Milking the Moon. A Southerner's Story of Life on This Planet. San Francisco, Untreed Reads, 2014.

Weaks, Mary Louise und Carolyn Perry (Hg.): Southern Women's Writing. Colonial to Contemporary. Gainesville, University of Florida Press, 1995.

Weingarten, Marc: The Gang That Wouldn't Write Straight. Wolfe, Thompson, Didion, Capote, and the New Journalism Revolution. New York, Crown, 2005.

Wilkerson, Isabel: The Warmth of Other Suns. The Epic Story of America's Great Migration. New York, Random House, 2010.

Windham, Donald: Lost Friendships. A Memoir of Truman Capote, Tennessee Williams, and Others. New York, Morrow, 1987.

Wolfe, Tom und E. W. Johnson (Hg.): The New Journalism. New York, Harper & Row, 1973.

Editorische Notiz

Aufgrund der Inkongruenz der Bedeutungen und der divergenten Begriffsgeschichten hat sich der Verlag dazu entschieden, race nicht mit »Rasse« zu übersetzen, sondern den englischen Begriff beizubehalten und ihn lediglich durch Großschreibung der üblichen deutschen Orthographie anzupassen. Das N-Wort wird auch dort vermieden, wo es als Selbstbeschreibung vorkommt. Stattdessen wird es durch N**** anzitiert und dadurch zugleich durchgestrichen.

»Die ›Great American Novel‹ ist mit Ayad Akhtars Roman *Homeland Elegien* gerade um einen Titel reicher geworden.«

FAS

Ayad Akhtars »Homeland Elegien« ist ein intelligenter Roman über den zerrütteten Zustand des heutigen Amerikas. Es ist ein persönliches Memoir über die Erfahrungen von im Westen lebenden Muslimen, insbesondere nach 9/11, und eine Reflexion über die Möglichkeit einer westlichen muslimischen Identität. Es ist eine manchmal komische, manchmal bewegende, manchmal konfliktreiche Einwandererfamiliengeschichte.

Und nicht zuletzt erzählt der Roman aus ungewohnter Perspektive globale Zeitgeschichte, vom Konflikt zwischen Pakistan und Indien über den ersten Afghanistan Krieg bis hin zu Osama bin Laden und dem islamistischen Terror der jüngsten Gegenwart.

Ayad Akhtar
Homeland Elegien
Roman

Aus dem Englischen von
Dirk van Gunsteren
Hardcover mit Schutzumschlag
Auch als E-Book erhältlich

ullstein